PostgreSQL 9.4 공식 가이드
Vol.1 서버 관리

PostgreSQL 9.4 공식 가이드 Vol.1 서버 관리

The PostgreSQL Global Development Group 지음
(주)비트나인 옮김

에이콘

지은이 소개

The PostgreSQL Global Development Group

PostgreSQL 데이터베이스를 개발하는 개발자 그룹이다. 전 세계적으로 여러 기업의 개발자가 PostgreSQL의 개발에 참여하고 있으며 미국의 EnterpriseDB와 Salesforce, MeetMe.com, PostgreSQL Expertes INC., 2ndQuadrant뿐만 아니라 일본의 NTT, 러시아 등 다양한 국가의 개발자가 프로젝트 멤버로 활동하고 있다. 프로젝트의 주요 컨트리뷰터의 목록은 www.postgresql.org/community/contributors/에서 확인할 수 있다. PostgreSQL의 개발은 오픈소스로 진행되며 엄격한 심사를 통해 컨트리뷰터를 선정하고 있다. 또한 다양한 메일링 리스트를 통해 자유롭게 의견을 교환하며 개발을 진행하며, 일반 사용자들도 메일링 리스트를 통해 PostgreSQL에 대해 질문하고 개발자로부터 직접 답변을 받을 수 있다. 데이터베이스 엔진의 개발뿐만 아니라 이 책의 원문인 PostgreSQL 공식 가이드 작성, 다양한 컨퍼런스 개최 등 많은 활동을 하고 있다.

- 웹사이트: www.postgresql.org

한국어판 출간에 부쳐

PostgreSQL의 공식 가이드가 한국어판 서적으로 번역 출간된다는 소식을 들으니 매우 기쁩니다. PostgreSQL 공식 가이드는 양이 방대하고 내용도 쉽지 않다 보니 몇 개의 언어로만 번역됐습니다. 이런 상황에서 한국어 버전이 나온다는 것은 대단한 일입니다.

복잡한 소프트웨어를 사용하는 사용자에게 확신을 주기 위해서는 자국어로 번역된 문서가 매우 중요합니다. PostgreSQL 프로젝트는 공식 가이드가 매우 훌륭하다는 평가를 받고 있으며, 이번 한국어판 출간 덕분에 한국의 사용자는 PostgreSQL의 전문 기술을 훨씬 빠르게 습득할 수 있을 것입니다.

PostgreSQL은 아시아 지역에서 오래 전부터 사용되어왔습니다. 이번 한국어판 출간을 기점으로, PostgreSQL이 한국에서도 광범위하게 도입되는 시작의 불씨가 되길 바랍니다.

브루스 몸지안(Bruce Momjian) / The PostgreSQL Global Development Group 공동설립자,
EnterpriseDB 수석 데이터베이스 아키텍트

옮긴이 소개

(주)비트나인

오픈소스 데이터베이스 및 그래프 데이터베이스 연구 개발 전문기업으로 좀 더 효율적이고 친환경적인 IT 솔루션 및 서비스를 제공하는 업체다. PostgreSQL에 대한 소스 코드 레벨의 기술력을 보유하고 있으며 PostgreSQL 커뮤니티의 일원으로 활동하고 있다. 또한, 최신 그래프 데이터 및 빅데이터 처리를 위한 기술력을 보유하고 관련 솔루션을 개발하고 있다. 비트나인의 솔루션으로는 PostgreSQL의 통합 패키지 버전인 Agens SQL과 그래프 데이터 처리를 위한 Agens Graph 및 통합 웹 UI 관리 도구인 Agens Manager가 있다.

(주)비트나인은 오픈소스의 가치를 통해 IT 기술의 발전을 이루고자 한다. 모든 자사 솔루션을 오픈소스화하며 다양한 오픈소스 커뮤니티에 참가하고 주도하여 더욱 많은 사람들이 기술과 정보를 공유해 더 우수하고 진보된 기술을 창출하도록 노력하고 있다.

- 웹사이트: www.bitnine.co.kr
- 이메일: publish@bitnine.co.kr

옮긴이의 말

최근 오픈소스에 대한 인식이 변화하고 도입 사례도 매우 빠르게 증가하고 있습니다. 이전에는 오픈소스 솔루션은 개인 또는 소규모 비즈니스 운영에만 적용했다면 이제는 대기업과 공공 기관에서도 적극적으로 오픈소스 솔루션을 도입하고 있는 실정입니다. 이런 변화는 그만큼 오픈소스 솔루션이 발전했음을 반영하는 것으로 볼 수 있습니다. 오픈소스의 성공 사례로 대부분 리눅스를 꼽지만, 오픈소스 데이터베이스인 PostgreSQL은 국내에 아직 잘 알려지지 않았습니다. PostgreSQL은 20년 전부터 개발되어 데이터베이스의 역사와 함께 발전해온 오픈소스 데이터베이스입니다. 전 세계적인 커뮤니티를 갖고 있으며 소스 코드에 대한 어떠한 형태의 사용과 배포도 허용하는 진정한 의미의 오픈소스 프로젝트라 할 수 있습니다.

흔히 오픈소스 데이터베이스라 하면 안정성과 성능에 대해 의구심을 갖지만 PostgreSQL은 세계적으로 많은 레퍼런스를 갖고 있으며 오랜 개발 역사가 말해주듯 매우 뛰어난 성능과 안정성을 제공하고 있습니다. 하지만 이런 우수성에 비해 국내에서는 PostgreSQL에 대한 인지도와 보급이 매우 낮은 실정입니다. 외국에서는 PostgreSQL의 도입 사례가 많고 인지도도 매우 높지만, 반대로 국내에서는 외산 데이터베이스 솔루션이 독점하고 있고 이로 인해 많은 부작용이 발생하고 있습니다.

저희 (주)비트나인은 국내의 이런 왜곡된 데이터베이스 시장 구조를 개선하고자 PostgreSQL의 보급에 앞장서고 있습니다. 국내 데이터베이스 시장에서의 외산 솔루션의 독점으로 인해 많은 외화가 유출되고 있으며 독점적인 위치를 이용한 비합리적인 관행도 많이 벌어지는 상황입니다. 아직까지는 외산 솔루션에 대적할 만한 국산 솔루션이 없었기 때문에 이런 상황을 두고 볼 수밖에 없었지만 이제는 오픈소스 소프트웨어의 발전으로 이런 상황이 달라지고 있습니다. 특히 PostgreSQL은 뛰어난 성능과 안정성으로 엔터프라이즈급의 서비스도 처리할 수 있어 외산 솔루션을 대체할 대안으로 각광을 받고 있습니다. (주)비트나인은 PostgreSQL의 보급을 위해 많은 노력을 기울이고 있으며 그중 하나의 결실로 이 책을 출간하게 됐습니다.

저희는 국내에 PostgreSQL의 인지도를 높이기 위해 가장 시급한 일은 개발자가 쉽게 PostgreSQL을 이해하고 기술을 습득하는 데 도움을 줄 수 있는 책을 발간하는 것이라 생각했습니다. 국내외 데이터베이스(오라클, MySQL, CUBRID 등)에 대해 한글로 작성된 책들은 상당히 많습니다. 하지만 오픈소스 DBMS인 PostgreSQL에 대한 책은 대부분 영문으로 쓰여진 원서가 대부분이며, 국내에서 한글로 된 PostgreSQL의 매뉴얼은 전혀 없는 실정입니다. 실제로 국내에서는 아직 PostgreSQL을 사용하는 업체가 소수이며, 해당 DBMS를 다루는 관리자의 경우 문제가 발생했을 때 일부 블로거들이 작성한 글을 제외하면 그에 관련된 한글 레퍼런스를 찾기도 어렵습니다. 영문 버전 역시 PostgreSQL 공식 홈페이지를 통해 온라인으로만 제공되고 있으며 실제 개발자들이 쉽게 접근하고 사용할 수 있는 책은 국내에서는 찾기 어렵습니다.

이러한 불편함을 해소하고자 저희 비트나인은 PostgreSQL을 사용하는 국내 사용자들의 언어 장벽을 낮춰 쉽게 PostgreSQL을 접할 수 있도록 영문 매뉴얼을 번역하여 제공하고자 합니다. 이 책은 PostgreSQL 공식 가이드 9.4 버전 시리즈로서 총 세 권 중 첫 번째로 출간된 책입니다. PostgreSQL을 사용하는 데 있어서 데이터베이스 관리자에게 가장 필요한 내용인 데이터베이스 서버 관리 방법을 다룹니다.

- Vol.1: 서버 관리(PostgreSQL 공식 가이드 중 15~30장)
- Vol.2: SQL 언어(PostgreSQL 공식 가이드 중 1~14장)
- Vol.3: 서버 프로그래밍(PostgreSQL 공식 가이드 중 31~46장)

이 책을 통해 PostgreSQL에 대한 국내의 인식이 높아지고 오픈소스 데이터베이스 보급에 일조하기를 바랍니다. 저희의 이런 취지에 공감해 주시고 이 책을 출간하는 데 도움을 주신 김희정 부사장님을 비롯한 에이콘출판사 관계자분들께 감사의 말씀을 드립니다.

(주)비트나인 대표이사 **강철순**

차례

1장 소스 코드로 설치   35

들어가며

PostgreSQL 공식 가이드 9.4 버전 문서에서 3부인 서버 관리 부분만을 번역하여 한 권의 책으로 엮었다. PostgreSQL 공식 가이드는 PostgreSQL 개발자 및 그 외 지원자가 PostgreSQL 소프트웨어 개발과 병행해 작성된 문서로서, 여기에는 PostgreSQL의 현재 버전이 공식적으로 지원하는 모든 기능이 기술되어 있다.

PostgreSQL 관리에 대한 대량의 정보를 담기 위해 이 자료는 몇 개의 부분으로 구성되어 있다. 각 부분은 수준이 서로 다른 사용자 또는 PostgreSQL 경험 단계가 서로 다른 사용자를 대상으로 한다.

공식 가이드 문서는 다음과 같이 구성되어 있으며, 이 책『PostgreSQL 9.4 공식 가이드 Vol.1 서버 관리』에서는 3부만을 다룬다.

- 1부는 새로운 사용자를 위한 정보를 소개한다.
- 2부는 데이터 타입 및 함수, 사용자 레벨 성능 튜닝을 비롯한 SQL 쿼리 언어가 문서화되어 있다. 모든 PostgreSQL 사용자는 이 부분을 읽어야 한다.
- 3부는 서버의 설치 및 관리를 설명한다. 개인적인 사용이든, 다른 사용자를 위해서든 PostgreSQL 서버를 실행하는 모든 사람은 이 부분을 읽어야 한다.
- 4부는 PostgreSQL 클라이언트 프로그램의 프로그래밍 인터페이스를 설명한다.
- 5부는 서버의 확장 기능에 대한 고급 사용자 정보를 설명한다. 사용자 정의 데이터 타입이 항목에 포함된다.
- 6부는 SQL 명령, 클라이언트 및 서버 프로그램에 대한 참조 정보를 설명한다. 여기서는 명령 또는 프로그램별로 정렬된 구조화된 정보를 사용해 다른 부분을 지원한다.

- 7부는 PostgreSQL 개발자에게 유용한 정보가 분류되어 있다.

PostgreSQL이란?

PostgreSQL은 POSTGRES, 버전 4.2를 기반으로 하는 개체 관계 데이터베이스 관리 시스템[ORDBMS]이며, UC 버클리 컴퓨터 공학부에서 개발했다. POSTGRES는 여러 가지 개념을 개척했는데, 이것은 한참 뒤에 일부 상업용 데이터베이스 시스템에서 구현되었다.

PostgreSQL은 이 오리지널 버클리[Berkeley] 코드에서 유래된 오픈소스다. 이것은 SQL 표준의 대부분을 지원하며 다음과 같은 최신 기능을 다수 제공한다.

- 복합 쿼리
- 외래키
- 트리거
- 업데이트 가능한 뷰
- 트랜잭션 무결성
- 멀티버전 동시성 제어

PostgreSQL을 사용자가 여러 가지 방법으로 확장할 수도 있다. 예를 들면, 다음을 새로 추가할 수 있다.

- 데이터 타입
- 함수
- 연산자
- 집계 함수
- 인덱스 메소드
- 프로시저 언어

그리고 자유로운 라이선스 때문에 누구든 자유롭게 PostgreSQL을 사적으로, 상업적으로 또는 교육용으로 사용, 수정 및 배포할 수 있다.

PostgreSQL의 간략한 역사

현재 PostgreSQL로 알려진 개체 관계 데이터베이스 관리 시스템은 UC 버클리에서 작성된 POSTGRES 패키지에서 파생되었다. 20여 년에 걸쳐 개발된 PostgreSQL은 현재 가장 진보된 오픈소스 데이터베이스로, 어디서든 사용할 수 있다.

버클리 POSTGRES 프로젝트

마이클 스톤브레이커[Michael Stonebraker] 교수가 주도한 POSTGRES 프로젝트는 DARPA[Defense Advanced Research Projects Agency], ARO[Army Research Office], NSF[National Science Foundation] 및 ESL, Inc.의 지원을 받았다. POSTGRES의 구현은 1986년에 시작되었다. 시스템의 초기 개념은 'The design of POSTGRES'에 나와 있으며, 초기 데이터 모델의 정의는 'The POSTGRES data model'에 나타나 있다. 당시의 규칙 시스템 설계는 'The design of the POSTGRES rules system'에 기술되어 있다. 스토리지 매니저의 이유 및 아키텍처는 'The design of the POSTGRES storage system'에 상세하게 나와 있다.

POSTGRES는 그 이후에 몇 번의 메이저 릴리스를 거쳤다. 첫 번째 demoware 시스템은 1987년에 사용할 준비를 마치고, 1988년 ACM-SIGMOD 컨퍼런스에 전시되었다. 'The implementation of POSTGRES'에 설명된 버전 1은 1989년 6월에 몇몇 외부 사용자에게 릴리스되었다. 첫 번째 규칙 시스템[A commentary on the POSTGRES rules system]에 대한 비평을 거름 삼아, 규칙 시스템이 재설계되었고[On Rules, Procedures, Caching and Views in Database Systems], 새로운 규칙 시스템으로 버전 2가 1990년 6월에 릴리스되었다. 버전 3은 1991년에 등장했고, 다중 스토리지 매니저, 개선된 쿼리 실행기 및 재작성된 규칙 시스템에 대한 지원이 추가되었다. 대체로, Postgres95까지 후속 릴리스는 이식성 및 안정성에 초점을 맞추었다.

POSTGRES는 여러 가지 각종 연구 및 생산 애플리케이션을 구현하는 데 사용되었다. 금융 데이터 분석 시스템, 제트 엔진 성능 모니터링 패키지, 소행성 추적 데이터베이스, 의료 정보 데이터베이스 및 몇 가지 지리 정보 시스템이 여기에 포함된다. POSTGRES 는 몇 군데 대학에서 교육용 툴로도 사용되었다. 마지막으로 Illustra Information Technologies(이후에 인포믹스^{Informix}로 합병되었으며, 현재 IBM 소유)는 코드를 선별해서 상업화했다. 1992년 후반에, POSTGRES는 Sequoia 2000 과학 컴퓨팅 프로젝트의 주요 데이터 매니저가 되었다.

외부 사용자 커뮤니티의 규모는 1993년에 거의 2배가 되었다. 프로토타입 코드의 유지 관리 및 지원은 엄청난 시간이 소요된다는 것은 점점 더 명백해졌다. 데이터베이스 연구는 이것에 전념했어야 했다. 하지만, 이러한 지원 부담을 줄이기 위한 일환으로, 버클리 POSTGRES 프로젝트는 공식적으로 버전 4.2로 끝났다.

Postgres95

1994년에 앤드류 유$^{Andrew\ Yu}$ 및 졸리 첸$^{Jolly\ Chen}$은 SQL 언어 인터프리터를 POSTGRES 에 추가했다. 그 뒤에, Postgres95는 오리지널 POSTGRES 버클리 코드에서 유래된 오픈소스로서의 방향을 찾기 위해 새로운 이름으로 웹에 릴리스되었다.

Postgres95 코드는 완벽한 ANSI C였고 크기는 25%까지 축소되었다. 여러 가지 내부 변경으로 성능과 유지관리성이 개선되었다. Postgres95 릴리스 1.0.x는 위스콘신 벤치 마크에서 POSTGRES 버전 4.2와 비교했을 때 30~50% 정도 빨라졌다. 버그 수정과는 별개로, 다음 내용이 주요하게 개선되었다.

- 쿼리 언어 PostQUEL은 SQL로 교체되었다(서버에서 구현)(PostQUEL 이후에 인터페이스 라이브러리 libpq가 명명되었다). PostgreSQL까지는 서브쿼리가 지원되지 않았지만, 사용자 정의 SQL 함수를 사용해 Postgres95에서 모방이 가능했다. 집계 함수는 재구현되었으며, GROUP BY 쿼리 절에 대한 지원도 추가되었다.

- GNU Readline에서 사용되는 인터랙티브 SQL 쿼리를 위한 새 프로그램(psql)이 제 공되었다. 이것은 주로 오래된 모니터 프로그램을 대체한다.
- 새 프론트엔드 라이브러리 libpgtcl은 Tcl 기반 클라이언트를 지원했다. 샘플 셸 pgtclsh는 Tcl 프로그램과 Postgres95 서버의 인터페이스를 위해 새로운 Tcl 명령 어를 제공했다.
- 대형 개체^{Large-object} 인터페이스는 아주 세세하게 검토되었다. 인버전 대형 개체 는 대형 개체를 저장하기 위한 유일한 메커니즘이었다(인버전 파일 시스템은 제거되 었다).
- 인스턴스 레벨 규칙 시스템은 제거되었고, 규칙은 재작성 규칙으로 여전히 사용 가 능하다.
- 일반 SQL 기능 및 Postgres95 기능을 소개하는 간단한 자습서가 소스 코드와 함께 배포되었다.
- GNU make(BSD make 대신)가 빌드용으로 사용되었다. 또한 Postgres95는 패치되 지 않은 GCC로 컴파일 가능했다(doubles의 데이터 얼라인먼트는 수정됨).

PostgreSQL

1996년이 되자, Postgres95라는 이름을 더 이상 유지하기 어려웠다. 오리지널 POSTGRES와 최신 버전의 SQL 기능 사이의 관계를 반영하기 위해 PostgreSQL을 새 로운 이름으로 채택했다. 동시에, 버전 번호를 6.0부터 시작했고, 버클리 POSTGRES 프 로젝트에서 처음 시작된 순서대로 번호를 역순으로 붙였다.

많은 사람들이 편의상 예전처럼 PostgreSQL을 'Postgres'라고 부르고 있다(현재 전체 대문자는 잘 사용하지 않는다). 이 명칭은 별명 또는 별칭으로 보편적으로 사용된다.

Postgres95 개발 중 강조되었던 점은 서버 코드에 존재하는 문제를 식별 및 파악하는 것이었다. PostgreSQL에서는 전 영역에서 작업을 계속하면서 기능과 성능을 보강하는 쪽으로 역점이 이동되었다.

PostgreSQL에서 일어난 일들에 관한 자세한 내용은 PostgreSQL 공식 가이드 부록 E에서 찾을 수 있다.

표기법

커맨드에 사용되는 표기법은 다음과 같다. 대괄호([및])는 옵션을 나타낸다(Tcl 명령에서는 물음표(?)가 대신 사용되며, 이것은 Tcl에서 보편적이다.) 중괄호({ 및 }) 및 세로줄(|)은 대안 하나를 선택해야 함을 나타낸다. 점(...)은 선행 엘리먼트의 반복이 가능함을 나타낸다.

가독성을 높이기 위해 SQL 커맨드에는 앞에 =>를 붙였고, 셸 명령에는 앞에 $를 붙였다. 보통 이 기호들은 표시되지 않는다.

관리자는 서버 설치 및 실행을 담당하는 사람이다. 사용자는 PostgreSQL 시스템의 일부분을 사용 중이거나 사용하려는 사람이다. 이 용어를 너무 좁게 해석해서는 안 된다. 이 자료에서는 시스템 관리 절차에 대한 추정사항을 정해 놓고 있지 않다.

추가 정보

이 자료에서 문서화된 것 외에 PostgreSQL에 대한 다른 리소스도 있다.

위키(https://wiki.postgresql.org)
  PostgreSQL 위키[wiki]에는 프로젝트의 FAQ[Frequently Asked Questions] 목록, TODO 목록 및 기타 여러 가지 항목에 대한 상세 정보가 포함되어 있다.

웹사이트(http://www.postgresql.org)
  PostgreSQL 웹사이트에는 최신 릴리스 및 PostgreSQL을 좀 더 생산적으로 사용할 수 있는 기타 정보가 게시된다.

메일링 리스트(http://www.postgresql.org/list)

    메일링 리스트는 문의사항에 대한 답을 받고, 다른 사용자와 경험을 공유하고, 개발자에게 연락할 수 있는 방법이다. 자세한 내용은 PostgreSQL 웹사이트를 참고하라.

자발적인 참여

    PostgreSQL은 오픈소스 프로젝트이다. 따라서 지속적인 지원은 사용자 커뮤니티에 달려 있다. PostgreSQL을 처음 사용하는 경우 문서 또는 메일링 리스트를 통해 다른 사람의 도움을 받아야 한다. 여러분의 지식도 다시 기부할 것을 권장한다. 메일링 리스트를 읽고 질문에 답을 해도 좋다. 문서에 없는 무언가를 배운 경우 글을 써서 올리고 공유한다. 코드에 기능을 추가했다면, 커뮤니티에 알려준다.

버그 리포팅 가이드라인

PostgreSQL 버그를 발견한 경우 알려주기 바란다. 여러분의 버그 리포트는 PostgreSQL의 안정성을 증가시키는 데 큰 도움이 된다. 아무리 최선을 다해도 어떤 환경, 어떤 플랫폼에서든 PostgreSQL의 모든 부분이 완벽하게 동작한다고 보장하기는 어렵다.

다음 제안은 사용자가 버그 리포트를 효과적으로 작성할 수 있도록 하기 위한 것이다. 이것을 꼭 따라야 할 필요는 없지만 따를 경우 도움이 된다.

모든 버그를 즉시 수정하는 것은 어렵다. 버그가 명백하거나, 중요하거나, 다수의 사용자에게 영향을 미칠 경우 누군가가 조사해볼 가능성이 높다. 버그가 발생한 경우 새 버전으로 업그레이드 권고를 받을 수도 있다. 또는 현재 계획 중인 몇 가지 주요 재작성rewrite이 완료되기 전에는 버그 수정 불가 조치가 있을 수도 있다.

또는 일정이 너무 빡빡하거나 더 중요한 일이 있을 수도 있다. 즉각적인 도움이 필요한 경우 상업적 지원 계약을 맺는 것도 고려해보라.

버그 식별

버그를 리포트하기 전에 여러분이 하려던 작업이 실제로 가능한지 확인하려면 문서를 다시 읽어보기 바란다. 여러분이 무언가를 할 수 있는지 여부가 문서에 명확하지 않은 경우 문서의 버그이므로 리포트하기 바란다. 프로그램이 문서에 나온 내용과 다르게 실행될 경우 이것은 버그이다. 다음 내용들이 이 문제에 포함되며, 이외에도 다양한 버그가 존재한다.

- 프로그램이 fatal 신호와 함께 중단 또는 프로그램에 문제가 있음을 알리는 운영체제 에러 메시지(반례는 "디스크 꽉 참" 메시지일 수 있으며, 직접 수정해야 한다)
- 주어진 입력에 대해 잘못된 출력이 프로그램에서 나온다.
- 프로그램이 유효한 입력(문서에 정의)을 받아들이지 않는다.
- 프로그램이 경고 또는 에러 메시지 없이 잘못된 입력을 받아들인다. 단, 잘못된 입력이라는 여러분의 생각은 확장 또는 전통적 방식과의 호환성을 고려한 우리의 발상일 수도 있다는 점에 유의하라.
- 지원 플랫폼에 대한 지침에 따른 PostgreSQL의 컴파일, 빌드 또는 설치 실패

여기서 '프로그램'이란 백엔드 프로세스뿐 아니라 모든 실행 파일을 가리킨다.

느려지는 것 또는 리소스 호깅^{hogging}이 반드시 버그인 것은 아니다. 애플리케이션 튜닝에 대한 도움이 필요하면 문서를 읽어 보거나 메일링 리스트에 문의하기 바란다. 특정 기능에 대한 준수가 명시적으로 요구되지 않는 경우에는 SQL 표준을 따르지 않는 것이 반드시 버그인 것은 아니다.

계속하기 전에 이미 알려진 버그를 보려면 TODO 목록 및 FAQ를 확인하기 바란다. TODO 목록의 정보를 이해할 수 없으면 문제를 리포트하기 바란다. 우리가 할 수 있는 최소한의 것은 TODO 목록을 명확히 하는 것이다.

리포트 내용

버그 리포트에서 기억해야 할 가장 중요한 것은 모든 사실을 팩트만 기술하는 것이다. 원인에 대한 여러분의 생각이나 "그랬을 것 같다" 또는 "어떤 프로그램이 문제인 것 같다" 등을 추측하면 안 된다. 구현에 익숙하지 않다면 잘못된 추측을 할 가능성이 높으며, 이것은 우리에게 도움이 되지 않는다. 설사 익숙하더라도 지식을 갖춘 설명은 보충 내용으로서는 충분하지만 팩트를 대체할 수는 없다. 버그를 수정하려면 먼저 우리가 버그가 발생하는 것을 확인해야 한다. 팩트를 있는 그대로 리포팅하는 것은 비교적 간단하지만(화면에서 복사 및 붙여넣기 가능), 자주 등장하는 중요한 세부사항일지라도 어떤 사람은 중요하게 생각하지 않기 때문에 생략될 것이다. 하지만 리포트는 어쨌든 이해될 것이다.

다음 항목은 버그 리포트에 포함되어야 한다.

- 문제의 재현을 위해 필요한 프로그램 시작부터 정확한 순서의 단계. 이것은 준비가 되어야 한다. 출력이 테이블의 데이터에 종속되어야 한다면 선행 CREATE TABLE 및 INSERT 문 없이 SELECT 문을 보내는 것은 충분하지 않다. 우리는 데이터베이스 스키마를 역설계할 시간이 없으며, 자체 데이터로 실행할 경우 문제를 놓칠 가능성이 있다.

  SQL 관련 문제를 테스트할 때 최선의 형식은 문제를 보여주는 psql 프론트엔드를 통해 실행 가능한 파일이다(~/.psqlrc 시작 파일에는 아무것도 없게 할 것). 이 파일을 만드는 간단한 방법은 상황 설정에 필요한 테이블 선언 및 데이터를 pg_dump를 사용하여 덤프하고 문제 쿼리를 추가하는 것이다. 예제의 크기를 최소화하는 것이 바람직하지만 꼭 필요한 것은 아니다. 버그를 재현할 수 있으면 방법을 찾을 수 있다.

  여러분의 애플리케이션이 PHP 같은 일부 다른 클라이언트 인터페이스를 사용하는 경우 문제의 쿼리를 분리해야 한다. 문제를 재현하기 위해 우리 웹 서버를 구성할 가능성은 없다. 어떤 경우든, 정확한 입력 파일을 제공하려면, 정보가 부정확하기 때문에 '큰 파일' 또는 '중간 크기의 데이터페이스' 등에서 일어나는 문제를 추측하면 안 된다.

- 여러분의 출력. '작동 안 함' 또는 '충돌함'이라고 하면 안 된다. 에러 메시지가 있으면, 내용이 잘 이해되지 않더라도 제시해 달라. 운영체제 에러 때문에 프로그램이 중단된 경우 무엇인지 알려달라. 아무것도 일어나지 않았다면, 그렇다고 해라. 테스트 사례의 결과가 프로그램 충돌이거나 그 반대인 것이 명백하더라도, 우리 플랫폼에서는 해당 문제가 일어나지 않을 수 있다. 가장 손쉬운 것은, 가능하면 터미널에서 출력을 복사하는 것이다.

> **참고**: 에러 메시지를 리포트하는 경우 메시지 중에서 가장 자세한 것을 받아놓기 바란다. psql에서 미리 ₩set VERBOSITY verbose라고 설정하라. 서버 로그에서 메시지를 추출하는 경우 매개변수 log_error_verbosity를 verbose로 설정해서 모든 내용이 로깅되게 하라.

> **참고**: 심각한 에러인 경우 클라이언트에서 리포트되는 에러 메시지에는 모든 정보가 포함되어 있지 않을 수 있다. 데이터베이스 서버의 로그 출력도 살펴보기 바란다. 서버의 로그 출력을 저장하지 않는다면, 지금이 그렇게 설정하기에 적절한 때다.

- 예상된 출력은 서술이 매우 중요하다. '커맨드에 이렇게 출력되었다 This command gives me that output' 또는 '예상한 것이 아님 This is not what I expected'으로만 써 놓으면 우리는 직접 실행해보고, 출력을 검색해서, 괜찮으면 예상대로 정확하다고 생각한다. 우리는 여러분의 커맨드에 숨은 정확한 의미를 해독하는 데 시간을 허비할 수 없다. 특히 'SQL/Oracle이 잘 안 된다 This is not what SQL says/Oracle does'라고 간단하게 말하는 것은 자제하기 바란다. SQL의 올바른 동작을 파헤치는 것은 재미있는 일이 아니며, 우리가 다른 모든 관계 데이터베이스의 동작을 다 알고 있는 것도 아니다(여러분의 문제가 프로그램 충돌인 경우 이 항목은 명백히 누락이 가능하다).
- 기본값에서 변경된 관련 환경 변수 또는 구성 파일을 비롯한 커맨드라인 옵션 및 기타 시작 옵션. 한번 더 말하자면, 정확한 정보를 제공하기 바란다. 데이터베이스 서버가 부팅 시에 시작되는 프리패키지 배포를 사용하는 경우 이것이 실행되는 방식을 알아내야 한다.

- 설치 지침과 다르게 실행한 모든 것
- PostgreSQL 버전. `SELECT version();`을 실행하면 연결된 서버 버전을 알 수 있다. 대부분의 실행 가능한 프로그램은 `--version` 옵션을 지원한다. 최소한 `postgres --version` 및 `psql --version`은 작동된다. 함수 또는 옵션이 존재하지 않는 경우 여러분의 버전은 업그레이드를 반드시 해야 할 만큼 오래된 버전이다. Subversion 을 포함해 RPM 같은 프리패키지 버전을 실행하는 경우 패키지에 존재할 수 있다. 깃 스냅샷에 대해 말할 때는 커밋 해시를 포함하여 언급해야 한다.

  9.4.4보다 이전 버전인 경우에는 거의 업그레이드를 권장한다. 각각의 새 릴리스에 는 다수의 버그 수정 및 개선이 포함되므로 PostgreSQL의 이전 릴리스에서 당면한 버그는 이미 수정되었을 가능성이 높다. PostgreSQL의 이전 릴리스를 사용할 경우 에는 지원이 제한적으로 제공된다. 제공되는 것 이상이 필요할 경우에는 상업적 지 원 계약을 맺는 것도 고려해보라.

- 플랫폼 정보. 여기에는 커널 이름과 버전, C 라이브러리, 프로세서, 메모리 정보 등 이 포함된다. 대부분의 경우 벤더와 버전을 리포트하는 것으로 충분하지만 데비안 ^{Debian}에 포함된 것을 누구나 정확히 알고 있거나 누구나 i386을 실행한다고 가정해 서는 안 된다. 설치 문제가 있을 경우 머신의 툴체인에 대한 정보(컴파일러, make 등) 도 필요하다.

버그 리포트가 길어지는 것은 걱정하지 않아도 된다. 팩트니까 어쩔 수 없다. 여러분에 게서 받은 팩트를 우리가 쥐어짜는 것보다는 처음부터 모든 것을 리포트하는 것이 훨씬 낫다. 즉, 입력 파일이 거대한 경우 이 파일이 필요한지부터 먼저 묻는 것이 맞다. 몇 가 지 팁과 버그 리포팅에 대해 간략하게 설명하는 기사가 있다.

> 입력에서 어떤 것을 변경해야 문제가 없어지는지를 고민하느라 시간을 보내지 마라.
> 문제 해결에 도움이 되지 않는다. 곧바로 수정이 어려운 버그임이 판명되면 여러분
> 은 해결책을 찾고 공유하는 데 시간을 보내게 될 것이다. 또한, 버그가 나타난 이유
> 를 찾는 데 시간을 낭비하지 마라. 우리가 곧 원인을 찾아낼 것이다.

버그 리포트를 작성할 때 혼동을 줄 수 있는 용어는 자제하기 바란다. 소프트웨어 패키지는 통틀어 "PostgreSQL"이라고 하고, 짧게는 "Postgres"라고 한다. 특히 백엔드 프로세스에 대해 말할 때는 "PostgreSQL 충돌(PostgreSQL crashes)"이라고만 말해서는 안 된다. 단일 백엔드 프로세스의 충돌은 부모 "postgres" 프로세스의 충돌과는 상당히 다르다. 단일 백엔드 프로스세스의 다운 또는 그 반대를 의미할 경우에 "서버 충돌(the server crashed)"이라고 말하면 안 된다. 또한 상호작용을 하는 프론트엔드 "psql" 같은 클라이언트 프로그램은 백엔드와 완전히 분리되어야 한다. 문제가 클라이언트 측인지, 서버 측인지에 대해 구체적이어야 한다.

버그 리포트를 보낼 곳

보통은 〈pgsql-bugs@postgresql.org〉의 버그 리포트 메일링 리스트로 버그 리포트를 전송한다. 이메일 메시지에 에러 메시지의 일부를 설명할 수 있는 제목을 사용하는 것이 좋다.

다른 방법은 프로젝트 웹사이트에서 사용할 수 있는 버그 리포트 웹 양식에 입력하는 것이다. 이 방식으로 버그 리포트를 입력하면 〈pgsql-bugs@postgresql.org〉 메일링 리스트에 메일이 전달된다.

버그 리포트에 보안에 영향이 있는 요소가 있거나 공용 아카이브에서 즉각적으로 표시되지 않기를 원하면 pgsql-bugs로 전송하면 안 된다. 보안 문제는 〈security@postgresql.org〉에 개인적으로 리포트할 수 있다.

〈pgsql-sql@postgresql.org〉 또는 〈pgsql-general@postgresql.org〉 같은 사용자 메일링 리스트에는 버그 리포트를 보내면 안 된다. 이 메일링 리스트는 사용자 문의에 답변하기 위한 것이며, 가입자는 보통 버그 리포트를 받고 싶어하지 않는다. 더 중요한 것은 그들은 버그를 수정하지 않는다.

또한, 리포트를 개발자의 메일링 리스트 〈pgsql-hackers@postgresql.org〉에 전송하면 안 된다. 이 리스트는 PostgreSQL 개발 논의를 위한 것이며, 버그 리포트를 별개로 관리하고 싶을 때는 괜찮다. 문제를 좀 더 검토해야 할 경우 pgsql-hackers에 버그 리포트에 대한 토론이 채택될 수도 있다.

문서에 문제가 있을 경우 문서화 메일링 리스트 ⟨pgsql-docs@postgresql.org⟩에 리포트하는 것이 최선이다. 문서의 어떤 부분이 불만족스러운지 구체적으로 명시하기 바란다.

버그가 미지원 플랫폼으로의 이식성 문제인 경우 우리(그리고 여러분)가 PostgreSQL을 여러분의 플랫폼으로 포팅할 수 있도록 ⟨pgsql-hackers@postgresql.org⟩로 메일을 보내주기 바란다.

> **참고:** 스팸 메일이 너무 많기 때문에 상기 이메일 주소 모두 폐쇄형 메일링 리스트이다. 즉, 게시가 가능하도록 리스트 가입이 필요하다(단, 버그 리포트 웹 양식을 사용할 때는 가입이 불필요하다). 메일을 보내고 싶지만 리스트 트래픽은 수신하기 싫다면 가입을 하고 가입 옵션을 nomail로 설정하면 된다. 자세한 내용은 메시지 본문에 help라는 한 단어를 넣고 ⟨majordomo@postgresql.org⟩로 메일을 보내주기 바란다.

독자 의견과 정오표

이 책을 읽으며 의견이나 질문, 오탈자가 있다면 이 책의 옮긴이(publish@bitnine.co.kr)나 에이콘출판사 편집팀(editor@acornpub.co.kr)으로 문의해주길 바란다. 정오표는 에이콘출판사 도서 정보 페이지 www.acornpub.co.kr/book/postgresql-vol1에서 찾을 수 있다.

1

소스 코드로 설치

이 장은 소스 코드의 배포를 이용한 PostgreSQL 설치 방법을 설명한다(RPM 또는 데비안(Debian) 같은 프리패키지 (pre-packaged) 배포를 이용해 설치하는 경우 이 장은 건너뛰고 해당 패키저(packager)의 지침을 대신 읽기 바란다).

1.1 짧은 버전

```
./configure make
su
make install adduser postgres
mkdir /usr/local/pgsql/data
chown postgres /usr/local/pgsql/data su - postgres
/usr/local/pgsql/bin/initdb -D /usr/local/pgsql/data
/usr/local/pgsql/bin/postgres -D /usr/local/pgsql/data >logfile 2>&1 &
/usr/local/pgsql/bin/createdb test
/usr/local/pgsql/bin/psql test
```

긴 버전은 이 장의 나머지 부분에서 설명한다.

1.2 요구 사항

일반적으로 현대의 유닉스^{Unix} 호환 플랫폼은 PostgreSQL을 실행할 수 있어야 한다. 출시 당시에 특정한 테스트를 받은 플랫폼은 1.6절에 나와 있다. 배포되는 doc 서브 디렉 토리에는 문제 발생 시 찾아볼 수 있는 플랫폼별 특정 FAQ 문서가 몇 가지 있다.

다음은 PostgreSQL을 구축하는 데 필요한 소프트웨어 패키지들이다.

- GNU make 버전 3.80 이상이 필요하다. 다른 make 프로그램 또는 이전 GNU make 버전은 작동되지 않는다(GNU make가 gmake 이름 아래에 설치되기도 한다). GNU make 버전을 확인하려면 다음을 입력한다.
  ```
  make --version
  ```

- ISO/ANSI C 컴파일러가 필요하다(최소 C89 호환). GCC의 최신 버전이 권장되지만 PostgreSQL은 서로 다른 벤더의 다양한 컴파일러를 사용하여 빌드하는 것으로 알려져 있다.

- gzip 또는 bzip2 외에, 배포된 소스의 압축을 해제하기 위해 tar도 필요하다.

- GNU Readline 라이브러리가 기본적으로 사용된다. 이것으로 psql(PostgreSQL의 커맨드라인 SQL 인터프리터)은 사용자가 입력한 각각의 명령을 기억하고, 사용자는 화살표 키를 사용하여 이전 명령을 호출 및 편집할 수 있다. 이것은 매우 유용하기 때문에 강력하게 권장된다. 이것을 사용하지 않으려면 --without-readline 옵션을 configure로 지정해야 한다. 또는 NetBSD에서 처음 개발했고, BSD의 허가를 받은 libedit 라이브러리를 사용할 수도 있다. libedit 라이브러리는 GNU Readline과 호환 가능하며, libreadline을 찾을 수 없거나, --with-libedit-preferred가 configure에 대한 옵션으로 사용되는 경우에 사용된다. 패키지 기반의 리눅스 배포를 이용하는 경우 readline 및 readline-devel 패키지가 배포에서 분리되어 있는 경우 둘 다 필요함을 인지해야 한다.

- zlib 압축 라이브러리가 기본적으로 사용된다. 이것을 사용하지 않으려면 --without-zlib 옵션을 configure로 지정해야 한다. 이 옵션을 사용하면 pg_dump 및 pg_restore에서 압축된 아카이브에 대한 지원이 비활성화된다.

다음 패키지는 선택사항이다. 기본 구성에서는 필요하지 않지만 다음과 같은 특정 빌드 옵션이 활성화된 경우에는 필요하다.

- 서버 프로그래밍 언어 PL/Perl을 빌드하려면 libperl 라이브러리 및 헤더 파일을 비롯한 전체 펄[Perl] 설치가 필요하다. PL/Perl은 공유 라이브러리가 되므로 libperl은 대부분의 플랫폼에서도 공유 라이브러리이다. 이것은 최근의 펄 버전에서 기본적으로 설정 되어 있지만, 초기 버전에서는 그렇지 않았으며 어떤 경우든 사이트에서 펄을 설치하는 사람의 선택사항이다. PL/Perl을 부수적인 용도 외에 더 많이 사용할 생각이라면 usemultiplicity 옵션을 활성화한 상태에서 펄 설치를 빌드했는지 확인해야 한다(perl -V로 여부 확인).

  공유 라이브러리는 없지만 필요한 경우 이와 같은 메시지가 PostgreSQL 빌드 중에 나타나므로 이러한 사실을 확인할 수 있다.

  ```
  *** Cannot build PL/Perl because libperl is not a shared library.
  *** You might have to rebuild your Perl installation. Refer to
  *** the documentation for details.
  ```

  (화면 출력을 따르지 않으면 사용자는 단지 PL/Perl 라이브러리 개체, plperl.so 혹은 유사한 개체들이 설치되지 않을 것임을 인지하게 된다.) 이 메시지가 표시되면 사용자는 펄을 수동으로 리빌드 및 설치하여 PL/Perl을 빌드할 수 있다. 펄 구성 프로세스 중에 공유 라이브러리를 요청해야 한다.

- PL/Python 서버 프로그래밍 언어를 빌드하려면 헤더 파일과 distutils 모듈을 이용한 파이썬[Python] 설치가 필요하다. 최소 요구 버전은 파이썬 2.3이다(numeric 타입의 함수 인수를 사용하려면 별도로 사용 가능한 cdecimal 모듈이 2.3.x 설치에 반드시 포함되어야 한다. 이 모듈이 없을 경우 PL/Python 회귀 테스트를 통과하지 못한다는 점에 유의해야 한다). 버전 3.1 이상인 경우 파이썬 3이 지원되지만, 파이썬 3을 사용하는 경우에는 PostgreSQL 공식 가이드 43.1절을 참조하기 바란다.

  PL/Python은 공유 라이브러리가 되므로 libpython은 대부분의 플랫폼에서도 공유 라이브러리이다. 그러나 이것은 파이썬 설치의 기본 설정은 아니다. PostgreSQL을 빌드 및 설치한 후에 plpython.so라는 파일이 있는 경우(확장자가 다를 가능성 있음)에는 모든 것이 정상적으로 진행된다. 그렇지 않은 경우 다음과 같은 알림을 확인해야 한다.

```
*** Cannot build PL/Python because libpython is not a shared library.
*** You might have to rebuild your Python installation. Refer to
*** the documentation for details.
```

이것은 사용자가 파이썬 설치(일부)를 리빌드해서 이 공유 라이브러리를 생성해야 함을 의미한다.

문제가 있을 경우 --enable-shared 플래그를 사용하여 파이썬 2.3 이상의 구성을 실행해야 한다. 일부 운영체제에서 공유 라이브러리를 빌드할 필요는 없지만 이것의 PostgreSQL 빌드 시스템을 사용자가 확신해야 한다. 자세한 내용은 src/pl/plpython 디렉토리에서 Makefile을 확인하기 바란다.

- PL/Tcl 절차 언어를 빌드하려면 반드시 Tcl 설치가 필요하다. Tcl의 8.4 이전 릴리스를 사용하는 경우 멀티스레드 지원 없이 빌드되었는지 확인해야 한다.

- 프로그램의 메시지를 영어가 아닌 다른 언어로 표시하는 기능인 NLS$^{Native Language}$ ^{Support}를 활성화하려면 Gettext API의 구현이 필요하다. 일부 운영체제는 이러한 빌트인(예: 리눅스^{Linux}, NetBSD, 솔라리스^{Solaris})이 있으며, 다른 시스템의 경우 http://www.gnu.org/software/gettext/에서 애드온 패키지를 다운로드할 수 있다. GNU C 라이브러리에서 Gettext 구현을 사용하는 경우 일부 유틸리티 프로그램용 GNU Gettext 패키지가 추가적으로 필요하다. 다른 구현의 경우에는 필요하지 않다.

- 해당 서비스를 사용하여 인증 또는 암호화를 지원하려는 경우에는 Kerberos, OpenSSL, OpenLDAP 및(또는) PAM이 필요하다.

- PostgreSQL 문서를 빌드하기 위한 일련의 요구 사항은 따로 있다. PostgreSQL 공식 가이드 J.2절을 참조하기 바란다.

릴리스된 소스 패키지를 사용하는 대신 깃^{Git} 트리에서 빌드하거나 서버를 개발하려는 경우 다음 설명과 같은 패키지가 필요하다.

- 깃 체크아웃에서 빌드하려면, 또는 실제 스캐너 또는 파서 정의 파일을 변경했다면 GNU Flex 및 Bison이 필요하다. Flex 2.5.31 이상 또는 Bison 1.875 이상의 환경이어야 한다. 기타 lex 및 yacc 프로그램은 사용할 수 없다.

- 깃 체크아웃에서 빌드하려면, 또는 펄 스크립트를 사용하는 빌드 단계 중에 입력 파일을 변경했다면 펄 5.8 이상이 필요하다. 윈도우에서 빌드하는 경우 어떤 경우든 펄이 필요하다. 펄에서는 일부 테스트 sutie를 실행해야 한다.

GNU 패키지가 있어야 하는 경우 로컬 GNU 미러 사이트(목록은 http://www.gnu.org/order/ftp.html 참조) 또는 ftp://ftp.gnu.org/gnu/에서 찾을 수 있다.

디스크 공간이 충분한지도 확인해야 한다. 컴파일 중에 소스 트리에는 약 100MB, 설치 디렉토리에는 약 20MB가 필요하다. 비어 있는 데이터베이스 클러스터는 약 35MB를 차지하고, 데이터베이스는 동일한 데이터를 일반 텍스트 파일로 저장했을 때보다 5배 정도 공간을 많이 차지한다. 회귀 테스트를 실행하려는 경우 일시적으로 150MB까지 추가 용량이 필요하다. 디스크 여유 공간을 확인하려면 df 명령을 사용하라.

1.3 〉소스 다운로드

PostgreSQL 9.4.4 소스는 당사 웹사이트 http://www.postgresql.org/download/의 다운로드 섹션에서 다운로드할 수 있다. 이름이 postgresql-9.4.4.tar.gz 또는 postgresql-9.4.4.tar.bz2인 파일을 다운로드해야 한다. 파일을 다운로드한 다음, 압축을 푼다.

```
gunzip postgresql-9.4.4.tar.gz
tar xf postgresql-9.4.4.tar
```

(.bz2 파일이 있을 경우 gunzip 대신 bunzip2를 사용해야 한다) 이렇게 하면 PostgreSQL 소스가 든 postgresql-9.4.4 디렉토리가 현재 디렉토리 아래에 만들어진다. 나머지 설치 절차에 대해 해당 디렉토리로 변경해야 한다.

버전 관리 repository에서 소스를 직접 얻을 수도 있다. PostgreSQL 공식 가이드 부록 I를 참조하기 바란다.

1.4 〉 설치 절차

1. 구성

설치 절차의 첫 번째 단계는 시스템에서 소스 트리를 구성하고 원하는 옵션을 선택하는 것이다. 이것은 configure 스크립트를 실행하면 된다. 기본 설치의 경우 간단히 다음을 입력한다.

./configure

이 스크립트는 테스트를 여러 차례 실행하여 시스템 종속 변수의 값을 결정하고 운영체제의 특이점을 검출하여, 최종적으로 빌드 트리에서 몇 개의 파일을 생성하여 발견된 것들을 기록한다. 빌드 디렉토리를 별도로 유지하고 싶으면 소스 트리 외부의 디렉토리에서 configure를 실행할 수도 있다. 이 절차를 VPATH 빌드라고도 한다. 방법은 다음과 같다.

```
mkdir build_dir
cd build_dir
/path/to/source/tree/configure [options go here]
make
```

기본 구성은 서버와 유틸리티를 빌드하고, C 컴파일러만 필요한 모든 클라이언트 애플리케이션 및 인터페이스도 빌드한다. 모든 파일은 기본적으로 /usr/local/pgsql 아래에 설치된다.

다음과 같은 커맨드라인 옵션을 하나 이상 configure에 제공함으로써 빌드 및 설치 프로세스를 커스터마이즈할 수 있다.

--prefix=PREFIX

/usr/local/pgsql 대신 PREFIX 디렉토리 아래에 모든 파일을 설치한다. 실제 파일은 다양한 서브 디렉토리에 설치된다. PREFIX 디렉토리에 직접 설치되는 파일은 없다.

사용자에게 특별히 필요할 경우 다음 옵션을 사용하여 개별 서브 디렉토리를 커스터마이즈할 수도 있다. 단, 이것들을 기본값으로 남겨두면 설치 재배치가 가능하게 된다. 즉 설치 후에 사용자가 디렉토리를 이동할 수 있다(man 및 doc 위치는 이것의 영향을 받지 않는다).

재배치 가능한 설치의 경우 configure의 --disable-rpath 옵션을 사용하고자 할 수 있다. 또한, 사용자는 운영체제 쪽에 공유 라이브러리를 찾는 방법을 알려주어야 한다.

--exec-prefix=EXEC-PREFIX

PREFIX에 설정된 것이 아닌 다른 접두사 EXEC-PREFIX 아래에 아키텍처 종속 파일을 설치할 수 있다. 호스트 사이의 아키텍처 독립 파일을 공유할 때도 유용하다. 이것을 생략하면 EXEC-PREFIX가 PREFIX와 동일하게 설정되고, 아키텍처 종속 및 독립 파일 둘 다 사용자가 원했던 동일한 트리 아래에 설치된다.

--bindir=DIRECTORY

실행 프로그램에 대한 디렉토리를 지정한다. 기본값은 EXEC-PREFIX/bin이며, 일반적으로 /usr/local/pgsql/bin을 의미한다.

--sysconfdir=DIRECTORY

다양한 구성 파일에 대한 디렉토리 PREFIX/etc를 기본값으로 설정한다.

--libdir=DIRECTORY

라이브러리 및 동적으로 로드되는 모듈을 설치할 위치를 설정한다. 기본값은 EXEC-PREFIX/lib이다.

--includedir=DIRECTORY

C 및 C++ 헤더 파일 설치를 위한 디렉토리를 설정한다. 기본값은 PREFIX/include이다.

--datarootdir=DIRECTORY

다양한 종류의 읽기 전용 데이터 파일에 대한 root 디렉토리를 설정한다. 이것은 다음 옵션의 일부에 대한 기본값만 설정한다. 기본값은 PREFIX/share이다.

```
--datadir=DIRECTORY
```

설치된 프로그램에서 사용되는 읽기 전용 데이터 파일에 대한 디렉토리를 설정한다. 기본값은 DATAROOTDIR이다. 이것은 데이터베이스 파일이 배치되는 위치와는 상관이 없다는 것을 유념하라.

```
--localedir=DIRECTORY
```

로케일^{locale} 데이터, 특히 메시지 번역 카탈로그 파일 설치를 위한 디렉토리를 설정한다. 기본값은 DATAROOTDIR/locale이다.

```
--mandir=DIRECTORY
```

PostgreSQL에 딸려 있는 man 페이지는 이 디렉토리 아래에 각각의 manx 서브 디렉토리에 설치된다. 기본값은 DATAROOTDIR/man이다.

```
--docdir=DIRECTORY
```

man 페이지를 제외한 문서 파일을 설치하기 위한 root 디렉토리를 설정한다. 이것은 다음 옵션에 대한 기본값만 설정한다. 이 옵션에 대한 기본값은 DATAROOTDIR/doc/postgresql이다.

```
--htmldir=DIRECTORY
```

PostgreSQL에 대한 HTML 형식 문서는 이 디렉토리 아래에 설치된다. 기본값은 DATAROOTDIR이다.

> **참고:** 시스템의 나머지 네임스페이스에 지장을 주지 않고 PostgreSQL을 공유 설치 위치(예: /usr/local/include)에 설치하려면 주의가 필요하다. 먼저, strng "/postgresql"은 완전히 확장된 디렉토리 이름에 string "postgres" 또는 "pgsql"이 포함되어 있지 않는 한 datadir, sysconfdir 및 docdir에 자동으로 첨부된다. 예를 들면, 접두사로 /usr/local를 선택한 경우 문서는 /usr/local/doc/postgresql에 설치되지만 접두사가 /opt/postgres인 경우 /opt/postgres/doc에 있게 된다. 클라이언트의 공용 C 헤더 파일은 includedir에 설치되고 namespace-clean이다. 내부 헤더 파일 및 서버 헤더 파일은 includedir 아래의 전용 디렉토리에 설치된다. 헤더 파일에 액세스하는 방법에 대한 정보는 각 인터페이스의 문서를 참조하기 바란다. 마지막으로, 적절한 경우 동적으로 로드되는 모듈에 대한 전용 서브 디렉토리도 libdir 아래에 생성된다.

`--with-extra-version=STRING`

STRING을 PostgreSQL 버전 번호에 첨부한다. 예를 들면, 이것을 사용하여 릴리스되지 않은 깃 스냅샷에서 빌드된 바이너리를 make하거나 git describe 식별자 또는 배포 패키지 릴리스 번호 같은 추가 버전 문자열을 사용하여 커스텀 패치를 포함할 수 있다.

`--with-includes=DIRECTORIES`

DIRECTORIES는 콜론으로 구분된 디렉토리 목록이며, 컴파일러라 헤더 파일을 검색하는 목록에 추가된다. 비표준 위치에 설치된 옵션 패키지(예: GNU Readline)가 있을 경우 이 옵션을 사용해야 하고 해당 --with-libraries 옵션도 사용해야 한다.

예: `--with-includes=/opt/gnu/include:/usr/sup/include`.

`--with-libraries=DIRECTORIES`

DIRECTORIES는 라이브러리 검색을 위한 콜론으로 구분된 디렉토리 목록이다. 비표준 위치에 패키지가 설치된 경우 이 옵션(및 해당 --with-includes 옵션)을 사용해야 한다.

예: `--with-libraries=/opt/gnu/lib:/usr/sup/lib`.

`--enable-nls[=LANGUAGES]`

프로그램의 메시지를 영어가 아닌 다른 언어로 표시하는 기능인 NLS^{Native Language Support}를 활성화한다. LANGUAGES는 지원하려는 언어의 코드 목록이 공백으로 구분된 옵션이다. 예를 들면 `--enable-nls='de fr'`이다(사용자의 목록과 실제로 제공된 번역 집합 간의 교집합은 자동으로 계산된다). 목록을 지정하지 않은 경우 사용 가능한 모든 번역이 설치된다.

이 옵션을 사용하려면 Gettext API의 구현이 필요하다. 자세한 내용은 상기 내용을 참조하기 바란다.

```
--with-pgport=NUMBER
```
서버와 클라이언트의 기본 포트 번호로 NUMBER를 설정한다. 기본값은 5432
이다. 포트 번호는 나중에 언제든지 변경할 수 있지만 여기서 지정한 경우 서버
와 클라이언트 모두 동일한 기본값으로 컴파일되므로 매우 편리해진다. 일반적
으로 기본값이 아닌 값을 선택하는 유일하게 합당한 이유는 동일 머신에서 복
수의 PostgreSQL 서버를 실행하고자 하는 경우이다.

```
--with-perl
```
PL/Perl 서버 측 언어를 빌드한다.

```
--with-python
```
PL/Python 서버 측 언어를 빌드한다.

```
--with-tcl
```
PL/Tcl 서버 측 언어를 빌드한다.

```
--with-tclconfig=DIRECTORY
```
Tcl은 Tcl과 인터페이스하는 모듈을 빌드하는 데 필요한 구성 정보가 포함된
tclConfig.sh 파일을 설치한다. 보통 이 파일은 잘 알려진 위치에서 자동으로 발
견되지만 다른 버전의 Tcl을 사용하려는 경우에는 검색하려는 디렉토리를 지정
할 수 있다.

```
--with-gssapi
```
GSSAPI 인증에 대한 지원을 사용하여 빌드한다. 다수의 시스템에서 GSSAPI(일
반적으로 Kerberos 설치의 일부) 시스템은 기본적으로 검색된 위치(예: /usr/
include, /usr/lib)에 설치되지 않으므로 이 옵션 외에도 --with-includes 및
--with-libraries 옵션을 사용해야 한다. configure는 프로세싱 전에 사용자의
GSSAPI 설치가 충분한지 확인하기 위해 필수 헤더 파일과 라이브러리를 점검
한다.

```
--with-krb-srvnam=NAME
```
GSSAPI에서 사용되는 Kerberos 서비스 보안 주체^{principal}의 기본 이름. 기본값은 postgres이다. 윈도우 환경이 아닐 경우에는 일반적으로 이것을 변경해야 할 이유가 없다. 윈도우 환경에서는 대문자 POSTGRES로 설정해야 한다.

```
--with-openssl
```
SSL(암호화됨) 연결에 대한 지원을 사용하여 빌드한다. 이것은 OpenSSL 패키지 설치를 필요로 한다. configure는 프로세싱 전에 사용자의 OpenSSL 설치가 충분한지 확인하기 위해 필수 헤더 파일과 라이브러리를 점검한다.

```
--with-pam
```
PAM$^{Pluggable\ Authentication\ Modules}$ 지원을 사용하여 빌드한다.

```
--with-ldap
```
인증 및 연결 매개변수 조회에 대한 LDAP 지원을 사용하여 빌드한다(자세한 내용은 PostgreSQL 공식 가이드 31.17절 및 19.3.7절 참조). 유닉스에서 이것은 OpenLDAP 패키지 설치를 필요로 한다. 윈도우에서는 기본 WinLDAP 라이브러리가 사용된다. configure는 프로세싱 전에 사용자의 OpenLDAP 설치가 충분한지 확인하기 위해 필수 헤더 파일과 라이브러리를 점검한다.

```
--without-readline
```
Readline 라이브러리(및 libedit 포함)의 사용을 금지한다. 이 옵션은 psql에서 커맨드라인 편집과 이력을 비활성화하므로 권장되지 않는다.

```
--with-libedit-preferred
```
GPL의 허가를 받은 Readline보다는 BSD 허가를 받은 libedit 라이브러리의 사용을 장려한다. 이 옵션은 라이브러리가 둘 다 설치된 경우에만 의미가 있다. 해당 경우의 기본값은 Readline을 사용하는 것이다.

```
--with-bonjour
```
Bonjour 지원을 사용하여 빌드한다. 이것은 사용자의 운영체제에서 Bonjour

지원을 필요로 한다. OS X에서 권장된다.

`--with-uuid=LIBRARY`

지정된 UUID 라이브러리를 사용하여 `uuid-ossp` 모듈을 빌드한다(UUID를 생성하기 위한 함수 제공). LIBRARY는 다음 중 하나여야 한다.

- bsd: FreeBSD, NetBSD 및 일부 기타 BSD 파생 시스템에 있는 UUID 함수 사용
- e2fs: e2fsprogs 프로젝트에서 생성된 UUID 라이브러리 사용 - 이 라이브러리는 대부분의 리눅스 시스템과 OS X에 존재하며, 다른 플랫폼에서도 구할 수 있다.
- ossp: OSSP UUID 라이브러리 사용[1]

`--with-ossp-uuid`

폐지. `--with-uuid=ossp`와 동일하다.

`--with-libxml`

libxml을 사용하여 빌드한다(SQL/XML 지원 활성화). Libxml 버전 2.6.23 이상이 이 기능에 필요하다.

Libxml은 필수 컴파일러와 링커 옵션을 검출하는 데 사용할 수 있는 프로그램 xml2-config를 설치한다. 발견되면 PostgreSQL가 자동으로 설정한다. 일반적이지 않은 위치에 libxml 설치를 지정하려면 환경 변수 `XML2_CONFIG`가 설치에 속한 xml2-config 프로그램을 가리키도록 설정하거나, `--with-includes` 및 `--with-libraries` 옵션을 사용할 수 있다.

`--with-libxslt`

xml2 모듈을 빌드하는 경우 libxslt를 사용한다. xml2는 이 라이브러리에 의존하여 XML의 XSL 변환을 수행한다.

---

1 http://www.ossp.org/pkg/lib/uuid/

`--disable-integer-datetimes`

타임스탬프 및 간격용 64비트 integer 저장소에 대한 지원을 비활성화하고 datetime 값을 floating-point 숫자로 대신 저장한다. Floating-point datetime 저장소는 8.4 이전의 PostgreSQL 릴리스에서 기본값이었지만, timestamp 값의 전체 범위에 대한 마이크로초 정밀도를 지원하지 않으므로 이제는 무의미하다[deprecated]. 단, integer 기반 datetime 저장소는 64비트 integer 타입이 필요하다. 그러므로 이 옵션은 해당 타입을 사용할 수 없는 경우에 사용되거나, PostgreSQL 이전 버전으로 작성된 애플리케이션과의 호환성을 위해 사용된다. 자세한 내용은 PostgreSQL 공식 가이드 8.5절을 참조하기 바란다.

`--disable-float4-byval`

float4 값을 "by value"로 전달한다. 이로써 "by reference" 대신 전달된다. 이 옵션은 성능을 희생시키지만, 오래 전에 C로 작성된 사용자 정의 함수와의 호환 때문에, 그리고 "version 0" 호출 변환을 사용하기 때문에 필요할 수도 있다. 좀 더 장기적인 해결책은 해당 함수가 "version 1" 호출 변환을 사용하도록 업데이트하는 것이다.

`--disable-float8-byval`

float8 값을 "by value"로 전달한다. 이로써 "by reference" 대신 전달된다. 이 옵션은 성능을 희생시키지만, 오래 전에 C로 작성된 사용자 정의 함수와의 호환 때문에, 그리고 "version 0" 호출 변환을 사용하기 때문에 필요할 수도 있다. 좀 더 장기적인 해결책은 해당 함수가 "version 1" 호출 변환을 사용하도록 업데이트하는 것이다. 이 옵션은 float8뿐만 아니라 int8 및 timestamp 같은 일부 관련 타입에도 영향을 미친다는 점에 유의하라. 32비트 플랫폼에서 --disable-float8-byval는 기본값이고 --enable-float8-byval을 선택하는 것은 허용되지 않는다.

`--with-segsize=SEGSIZE`

segment size를 기가바이트 단위로 설정한다. 거대[large] 테이블은 운영체제 파일 여러 개로 분할되며, 각각의 크기는 세그먼트 크기와 동일하다. 이것은 다수의 플랫폼에 존재하는 파일 크기 제한을 사용하여 문제의 소지를 없앤다. 기본 세그먼트 크기인 1기가바이트는 모든 지원 플랫폼에서 안전하다. 사용자의 운영체제에서 "largefile" 지원이 있는 경우(요즘은 거의 지원됨) 더 큰 세그먼트 크기를 사용할 수 있다. 이것은 거대^{large} 테이블을 다수 사용하는 경우에 소비되는 파일 디스크립터 수를 줄일 때 유용하다. 단, 파일 시스템에서 지원되는 크기 및 사용하려는 파일 시스템에서 지원되는 크기보다 큰 값을 선택하지 않도록 주의해야 한다. tar 같은 사용하려는 다른 툴 역시 사용 가능한 파일 크기에 대한 제한을 설정할 수 있다. 절대적인 것은 아니지만 이 값은 2의 제곱이 권장된다. 이 값을 변경하려면 initdb가 필요하다.

`--with-blocksize=BLOCKSIZE`

block size를 킬로바이트 단위로 설정한다. 이것은 테이블 내에서 저장 및 I/O 단위이다. 대부분의 경우에 기본값인 8킬로바이트가 적당하지만 특수한 경우에 다른 값이 유용할 수 있다. 값은 1과 32(킬로바이트) 사이에서 2의 제곱이어야 한다. 이 값을 변경하려면 initdb가 필요하다.

`--with-wal-segsize=SEGSIZE`

WAL segment size를 메가바이트 단위로 설정한다. 이것은 WAL 로그에서 개별 파일의 크기이다. WAL 로그 전달의 세세한 정도를 조절할 때 이 크기를 조정하는 것이 유용할 수 있다. 기본 크기는 16메가바이트이다. 값은 1과 64(메가바이트) 사이에서 2의 제곱이어야 한다. 이 값을 변경하려면 initdb가 필요하다.

`--with-wal-blocksize=BLOCKSIZE`

WAL block size를 킬로바이트 단위로 설정한다. 이것은 WAL 로그 내에서 저장 및 I/O 단위이다. 대부분의 경우에 기본값인 8킬로바이트가 적당하지만 특수한 경우에 다른 값이 유용할 수 있다. 값은 1과 64(킬로바이트) 사이에서 2의 제곱이어야 한다. 이 값을 변경하려면 initdb가 필요하다.

```
--disable-spinlocks
```

PostgreSQL가 플랫폼에 대한 CPU 스핀락 지원이 없더라도 빌드가 성공하도록 한다. 스핀락 지원이 없을 경우 결과적으로 성능이 저하되므로 이 옵션은 빌드 중단 시 그리고 플랫폼에 스핀락 지원이 없음을 알릴 때만 사용해야 한다. 플랫폼에서 PostgreSQL을 빌드하는 데 이 옵션이 필요한 경우 PostgreSQL 개발자에게 문제를 리포트하기 바란다.

```
--disable-thread-safety
```

클라이언트 라이브러리의 스레드 안전을 비활성화한다. 이것은 libpq 및 ECPG 프로그램의 동시 스레드가 자체 전용 연결 핸들러를 안전하게 제어하는 것을 막는다.

```
--with-system-tzdata=DIRECTORY
```

PostgreSQL에는 자체 시간대 데이터베이스가 포함되며, 이것은 날짜 및 시간 작업에 필요하다. 이 시간대 데이터베이스는 사실 FreeBSD, 리눅스 및 솔라리스^Solaris 같은 다수의 운영체제에서 제공되는 IANA 시간대 데이터베이스와 호환되므로 또 다시 설치하는 것은 중복될 여지가 있다. 이 옵션을 사용하는 경우 PostgreSQL 소스 배포에 포함된 것 대신 DIRECTORY의 시스템 제공 시간대 데이터베이스가 사용된다. DIRECTORY는 절대 경로로 지정되어야 한다. /usr/share/zoneinfo는 일부 운영체제에서 디렉토리일 가능성이 높다. 설치 루틴은 시간대 데이터의 불일치 또는 에러를 검출하지 않는다는 점에 유의하라. 이 옵션을 사용하면 PostgreSQL에서 올바로 작동되도록 한 시간대 데이터를 검증하는 회귀 테스트를 실행하는 것이 바람직하다.

이 옵션은 주로 목표 운영체제에 대해 잘 알 알고 있는 바이너리 패키지 배포자를 대상으로 한다. 이 옵션을 사용하는 중요한 장점은 다수의 지역적 서머타임 규칙이 바뀔 때마다 PostgreSQL 패키지를 업그레이드가 불필요하다는 것이다. 또 다른 장점은 시간대 데이터베이스 파일을 설치 중에 빌드할 필요가 없는 경우 PostgreSQL을 간단하게 크로스 컴파일할 수 있다는 것이다.

--without-zlib

Zlib 라이브러리의 사용을 금지한다. 이것은 pg_dump 및 pg_restore에서 압축된 아카이브에 대한 지원을 비활성화한다. 이 옵션은 이 라이브러리를 사용할 수 없는 특수 시스템에만 해당된다.

--enable-debug

디버깅 심볼을 사용하여 모든 프로그램과 라이브러리를 컴파일한다. 이것은 사용자가 프로그램을 디버거에서 실행하여 문제를 분석할 수 있다는 것을 의미한다. 이것은 설치된 실행 파일의 크기를 상당히 확대하고, 비 GCC 컴파일러에서 컴파일러 최적화도 일반적으로 비활성화하여 속도가 느려진다. 그러나 심볼을 사용 가능하게 하면 당면한 문제를 해결하는 데 큰 도움이 된다. 현재, 이 옵션은 사용자가 GCC를 사용하는 경우에만 프로덕션 설치에 권장된다. 그러나 개발 작업을 진행 중이거나 베타 버전을 실행 중이라면 항상 ON으로 설정해 놓아야 한다.

--enable-coverage

GCC를 사용하는 경우 모든 프로그램과 라이브러리는 코드 커버리지 테스트 계기를 사용하여 컴파일된다. 실행 시 코드 커버리지 메트릭을 사용하여 빌드 디렉토리에 파일이 생성된다. 자세한 내용은 16.5절을 참조하기 바란다. 이 옵션은 GCC를 사용하고 개발 작업이 진행 중인 경우에만 사용된다.

--enable-profiling

GCC를 사용하면 모든 프로그램과 라이브러리가 컴파일되므로 프로파일링이 가능하다. 백엔드 종료 시 서브 디렉토리는 프로파일링을 위한 gmon.out 파일을 포함하여 생성이 된다. 이 옵션은 GCC를 사용하고 개발 작업 중인 경우에만 사용된다.

--enable-cassert

서버에서 다수의 "cannot happen" 조건을 테스트하는 assertion 검사를 활성화한다. 이것은 코드 개발에는 매우 중요하지만 테스트 때문에 서버가 상당히 느려질 수 있다. 또한 테스트를 ON으로 설정하면 서버의 안정성이 저하될 수밖에 없다. 어셜션 검사는 심각도로 분류되지 않으며, 어셜션 실패 시 상대적으로 무해한 버그 때문에 서버 재시작으로 이어지게 된다. 이 옵션은 프로덕션용으로는 권장되지 않지만 개발 작업 또는 베타 버전 실행 중에는 ON으로 설정해야 한다.

`--enable-depend`

자동 종속 추적을 활성화한다. 이 옵션을 사용하면 makefile이 셋업되므로 헤더 파일이 변경 시 영향을 받는 모든 개체 파일이 리빌드된다. 이것은 개발 작업 시에 유용하지만 컴파일만 한 번 해서 설치하려는 경우에는 오버헤드 낭비로 이어진다. 지금은, 이 옵션은 GCC에서만 사용된다.

`--enable-dtrace`

동적 트레이싱 툴인 DTrace에 대한 지원을 사용하여 PostgreSQL을 컴파일한다. 자세한 내용은 PostgreSQL 공식 가이드 27.4절을 참조하기 바란다.

dtrace 프로그램을 가리키기 위해 환경 변수 `DTRACE`를 설정할 수 있다. 이것은 주로 dtrace가 경로가 아닌 /usr/sbin 아래에 보통 설치되기 때문에 필요하다.

dtrace 프로그램에 대한 추가 커맨드라인 옵션은 환경 변수 `DTRACEFLAGS`에서 지정될 수 있다. 솔라리스에서 DTrace 지원을 64비트 바이너리로 지원하려면 `DTRACEFLAGS="-64"`를 지정하여 구성해야 한다.

예를 들면 다음과 같다.

GCC 컴파일러를 사용하는 경우:

```
./configure CC='gcc -m64' --enable-dtrace DTRACEFLAGS='-64' ...
```

썬Sun 컴파일러를 사용하는 경우:

```
./configure CC='/opt/SUNWspro/bin/cc -xtarget=native64' --enable-dtrace
DTRACEFLA
```

```
--enable-tap-tests
```

펄 TAP 툴을 사용하여 테스트를 활성화한다. 이것은 펄 설치와 펄 모듈인 IPC::Run을 필요로 한다. 자세한 내용은 16.4절을 참조하기 바란다.

하나의 configure를 고르는 것과는 다른 C 컴파일러를 선호하는 경우 환경 변수 CC를 선택한 프로그램으로 설정할 수 있다. 기본적으로 configure는 가능한 경우 gcc를 고르고, 가능하지 않을 때는 플랫폼 기본값(일반적으로 cc)을 고른다. 유사하게, 필요 시 CFLAGS 변수를 사용하여 기본 컴파일러 플래그를 오버라이드할 수 있다.

configure 커맨드라인에서 환경 변수를 지정할 수 있다. 예를 들면 다음과 같다.

```
./configure CC=/opt/bin/gcc CFLAGS='-O2 -pipe'
```

이와 같은 방법으로 지정할 수 있는 주요 변수 목록은 다음과 같다.

```
BISON
```

Bison 프로그램

```
CC
```

C 컴파일러

```
CFLAGS
```

C 컴파일러에 전달할 옵션

```
CPP
```

C 프리프로세서

```
CPPFLAGS
```

C 프리프로세서에 전달할 옵션

```
DTRACE
```

dtrace 프로그램의 위치

DTRACEFLAGS

dtrace에 전달할 옵션

FLEX

Flex 프로그램

LDFLAGS

실행 파일 또는 공유 라이브러리에 연결할 때 사용할 옵션

LDFLAGS_EX

실행 파일 연결 전용 추가 옵션

LDFLAGS_SL

공유 라이브러리 연결 전용 추가 옵션

MSGFMT

원시 언어 지원용 msgfmt 프로그램

PERL

펄 인터프리터에 대한 전체 경로. 이것은 PL/Perl 빌드를 위한 종속성을 결정하는 데 사용된다.

PYTHON

파이썬 인터프리터에 대한 전체 경로. 이것은 PL/Python 빌드를 위한 종속성을 결정하는 데 사용된다. 또한, 여기서 지정되는 파이썬 2 또는 3 여부(또는 암시적으로 선택)는 PL/Python 언어의 어떤 변종을 사용할 수 있는지를 결정한다. 자세한 내용은 PostgreSQL 공식 가이드 43.1절을 참조하기 바란다.

TCLSH

Tcl 인터프리터에 대한 전체 경로. 이것은 PL/Tcl 빌드를 위한 종속성을 결정하는 데 사용되며, Tcl 스크립트로 대체된다.

```
XML2_CONFIG
```

xml2-config 프로그램은 libxml 설치 위치를 찾는 데 사용된다.

> **참고**: 서버 내부 코드를 개발하는 경우 구성 옵션 --enable-cassert(다수의 런타임 에러 검사 활성
> 화) 및 --enable-debug(디버깅 툴의 활용도 개선)를 사용하는 것이 바람직하다.
>
> GCC를 사용하는 경우 최소한 -O1 레벨의 최적화로 빌드하는 것이 최선이며, 이는 최적화를 사용하
> 지 않으면(-O0) 일부 중요 컴파일러 경고(예: 설치 안 된 변수의 사용)가 비활성화되기 때문이다. 단,
> 0 이외의 최적화 레벨은 컴파일된 코드의 단계별 진행이 보통은 소스 코드 라인과 1대1로 매칭되지
> 않기 때문에 디버깅이 복잡해질 수 있다.
>
> 최적화된 코드를 디버깅하려는 데 혼동이 온 경우 해당 파일을 -O0으로 다시 컴파일해야 한다. 이에
> 대한 가장 간편한 방법은 make하는 옵션을 전달하는 것이다.
>
> make PROFILE=-O0 file.o

2. 빌드

빌드를 시작하려면 다음을 입력한다.

make

(GNU make를 사용해야 한다) 하드웨어에 따라 빌드에 몇 분이 걸린다. 표시된 마지
막 라인은 다음과 같아야 한다.

```
All of PostgreSQL is successfully made. Ready to install.
```

문서(HTML 및 man 페이지)와 추가 모듈[contrib]을 비롯한 빌드 가능한 모든 것을 빌드
하려면 make 대신에 다음을 입력한다.

make world

표시된 마지막 라인은 다음과 같아야 한다.

```
PostgreSQL, contrib and HTML documentation successfully made. Ready to
install.
```

3. 회귀 테스트

설치 전에 새로 빌드된 서버를 테스트하기 위해 이 시점에서 회귀 테스트를 실행할 수 있다. 회귀 테스트는 사용자의 머신에서 개발자의 생각대로 PostgreSQL이 실행되는지를 검증하는 테스트 suite이다. 다음을 입력한다.

```
make check
```

(이것은 root가 아닌 권한이 없는 사용자로 작동된다) 16장에는 테스트 결과를 해석하는 것에 대한 자세한 내용이 나와 있다. 나중에 동일한 명령을 실행하면 이 테스트를 언제든 반복할 수 있다.

4. 파일 설치

참고: 기존 시스템을 업그레이드하는 경우 클러스터 업그레이드에 대한 지침이 나오는 3.6절을 읽어 보라.

PostgreSQL을 설치하려면 다음을 입력한다.

```
make install
```

이것은 1단계에서 지정된 디렉토리에 파일을 설치한다. 사용자는 해당 디렉토리에 쓰기 권한이 있는지 확인해야 한다. 일반적으로는 이 단계를 root로 수행해야 한다. 또는 타깃 디렉토리를 미리 생성하고 적절한 권한을 부여할 수도 있다.

문서를 설치하려면(HTML 및 man 페이지) 다음을 입력한다.

```
make install-docs
```

위의 환경을 구축한 경우 다음을 대신 입력한다.

```
make install-world
```

이것 역시 문서를 설치한다.

`make install` 대신 `make install-strip`을 사용하면 설치되는 실행 파일과 라이브

러리를 추려낼 수 있다. 이렇게 하면 약간의 공간이 절약된다. 디버깅 지원을 사용하여 구축한 경우 추려내기로 디버깅 지원이 효율적으로 제거되며, 이것은 디버깅이 더 이상 불필요한 경우에만 수행해야 한다. install-strip으로 공간 절약은 확실해지지만 불필요한 모든 바이트를 실행 파일로부터 추려내는 완벽한 방법은 아니므로 가능한 한 많은 디스크 공간을 절약하고 싶으면 직접 작업을 수행해야 한다.

표준 설치는 C로 작성된 커스텀 함수 또는 데이터 타입 같은 클라이언트 애플리케이션 개발과 서버 측 프로그램 개발에 필요한 모든 헤더 파일을 제공한다 (PostgreSQL 8.0 이전, 이후의 것에 대해서는 별도의 make install-all-headers 명령이 필요했지만 이 단계에서는 표준 설치에 포함되어짐).

클라이언트 전용 설치: 클라이언트 애플리케이션 및 인터페이스 라이브러리만 설치하려면 이 명령을 사용할 수 있다.

```
make -C src/bin install
make -C src/include install
make -C src/interfaces install
make -C doc install
```

src/bin은 서버 전용 사용을 위한 몇 개의 바이너리가 있지만 작은 것들이다.

설치 제거: 설치를 취소하려면 make uninstall 명령을 사용한다. 단, 생성된 디렉토리가 제거되지는 않는다.

클리닝: 설치 후 make clean 명령을 사용하여 빌드된 파일을 소스 트리에서 제거함으로써 디스크 공간을 해제할 수 있다. 이것은 configure 프로그램에서 만든 파일을 보존하므로 나중에 make를 사용하여 모두 리빌드할 수 있다. 소스 트리를 배포된 상태로 리셋하려면 make distclean을 사용해야 한다. 동일한 소스 트리 내에서 몇 개의 플랫폼에 대해 빌드를 하려면 이것을 수행한 다음, 각 플랫폼별로 재구성해야 한다(또는 플랫폼별로 별도의 빌드 트리를 사용하여 소스 트리를 수정하지 않고 유지한다).

빌드를 수행하고 configure 옵션이 잘못되었는지 발견하려거나, configure가 조사한 것을 변경하려면(예: 소프트웨어 업그레이드), 재구성 및 리빌드를 하기 전에 make distclean을 하는 것이 좋다. 이렇게 하지 않으면 구성 선택 안에서 사용자가 변경한 내용이, 필요한 모든 부분에 전파되지 않을 수 있다.

1.5 〉 설치 후 셋업

1.5.1 공유 라이브러리

공유 라이브러리를 사용하는 일부 시스템에서 새로 설치된 공유 라이브러리를 찾는 방법을 시스템에 알려줘야 한다. 이것이 필요 없는 시스템에는 FreeBSD, HP-UX, 리눅스, NetBSD, OpenBSD, Tru64 유닉스(이전에는 디지털 유닉스) 및 솔라리스가 포함된다.

공유 라이브러리 검색 경로를 설정하는 방법은 플랫폼마다 다양하지만, 가장 많이 사용되는 방법은 환경 변수 LD_LIBRARY_PATH 등을 설정하는 것이다. Bourne 셸(sh, ksh, bash, zsh)에서는 다음처럼 한다.

```
LD_LIBRARY_PATH=/usr/local/pgsql/lib export LD_LIBRARY_PATH
```

또는 csh이나 tcsh에서는 다음처럼 한다.

```
setenv LD_LIBRARY_PATH /usr/local/pgsql/lib
```

/usr/local/pgsql/lib를 1단계에서 --libdir을 설정한 것으로 대체한다. 이 명령을 /etc/profile 또는 ~/.bash_profile 같은 셸 시작 파일로 설정해야 한다.

이러한 방법과 관련된 경고에 대한 몇 가지 유용한 정보는 http://xahlee.org/UnixResource_dir/_/ldpath.html에서 찾을 수 있다.

일부 시스템에서 빌드 전에 환경 변수 LD_RUN_PATH를 설정하는 것이 바람직하다.

시그윈Cygwin에서 PATH의 라이브러리 디렉토리를 설정하거나 .dll 파일을 bin 디렉토리로 이동한다.

확신이 없을 경우 시스템의 설명서 페이지를 참조하기 바란다(아마도 ld.so 또는 rld). 나중에 다음과 같은 메시지가 나타나는 경우가 있다고 하자.

```
psql: error in loading shared libraries
libpq.so.2.1: cannot open shared object file: No such file or directory
```

이 단계가 필요했다. 그러면 간단히 다음과 같이 한다.

리눅스를 사용하는 경우 및 root 액세스인 경우 설치 후:

```
/sbin/ldconfig /usr/local/pgsql/lib
```

(또는 동등한 디렉토리를) 실행하여 런타임 링커를 실행하여 더 빠른 공유 라이브러리를 찾을 수 있다. 자세한 내용은 ldconfig의 설명서 페이지를 참조하기 바란다. FreeBSD, NetBSD 및 OpenBSD에서 명령은 다음과 같다.

```
/sbin/ldconfig -m /usr/local/pgsql/lib
```

다른 시스템에서는 동일한 명령이 알려져 있지 않다.

1.5.2 환경 변수

/usr/local/pgsql에 설치했거나, 프로그램이 기본적으로 검색하지 않는 일부 다른 위치에 설치한 경우 /usr/local/pgsql/bin(또는 1단계에서 --bindir에 설정한 경로)을 PATH에 추가해야 한다. 엄격히 말해, 이것은 불필요하지만 이렇게 함으로써 PostgreSQL의 사용이 훨씬 쉬워진다.

이렇게 하려면 ~/.bash_profile 같이 셸 시작 파일에 다음을 추가한다(또는 모든 사용자에게 영향을 주려는 경우 /etc/profile).

```
PATH=/usr/local/pgsql/bin:$PATH export PATH
```

csh 또는 tcsh를 사용 중인 경우 이 명령을 사용한다.

```
set path = ( /usr/local/pgsql/bin $path )
```

man 문서를 시스템이 찾을 수 있게 하려면 기본적으로 검색되는 위치에 설치하지 않았을 경우 다음과 같은 라인을 셸 시작 파일에 추가해야 한다.

```
MANPATH=/usr/local/pgsql/man:$MANPATH export MANPATH
```

환경 변수 PGHOST 및 PGPORT는 컴파일 인^{compiled-in} 기본값을 오버라이드하는 데이터베이스 서버의 호스트와 포트를 클라이언트 애플리케이션에 지정한다. 클라이언트 애플리케이션을 원격으로 실행하려면 데이터베이스를 사용하려는 모든 사용자를 PGHOST로 설정하는 것이 편리하다. 그러나 대부분의 클라이언트 프로그램에서 커맨드라인 옵션을 통해 설정을 통신할 수 있으므로 이것은 필수는 아니다.

1.6 〉 지원 플랫폼

플랫폼(즉, CPU 아키텍처 및 운영체제 조합)은 코드에 해당 플랫폼에서의 작업 항목이 포함되고 해당 플랫폼에서 빌드 및 회귀 테스트의 통과가 검증된 경우 PostgreSQL 개발 커뮤니티에서 지원되는 것으로 간주된다. 현재, 플랫폼 호환성 테스트 대부분은 PostgreSQL Build Farm[2]의 테스트 머신에서 자동으로 수행된다. 빌드 팜에는 없는 플랫폼에서 PostgreSQL을 사용하여 코드를 실행하거나 실행되게 만드는 것에 관심이 있다면, 빌드 팜에 속한 머신을 셋업해서 호환성이 보장되도록 할 것을 강력하게 권장한다.

일반적으로 PostgreSQL은 CPU 아키텍처 x86, x86_64, IA64, PowerPC, PowerPC 64, S/390, S/390x, Sparc, Sparc 64, Alpha, ARM, MIPS, MIPSEL, M68K 및 PA-RISC에서 작동되는 것으로 생각된다. M32R 및 VAX를 위한 코드 지원이 존재하지만 이 아키텍처는 최근에 테스트되었는지는 알려진 바 없다. --disable-spinlocks를 구성하면 미지원 CPU 유형에서 빌드가 가능하지만 성능은 떨어진다.

PostgreSQL은 리눅스(모든 최신 배포), 윈도우(Win2000 SP4 이상), FreeBSD, OpenBSD, NetBSD, OS X, AIX, HP/UX, 솔라리스, Tru64 유닉스 및 유닉스웨어^{UnixWare}

---

2 http://buildfarm.postgresql.org/

운영체제에서 작동되는 것으로 생각된다. 기타 유사 유닉스 시스템에서도 작동할 수는 있지만 현재 테스트하고 있지는 않다. 대부분의 경우 지정된 운영체제에서 지원되는 모든 CPU 아키텍처가 가능하다. 사용자의 운영체제에만 해당되는 정보, 특히 오래된 시스템 사용에 대한 정보는 1.7절을 참조하기 바란다.

최신 빌드 팜*build farm* 결과에 따라 지원되는 것으로 알려진 플랫폼에서 설치 문제가 있을 경우 〈pgsql-bugs@postgresql.org〉에 리포트해주기 바란다. PostgreSQL을 새 플랫폼에 포팅하는 것에 관심이 있으면 〈pgsql-hackers@postgresql.org〉로 논의하라.

1.7 〉 플랫폼 특정 참고 사항

이 절은 PostgreSQL의 설치와 설정과 관련하여 플랫폼 관련 내용을 추가적으로 설명한다. 설치 지침을 읽어보고, 특히 1.2절도 참조하기 바란다. 또한 회귀 테스트 결과 해석에 대해서는 16장을 확인하기 바란다.

여기서 다루지 않는 플랫폼은 플랫폼 특정 설치에 대한 문제가 알려져 있지 않은 것이다.

1.7.1 AIX

PostgreSQL은 AIX에서 실행되지만, 올바로 설치하는 것이 어려울 수 있다. AIX 버전 4.3.3~6.1은 지원되는 것으로 간주된다. GCC 또는 원시 IBM 컴파일러 xlc를 사용할 수 있다. 일반적으로 AIX 및 PostgreSQL 최신 버전을 사용하는 것이 도움이 된다. 작동되는 것으로 알려진 AIX 버전에 대한 빌드 팜*build farm* 최신 정보를 확인하기 바란다.

지원되는 AIX 버전에 대한 최소 권장 수정안 레벨은 다음과 같다.

AIX 4.3.3

    Maintenance Level 11 + post ML11

bundle AIX 5.1

    Maintenance Level 9 + post ML9

bundle AIX 5.2

    Technology Level 10 Service Pack 3

AIX 5.3

    Technology Level 7

AIX 6.1

    Base Level

현재 수정안 레벨을 확인하려면 AIX 4.3.3~AIX 5.2 ML 7에서는 `oslevel -r`을 사용하고 이후 버전에서는 `oslevel -s`를 사용한다.

/usr/local에서 설치된 Readline 또는 libz가 있을 경우 다음 `configure` 플래그를 추가로 사용해야 한다.

```
--with-includes=/usr/local/include
--with-libraries=/usr/local/lib
```

1.7.1.1 GCC 문제

AIX 5.3에서 PostgreSQL을 컴파일하고 GCC를 사용하여 실행하는 데 문제가 있었다.

사용자는 특히 프리패키지 버전을 사용하는 경우 GCC 3.3.2 후속 버전을 사용하고자 할 수 있다. 4.0.1에서는 문제가 없다. 초기 버전의 문제는 GCC를 사용하여 실제로 실행한 것이 아닌 IBM에서 패키지한 GCC를 사용했을 때이며, 따라서 GCC를 직접 컴파일하면 GCC 초기 버전에서도 문제가 발생하지 않는다.

1.7.1.2 유닉스 도메인 소켓 끊어짐

AIX 5.3은 `sockaddr_storage`가 충분히 크게 정의되지 않은 것이 문제다. 버전 5.3에서 IBM은 유닉스 도메인 소켓에 대한 주소 구조인 `sockaddr_un`의 크기를 늘렸지만,

sockaddr_storage의 크기는 그에 맞게 늘리지 않았다. 이것을 결과로, PostgreSQL을 사용하는 유닉스 도메인 소켓을 사용하려는 시도는 libpq가 데이터 구조의 오버플로우를 야기한다. TCP/IP 연결은 OK이지만 유닉스 도메인 소켓은 그렇지 않아서, 회귀 테스트의 작동에 방해된다.

이 문제는 IBM에 리포트되었고 버그 리포트 PMR29657에 기록된다. maintenance level 5300-03 이상으로 업그레이드하는 경우 이 수정안이 포함된다. 빠른 해결책은 /usr/include/sys/socket.h에서 _SS_MAXSIZE를 1025로 대체하는 것이다. 초기의 경우 수정된 헤더 파일이 있으면 PostgreSQL을 재컴파일해야 한다.

1.7.1.3 인터넷 주소 문제

PostgreSQL는 listen_addresses, pg_hba.conf 등의 IP 주소를 파싱할 때 시스템의 getaddrinfo 함수를 이용한다. AIX의 오래된 버전은 이 함수에 갖가지 버그가 있었다. 이 설정과 관련된 문제가 있을 경우 위에 표시된 적절한 AIX 수정안 레벨로 업그레이드하여 해결해야 한다.

어떤 사용자의 리포트:

당사는 AIX 5.3에서 PostgreSQL 버전 8.1을 구현하는 중에 통계 수집기가 제대로 작동되지 않는 "이상한" 문제에 주기적으로 봉착했다. 이것은 Pv6 구현에서 예상하지 못한 동작의 결과로 나타난다. 이것은 PostgreSQL 및 IPv6이 AIX 5.3에서 함께 작동되지 않는 것처럼 보인다.

다음 조치는 문제를 "수정"한다.

- localhost의 IPv6 주소 삭제:

  ```
  (as root)
  # ifconfig lo0 inet6 ::1/0 delete
  ```

- net 서비스에서 IPv6 제거. AIX의 파일 /etc/netsvc.conf는 솔라리스/유닉스에서 /etc/nsswitch.conf와 거의 동일하다. 따라서 AIX에서 기본값은 다음과 같다.

  ```
  hosts=local,bind
  ```

- 이것을 다음으로 대체하여 IPv6 주소 검색을 비활성화한다.

```
hosts=local4,bind4
```

주의

이것은 미숙한 IPv6 지원과 관계된 문제의 실제 해결책이며, AIX 5.3 릴리스 과정 중에 눈에 띄게 개선된다. 이것은 AIX 버전 5.3에서 작동되었지만 문제에 대한 명쾌한 솔루션은 아니다. 이 해결책은 IPv6 지원이 좀 더 발전된 상황에서 불필요할 뿐 아니라 AIX 6.1에서 문제를 일으키는 것이 리포트되었다.

1.7.1.4 메모리 관리

AIX는 메모리 관리 방식에서 다소 특이한 점이 있다. 서버의 RAM 여유 공간이 수십 기가바이트이더라도 애플리케이션 실행 중에 메모리가 부족하거나 주소 공간 에러가 발생할 수 있다. 한 가지 예제는 일반적이지 않은 에러에 의한 createlang 실패이다. 예를 들면, PostgreSQL 설치 소유자로 실행한다.

```
-bash-3.00$ createlang plperl template1
createlang: language installation failed: ERROR: could not load library "/
opt/dbs/pgsql
```

PostgreSQL 설치 소유 그룹의 비 소유자로 실행한다.

```
-bash-3.00$ createlang plperl template1
createlang: language installation failed: ERROR: could not load library "/
opt/dbs/pgsql
```

또 다른 예제는 256MB 이상 또는 256MB에 근접하게 매번 메모리를 할당함으로써 PostgreSQL에서 메모리 부족 에러가 발생하는 것이다.

이러한 모든 문제의 전체적인 원인은 서버 프로세스에 의해 사용되는 기본 비트화 bittedness와 메모리 모델이다. 기본적으로 AIX에서 빌드되는 모든 바이너리는 32비트이고 이것은 사용 중인 하드웨어 종류 또는 커널과 무관하다. 이 32비트 프로세스는 몇 가지 모델 중 하나를 사용하여 256MB 세그먼트로 배치된 4GB 메모리로 제한된다. 기본 값은 스택에서 단일 세그먼트를 공유하므로 힙에서 256MB 미만으로 허용된다.

앞의 `createlang` 예제의 경우 PostgreSQL 설치에서 umask 및 바이너리 권한을 확인 해야 한다. 해당 예제와 관련된 바이너리는 32비트였고 755 대신 750 모드로 설치되었 다. 권한이 이러한 방식으로 설정되기 때문에 소유자 또는 소유 그룹의 멤버만 라이브 러리를 로드할 수 있다. 이것은 `world-readable`이 아니므로 로더는 개체를 공유 라이브 러리 세그먼트가 아니라 프로세스의 힙에 배치한다.

이것에 대한 "이상적인" 솔루션은 PostgreSQL 64비트 빌드를 사용하는 것이지만 32비 트 프로세서를 사용하는 시스템이 64비트 바이너리를 실행이 아니라 빌드할 수 있으므 로 항상 실용적이지는 않다.

32비트 바이너리를 원할 경우 PostgreSQL을 시작하기 전에 `LDR_CNTRL`를 `MAXDATA=0xn0000000`으로 설정하되, 여기서 1 <= n <= 8이고, 흡족하게 작동되는 구성 을 찾으려면 여러 가지 값과 postgresql.conf 설정을 시도해보아야 한다. 이렇게 `LDR_ CNTRL`을 사용함으로써 사용자는 힙과는 별도로, MAXDATA 바이트가 256MB 세그먼 트로 할당되기를 원하고 있음을 AIX에게 알린다. 작동 가능한 구성을 찾을 경우 ldedit 를 사용하여 바이너리를 수정함으로써 원하는 힙 크기를 사용하여 기본값을 갖도록 할 수 있다. 동일한 효과를 위해 `configure LDFLAGS="-Wl,-bmaxdata:0xn0000000"`을 전달 함으로써 PostgreSQL를 리빌드할 수도 있다.

64비트 빌드의 경우 `OBJECT_MODE`를 64로 설정하고 `CC="gcc -maix64"` 및 `LDFLAGS="- Wl,-bbigtoc"`를 `configure`에 전달한다(xlc에 대한 옵션은 다를 수 있다). `OBJECT_MODE` 내 보내기를 생략하면 링커 에러가 나면서 사용자의 빌드가 실패한다. `OBJECT_MODE`가 설정 되면, ar, as 및 ld 같은 AIX 빌드 유틸리티에게 기본적으로 처리할 개체 유형을 알려 준다.

기본적으로 페이징 공간의 오버커밋이 발생할 수 있다. 이것이 발생하는 것을 목격한 적은 없지만 메모리 부족이 발생하고 오버커밋이 액세스된 경우 AIX는 프로세스를 kill

한다. 발견된 가장 유사한 사례는 시스템에 다른 프로세스에 필요한 메모리가 부족하다는 결정을 내려 fork에 실패한 것이다. AIX의 여러 가지 다른 부분과 마찬가지로 페이징 공간 할당 방법 및 메모리 부족 kill은 이것이 문제가 되는 경우 시스템 차원^{system-wide} 또는 프로세스 차원^{process-wide}에서 구성 가능하다.

참고 자료 및 리소스

- "Large Program Support[3]", AIX Documentation: General Programming Concepts: Writing and Debugging Programs.
- "Program Address Space Overview[4]", AIX Documentation: General Programming Concepts: Writing and Debugging Programs.
- "Performance Overview of the Virtual Memory Manager (VMM)[5]", AIX Documentation: Performance Management Guide.
- "Page Space Allocation[6]", AIX Documentation: Performance Management Guide. "Paging-space thresholds tuning[7]", AIX Documentation: Performance Management Guide.
- Developing and Porting C and C++ Applications on AIX6[8], IBM Redbook.

1.7.2 시그윈

PostgreSQL은 윈도우용 유사 리눅스 환경인 시그윈^{Cygwin}을 사용하여 빌드할 수 있지만 이 방법은 네이티브 윈도우 빌드(2장 참조)보다 못하며, 시그윈에서 서버를 실행하는 것은 이제는 권장되지 않는다.

---

3 http://publib.boulder.ibm.com/infocenter/pseries/topic/com.ibm.aix.doc/aixprggd/genprogc/lrg_prg_support.htm

4 http://publib.boulder.ibm.com/infocenter/pseries/topic/com.ibm.aix.doc/aixprggd/genprogc/address_space.htm

5 http://publib.boulder.ibm.com/infocenter/pseries/v5r3/topic/com.ibm.aix.doc/aixbman/prftungd/resmgmt2.htm

6 http://publib.boulder.ibm.com/infocenter/pseries/v5r3/topic/com.ibm.aix.doc/aixbman/prftungd/memperf7.htm

7 http://publib.boulder.ibm.com/infocenter/pseries/v5r3/topic/com.ibm.aix.doc/aixbman/prftungd/memperf6.htm

8 http://www.redbooks.ibm.com/abstracts/sg245674.html?Open

소스에서 빌드하는 경우 다음 시그윈만의 차이점에 주의하면서 일반 설치 절차에 따라 진행한다(예: ./configure; make 등).

- 윈도우 유틸리티 전에 시그윈 bin 디렉토리를 사용하도록 경로를 설정한다. 이것은 컴파일 문제를 방지하는 데 도움이 된다.
- adduser 명령은 지원되지 않는다. 윈도우 NT, 2000 또는 XP에서 적절한 사용자 관리 애플리케이션을 사용한다. 그 외에는 이 단계를 건너뛴다.
- su 명령은 지원되지 않는다. 윈도우 NT, 2000 또는 XP에서 su를 모사하는 ssh를 사용한다. 그 외에는 이 단계를 건너뛴다.
- OpenSSL은 지원되지 않는다.
- 공유 라이브러리 지원을 위해 cygserver를 시작한다. 이렇게 하려면 /usr/sbin/cygserver & 명령을 입력한다. 이 프로그램은 PostgreSQL 서버를 시작하거나 데이터베이스 클러스터를 초기화^{initdb}할 때마다 실행해야 한다. 시스템 리소스 부족에 의한 PostgreSQL 실패를 방지하려면 기본 cygserver 구성을 변경해야 한다(예: SEMMNS 증가).
- C 이외의 로케일^{locale}을 사용하는 경우 빌드가 일부 시스템에서 실패할 수 있다. 이것을 고치려면 export LANG=C.utf8을 수행하여 빌드 전에 로케일을 C로 설정한 다음, PostgreSQL을 설치한 후에 이전 설정으로 되돌아간다.
- 병렬 회귀 테스트$^{make\ check}$는 연결 거부 에러 또는 중단을 일으키는 listen() 백로그 오버플로에 의한 비상식적인 회귀 테스트 실패를 일으킬 수 있다. make 변수 MAX_CONNECTIONS를 사용하여 연결 수를 제한할 수 있다. 따라서 다음과 같이 한다.

```
make MAX_CONNECTIONS=5 check
```

(일부 시스템에서 최대 10개 정도의 동시 연결 가능)

cygserver 및 PostgreSQL 서버를 윈도우 NT 서비스로 설치하는 것이 가능하다. 설치하는 방법에 대해서는 시그윈의 PostgreSQL 바이너리 패키지에 포함된 README 문서를 참조하기 바란다. 이것은 /usr/share/doc/Cygwin 디렉토리에 설치되어 있다.

1.7.3 HP-UX

PostgreSQL 7.3+는 적합한 시스템 패치 레벨과 빌드 툴이 제공된 경우에 HP-UX 10.X 또는 11.X가 실행되는 Series 700/800 PA-RISC에서 작동된다. 최소 한 명의 개발자가 정기적으로 HP-UX 10.20에서 테스트를 하며, HP-UX 11.00 및 11.11에서 성공적으로 설치되었음을 보고 받았다.

PostgreSQL 소스 배포와는 별도로, 사용자에게는 GNU make(HP의 make는 안 됨)와, GCC 또는 HP의 전체 ANSI C 컴파일러가 필요하다. 배포 tarball이 아니라 깃 소스에서 빌드할 생각이면 Flex(GNU lex) 및 Bison(GNU yacc)도 필요하다. HP 패치를 항상 최신으로 유지할 것을 권장한다. 최소한, HP-UX 11.11에서 64비트 바이너리를 빌드하려면 PHSS_30966(11.11) 또는 후속 패치가 필요할 수 있으며, 없을 경우 initdb가 중단될 수 있다.: PHSS_30966 s700_800 ld(1) 및 링커 툴 누적 패치

일반적으로 HP의 C 컴파일러를 사용하는 경우에는 libc 및 ld/dld 패치 및 컴파일러 패치 흐름을 따라야 한다. 최신 패치에 대한 무료 사본은 http://itrc.hp.com 및 ftp://usffs.external.hp.com/ 같은 HP 지원 사이트를 참조하기 바란다.

PA-RISC 2.0 머신을 빌드하는 중이고 GCC를 사용하여 64비트 바이너리가 필요한 경우 GCC 64비트 버전을 사용해야 한다. HP-UX PA-RISC 및 Itanium용 GCC 바이너리는 http://www.hp.com/go/gcc에서 얻을 수 있다. binutils도 함께 다운로드해서 설치하는 것을 잊으면 안 된다.

PA-RISC 2.0 머신을 빌드 중이고 PA-RISC 1.1 머신에서 실행되는 바이너리를 컴파일해야 한다면 CFLAGS에서 +DAportable을 지정해야 한다.

HP-UX Itanium 머신을 빌드하는 경우 종속 패치 또는 후속 패치가 포함된 최신 HP ANSI C 컴파일러가 필요하다.: PHSS_30848 s700_800 HP C 컴파일러 (A.05.57)

PHSS_30849 s700_800 u2comp/be/plugin 바이너리 패치

HP의 C 컴파일러와 GCC 컴파일러가 둘 다 있으면, configure를 실행할 때 사용할 컴파일러를 명시적으로 선택할 수도 있다.

```
./configure CC=cc
```

위는 HP의 C 컴파일러이고, 다음은 GCC이다.

```
./configure CC=gcc
```

이 설정을 생략하면 선택권이 있을 경우 구성이 gcc를 선택한다.

기본 설치 타깃 위치는 /usr/local/pgsql이며, 사용자는 /opt 아래로 변경을 원할 수도 있다. 그럴 경우 configure에 대한 --prefix 스위치를 사용한다.

회귀 테스트의 경우, 기하학 테스트에서 낮은 자리 숫자에 몇 가지 차이가 있을 수 있는데, 이것은 컴파일러 및 사용하는 수학 라이브러리 버전에 따라 달라진다. 이 밖의 다른 에러는 의혹의 원인이 된다.

1.7.4 MinGW/네이티브 윈도우

윈도우용 PostgreSQL은 마이크로소프트 운영체제에서 유사 유닉스 빌드 환경인 MinGW를 사용하거나, 마이크로소프트 비주얼 C++ 컴파일러 suite를 사용하여 빌드 가능하다. MinGW 빌드 변종은 이 장에서 설명하는 일반적인 빌드 시스템을 사용한다. 비주얼 C++ 빌드는 완전히 다르게 작동되며, 2장에서 설명한다. 이것은 완전 네이티브 빌드이며 MinGW 같은 소프트웨어를 일절 사용하지 않는다. 기성 설치 프로그램을 메인 PostgreSQL 웹사이트에서 이용할 수 있다.

네이티브 윈도우 포트는 윈오두 2000 이상의 32 또는 64비트 버전을 필요로 한다. 초기 운영체제는 인프라가 충분하지 않다(단 시그원이 사용된다). 유사 유닉스 빌드 툴인 MinGW 및 configure 같은 셸 스크립트를 실행하는 데 필요한 유닉스 툴 콜렉션인 MSYS를 http://www.mingw.org/에서 다운로드할 수 있다. 둘 다 결과 바이너리를 실행하는 데는 불필요하며 바이너리를 생성하는 경우에만 필요하다.

MinGW를 사용하여 64비트 바이너리를 빌드하려면 http://mingw-w64. sourceforge.net/에서 64비트 툴셋을 설치하고 PATH의 bin 디렉토리에 저장한 다음,

`--host=x86_64-w64-mingw` 옵션을 사용하여 `configure`를 실행한다.

MSYS는 버퍼링 문제가 있으므로 모두 설치한 후 CMD.EXE 아래에서 psql을 실행하는 것이 권장된다.

1.7.4.1 윈도우에서 크래시 덤프 수집

윈도우에서 PostgreSQL이 충돌하는 경우 유닉스의 코어 덤프와 유사하게 충돌의 원인을 찾아낼 때 사용할 수 있는 미니 덤프를 생성하는 기능이 있다. 이러한 덤프는 윈도우 디버거 툴 또는 비주얼 스튜디오를 사용하여 읽을 수 있다. 윈도우에서 덤프 생성을 활성화하려면 클러스터 데이터 디렉토리 내부의 crashdumps라는 서브 디렉토리를 만들어야 한다. 그러면 충돌 프로세스 및 충돌 시 현재 시간을 식별자로 하는 덤프가 이 디렉토리에 작성된다.

1.7.5 SCO 오픈서버 및 SCO 유닉스웨어

PostgreSQL을 SCO 유닉스웨어^{UnixWare} 7 및 SCO 오픈서버^{OpenServer} 5에서 빌드할 수 있다. 오픈서버에서 오픈서버 개발 키트 또는 유니버셜 개발 키트 중 하나를 사용할 수 있다. 그러나 다음에 설명한 대로 약간의 조정이 필요하다.

1.7.5.1 스컹크웨어

SCO 스컹크웨어^{Skunkware} CD의 사본을 찾아야 한다. 스컹크웨어 CD는 유닉스웨어 7 및 오픈서버 5의 현재 버전에 포함되어 있다. 스컹크웨어에는 인터넷에서 이용 가능하고 설치 준비가 완료된 유명 프로그램이 다수 포함되어 있다. 예를 들면, gzip, gunzip, GNU Make, Flex, 및 Bison이 모두 포함되어 있다. 유닉스웨어 7.1의 경우 이 CD는 "Open License Software Supplement"로 라벨링되어 있다. 이 CD가 없을 경우 해당 소프트웨어를 http://www.sco.com/skunkware/에서 다운로드할 수 있다.

스컹크웨어는 유닉스웨어 및 오픈서버에 대해 서로 다른 버전을 갖고 있다. 아래 설명한 경우 외에는 사용하는 운영체제에 맞는 버전을 설치했는지 확인하기 바란다.

유닉스웨어 7.1.3 이상의 경우 GCC 컴파일러는 GNU Make로 UDK CD에 포함되어 있다.

1.7.5.2 GNU Make

스컹크웨어 CD에 있는 GNU Make 프로그램을 사용해야 한다. 기본적으로 /usr/local/bin/make로 설치된다.

유닉스웨어 7.1.3 이상의 경우 GNU Make 프로그램은 UDK CD의 OSTK 부분이며, /usr/gnu/bin/gmake에 있다.

1.7.5.3 Readline

Readline 라이브러리는 스컹크웨어 CD에 있다. 단, 유닉스웨어 7.1 스컹크웨어 CD에는 포함되지 않는다. 유닉스웨어 7.0.0 또는 7.0.1 스컹크웨어 CD가 있을 경우 CD로 설치가 가능하다. 그렇지 않으면 http://www.sco.com/skunkware/에 접속하기 바란다.

기본적으로 Readline은 /usr/local/lib 및 /usr/local/include에 설치된다. 단, PostgreSQL configure 프로그램이 도움 없이 이 경로를 찾을 수는 없다. Readline을 설치했다면 configure에 대한 다음 옵션을 사용해야 한다.

```
./configure --with-libraries=/usr/local/lib --with-includes=/usr/local/include
```

1.7.5.4 오픈서버에서 UDK 사용

새 유니버셜 개발 키트[UDK, Universal Development Kit] 컴파일러를 오픈서버에서 사용하는 경우 UDK 라이브러리의 위치를 지정해야 한다.

```
./configure --with-libraries=/udk/usr/lib --with-includes=/udk/usr/include
```

위에서부터 Readline 옵션과 함께 이것을 사용한다.

```
./configure --with-libraries="/udk/usr/lib /usr/local/lib" --with-includes="/udk/usr/inc
```

1.7.5.5 PostgreSQL Man 페이지 읽기

기본적으로 PostgreSQL man 페이지는 /usr/local/pgsql/man에 설치된다. 기본적으로 유닉스웨어는 man 페이지를 검색하지 않는다. man 페이지를 읽을 수 있으려면 /etc/default/man에서 `MANPATH` 변수를 변경해야 한다. 예를 들면 다음과 같다.

```
MANPATH=/usr/lib/scohelp/%L/man:/usr/dt/man:/usr/man:/usr/share/man:scohelp:/
usr/local/m
```

man 시스템이 다른 플랫폼과 약간 다를 수 있으므로 man 페이지를 사용할 수 있게 하려면 오픈서버에서 몇 가지 추가 조사가 필요하다. 현재, PostgreSQL이 man을 전부 설치하는 것은 아니다.

1.7.5.6 7.1.1b 추가 기능에서의 C99 문제

7.1.1b 추가 기능을 포함하여 오픈유닉스[OpenUNIX] 8.0.0(유닉스웨어 7.1.2)에서 릴리스된 것보다 이전의 컴파일러에서는 CFLAGS 또는 CC 환경 변수에 -Xb를 지정해야 한다. 이것은 tuplesort.c 참조 인라인 함수를 컴파일할 때 에러가 표시된다. 7.1.2(8.0.0) 이상의 컴파일러에서는 바뀐 것으로 보인다.

1.7.5.7 유닉스웨어에서의 스레딩

스레딩의 경우, 모든 libpq 사용 문제에서는 -Kpthread를 사용해야 한다. libpq는 `pthread_*` 호출을 사용하는데, 이것은 `-Kpthread/-Kthread` 플래그가 있을 때만 사용 가능하다.

1.7.6 솔라리스

솔라리스[Solaris]에서는 PostgreSQL가 지원이 잘 된다. 운영체제가 최신일수록 문제가 적다. 자세한 내용은 다음과 같다.

1.7.6.1 필수 툴

GCC 또는 썬^{Sun}의 컴파일러 suite를 사용하여 빌드할 수 있다. 코드 최적화를 위해서는 SPARC 아키텍처에서 썬 컴파일러를 사용하는 것이 적극 권장된다. GCC 2.95.1을 사용했을 때 문제가 보고된 적 있다. GCC 2.95.3 이상이 권장된다. 썬 컴파일러를 사용하는 경우 /usr/ucb/cc를 선택하지 않도록 주의해야 한다. /opt/SUNWspro/bin/cc를 사용한다.

http://www.oracle.com/technetwork/server- storage/solarisstudio/downloads/에서 썬 스튜디오$^{Sun Studio}$를 다운로드할 수 있다. 다수의 GNU 툴이 솔라리스 10에 통합되어 있거나 솔라리스 컴패니언$^{Solaris companion}$ CD에 들어 있다. Solaris 이전 버전의 패키지를 원할 경우 http://www.sunfreeware.com에서 찾을 수 있다. 소스가 필요한 경우 http://www.gnu.org/order/ftp.html을 찾아보기 바란다.

1.7.6.2 OpenSSL에서의 문제

OpenSSL 지원을 사용하여 PostgreSQL을 빌드할 경우 다음 파일에서 컴파일 에러가 발생할 수 있다.

- src/backend/libpq/crypt.c
- src/backend/libpq/password.c
- src/interfaces/libpq/fe-auth.c
- src/interfaces/libpq/fe-connect.c

이것은 표준 /usr/include/crypt.h 헤더와 OpenSSL에서 제공한 헤더 파일 간의 네임 스페이스 충돌 때문이다.

OpenSSL 설치를 0.9.6a 버전으로 업그레이드하면 이 문제가 해결된다. Solaris 9 이상은 OpenSSL가 새 버전이다.

1.7.6.3 실패한 테스트 프로그램에 대한 configure의 complain

configure가 실패한 테스트 프로그램에 대해 complain할 경우 이것은 런타임 링커가 라이브러리(아마도 libz), libreadline 또는 libssl 같은 일부 비표준 라이브러리를 찾지 못해서일 가능성이 높다. 올바른 위치를 가리키게 하려면 configure 커맨드라인 등에서 LDFLAGS 환경 변수를 설정하면 된다.

```
configure ... LDFLAGS="-R /usr/sfw/lib:/opt/sfw/lib:/usr/local/lib"
```

자세한 내용은 ld man 페이지를 참조하기 바란다.

1.7.6.4 64비트 빌드 Crashes

솔라리스 7 이전 버전에서 64비트 버전의 libc의 vsnprintf 루틴에 버그가 있어서 불규칙적인 코어 덤프가 PostgreSQL에 발생했다. 알려진 가장 간단한 해결책은 라이브러리 사본 대신 PostgreSQL가 자체 vsnprintf를 사용하도록 강제하는 것이다. 이렇게 하려면 configure를 실행한 후에 configure에 의해 생성된 파일을 편집하면 된다. src/Makefile.global에서 다음 라인을 변경한다.

```
LIBOBJS =
```

그래서 다음을 읽도록 한다.

```
LIBOBJS = snprintf.o
```

(이 변수에 다른 파일이 나열되어 있을 수 있다. 순서는 중요하지 않다) 그러면 정상적으로 빌드된다.

1.7.6.5 최적의 성능을 위한 컴파일

SPARC 아키텍처에서 컴파일용으로 썬 스튜디오가 강력하게 권장된다. 매우 빠른 바이너리를 생성하려면 -xO5 최적화 플래그를 사용해야 한다. floating-point 연산 및 errno 프로세싱의 동작을 수정하는 플래그는 사용하면 안 된다(예: -fast). 이 플래그는 예를 들면, 날짜/시간 컴퓨팅 같은 일부 비표준 PostgreSQL 동작을 증가시킬 수 있다.

SPARC에서 64비트 바이너리를 사용해야 할 이유가 없다면 32비트 버전을 사용하는 것이 더 좋다. 64비트는 작동이 느리고 64비트 바이너리는 32비트 변종보다 느리다. 즉, AMD64 CPU 계열의 32비트 코드는 네이티브가 아니므로 이 CPU 계열에서는 32비트 코드가 상당히 느려진다.

1.7.6.6 PostgreSQL 추적용 DTrace 사용

DTrace를 사용할 수 있다. 자세한 내용은 13.4절을 참조하기 바란다. https://blogs.oracle.com/robertlor/entry/user_level_dtrace_probes_in에서도 자세한 내용을 찾아 볼 수 있다.

다음과 같은 에러 메시지가 나타나면서 postgres 실행 파일의 링크가 중단된 경우는 다음과 같다.

```
Undefined                        first referenced
  symbol                            in file
AbortTransaction                  utils/probes.o
CommitTransaction                 utils/probes.o
ld: fatal: Symbol referencing errors. No output written to postgres collect2:
ld returned 1 exit status
make: *** [postgres] Error 1
```

위와 같은 메시지가 출력된다면 사용자의 DTrace가 오래된 버전이어서 정적 함수에서 프로브를 처리할 수 없기 때문에 솔라리스 10u4 이상의 버전이 필요하다.

윈도우에서 소스 코드로 설치

대부분의 사용자에게는 PostgreSQL 웹사이트에서 그래픽 설치 프로그램 패키지인 윈도우용 바이너리 배포를 다운로드
하는 것을 권장한다. 소스로 빌드하는 것은 PostgreSQL 또는 확장 프로그램 개발자에게만 해당된다.

윈도우에서 PostgreSQL를 빌드하는 방법에는 몇 가지가 있다. 마이크로소프트 툴을
이용한 가장 간단한 방법은 윈도우 데스크탑용 비주얼 스튜디오 익스프레스$^{Visual Studio}$
^{Express} 2013을 설치하고 포함된 컴파일러를 사용하는 것이다. 마이크로소프트 비주얼
C++ 2005~2013 풀 버전을 사용하여 빌드하는 것도 가능하다. 컴파일러 외에 윈도우
SDK를 설치해야 하는 경우도 있다.

MinGW에서 제공하는 GNU 컴파일러를 사용하거나 윈도우 이전 버전의 시그윈을 사용
하여 PostgreSQL를 빌드하는 것도 가능하다.

결국, 이러한 툴을 사용하여 빌드되고 정적으로 링크된 애플리케이션과의 호환성을 위
해 비주얼 C++ 7.1 또는 볼랜드^{Borland} C++를 사용하여 클라이언트 액세스 라이브러리
^{libpq}를 빌드할 수 있다.

MinGW 또는 시그윈을 사용한 빌드는 일반 빌드 시스템을 사용한다. 1장 및 1.7.2절과
1.7.4절에서 관련 내용을 참조하기 바란다. 이러한 환경에서 네이티브 64비트 바이너리
를 생성하려면 MinGW-w64의 툴을 사용해야 한다. 이 툴을 사용하여 다른 호스트의
32비트 및 64비트 윈도우 타깃용 크로스 컴파일도 가능하다(예: 리눅스 및 다윈^{Darwin}). 시
그윈은 프로덕션 서버를 실행하는 용도로는 권장되지 않으며, 윈도우 98처럼 네이티브

빌드가 작동되지 않는 오래된 윈도우 버전에서 실행하는 경우에만 사용해야 한다. 공식 바이너리는 비주얼 스튜디오를 사용하여 빌드된다.

psql의 네이티브 빌드는 커맨드라인 편집을 지원하지 않는다. 시그윈 빌드는 커맨드라인 편집을 지원하지 않으므로 윈도우에서 인터랙티브용으로 psql이 필요한 경우에 사용되어야 한다.

2.1 〉비주얼 C++ 또는 마이크로소프트 윈도우 SDK를 이용한 빌드

PostgreSQL는 마이크로소프트의 비주얼 C++ 컴파일러를 사용하여 빌드가 가능하다. 이 컴파일러는 비주얼 스튜디오, 비주얼 스튜디오 익스프레스 또는 마이크로소프트 윈도우 SDK의 일부 버전에 속한 것일 수 있다. 비주얼 스튜디오 환경 셋업이 없을 경우 가장 간단한 방법은 윈도우 데스크탑용 비주얼 스튜디오 익스프레스 2013의 컴파일러 또는 윈도우 SDK 7.1의 컴파일러를 사용하는 것이며, 둘 다 마이크로소프트에서 무료 다운로드할 수 있다.

PostgreSQL은 비주얼 스튜디오 2005부터 비주얼 스튜디오 2013(익스프레스 에디션 포함)까지, 그리고 독립 실행형 윈도우 SDK 릴리스 6.0~7.1의 컴파일러를 사용한 컴파일을 지원하는 것으로 알려져 있다. 64비트 PostgreSQL 빌드는 마이크로소프트 윈도우 SDK 버전 6.0a~7.1 또는 비주얼 스튜디오 2008 이상을 사용하는 경우에만 지원된다.

비주얼 C++ 또는 플랫폼^{Platform} SDK를 사용하는 빌드 툴은 src/tools/msvc 디렉토리에 있다. 빌드 시에 MinGW 또는 시그윈 제공 툴이 시스템 PATH에 없다는 것을 확인해야 한다. 또한, 모든 필수 비주얼 C++ 툴이 PATH에 있는지도 확인한다. 비주얼 스튜디오에서 비주얼 스튜디오 명령 프롬프트를 시작한다. 64비트 버전을 빌드하려면 64비트 버전의 명령어를 사용해야 한다. 역으로도 마찬가지이다. 마이크로소프트 윈도우 SDK에서, 시작 메뉴의 SDK 아래에 나열된 CMD 셸을 시작한다. 최신 SDK 버전에서는 예를 들면, `setenv /x86 /release /xp` 같이 `setenv` 명령을 사용하여 타깃 CPU 아키텍처, 빌드 타입 및 타깃 OS를 32비트 릴리스 빌드를 사용한 타깃 윈도우 XP 이상으로 변경할 수 있다. /?를 사용하면 setenv에 대한 다른 옵션을 볼 수 있다. 모든 명령은 src\tools\msvc 디렉토리에서 실행해야 한다.

변경하려는 구성 옵션을 반영하거나 사용할 타사 라이브러리에 대한 경로를 반영하기 위해 빌드 전에 config.pl 파일을 편집해야 할 수도 있다. config_default.pl 파일을 맨 처음 읽고 파싱한 다음, config.pl로부터 변경된 내용이 있을 경우 적용함으로써 전체 구성이 결정된다. 예를 들면, 파이썬 설치 위치를 지정하려면 다음을 config.pl에 삽입한다.

```
$config->{python} = 'c:\python26';
```

config_default.pl에 있는 것과 다른 매개변수만 지정할 필요가 있다.

다른 환경 변수를 설정할 필요가 있을 경우 buildenv.pl이라는 파일을 생성하고 필수 명령을 삽입한다. 예를 들면, PATH에 없는 bison에 대한 경로를 추가하려면 다음이 삽입된 파일을 생성한다.

```
$ENV{PATH}=$ENV{PATH} . ';c:\some\where\bison\bin';
```

2.1.1 요구 사항

다음의 추가 제품들은 PostgreSQL을 구축하는 데 필요하다. 어떤 디렉토리의 라이브러리를 사용할 수 있는지 지정하려면 config.pl 파일을 사용한다.

마이크로소프트 윈도우 SDK

사용자의 빌드 환경에서 마이크로소프트 윈도우 SDK 버전이 지원되지 않는 경우 최신 버전(현재 버전 7.1)으로 업그레이드하는 것이 좋다. 다운로드는 http://www.microsoft.com/downloads/에서 가능하다.

윈도우 헤더 및 SDK의 라이브러리 부분을 항상 포함해야 한다. 비주얼 C++ 컴파일러를 비롯한 윈도우 SDK를 설치하는 경우 빌드할 비주얼 스튜디오는 필요하지 않다. 버전 8.0a 현재, 윈도우 /SDK는 전체 커맨드라인 빌드 환경을 더 이상 제공하지 않는다.

액티브스테이트 펄

액티브스테이트 펄[ActiveState Perl]은 빌드 생성 스크립트를 실행하는 데 필요하다. MinGW 또는 시그윈 펄[Cygwin Perl]은 작동되지 않는다. 또한 PATH에도 있어야 한다. 바이너리는 http://www.activestate.com에서 다운로드할 수 있다(참고: 버전 5.8 이상이 필요하다. 무료 Standard Distribution이면 충분하다).

시작할 때는 다음의 추가 제품들이 필요하지 않지만 완전한 패키지를 빌드할 때는 필요하다. 어떤 디렉토리의 라이브러리를 사용할 수 있는지 지정하려면 config.pl 파일을 사용한다.

ActiveState TCL

PL/TCL을 빌드하는 데 필요하다(참고: 버전 8.4가 필요하다. 무료 Standard Distribution 로도 충분하다).

Bison 및 Flex

Bison 및 Flex는 깃에서 빌드하는 데 필요하지만 릴리스 파일에서 빌드할 때는 필요하지 않다. Bison 1.875 또는 버전 2.2 이상에서만 작동된다. Flex는 버전 2.5.31 이상이어야 한다.

Bison 및 Flex 둘 다 msys 툴 suite에 포함되어 있으며 MinGW 컴파일러 suite의 일부로 http://www.mingw.org/wiki/MSYS에서 다운로드할 수 있다. http://git-scm.com/에서 msysGit from의 일부로 msys를 얻을 수도 있다.

PATH에 없을 경우 buildenv.pl에서 uflex.exe 및 bison.exe가 포함된 디렉토리를 PATH 환경 변수에 추가해야 한다. MinGW의 경우에, 디렉토리는 MinGW 설치 디렉토리의 \msys\1.0\bin 서브 디렉토리이다. msysGit의 경우 깃 설치 디렉토리에서 bin 디렉토리이다. MinGW 컴파일러 툴 자체를 PATH에 추가하지는 않는다.

> **참고:** GnuWin32에서 Bison 배포는 영어 설치 C:\Program Files\GnuWin32의 기본 디렉토리 같이 이름에 공백이 있는 디렉토리에 설치할 경우 Bison이 오작동을 일으키는 버그가 있다. C:\GnuWin32에 설치하거나 PATH 환경 설정에서 GnuWin32에 대한 NTFS 약식 이름 경로를 사용해야 한다(예: C:\PROGRA~1\GnuWin32).

> **참고:** PostgreSQL FTP 사이트에 배포되고 오래된 문서에서 참조되는 예전 "winflex" 바이너리는 64비트 윈도우 호스트에서 "flex: fatal internal error, exec failed"라는 메시지가 나타나면서 실패한다. msys의 flex를 대신 사용하라.

Diff

Diff는 회귀 테스트를 실행할 때 필요하며, http://gnuwin32.sourceforge.net에서 다운로드할 수 있다.

Gettext

Gettext는 NLS 지원을 사용하여 빌드할 때 필요하며, http://gnuwin32.sourceforge.net에서 다운로드할 수 있다. 바이너리, 종속성 및 개발자 파일이 모두 필요하다.

MIT Kerberos

GSSAPI 인증 지원에 필요하다. MIT Kerberos는 http://web.mit.edu/Kerberos/dist/index.html에서 다운로드할 수 있다.

libxml2 및 libxslt

XML 지원에 필요하다. 바이너리는 http://zlatkovic.com/pub/libxml에서 소스는 http://xmlsoft.org에서 다운로드할 수 있다. libxml2는 iconv가 필요하며, 동일한 다운로드 위치에서 다운로드 가능하다.

openssl

SSL 지원에 필요하다. 바이너리는 http://www.slproweb.com/products/Win32OpenSSL.html에서 소스는 http://www.openssl.org에서 다운로드할 수 있다.

ossp-uuid

UUID-OSSP 지원에 필요하다(contrib만 해당). 소스는 http://www.ossp.org/pkg/lib/uuid/에서 다운로드할 수 있다.

Python

PL/Python 빌드에 필요하다. 바이너리는 http://www.python.org에서 다운로드할 수 있다.

zlib

pg_dump 및 pg_restore의 압축 지원에 필요하다. 바이너리는 http://www.zlib.net에서 다운로드할 수 있다.

2.1.2 64비트 윈도우에 대한 특별 고려사항

PostgreSQL은 64비트 윈도우의 x64 아키텍처용으로만 빌드되며, Itanium 프로세서에 대한 지원은 없다.

동일한 빌드 트리에서 Mixing 32비트 및 64비트 버전은 지원되지 않는다. 32비트 또는 64비트 환경에서 실행되고 그에 따라 PostgreSQL을 빌드하는 경우 빌드 시스템이 자동 감지된다. 이러한 이유로 빌드 전에 올바른 명령 프롬프트를 시작하는 것이 중요하다.

파이썬python 또는 openssl 같은 서버 측 타사 라이브러리를 사용하는 경우 이 라이브러리 역시 64비트여야 한다. 64비트 서버에서 32비트 라이브러리 로드에 대한 지원은 없다. PostgreSQL이 지원하는 몇 가지 타사 라이브러리는 32비트 버전만 있으며, 이 경우에 64비트 PostgreSQL에서 사용할 수 없다.

2.1.3 빌드

릴리스 구성(기본값)으로 PostgreSQL을 모두 빌드하려면 다음 명령을 실행한다.

```
build
```

디버그 구성으로 PostgreSQL을 모두 빌드하려면 다음 명령을 실행한다.

```
build DEBUG
```

psql 같은 단일 프로젝트를 빌드하려면 다음 명령을 실행한다.

```
build psql
build DEBUG psql
```

디버그에 대한 기본 빌드 구성을 변경하려면 buildenv.pl 파일에 다음을 삽입한다.

```
$ENV{CONFIG}="Debug";
```

비주얼 스튜디오 GUI 내부에서 빌드하는 것도 가능하다. 이 경우에 명령 프롬프트에서 다음 명령을 실행한 다음, 생성된 pgsql.sln(소스 트리의 root 디렉토리)을 비주얼 스튜디오에서 연다.

```
perl mkvcbuild.pl
```

2.1.4 클리닝 및 설치

대부분, 비주얼 스튜디오에서 자동 종속성 추적은 변경된 파일을 처리한다. 하지만 변경된 내용이 많을 경우 설치를 클린해야 한다. 간단히 clean.bat 명령을 실행하면 생성된 모든 파일이 자동으로 클린된다. dist 매개변수를 사용하여 이 명령을 실행해도 되며, 그럴 경우 make distclean처럼 작동되어 flex/bison 출력 파일도 제거된다.

기본적으로 모든 파일은 debug 또는 release 디렉토리의 서브 디렉토리에 작성된다. 표준 레이아웃으로 이 파일을 설치하고, 데이터베이스를 초기화하고 사용하는 데 필요한 파일도 생성하려면 다음 명령을 실행한다.

```
install c:\destination\directory
```

클라이언트 애플리케이션 및 인터페이스 라이브러리만 설치하려면 이 명령을 사용할 수 있다.

```
install c:\destination\directory client
```

2.1.5 회귀 테스트 실행

회귀 테스트를 실행하려면 모든 필수 부분을 완전히 빌드했는지부터 점검해야 한다. 또한, 시스템의 모든 부문을 로드하는 데 필요한 DLL(예: 프로시저 언어용 펄 및 파이썬 DLL)도 시스템 경로에 있는지 확인해야 한다. 없을 경우 buildenv.pl 파일을 통해 설정해야 한다. 테스트를 실행하려면 src\tools\msvc 디렉토리에서 다음 명령 중 하나를 실행한다.

```
vcregress check
vcregress installcheck
vcregress plcheck
vcregress contribcheck
vcregress ecpgcheck
vcregress isolationcheck
vcregress upgradecheck
```

사용된 스케줄을 변경하려면(기본값 parallel) 다음과 같이 커맨드라인에 추가한다.

```
vcregress check serial
```

회귀 테스트에 대한 자세한 내용은 16장을 참조하기 바란다.

2.1.6 문서 빌드

PostgreSQL 문서를 HTML 형식으로 빌드하려면 몇 가지 툴과 파일이 필요하다. 이러한 모든 파일의 root 디렉토리를 생성한 다음, 아래 목록의 서브 디렉토리에 저장한다.

OpenJade 1.3.1-2

   http://sourceforge.net/projects/openjade/files/openjade/1.3.1/openjade-1_3_1-2-bin.zip/download에서 다운로드하고 subdirectory openjade-1.3.1 서브 디렉토리에서 압축을 푼다.

DocBook DTD 4.2

> http://www.oasis-open.org/docbook/sgml/4.2/docbook-4.2.zip에서 다운로드하고 docbook 서브 디렉토리에서 압축을 푼다.

DocBook DSSSL 1.79

> http://sourceforge.net/projects/docbook/files/docbook-dsssl/1.79/docbook-dsssl-1.79.zip/download에서 다운로드하고 docbook-dsssl-1.79 서브 디렉토리에서 압축을 푼다.

ISO 문자 엔티티

> http://www.oasis-open.org/cover/ISOEnts.zip에서 다운로드하고 docbook 서브 디렉토리에서 압축을 푼다.

buildenv.pl 파일을 편집하고 root 디렉토리의 위치에 대한 변수를 추가한다. 예를 들면 다음과 같다.

```
$ENV{DOCROOT}='c:\docbook';
```

문서를 빌드하려면 builddoc.bat 명령을 실행한다. 이것은 인덱스 생성을 위해 실제로 빌드를 두 번 실행하게 되는 것이다. 생성된 HTML 파일은 doc\src\sgml에 있다.

2.2 〉 비주얼 C++ 또는 볼랜드 C++를 이용한 libpq 빌드

비주얼 C++ 7.1-9.0 또는 볼랜드^{Borland} C++를 사용하여 libpq를 빌드하는 것은 서로 다른 디버그/릴리스 플래그를 사용한 버전이 필요하거나 애플리케이션에 링크되는 정적 라이브러리가 필요한 경우에만 권장된다. 일반적으로는 MinGW 또는 비주얼 스튜디오 또는 윈도우 SDK 메소드가 권장된다.

비주얼 스튜디오 7.1 이상을 사용한 libpq 클라이언트 라이브러리 빌드의 경우 src 디렉토리로 변경하고 다음 명령을 입력한다.

```
nmake /f win32.mak
```

비주얼 스튜디오 8.0 이상을 사용한 libpq 클라이언트 라이브러리 64비트 버전 빌드의 경우 src 디렉토리로 변경하고 다음 명령을 입력한다.

```
nmake /f win32.mak CPU=AMD64
```

지원되는 변수에 대한 자세한 내용은 win32.mak 파일을 참조하기 바란다.

볼랜드 C++를 사용한 libpq 클라이언트 라이브러리 빌드의 경우 src 디렉토리로 변경하고 다음 명령을 입력한다.

```
make -N -DCFG=Release /f bcc32.mak
```

2.2.1 생성된 파일

다음 파일이 빌드된다.

interfaces\libpq\Release\libpq.dll

  동적으로 링크되는 프론트엔드 라이브러리이다.

interfaces\libpq\Release\libpqdll.lib

  프로그램을 링크할 라이브러리를 libpq.dll로 가져온다.

interfaces\libpq\Release\libpq.lib

  프론트엔드 라이브러리의 정적 버전이다.

일반적으로는 클라이언트 파일을 설치할 필요가 없고 애플리케이션 실행 파일과 동일한 디렉토리에 libpq.dll 파일을 배치해야 한다. 꼭 필요한 경우가 아니라면 libpq.dll을 윈도우, System 또는 System32 디렉토리에 설치해선 안 된다. 파일이 셋업 프로그램을 사용하여 설치된 경우 파일에 포함된 VERSIONINFO 리소스를 사용하여 버전 검사와 함께 설치함으로써 라이브러리의 새 버전을 덮어쓰지 않도록 해야 한다.

이 머신에서 libpq를 사용하여 개발할 계획이라면 소스 트리의 src\include 및 src\interfaces\libpq 서브 디렉토리를 컴파일러 설정의 include 경로에 추가해야 한다.

라이브러리를 사용하려면 libpqdll.lib 파일을 프로젝트에 추가해야 한다(비주얼 C++에서, 프로젝트를 마우스 오른쪽 버튼을 클릭하고 추가한다).

3 서버 설정 및 운용

이 장에서는 데이터베이스 서버를 설정하고 실행하는 방법과 운영체제와 상호작용하는 방법에 대해 다룬다.

3.1 ⟩ PostgreSQL 사용자 계정

외부에서 액세스 가능한 서버 데몬과 마찬가지로 PostgreSQL도 별도의 사용자 계정으로 실행하는 것이 좋다. 이 사용자 계정은 서버에서 관리되는 데이터만 소유해야 하며, 다른 데몬과 공유해서는 안 된다(예를 들면, 사용자 nobody를 사용하는 것은 바람직하지 않음). 그럴 경우 손상된 시스템이 자체 바이너리를 변경할 수 있으므로 이 사용자가 소유한 실행 파일을 실행하는 것은 권장되지 않는다.

유닉스 사용자 계정을 시스템에 추가하려면 useradd 또는 adduser 명령을 찾아본다. 이 설명서에 빈번하게 등장하는 사용자 이름 postgres는 설정된 것으로, 원하는 다른 이름을 대신 사용할 수 있다.

3.2 ⟩ 데이터베이스 클러스터 생성

작업을 하기 전에 디스크의 데이터베이스 저장소 영역을 초기화해야 한다. 이것을 데이터베이스 클러스터라고 한다(SQL에서는 카탈로그 클러스터라고 함). 데이터베이스 클러스터는 실행 중인 데이터베이스 서버의 단일 인스턴스에 의해 관리되는 데이터베이스 컬렉션이다. 초기화한 후 데이터베이스 클러스터에는 일명 postgres라는 데이터베이스가 포함되는데, 이것은 유틸리티, 사용자 및 타사 애플리케이션이 사용하는 기본 데이터베이스이다. 데이터베이스 서버 자체는 postgres 데이터베이스가 불필요하지만, 다수의 외부 유틸리티 프로그램은 이 데이터베이스가 존재한다는 것을 전제로 한다. 초기화 중에 각 클러스터 내에 생성되는 또 다른 데이터베이스는 template1이라고 한다. 이름에서 알 수 있듯이, 이것은 이후에 생성된 데이터베이스의 템플릿으로 사용되며, 실제 작업에 사용해서는 안 된다(클러스터 내에서 데이터베이스로 새로 생성하는 방법은 7장 참조).

파일 시스템의 관점에서, 데이터베이스 클러스터는 모든 데이터가 저장되는 단일 디렉토리이다. 이것을 데이터 디렉토리 또는 데이터 영역이라고 한다. 데이터를 어디에 저장할 것인지는 전적으로 사용자의 선택에 달려 있다. /usr/local/pgsql/data 또는 /var/lib/pgsql/data가 일반적이지만, 필수는 아니다. 데이터베이스 클러스터를 초기화하려면 PostgreSQL과 함께 설치된 initdb 명령을 사용한다. 데이터베이스 클러스터의 원하는 파일 시스템 위치는 -D 옵션으로 나타낼 수 있다. 예를 들면 다음과 같다.

```
$ initdb -D /usr/local/pgsql/data
```

앞에서 설명한 대로 PostgreSQL 사용자 계정으로 로그인한 상태에서 이 명령을 실행해야 한다.

> **팁** -D 옵션 대신 환경 변수 PGDATA를 설정할 수 있다.

또는, 다음과 같이 pg_ctl 프로그램으로 initdb를 실행할 수 있다.

```
$ pg_ctl -D /usr/local/pgsql/data initdb
```

좀 더 직관적으로, 서버를 시작하고 중지하는 데 pg_ctl을 사용하면(3.3절 참조), pg_ctl은 데이터베이스 서버 인스턴스를 관리하는 유일한 명령이 된다.

initdb는 지정한 디렉토리가 존재하지 않는 경우에 디렉토리를 생성한다. 디렉토리를 생성하는 권한은 없을 가능성이 높다(당사 조언을 따랐고 권한이 없는 계정을 만든 경우). 그릴 경우 root 권한으로 디렉토리를 직접 생성하고 소유자를 PostgreSQL 사용자로 변경해야 한다. 다음과 같이 할 수 있다.

```
root# mkdir /usr/local/pgsql/data
root# chown postgres /usr/local/pgsql/data
root# su postgres
postgres$ initdb -D /usr/local/pgsql/data
```

initdb는 데이터 디렉토리가 초기화된 것으로 보일 경우 실행을 거부한다.

데이터 디렉토리에는 데이터베이스의 모든 데이터가 저장되어 있으므로 무단 액세스로부터 데이터 디렉토리를 보호하는 것이 중요하기 때문에 initdb는 PostgreSQL 사용자를 제외한 모든 사용자로부터 접근 권한을 해지한다.

단, 디렉토리 내용이 보호 중인 경우 기본 클라이언트 인증 설정은 로컬 사용자의 데이터베이스 연결을 허용하고 로컬 사용자가 데이터베이스 수퍼유저가 되는 것을 허용하기도 한다. 다른 로컬 사용자를 신뢰하지 않을 경우에는 initdb의 -W, --pwprompt 또는 --pwfile 옵션 중 하나를 사용하여 데이터베이스 수퍼유저에게 패스워드를 할당하는 것이 좋다. 또한 -A md5 또는 -A password를 지정하여 기본 trust 인증 모드가 사용되지 않게 하거나, 서버를 처음으로 시작하기 전에 initdb를 실행한 후 생성된 pg_hba.conf 파일을 수정해야 한다(기타 합리적 접근법에는 peer 인증 또는 파일 시스템 권한을 사용하여 연결을 제한하는 것이 있다. 자세한 내용은 5장 참조).

initdb에서 데이터베이스 클러스터의 기본 로케일^{locale}을 초기화할 수도 있다. 일반적으로는 환경의 로케일 설정을 가져와서, 이것을 초기화된 데이터베이스에 적용한다. 데이터베이스에 서로 다른 로케일을 지정할 수 있다. 자세한 내용은 8.1절에 나와 있다. 특정 데이터베이스 클러스터 내에서 사용되는 기본 정렬 순서는 initdb로 설정되며, 서로 다른 정렬 순서로 새로운 데이터베이스를 생성하는 경우 initdb로 생성된 템플릿 데이터베이스에 사용되는 정렬 순서는 삭제 및 재생성하지 않고는 변경할 수 없다. C 또는 POSIX 이외의 로케일을 사용하는 경우 성능에도 영향을 미칠 수 있다. 따라서 처음부터 올바른 선택을 하는 것이 중요하다.

initdb로 데이터베이스 클러스터용 기본 문자 집합 인코딩도 설정한다. 일반적으로, 이 것은 로케일 설정과 동일하게 선택해야 한다. 자세한 내용은 8.3절을 참조한다.

3.2.1 네트워크 파일 시스템

여러 가지 설치로 네트워크 파일 시스템에 데이터베이스 클러스터가 만들어지는데, NFS를 통해 직접 생성되거나, 내부적으로 NFS를 사용하는 NAS[Network Attached Storage] 장치로 생성되기도 한다. PostgreSQL이 NFS 파일 시스템에 특별한 무언가를 하는 것은 아니며, NFS가 정확히 로컬로 연결된 드라이브[DAS, Direct Attached Storage]처럼 동작한다. 클라이언트 및 서버 NFS 구현에 비표준 의미 체계가 있을 경우 안정성에 문제가 된다(http://www.time-travellers.org/shane/papers/NFS_considered_harmful.html 참조). 특히, NFS 서버에 대한 쓰기 지연(비동기)은 안정성 문제의 원인이 되므로, 이러한 문제를 피하려면 가능한 한 NFS 파일 시스템을 캐시 없이 동기적으로 마운트해야 한다. 또한 NFS의 소프트 마운트는 권장되지 않는다(SAN[Storage Area Networks]은 NFS가 아닌 저수준 통신 프로토콜을 사용한다).

3.3 › 데이터베이스 서버 시작

데이터베이스에 액세스하기 전에 데이터베이스 서버를 시작해야 한다. 데이터베이스 서버 프로그램을 postgres라고 한다. postgres 프로그램은 사용하려는 데이터가 어디에 있는지 알고 있어야 한다. 이것은 -D 옵션으로 가능하다. 따라서 서버를 시작하는 가장 손쉬운 방법은 다음과 같이 하는 것이다.

```
$ postgres -D /usr/local/pgsql/data
```

이렇게 하면 서버가 포그라운드에서 실행된다. 이것은 PostgreSQL 사용자 계정으로 로그인한 상태에서 해야 한다. -D가 없으면 이름이 환경 변수 PGDATA인 데이터 디렉토리를 서버가 사용하려고 한다. 해당 변수가 제공되지 않으면 실패하게 된다.

보통은 백그라운드에서 postgres를 시작하는 것이 좋다. 이것의 경우 일반적인 유닉스 셸 구문을 사용한다.

```
$ postgres -D /usr/local/pgsql/data >logfile 2>&1 &
```

위와 같이 서버의 stdout 및 stderr 출력을 어딘가에 저장해 놓는 것이 중요하다. 그러면 감사 및 문제 진단 시 도움이 된다(로그 파일 처리에 대한 자세한 내용은 9.3절 참조).

postgres 프로그램에는 다른 커맨드라인 옵션도 많이 있다. 자세한 내용은 postgresSQL 공식 가이드 "reference"의 postgres 및 4장을 참조하기 바란다.

셸 구문은 지루하고 따분하다. 따라서 일부 작업을 단순화할 수 있는 래퍼 프로그램 pg_ctl이 제공된다. 예는 다음과 같다.

```
pg_ctl start -l logfile
```

이것은 서버를 백그라운드에서 시작하고 출력을 지명된 로그 파일로 출력한다. -D 옵션은 postgres에서 사용된 것과 의미가 동일하다. pg_ctl로도 서버를 중지할 수 있다.

보통은, 컴퓨터 부팅 시 데이터베이스 서버도 시작하는 것이 일반적이다. 자동 시작 스크립트는 운영체제마다 다르다. PostgreSQL에서 배포되는 몇 가지 스크립트가 contrib/start-scripts 디렉토리에 있다. 하나를 설치하려면 루트 권한이 필요하다.

시스템이 다르면 부팅 시 데몬을 시작하기 위한 규칙convention도 달라진다. 다수의 시스템에 /etc/rc.local 또는 /etc/rc.d/rc.local 파일이 있다. 그 외에는 init.d 또는 rc.d 디렉토리를 사용한다. 서버는 루트 또는 다른 사용자가 아닌 PostgreSQL 사용자 계정으로 실행해야 한다. 그러므로 su postgres -c '...' 류의 명령을 사용해야 한다. 예를 들면 다음과 같다.

```
su postgres -c 'pg_ctl start -D /usr/local/pgsql/data -l serverlog'
```

운영체제별로 특수한 몇 가지 예시는 다음과 같다(각각의 경우 적절한 설치 디렉토리와 사용자 이름을 사용해야 하며, 여기서는 일반적인 값을 사용한다).

- FreeBSD의 경우 PostgreSQL 소스 배포에서 contrib/start-scripts/freebsd 파일을 검토해야 한다.
- OpenBSD에서 다음 라인을 /etc/rc.local 파일에 추가해야 한다.

```
if [ -x /usr/local/pgsql/bin/pg_ctl -a -x /usr/local/pgsql/bin/postgres ];
then
    su -l postgres -c '/usr/local/pgsql/bin/pg_ctl start -s -l
      /var/postgresql/log -D /usr/local/pgsql/data'
    echo -n ' postgresql'
fi
```

- 리눅스 시스템에서는 다음을 /etc/rc.d/rc.local 또는 /etc/rc.local에 추가하거나 PostgreSQL 소스 배포에서 contrib/start-scripts/linux 파일을 검토해야 한다.

```
/usr/local/pgsql/bin/pg_ctl start -l logfile -D /usr/local/pgsql/data
```

- NetBSD에서는 기본 설정에 따라 FreeBSD 또는 리눅스 시작 스크립트를 사용해야 한다.
- 솔라리스에서는 다음 라인이 포함된 /etc/init.d/postgresql 파일을 생성해야 한다.

```
su - postgres -c "/usr/local/pgsql/bin/pg_ctl start -l logfile -D /usr/
local/pgsql/data"
```

그런 다음, S99postgresql로써 /etc/rc3.d에 심볼릭 링크를 생성해야 한다.

서버 실행 중에 PID는 데이터 디렉토리의 postmaster.pid 파일에 저장된다. 이것은 동일한 데이터 디렉토리에서 실행되는 다중 서버 인스턴스를 방지하는 데 사용되고, 서버를 셧다운하는 데에도 사용될 수 있다.

3.3.1 서버 시작 실패

서버 시작 실패에는 몇 가지 공통된 원인이 있다. 서버의 로그 파일을 확인하거나 직접 시작해서(표준 출력 또는 표준 에러를 리다이렉트하지 않고) 에러 메시지를 확인해야 한다. 다음은 몇 가지 공통된 에러 메시지를 자세히 설명한다.

```
LOG:  could not bind IPv4 socket: Address already in use
HINT:  Is another postmaster already running on port 5432? If not, wait a few
seconds and retry.
FATAL:  could not create TCP/IP listen socket
```

일반적으로 이것은 서버가 이미 실행되고 있는 포트에서 사용자가 다른 서버를 시작하려고 했음을 의미한다. 단, 커널 에러 메시지가 Address already in use가 아니거나, 이것과 약간 다른 경우 다른 문제일 가능성이 있다. 예를 들면, 예약된 포트 번호에서 서버를 시작하려고 하면 다음과 같이 할 것이다.

```
$ postgres -p 666
LOG:  could not bind IPv4 socket: Permission denied
HINT:  Is another postmaster already running on port 666? If not, wait a few
seconds and retry.
FATAL:  could not create TCP/IP listen socket
```

메시지는 다음과 같이 나타난다.

```
FATAL:  could not create shared memory segment: Invalid argument
DETAIL:  Failed system call was shmget(key=5440001, size=4011376640, 03600).
```

이것은 공유 메모리 크기에 대한 커널 제한이 PostgreSQL이 생성하려고 하는 작업 영역보다 작다는 것을 의미하는 것일 수 있다(이 예시에서 4011376640바이트). 또는 커널에 구성된 System-V-style 공유 메모리가 일절 지원되지 않는다는 것을 의미할 수도 있다. 임시 해결책으로, 버퍼 수를 정상보다 작게 해서 서버 시작을 시도해볼 수 있다(shared_buffers). 결국에는 허용된 공유 메모리 크기를 늘리기 위해 사용자는 커널 재구성을 원하게 될 수 있다. 또한 동일한 머신에서 다중 서버를 시작하려는 경우 총 요청 공간이 커널 제한을 초과하면 이 메시지가 나타날 수도 있다.

에러가 다음과 같을 수 있다.

```
FATAL:  could not create semaphores: No space left on device
DETAIL:  Failed system call was semget(5440126, 17, 03600).
```

이것은 사용자의 디스크 공간이 소진되었음을 의미하지 않는다. 이것은 System V 세마포어에 대한 커널 수 제한이 생성하려는 PostgreSQL의 수보다 작다는 것을 의미한다. 위와 마찬가지로, 허용된 연결 수(max_connections)를 줄여서 서버를 시작함으로써 문제를 해결할 수 있지만, 결국에는 커널 제한을 늘리는 것이 좋다.

"illegal system call" 에러가 나타난 경우 공유 메모리 또는 세마포어가 사용자의 커널에서 일절 지원되지 않는 것일 수 있다. 이런 경우 유일한 방법은 이 기능이 가능하도록 커널을 재구성하는 것뿐이다.

System V IPC 기능 구성에 대한 자세한 내용은 3.4.1절에 나와 있다.

3.3.2 클라이언트 연결 문제

클라이언트 측에서 가능한 에러 조건이 다양하고 애플리케이션에 의존적이지만, 그 중 몇 가지는 서버를 시작한 방법과 직접적인 관련이 있다. 아래 표시된 조건 외에 다른 것은 각각의 클라이언트 애플리케이션을 사용하여 문서화되어야 한다.

```
psql: could not connect to server: Connection refused
        Is the server running on host "server.joe.com" and accepting
        TCP/IP connections on port 5432?
```

이것은 일반적인 "I couldn't find a server to talk to" 실패이다. TCP/IP 통신을 시도할 때 위와 같이 보인다. 흔한 실수로 TCP/IP 연결이 가능하도록 서버를 구성하는 것을 잊어버리는 것이다.

그 대신, 로컬 서버에 대한 유닉스 도메인 소켓 통신을 시도할 때 연결할 수도 있다.

```
psql: could not connect to server: No such file or directory
        Is the server running locally and accepting
        connections on Unix domain socket "/tmp/.s.PGSQL.5432"?
```

마지막 라인은 클라이언트가 올바른 곳으로 연결을 시도하고 있는지 확인할 때 유용하다. 사실상, 실행 중인 서버가 없는 경우 커널 에러 메시지는 설명한 대로 보통 Connection refused 또는 No such file or directory 중 하나이다(이 문맥의 Connection refused는 서버가 사용자의 연결 요청을 접수했고 거부했다는 것을 의미하지 않는다는 것을 알고 있는 것이 중요하다. 해당 사례는 5.4절에 표시된 대로 다른 메시지가 나타난다). Connection timed out 같은 다른 에러 메시지는 네트워크 연결성 부족 같은 좀 더 근본적인 문제를 나타내는 것일 수 있다.

〔3.4〕 커널 리소스 관리

PostgreSQL은 특히 서버의 복수 사본을 동일한 시스템에서 실행 중인 경우 또는 대규모 설치 중인 경우, 가끔씩 다양한 운영체제 리소스 제한을 소진시킨다. 이 절에서는 PostgreSQL가 사용하는 커널 리소스 및 커널 리소스 소비와 관련된 문제 해결 단계를 다룬다.

3.4.1 공유 메모리 및 세마포어

공유 메모리 및 세마포어는 통칭 "System V IPC"라고 한다(PostgreSQL과 무관한 메시지 큐와 함께). 윈도우 외에, PostgreSQL이 이러한 기능에 대한 자체적인 대체 구현을 제공하는 경우 PostgreSQL을 실행하기 위해 이러한 기능이 요구된다.

이러한 기능의 완전한 부재는 서버 시작 시 잘못된 시스템 호출 에러에 의해 보통 드러난다. 이런 경우 커널 재구성 외에는 대안이 없다. PostgreSQL은 커널 없이 작동되지 않는다. 이러한 상황은 최신 운영체제에서는 거의 일어나지 않는다.

PostgreSQL이 다양한 하드 IPC 제한 하나를 초과한 경우 서버는 시작을 거부하고 문제와 조치를 설명하는 지시적 에러 메시지를 남긴다(3.3.1절 참조). 관련 커널 매개변수의 이름은 각종 시스템 간에 동일하며, 표 3.1에 개략적인 내용이 나와 있다. 단, 매개변수 설정 방법은 다를 수 있다. 일부 플랫폼에 대한 제시는 다음에 나와 있다.

참고: PostgreSQL 9.3 이전에는, 서버 시작에 훨씬 더 많은 System V 공유 메모리가 필요했다. 버전이 오래된 서버를 실행 중인 경우 문서에서 서버 버전을 참고하기 바란다.

표 3.1 System V IPC 매개변수

이름	설명	적절한 값
SHMMAX	공유 메모리 세그먼트의 최대 크기(바이트)	최소 1kB(서버 사본이 다수 실행되는 경우 그 이상)
SHMMIN	공유 메모리 세그먼트의 최소 크기(바이트)	1
SHMALL	사용 가능한 공유 메모리의 총 양(바이트 또는 페이지)	바이트인 경우 SHMMAX와 동일; 페이지인 경우 ceil(SHMMAX/PAGE_SIZE)
SHMSEG	프로세스당 공유 메모리 세그먼트의 최대 수	1개 세그먼트만 필요하지만 기본값이 훨씬 큼
SHMMNI	시스템 차원(system-wide)의 공유 메모리 세그먼트의 최대 수	SHMSEG와 동량 외 다른 애플리케이션의 여유분
SEMMNI	세마포어 식별자의 최대 수(예: 세트)	최소한 ceil((max_connections + autovacuum_max_workers + 4) / 16)
SEMMNS	시스템 차원(system-wide)의 세마포어 최대 수	ceil((max_connections + autovacuum_max_workers + 4) / 16) * 17 외 다른 애플리케이션의 여유분
SEMMSL	세트별 세마포어 최대 수	최소한 17
SEMMAP	세마포어 맵에서 항목 수	텍스트 참조
SEMVMX	세마포어 최대 값	최소한 1000(기본값은 대체로 32767; 필요한 경우 외에는 변경하지 말 것)

PostgreSQL은 서버 사본별로 System V 공유 메모리 수 바이트가 필요하다(64비트 플랫폼의 경우 보통 48바이트). 최신 운영체제에서 이 정도 양은 손쉽게 할당 가능하다. 그러나 서버 사본을 다수 실행 중이거나 다른 애플리케이션도 System V 공유 메모리를 사용 중인 경우 바이트 단위의 공유 메모리 최대 크기인 SHMMAX를 늘려야 하거나 시스템 차원^system-wide의 System V 공유 메모리인 SHMALL를 늘려야 할 수 있다. SHMALL는 여러 시스템에서 바이트 단위가 아니라 페이지 단위로 처리된다는 점에 유의하라.

PostgreSQL의 경우 많아야 약 32바이트에 불과하기 때문에(대개 1) 문제의 원인이 공유 메모리 세그먼트의 최소 크기(SHMMIN)일 가능성은 낮다. 시스템 차원[system-wide]의 세그먼트 최대 수(SHMMNI) 또는 프로세스당 최대 수(SHMSEG)는 시스템이 영(0)으로 설정되지 않는 한 문제의 원인이 될 가능성은 낮다.

PostgreSQL은 16개 한 세트로, 허용된 연결당(max_connections) 및 autovacuum worker 프로세스당(autovacuum_max_workers) 1개의 세마포어를 사용한다. 각각의 세트마다 다른 애플리케이션에서 사용되는 세마포어 세트와의 충돌을 감지하기 위한 "매직 넘버"가 17번째 세마포어에 포함되어 있다. 시스템에서 세마포어 최대 수는 SEMMNS에 의해 설정되며, 따라서 최소한 max_connections + autovacuum_max_workers + 각각 허용된 16개 연결에 1 추가 + worker여야 한다(표 3.1 공식 참조). 매개변수 SEMMNI는 시스템에 동시에 존재할 수 있는 세마포어 세트 수에 대한 제한을 결정한다. 그러므로, 이 매개변수는 최소한 ceil((max_connections + autovacuum_max_workers + 4) / 16)여야 한다. 허용 연결 수를 줄이면 실패를 임시 방편으로 해결할 수 있으며, semget 함수로부터 "No space left on device"라는 애매한 메시지를 받게 된다.

경우에 따라서는 SEMMAP은 적어도 SEMMNS와 유사하게 늘릴 필요가 있을 수 있다. 이 매개변수는 세마포어 리소스 맵의 크기를 정의하며, 이 맵에서는 사용 가능한 세마포어의 연속 블록마다 항목을 필요로 한다. 세마포어 세트가 해제되면, 해제된 블록에 인접한 기존 항목에 추가되거나 새로운 맵 항목 아래에 등록된다. 맵이 꽉 차면 해제된 세마포어는 분실된다(리부팅될 때까지). 세마포어 공간의 조각화는 시간이 흐를수록 원래 있어야 할 것보다 사용 가능한 세마포어 수가 작아진다.

세트에 포함될 수 있는 세마포어 수를 결정하는 SEMMSL은 PostgreSQL의 경우 최소 17 이어야 한다.

SEMMNU 및 SEMUME 같은 "semaphore undo"와 관련된 다양한 기타 설정은 PostgreSQL에 영향을 미치지 않는다.

AIX

모든 메모리가 공유 메모리로 사용되도록 설정되므로, 적어도 버전 5.1은 SHMMAX 같은 매개변수에 대해 특수한 설정을 할 필요가 없다. 이것은 DB/2 같은 다른 데이터베이스에서 일반적으로 사용된 설정의 한 종류이다.

그러나 파일 크기^{fsize}와 파일 수^{nofiles}에 대한 기본 하드 제한이 가 너무 낮으므로 전역 ulimit 정보를 /etc/security/limits에서 변경해야 할 수 있다.

FreeBSD

기본 설정은 sysctl 또는 loader 인터페이스를 사용하여 변경할 수 있다. 다음 매개변수는 sysctl을 사용하여 설정할 수 있다.

```
# sysctl kern.ipc.shmall=32768
# sysctl kern.ipc.shmmax=134217728
```

리부팅 시에 이 설정을 유지하려면 /etc/sysctl.conf를 수정해야 한다.

이러한 세마포어 관련 설정은 sysctl에 관한 한 읽기 전용이지만 /boot/loader.conf에서 설정 가능하다.

```
kern.ipc.semmni=256
kern.ipc.semmns=512
kern.ipc.semmnu=256
```

이 값을 수정한 후에는 새 설정을 적용하려면 리부팅이 필요하다(참고: FreeBSD는 SEMMAP를 사용하지 않는다. 오래된 버전은 kern.ipc.semmap에 대한 설정을 수용하지만 무시하고 새 버전은 완전히 무시한다).

사용자는 커널을 구성하여 공유 메모리를 RAM에 잠그고 스왑을 위해 페이지 아웃되지 못하게 하기를 원할 수 있다. 이것은 sysctl 설정 kern.ipc.shm_use_phys를 사용하면 가능하다.

sysctl의 security.jail.sysvipc_allowed를 활성화하여 FreeBSD jail에서 실행 중인 경우 서로 다른 jail에서 실행 중인 postmaster들은 서로 다른 시스템 사용자에 의해 실행되어야 한다. 루트 사용자가 아닌 경우 서로 다른 jail에서 사용자가 공유 메모리 또는 세마포어를 간섭하지 못하게 하고 PostgreSQL IPC 클린업 코드가 올바로 작동되게 하기 때문에 이것은 보안을 개선시킨다(FreeBSD 6.0 이상에서 IPC 클린업 코드는 서로 다른 jail에서 동일한 포트에 postmaster의 실행을 방지하기 때문에 다른 jail에서 프로세스를 올바로 감지하지 못한다).

FreeBSD 4.0 이전 버전은 OpenBSD처럼 작동된다(아래 참조).

NetBSD

NetBSD 5.0 이상에서, IPC 매개변수는 sysctl을 사용하여 조절 가능하다. 예를 들면 다음과 같다.

```
$ sysctl -w kern.ipc.shmmax=16777216
```

리부팅 시에 이 설정을 유지하려면 /etc/sysctl.conf를 수정해야 한다.

사용자는 커널을 구성하여 공유 메모리를 RAM에 잠그고 스왑을 위해 페이지 아웃되지 못하게 하기를 원할 수 있다. 이것은 sysctl 설정 kern.ipc.shm_use_phys를 사용하면 가능하다.

NetBSD 5.0 이전 버전은 키워드 option이 아니라 options로 설정되어야만 하는 매개변수인 경우 외에는 OpenBSD(아래 참조)처럼 작동된다.

OpenBSD

옵션 SYSVSHM 및 SYSVSEM은 커널이 컴파일된 경우에 활성화되어야 한다(기본으로 설정돼 있음). 공유 메모리의 최대 크기는 옵션 SHMMAXPGS(페이지 단위)에 의해 결정된다. 다음 예시는 다양한 매개변수 설정 방법을 보여준다.

```
option          SYSVSHM
option          SHMMAXPGS=4096
option          SHMSEG=256

option          SYSVSEM
option          SEMMNI=256
option          SEMMNS=512
```

```
option          SEMMNU=256
option          SEMMAP=256
```

사용자는 커널을 구성하여 공유 메모리를 RAM에 잠그고 스왑을 위해 페이지 아웃되지 못하게 하기를 원할 수 있다. 이것은 sysctl 설정 kern.ipc.shm_use_phys를 사용하면 가능하다.

HP-UX

기본 설정은 보편적으로 정상적인 설치에 충분하다. HP-UX 10에서 SEMMNS의 출고 시 기본 설정은 128이며, 이것은 거대 데이터베이스 사이트에는 너무 적을 수 있다.

IPC 매개변수는 Kernel Configuration → Configurable Parameters 아래의 SAM^{System Administration Manager}에서 설정할 수 있다. 완료 시 **Create A New Kernel**을 선택해야 한다.

리눅스

최대 세그먼트 크기 기본값은 32MB이며, 최대 총 크기 기본값은 2097152페이지이다. "huge pages"를 이용한 특수한 커널 구성일 때 외에는 페이지는 거의 항상 4096바이트이다(확인하려면 getconf PAGE_SIZE 사용).

공유 메모리 크기 설정은 sysctl 인터페이스를 통해 변경 가능하다. 예를 들어, 16 GB를 허용하려면 다음과 같이 한다.

```
$ sysctl -w kernel.shmmax=17179869184
$ sysctl -w kernel.shmall=4194304
```

또한, /etc/sysctl.conf 파일에서 리부팅 사이에서도 이 설정을 보존할 수 있다. 이렇게 하는 것이 매우 바람직하다.

오래된 배포에는 sysctl 프로그램이 없을 수도 있지만 /proc 파일 시스템을 처리하여 동일하게 변경할 수 있다.

```
$ echo 17179869184 >/proc/sys/kernel/shmmax
```

```
$ echo 4194304 >/proc/sys/kernel/shmall
```

나머지 기본 설정은 아주 넉넉한 크기로, 일반적으로 변경이 불필요하다.

OS X

OS X에서 공유 메모리를 구성하는 권장 방법은 다음과 같은 변수 할당이 포함된 /etc/sysctl.conf 파일을 생성하는 것이다.

```
kern.sysv.shmmax=4194304
kern.sysv.shmmin=1
kern.sysv.shmmni=32
kern.sysv.shmseg=8
kern.sysv.shmall=1024
```

일부 OS X 버전에서, 모두 5개의 공유 메모리 매개변수를 /etc/sysctl.conf에 설정 해야 하며, 그렇지 않으면 값이 무시된다는 점에 유의해야 한다.

OS X 최근 릴리스는 설정된 SHMMAX가 정확히 4096의 배수가 아니면 이 값을 무시 한다.

SHMALL는 이 플랫폼에서 4kB로 평가된다.

OS X 구 버전에서는 공유 메모리 매개변수에 대한 변경 내용이 적용되려면 리부팅 해야 한다. 10.5는 현재, sysctl을 사용하여 SHMMNI를 제외한 모두를 상황에 따라 변경 가능하다. 그러나 리부팅 사이에 값이 유지될 수 있도록 /etc/sysctl.conf를 통 해 원하는 값을 설정하는 것이 최선이다.

/etc/sysctl.conf 파일은 OS X 10.3.9 이상에서만 유효하다. 이전 10.3.x 릴리스를 실행 중인 경우 /etc/rc 파일을 편집하여 다음 명령으로 값을 변경해야 한다.

```
sysctl -w kern.sysv.shmmax
sysctl -w kern.sysv.shmmin
sysctl -w kern.sysv.shmmni
sysctl -w kern.sysv.shmseg
sysctl -w kern.sysv.shmall
```

/etc/rc는 일반적으로 OS X 시스템 업데이트 시 덮어쓰기 되므로 업데이트가 있을 때마다 사용자는 이러한 편집을 반복해야 한다.

OS X 10.2 이전 버전에서는 /System/Library/StartupItems/SystemTuning/ SystemTuning 파일에서 이 명령을 편집해야 한다.

SCO OpenServer

기본 구성에서 세그먼트당 512kB의 공유 메모리만 허용된다. 설정을 변경하려면 먼저 /etc/conf/cf.d 디렉토리로 이동해야 한다. SHMMAX의 현재 값을 표시하려면 다음을 실행한다.

```
./configure -y SHMMAX
```

SHMMAX에 새 값을 설정하려면 다음을 실행한다.

```
./configure SHMMAX=value
```

여기서 value는 사용하려는 새 값이다(바이트 단위). SHMMAX를 설정한 후에는 커널을 리빌드한다.

```
./link_unix
```

그런 다음 리부팅한다.

솔라리스 2.6~2.9(솔라리스 6~솔라리스 9)

해당 설정은 /etc/system에서 변경 가능하다. 예를 들면 다음과 같다.

```
set shmsys:shminfo_shmmax=0x2000000
set shmsys:shminfo_shmmin=1
set shmsys:shminfo_shmmni=256
set shmsys:shminfo_shmseg=256

set semsys:seminfo_semmap=256
set semsys:seminfo_semmni=512
set semsys:seminfo_semmns=512
set semsys:seminfo_semmsl=32
```

변경한 내용을 적용하려면 사용자의 리부팅이 필요하다. 이전 솔라리스 버전에서 공유 메모리에 대한 내용은 http://sunsite.uakom.sk/sunworldonline/swol-09-1997/swol-09-insidesolaris.html을 참조하기 바란다.

솔라리스 2.10 (솔라리스 10) 이상

오픈솔라리스

솔라리스 10 이상 및 오픈솔라리스^{OpenSolaris}에서 기본 공유 메모리 및 세마포어 설정은 대부분의 PostgreSQL 애플리케이션에서 충분하다. 이제 솔라리스는 시스템 RAM의 1/4을 SHMMAX 기본값으로 설정한다. 이 설정을 좀 더 조정하려면 postgres 사용자에 대한 프로젝트 설정을 사용해야 한다. 예를 들면, root로 다음을 실행한다.

```
projadd -c "PostgreSQL DB User" -K "project.max-shm-
memory=(privileged,8GB,deny)" -U postgres -G postgres user.postgres
```

이 명령은 user.postgres 프로젝트를 추가하고 postgres 사용자에 대한 공유 메모리 최대값을 8GB로 설정하고, 다음에 사용자 로그인 시 적용되거나 PostgreSQL 재시작 시 적용된다(리로드 아님). 위의 것은 PostgreSQL이 postgres 그룹의 postgres 사용자로 실행되는 것으로 간주한다. 서버 리부팅은 불필요하다.

연결이 다수 있는 데이터베이스 서버에 대한 다른 권장 커널 설정 변경은 다음과 같다.

```
project.max-shm-ids=(priv,32768,deny)
project.max-sem-ids=(priv,4096,deny)
project.max-msg-ids=(priv,4096,deny)
```

또한 구역^{zone} 내에서 PostgreSQL을 실행 중인 경우 zone 리소스 사용 제한도 올려야 할 필요가 있다. projects 및 prctl에 대한 자세한 내용은 『System Administrator's Guide』의 'Chapter2: Projects and Tasks'를 참조하기 바란다.

유닉스웨어

유닉스웨어 7에서 공유 메모리 세그먼트의 최대 크기는 기본 구성에서 512kB이다.

SHMMAX의 현재 값을 표시하려면 다음을 실행한다.

```
/etc/conf/bin/idtune -g SHMMAX
```

이것은 현재값, 기본값, 최소값 및 최대값을 표시한다. SHMMAX에 새 값을 설정하려면 다음을 실행한다.

```
/etc/conf/bin/idtune SHMMAX value
```

여기서 value는 사용하려는 바이트 단위의 새 값이다. SHMMAX를 설정한 후에는 커널을 리빌드한다.

```
/etc/conf/bin/idbuild -B
```

그런 다음 리부팅한다.

3.4.2 리소스 제한

유닉스 계열의 운영체제는 사용자의 PostgreSQL 서버에도 영향을 미칠 수 있는 리소스 제한 형태가 다양하다. 그 중에 사용자별 프로세스 수, 프로세스당 개방 파일 수, 각 프로세스에서 사용 가능한 메모리 양에 대한 제한이 특히 중요하다. 이러한 제한은 각각 "하드" 및 "소프트" 제한이 있다. 소프트 제한은 실제로 계산하는 것이지만, 사용자가 하드 제한까지 증가시킬 수 있다. 하드 제한은 root 사용자만이 변경 가능하다. 시스템 호출 setrlimit는 이러한 매개변수의 설정을 담당한다. 셸의 빌트인 명령어 ulimit(Bourne 셸) 또는 limit(csh)는 커맨드라인에서 리소스 제한을 제어하는 데 사용된다. BSD 파생 시스템에서 /etc/login.conf 파일은 로그인 동안 다양한 리소스 제한 설정을 제어한다. 자세한 내용은 운영체제 문서를 참조하기 바란다. 관련 매개변수는 maxproc, openfiles 및 datasize들이 있다. 예제는 다음과 같다.

```
default:\
...
        :datasize-cur=256M:\
        :maxproc-cur=256:\
```

```
        :openfiles-cur=256:\
...
```

(-cur는 소프트 제한이다. 하드 제한을 설정하려면 -max를 덧붙인다)

커널은 일부 리소스에 대해 시스템 차원^{system-wide}의 제한을 가질 수 있다.

- 리눅스에서 /proc/sys/fs/file-max는 커널이 지원하는 개방 파일의 최대 수를 결정한다. 파일 내에 다른 수를 적거나 /etc/sysctl.conf에 할당을 추가하면 변경이 가능하다. 프로세스당 파일의 최대 제한은 커널이 컴파일되는 시점에 수정된다. 자세한 내용은 /usr/src/linux/Documentation/proc.txt를 참조하기 바란다.

PostgreSQL 서버는 연결당 프로세스 1개를 사용하므로 허용된 연결 수에 해당되는 프로세스는 최소한 제공한 다음에 사용자는 시스템에서 필요로 하는 나머지를 제공해야 한다. 이것은 일반적으로 문제가 되지 않지만 머신 1대에 몇 개의 서버를 실행하는 경우에는 쉽지 않을 수 있다.

개방 파일에 대한 기본 제한은 시스템 리소스를 부적절하게 분할하지 않고도 여러 사용자가 머신에 공존할 수 있는 값인 "사회적으로 용인되는" 값으로 설정된다. 사용자가 필요에 따라 머신 1대에서 여러 개의 서버를 실행하지만, 특정한 전용 서버의 제한만 올리고자 할 수도 있다.

다른 한편으로, 일부 시스템에서는 독립된 프로세스들이 많은 수의 파일들을 열 수 있게 한다. 그러면 몇 개의 프로세스만 실행되더라도 시스템 차원^{system-wide}의 제한이 손쉽게 초과된다. 이러한 상황이 발생되었지만 시스템 차원^{system-wide}의 제한을 변경하고 싶지 않을 경우에는 PostgreSQL의 `max_files_per_process` 구성 매개변수를 설정하여 개방 파일의 소비를 제한할 수 있다.

3.4.3 리눅스 메모리 오버커밋

리눅스 2.4 이상에서 기본 가상 메모리 동작은 PostgreSQL의 경우 최적화되어 있지 않다. 커널이 메모리 오버커밋^{overcommit}을 이행하는 방식 때문에 PostgreSQL 또는 다른 프로세스의 메모리 수요가 시스템의 가상 메모리가 소진되는 원인이 되는 경우 커널은 PostgreSQL postmaster(마스터 서버 프로세스)를 종료해야 한다.

이런 경우가 발생하면 이와 같은 커널 메시지가 나타난다(해당 메시지를 찾아 보려면 시스템 문서 및 구성 참조).

```
Out of Memory: Killed process 12345 (postgres).
```

이것은 postgres 프로세스가 메모리 압박 때문에 종료되었음을 나타낸다. 기존 데이터베이스 연결이 정상 작동되더라도 새로운 연결은 수락되지 않는다. 복구하려면 PostgreSQL을 재시작해야 한다.

이 문제를 방지하는 방법 중 하나는 다른 프로세스 때문에 머신의 메모리가 소진되지 않을 것이 확실한 머신에서 PostgreSQL을 실행하는 것이다. 실제 메모리와 스왑^{swap} 공간이 소진된 경우에만 메모리 부족^{OOM} 킬러가 호출되기 때문에 메모리에 여유가 없는 경우에는 운영체제의 스왑 공간을 늘리면 문제를 방지하는 데 도움이 된다.

PostgreSQL 자체가 메모리 부족의 원인인 경우 구성을 변경하면 문제를 방지할 수 있다. 경우에 따라 메모리 관련 구성 매개변수, 특히 shared_buffers 및 work_mem을 줄이는 것이 도움이 된다. 그 외에는 데이터베이스 서버 자체로의 연결을 너무 많이 허용하는 것이 문제의 원인일 수 있다. 대체로, max_connections를 줄이는 대신 외부 연결 풀링 소프트웨어를 이용하는 것이 좋다.

리눅스 2.6 이상에서 커널의 동작을 수정해서 메모리 '오버커밋'을 방지할 수 있다. 이 설정으로 OOM 킬러의 호출이 전적으로 방지되는 않지만 가능성은 확연히 줄어들며, 따라서 시스템 동작이 좀 더 견고해진다. sysctl을 통해 엄격한 오버커밋 모드를 선택함으로써 이것이 가능해진다.

```
sysctl -w vm.overcommit_memory=2
```

또는 동일한 항목을 /etc/sysctl.conf에 입력해도 된다. 사용자는 이와 관련된 설정인 `vm.overcommit_ratio`의 수정을 원할 수도 있다. 자세한 내용은 커널 문서 파일 Documentation/vm/overcommit-accounting을 참조하기 바란다.

`vm.overcommit_memory`를 변경 또는 변경 없이 사용하는 또 다른 방법은 postmaster 프로세스의 프로세스 특정 `oom_score_adj` 값을 -1000으로 설정하는 것이다. 그렇게 함으로써 OOM 킬러의 타깃이 되는 것을 면할 수 있다. 이렇게 하는 가장 간단한 방법은 다음과 같다.

```
echo -1000 > /proc/self/oom_score_adj
```

postmaster를 호출하기 전에 상기 명령을 postmaster의 시작 스크립트에서 실행하는 것이다. 이러한 액션은 root로 실행하지 않으면 아무런 효력이 없으므로 root 권한 소유의 시작 스크립트를 이용하는 것이 가장 간단하다. 이를 위해 사용자는 CPPFLAGS에 추가된 `-DLINUX_OOM_SCORE_ADJ=0`을 사용하여 PostgreSQL을 빌드할 수 있다. 이것은 postmaster 자식 프로세스가 `oom_score_adj` 일반값 0으로 실행되는 원인이 되어 OOM 킬러가 필요 시 타깃으로 삼을 수 있다.

이전 리눅스 커널은 /proc/self/oom_score_adj를 제공하지 않지만 /proc/self/oom_adj가 동일한 기능을 제공할 수도 있다. 이것은 비활성 값이 -1000이 아니라 -17인 경우 외에는 동일하게 작동된다. PostgreSQL에 해당되는 동일한 빌드 플래그는 `-DLINUX_OOM_ADJ=0`이다.

> **참고**: 일부 공급업체의 리눅스 2.4 커널은 2.6 오버커밋 sysctl 매개변수의 초기 버전을 가지고 있는 것으로 알려져 있다. 그러나 관련 코드가 없는 2.4 커널에서 vm.overcommit_memory가 2로 설정되는 것은 상황을 더 나쁘게 만든다. 실제 커널 소스 코드를 확인하여(mm/mmap.c 파일에서 vm_enough_memory 참조) 2.4 설치에서 이것을 시도하기 전에 사용자의 커널에서 무엇이 지원되는지 확인하는 것이 좋다. overcommit-accounting 문서 파일이 존재한다고 해서 기능이 지원된다는 증거로 생각해서는 안 된다. 의심스러울 경우는 커널 전문가 또는 커널 공급업체에게 문의하기 바란다.

3.4.4 리눅스 huge pages

huge pages를 사용하면 PostgreSQL 같이 인접한 거대 메모리 청크 사용 시 오버헤드가 줄어든다. PostgreSQL에서 이 기능을 활성화하려면 CONFIG_HUGETLBFS=y 및 CONFIG_HUGETLB_PAGE=y를 사용하는 커널이 필요하다. 시스템 설정 vm.nr_hugepages 도 튜닝해야 한다. 필요한 huge pages 수를 추정하려면 huge pages 활성화 없이 PostgreSQL을 시작하고 proc 파일 시스템에서 VmPeak 값을 확인해야 한다.

```
$ head -1 /path/to/data/directory/postmaster.pid
4170
$ grep ^VmPeak /proc/4170/status
VmPeak:  6490428 kB
```

6490428/2048(이 경우 PAGE_SIZE는 2MB)은 대략 3169.154 huge pages이므로 최소 3170huge pages가 필요하다.

```
$ sysctl -w vm.nr_hugepages=3170
```

가끔 커널은 원하는 수의 huge pages를 할당할 수 없어서 해당 명령을 반복하거나 리부팅이 필요할 수 있다. 리부팅 시에 이 설정을 유지하려면 /etc/sysctl.conf에 항목을 추가하는 것을 잊으면 안 된다.

PostgreSQL에서 huge pages의 기본 동작은 가능할 경우 사용하는 것이고 실패할 경우 정상 페이지로 폴백fallback하는 것이다. huge_pages를 on으로 설정하면 huge pages 를 강제로 사용할 수 있다. 이 경우 사용 가능한 huge pages가 부족하면 PostgreSQL 을 시작하지 못할 수도 있다.

리눅스 huge pages 기능에 대한 자세한 설명은 https://www.kernel.org/doc/Documentation/vm/hugetlbpage.txt를 읽어보기 바란다.

3.5 › 서버 셧다운

데이터베이스 서버를 셧다운하는 방법에는 몇 가지가 있다. 사용자는 마스터 postgres 프로세스에 서로 다른 신호를 전송하여 셧다운 유형을 제어한다.

SIGTERM

이것은 스마트 셧다운 모드이다. SIGTERM을 수신한 후, 서버는 새로운 연결을 불허하지만 기존 세션은 정상적인 종료를 허용한다. 모든 세션이 종료된 후에만 셧다운된다. 서버가 온라인 백업 모드인 경우 온라인 백업 모드가 더 이상 작동하지 않을 때까지 조금 더 대기한다. 백업 모드가 작동되는 중에는 새로운 연결이 수퍼유저에게만 계속 허용된다(이러한 예외는 온라인 백업 모드를 종료하기 위해 수퍼유저가 연결하는 것을 허용). 서버가 복구 중인 상태에서 스마트 셧다운이 요청되면, 모든 정규 세션이 종료된 후에만 복구 및 streaming replication이 중단된다.

SIGINT

이것은 빠른 셧다운 모드이다. 서버는 새로운 연결을 불허하고 모든 기존 서버 프로세스 SIGTERM을 전송하는데, 이로써 현재 트랜잭션이 중단되고 즉시 종료된다. 그런 다음, 모든 서버 프로세스가 종료되도록 기다렸다가 최종적으로 셧다운된다. 서버가 온라인 백업 모드인 경우 백업이 무용지물임이 표시되면서 백업 모드가 종료된다.

SIGQUIT

이것은 즉시 셧다운 모드이다. 서버는 SIGQUIT를 모든 자식 프로세스에 전송하고 자식 프로세스가 종료될 때까지 대기한다. 5초 이내에 종료되지 않는 프로세스에는 마스터 postgres 프로세스에 의해 SIGKILL이 전송되고, 따라서 더 이상 대기하지 않고 종료된다. 이것은 다음 시작 시 복구로 이어진다(WAL 로그 리플레이에 의해). 이것은 비상 시에만 권장된다.

pg_ctl 프로그램은 이러한 서버 셧다운 신호를 전송하기 위한 편리한 인터페이스를 제공한다. 또는 윈도우가 아닌 시스템에서 kill을 사용하여 직접 신호를 전송할 수 있다.

postgres 프로세스의 PID는 ps 프로그램을 사용하여 찾을 수 있거나 데이터 디렉토리에서 postmaster.pid 파일에서 찾을 수 있다. 예를 들어, 빠른 셧다운을 하려면 다음과 같은 명령어로 가능하다.

```
$ kill -INT `head -1 /usr/local/pgsql/data/postmaster.pid`
```

> **중요:** 서버 셧다운 시 SIGKILL은 사용하지 않는 것이 최선이다. 그럴 경우 서버에서 공유 메모리 및 세마포어가 해제되지 않아서, 새 서버를 시작하기 전에 수동으로 해제를 해야 할 수 있다. 또한 SIGKILL은 하위 프로세스로 신호를 전달하지 않고 postgres를 kill 하므로 각각의 하위 프로세스 역시 직접 kill 해야 한다.

다른 세션은 계속하면서 개별 세션을 종료하려면 pg_terminate_backend() (PostgreSQL 공식 가이드의 표 9.64 참조)를 사용하거나 세션과 관련된 자식 프로세스에 SIGTERM 신호를 전송해야 한다.

3.6 〉 PostgreSQL 클러스터 업그레이드

이 절에서는 PostgreSQL 릴리스의 데이터베이스 데이터를 새로운 것으로 업그레이드하는 방법을 다룬다.

PostgreSQL 메이저 버전은 버전 번호의 첫 두 자리이며, 예를 들면 8.4이다. PostgreSQL 마이너 버전은 버전 번호의 세 번째 자릿수부터이다. 예를 들면, 8.4.2는 8.4의 두 번째 부 릴리스이다. 마이너 릴리스는 내부 스토리지 형식을 절대 변경하지 않으며 메이저 버전 번호가 동일하면 이전 및 이후 마이너 릴리스와 항상 호환된다. 예를 들면, 8.4.2는 8.4, 8.4.1 및 8.4.6과 호환된다. 호환 버전 간에 업데이트를 하려면 서버를 다운한 상태에서 실행 파일을 간단히 교체하고 서버를 시작하면 된다. 데이터 디렉토리는 변경되지 않고 유지된다. 마이너 업그레이드는 간단하다.

PostgreSQL의 메이저 릴리스의 경우, 내부 데이터 스토리지 형식이 변경되므로 업그레이드가 복잡하다. 데이터를 새로운 메이저 버전으로 옮기는 전형적인 방법은 느릴 수 있지만 데이터베이스를 덤프하고 다시 불러오는 것이다. 더 빠른 방법은 pg_upgrade이다. 복제 방법도 아래에 언급된 바와 같이 사용 가능하다.

일반적으로 새 메이저 버전에서도 사용자 가시$^{user-visible}$ 비호환성이 도입되므로 애플리케이션 프로그래밍 변경이 요구되곤 한다. 모든 사용자 가시$^{user-visible}$ 변경은 릴리스 노트에 나와 있다. 몇 가지 메이저 버전에 걸쳐 업그레이드하는 경우 각각의 매개 버전에 대한 릴리스 노트를 읽어 보아야 한다.

세심한 사용자라면 새 버전으로 완전히 넘어가기 전에 클라이언트 애플리케이션을 새 버전에서 테스트해보고 싶을 것이다. 그러므로, 이전 버전과 새 버전의 동시 설치를 설정하는 것이 좋은 아이디어이다. PostgreSQL 메이저 업그레이드를 테스트할 때 다음과 같이 변경 가능성이 있는 카테고리를 고려해야 한다.

관리
> 서버를 모니터링 및 관리하기 위해 관리자가 사용할 수 있는 기능이 메이저 릴리스에서 주로 변경 및 개선된다.

SQL
> 일반적으로 새 SQL 명령이 여기에 포함되고, 특별한 언급이 릴리스 노트에 없으면 동작하지 않는 변경은 없다.

라이브러리 API
> 릴리스 노트에 특별한 언급이 없으면, libpq 같은 전형적인 라이브러리만 새로운 기능을 추가한다.

시스템 카탈로그
> 시스템 카탈로그 변경은 보통 데이터베이스 관리 도구에만 영향을 미친다.

서버 C 언어 API
> 이것은 C 프로그래밍 언어로 작성된 백엔드 함수 API의 변경과 관련이 있다. 해당 변경은 서버 내 백엔드 함수를 참조하는 코드에 영향을 미친다.

3.6.1 pg_dumpall을 통한 데이터 업그레이드

업그레이드 방법 중 하나는 PostgreSQL의 메이저 버전에서 데이터를 덤프하고 다른 버전에서 다시 불러오는 것이다. 이렇게 하려면 pg_dumpall 같은 논리적 백업 툴을 사용해야 한다. 파일 시스템 레벨 백업 방법은 작동되지 않는다(호환되지 않는 PostgreSQL 버전으로는 데이터 디렉토리를 사용하지 못하도록 하는 검사가 존재하며, 그래서 데이터 디렉토리에서 잘못된 서버 버전을 시작하려는 시도가 있더라도 큰 위험은 방지된다).

이 프로그램에서 개선 기능의 장점을 활용하려면 새 버전의 PostgreSQL에서 pg_dump 및 pg_dumpall 프로그램을 사용하는 것이 바람직하다. 덤프 프로그램의 현재 릴리스는 과거의 모든 서버 버전부터 7.0까지의 데이터를 읽을 수 있다.

이 지침은 기존 설치가 /usr/local/pgsql 디렉토리이고, 데이터 영역이 /usr/local/pgsql/data인 것으로 간주한다. 사용자 경로에 맞게 적절한 대체가 필요하다.

 1. 백업 시 데이터베이스가 업데이트 중이 아닌지 확인해야 한다. 이것이 백업의 무결성에는 영향을 미치지 않지만 변경된 데이터는 당연히 포함되지 않는다. 필요 시 /usr/local/pgsql/data/pg_hba.conf 파일(또는 동등한 파일)에서 권한을 편집하여 사용자 본인을 제외한 모든 사람의 액세스를 불허해야 한다. 액세스 제어에 대한 자세한 내용은 5장을 참조하기 바란다.
    데이터베이스 설치를 백업하려면 다음을 입력한다.

    ```
    pg_dumpall > outputfile
    ```

    백업을 하기 위해 현재 실행 중인 버전에서 pg_dumpall 명령을 선택할 수 있다. 자세한 내용은 10.1.2절을 참조하기 바란다. 최고의 결과를 내려면 버그 수정 기능이 있고 이전 버전보다 개선된 PostgreSQL 9.4.1에서 pg_dumpall 명령의 사용을 시도해야 한다. 새 버전을 아직 설치하지 않았기 때문에 이 권고가 이상해 보일 수 있지만 새 버전을 이전 버전과 병행 설치할 생각이면 이것을 따르는 것이 좋다. 이런 경우 설치를 정상적으로 완료하고 데이터는 나중에 전송할 수 있다. 이렇게 하면 다운타임도 줄어든다.

2. 이전 서버를 셧다운한다.

```
pg_ctl stop
```

부팅 시에 PostgreSQL이 시작되는 시스템에서 같은 작업을 수행하는 파일이 있을 수 있다. 예를 들면, 레드햇^{Red Hat} 리눅스 시스템에서도 이러한 동작을 찾아볼 수 있다.

```
/etc/rc.d/init.d/postgresql stop
```

서버 시작 및 중단에 대한 내용은 3장을 참조하기 바란다.

3. 백업으로부터 복구하는 경우 버전이 명시된 것이 아니라면 이전 설치 디렉토리의 이름을 변경하거나 디렉토리를 삭제해야 한다. 문제가 발생해서 되돌아가야 할 때를 대비해서 디렉토리를 삭제하는 것보다는 이름을 변경하는 것이 낫다. 디렉토리는 디스크 공간을 상당량 차지한다는 사실을 잊으면 안 된다. 디렉토리 이름을 변경하려면 다음과 같은 명령을 사용한다.

```
mv /usr/local/pgsql /usr/local/pgsql.old
```

(디렉토리를 단일 유닛으로 이동하여 관련 경로가 바뀌지 않게 해야 한다)

4. PostgreSQL 새 버전은 1.4절에 요약한 대로 설치한다.

5. 필요 시 데이터베이스 클러스터를 새로 생성한다. 특수한 데이터베이스 사용자 계정(업그레이드 중 이미 보유하고 있는)으로 로그인한 상태에서 이 명령을 실행해야 한다는 것을 잊으면 안 된다.

```
/usr/local/pgsql/bin/initdb -D /usr/local/pgsql/data
```

6. 이전 pg_hba.conf 및 모든 postgresql.conf 수정 내용을 복원한다.

7. 특수 데이터베이스 사용자 계정을 사용하여 데이터베이스 서버를 다시 시작한다.

```
/usr/local/pgsql/bin/postgres -D /usr/local/pgsql/data
```

8. 마지막으로 다음 명령으로 데이터를 복원한다.

```
/usr/local/pgsql/bin/psql -d postgres -f outputfile
```

이때 새 psql을 사용한다.

새 서버를 다른 디렉토리에 설치하고 이전 및 새 서버를 서로 다른 포트에서 병렬 실행하면 다운타임을 최소화할 수 있다. 그런 다음, 사용자는 데이터를 전송하기 위해 다음과 같은 명령어를 사용할 수 있다.

```
pg_dumpall -p 5432 | psql -d postgres -p 5433
```

이 명령으로 데이터가 전송된다.

3.6.2 pg_upgrade를 통한 데이터 업그레이드

pg_upgrade 모듈은 메이저 PostgreSQL 버전에서 다른 버전으로 현재 위치에 마이그레이션되는 설치를 허용한다. 특별히 --link 모드를 사용하면 수 분 이내에 업그레이드가 가능하다. 이것은 위의 pg_dumpall과 유사한 단계가 필요하다(예: 서버 시작/중지, initdb 실행). pg_upgrade 문서에는 필수 단계가 간략하게 나와 있다.

3.6.3 복제를 통한 데이터 업그레이드

슬로니^{Slony} 같은 특정한 복제 방법을 사용하여 PostgreSQL 업그레이드 버전의 스탠바이 서버를 생성할 수도 있다. 이것은 슬로니가 메이저 PostgreSQL 버전 간 복제를 지원하기 때문에 가능하다. 스탠바이는 동일한 컴퓨터 또는 다른 컴퓨터에 있는 것일 수 있다. 일단 마스터 서버(PostgreSQL의 이전 버전 실행 중)와 동기화되면, 마스터 서버를 전환하고 마스터 서버를 스탠바이한 상태에서 이전 데이터베이스 인스턴스를 셧다운할 수 있다. 따라서 이러한 전환 방식에 의하면, 업그레이드 다운타임이 수 초에 불과하게 된다.

3.7 〉 서버 스푸핑 방지

서버 실행 중에 악의적 사용자가 정상적인 데이터베이스 서버를 차지하는 것은 불가능하다. 단, 서버 다운 시 로컬 사용자가 자신의 서버를 시작함으로써 정상적인 서버를 스푸핑하는 것은 가능하다. 스푸핑 서버는 클라이언트가 보낸 패스워드와 쿼리를 읽을 수 있지만 디렉토리 권한 때문에 PGDATA 디렉토리는 보호되므로 데이터를 리턴할 수는 없다. 어떤 사용자든 데이터베이스 서버를 시작할 수 있으므로 스푸핑이 가능하다. 특수하게 구성되지 않은 경우 클라이언트가 잘못된 서버를 식별해낼 수는 없다.

local 연결에 대한 스푸핑을 방지하는 가장 간단한 방법은 신뢰된 로컬 사용자에 대해서만 쓰기 권한이 있는 유닉스 도메인 소켓 디렉토리(unix_socket_directories)를 사용하는 것이다. 이로써 악의적 사용자가 자체 소켓 파일을 해당 디렉토리에 생성하는 것이 방지된다. 일부 애플리케이션이 소켓 파일로 /tmp를 계속 참조해야 해서 스푸핑에 취약한 경우라면 운영체제 시작 시에 위치 변경된 소켓 파일을 가리키는 심볼릭 링크 /tmp/.s.PGSQL.5432를 생성해야 한다. 또한 사용자의 /tmp 클린업 스크립트를 수정해서 심볼릭 링크가 삭제되지 않게 해야 한다.

TCP 연결에 대한 스푸핑을 방지하기 위한 최고의 해결책은 SSL 인증서를 사용하여 클라이언트가 서버 인증서를 확인하게 하는 것이다. 이렇게 하려면 hostssl 연결만 수락하고(5.1절) SSL 키와 인증서 파일(3.9절)을 갖도록 서버를 구성해야 한다. TCP 클라이언트는 sslmode=verify-ca 또는 verify-full을 사용하여 연결해야 하며, 적절한 루트 인증서 파일이 설치되어야 한다(PostgreSQL 공식 가이드 31.18.1절 참조).

3.8 〉 암호화 옵션

PostgreSQL은 데이터베이스 서버 도난, 비양심적인 관리자 및 불안정한 네트워크로 인해 데이터가 공개되지 않도록 보호하는 데 있어 몇 가지 단계의 암호화와 유연성을 제공한다. 또한 암호화는 의료 기록 또는 금융 트랜잭션 같은 중요 데이터의 보호를 위해서도 필요하다.

패스워드 스토리지 암호화

기본적으로 데이터베이스 사용자 패스워드는 MD5 해시로 저장되므로 사용자에게 할당된 실제 패스워드를 관리자가 판단할 수 없다. 클라이언트 인증에 MD5 암호화를 사용하는 경우, 네트워크를 통해 전송하기 전에 클라이언트가 MD5 암호화를 실행하므로 잠시라도 암호화되지 않는 패스워드가 서버에 제공되지 않는다.

특정 컬럼에 대한 암호화

pgcrypto 모듈은 특정 필드를 암호화해서 저장하는 것을 허용한다. 일부 데이터만 중요한 경우에 이것이 유용하다. 클라이언트가 암호 해독 키를 제공하고 데이터가 서버에서 암호 해독된 다음, 클라이언트로 전송된다.

암호 해독된 데이터 및 암호 해독 키는 암호가 해독되고 클라이언트와 서버 간에 통신이 일어나는 짧은 시간 동안 서버에 제공된다. 여기에는 시스템 관리자처럼 데이터베이스 서버에 대한 전체 액세스 권한이 있는 누군가가 데이터와 키를 가로챌 수 있는 짧은 순간이 존재한다.

데이터 파티션 암호화

스토리지 암호화는 파일 시스템 레벨 또는 블록 레벨에서 수행된다. 리눅스 파일 시스템 암호화 옵션에는 eCryptfs 및 EncFS가 포함되는 반면, FreeBSD는 PEFS를 사용한다. 블록 레벨 또는 풀 디스크 암호화 옵션에는, 리눅스에서는 dm-crypt + LUKS가 포함되고 FreeBSD에서는 GEOM 모듈 geli 및 gbde가 포함된다. 윈도우를 비롯한 여러 가지 다른 운영체제에서 이 기능이 지원된다.

드라이브 또는 전제 컴퓨터가 도난 당한 경우 이 메커니즘은 암호화되지 않은 데이터를 드라이브에서 읽지 못하게 한다. 파일 시스템이 마운트될 때 운영체제가 암호화되지 않은 데이터 뷰를 제공하므로 파일 시스템이 마운트된 상태에서는 공격으로부터 데이터를 보호하지 못한다. 그러나 파일 시스템을 마운트하려면 암호화 키를 운영체제에 전달하는 방법이 필요하며, 디스크를 마운트하는 호스트 어딘가에 키를 저장해야 할 때도 있다.

네트워크에서 패스워드 암호화

MD5 인증 방법은 서버로 전송하기 전에 클라이언트에서 패스워드를 이중으로 암호화한다. 데이터베이스가 연결되면 이것은 먼저 사용자 이름을 기준으로 MD5 암호화한 다음, 서버에 의해 전송되는 랜덤 salt를 기준으로 암호화된다. 이것이 네트워크를 통해 서버에 전송되는 이중 암호화된 값이다. 이중 암호화는 패스워드 검색을 방지하는 것 외에도, 동일한 암호화된 패스워드를 사용하여 나중에 데이터베이스 서버에 연결하는 새로운 연결도 방지한다.

네트워크에서 데이터 암호화

SSL 연결은 네트워크로 전송된 모든 데이터(패스워드, 쿼리 및 리턴 데이터)를 암호화한다. pg_hba.conf 파일은 어떤 호스트가 암호화되지 않은 연결을 사용할 수 있는지(host) 및 어떤 것이 SSL-암호화된 연결을 요구하는지(hostssl)를 관리자가 지정할 수 있게 한다. 또한 클라이언트는 SSL을 통해서만 서버에 연결하도록 지정 가능하다. Stunnel 또는 SSH는 전송을 암호화할 때에도 사용할 수 있다.

SSL 호스트 인증

이것은 클라이언트 및 서버 양쪽에서 서로 간에 SSL 인증서를 제공하는 것이 가능하다. 양쪽에서 추가적인 설정이 일부 필요하지만 이로써 단순히 패스워드만 사용하는 것보다 훨씬 강력한 ID 검증이 가능하다. 이것은 클라이언트가 보낸 패스워드를 읽는 데 필요한 시간만큼 컴퓨터가 서버인 척하는 것을 방지한다. 또한 클라이언트와 서버 사이에 있는 컴퓨터가 서버인 척 해서 클라이언트와 서버 사이의 모든 데이터를 읽고 전달하는 "중간자^(man in the middle)" 공격을 방지하는 데에도 효과가 있다.

클라이언트 측 암호화

서버 머신의 시스템 관리자를 신뢰할 수 없는 경우 클라이언트가 데이터를 암호화해야 한다. 이러한 방식으로 암호화되지 않은 데이터를 데이터베이스 서버에 절대 나타나지 않는다. 데이터는 서버로 전송되기 전에 클라이언트에서 암호화되고 데이터베이스 결과는 사용 전에 클라이언트에서 암호가 해독되어야 한다.

3.9 } SSL을 사용한 TCP/IP 연결 보호

PostgreSQL은 SSL 연결을 사용하여 보안 강화를 위한 클라이언트/서버 통신을 암호화하는 기본적인 지원이 있다. 이것은 클라이언트와 서버 시스템에 OpenSSL을 설치해야하고 PostgreSQL에서의 지원이 빌드 시 활성화되어야 한다(1장 참조).

컴파일된 SSL 지원을 사용함으로써 postgresql.conf에서 매개변수 `ssl`을 `on`으로 설정하면 SSL를 활성화한 상태로 PostgreSQL 서버를 시작할 수 있다. 서버는 동일한 TCP 포트에서 일반 및 SSL 연결을 listen하고 SSL 연결 여부에 대해 클라이언트 연결을 성사시킨다. 기본적으로 이것은 클라이언트의 옵션이다. 일부 또는 모든 연결에 대해 SSL의 사용을 요구하도록 서버를 설정하는 방법은 5.1절을 참조하기 바란다.

PostgreSQL은 시스템 차원^{system-wide}의 OpenSSL 구성 파일을 판독한다. 기본적으로 이 파일의 이름은 openssl.cnf이고 `openssl version -d`로 보고된 디렉토리에 위치한다. 이러한 기본값은 환경 변수 `OPENSSL_CONF`를 원하는 구성 파일 이름에 설정함으로써 덮어쓸 수 있다.

OpenSSL은 다양한 암호화 및 다양한 레벨의 인증 알고리즘을 지원한다. 암호 목록을 OpenSSL 구성 파일에 지정할 수 있는 반면, postgresql.conf에서 `ssl_ciphers`를 수정함으로써 데이터베이스 서버에서 특별히 사용하기 위한 암호를 사용자가 지정할 수 있다.

> **참고:** NULL-SHA 또는 NULL-MD5 암호를 사용하여 암호화 오버헤드 없이 인증을 하는 것이 가능하다. 단, 중간자(man-in-the-middle)는 클라이언트와 서버 사이의 통신을 판독하고 패스할 수 있다. 또한 암호화 오버헤드는 인증 오버헤드에 비해 아주 적다. 이러한 이유로, NULL 암호는 권장되지 않는다.

SSL 모드에서 시작하려면 서버 인증서가 포함된 파일과 개인 키가 존재해야 한다. 기본적으로, 이러한 파일은 각각 서버의 데이터 디렉토리에서 이름이 server.crt 및 server.key일 것으로 예상되지만, 구성 매개변수 `ssl_cert_file` 및 `ssl_key_file`을 사용하여 다른 이름과 위치를 지정할 수 있다. 유닉스 시스템에서 server.key에 대한 권한은 월드 또는 그룹에 대한 액세스를 불허해야 한다. 이것은 `chmod 0600 server.key` 명령에 의해 수행된다. 개인 키가 암호로 보호되는 경우 서버는 암호를 묻는 메시지를 표시하고 암호가 입력되기 전에는 서버가 시작되지 않는다.

경우에 따라 서버 인증서를 클라이언트가 직접 신뢰하지 않고 "중간" 인증 기관에서 서명할 수 있다. 해당 인증서를 사용하려면 server.crt 파일에 서명 기관의 인증서를 첨부한 다음, 해당 상급 기관의 인증서를 첨부하는 순으로 클라이언트에 의해 신뢰된 인증 기관, "root" 또는 "중간"까지 첨부한다(예를 들면 클라이언트의 root.crt 파일에서 인증서로 서명된).

3.9.1 클라이언트 인증서 사용

신뢰된 인증서 제공을 클라이언트에게 요구하려면 사용자가 신뢰하는 인증 기관[CA]의 인증서를 데이터 디렉토리의 root.crt 파일에 삽입하고, postgresql.conf의 `ssl_ca_file` 매개변수를 root.crt로 설정하고 pg_hba.conf의 적절한 hostssl 라인에서 `clientcert` 매개변수를 1로 설정해야 한다. 그러면, SSL 연결 시작 중에 인증서가 클라이언트로부터 요청된다(클라이언트에서 인증서 설정 방법에 대한 설명은 postgreSQL 31.18절 참조). 서버는 클라이언트 인증서가 신뢰된 인증 기관 중 한 곳에서 서명된 것인지 검증한다. 중간 CA가 root.crt에 나타나면 파일에도 루트 CA에 인증서 체인이 포함되어야 한다. `ssl_crl_file` 매개변수가 설정된 경우 CRL[Certificate Revocation List] 항목도 확인된다(SSL 인증서 사용을 보여주는 다이어그램은 http://h71000.www7.hp.com/DOC/83final/BA554_90007/ch04s02.html 참조).

pg_hba.conf의 `clientcert` 옵션은 모든 인증 방법에서 사용할 수 있지만 `hostssl`로 지정된 행에만 해당된다. `clientcert`가 지정되지 않았거나 0으로 설정되면, 구성된 것이 있을 경우 서버가 CA 목록 대비 제공된 클라이언트 인증서를 계속 검증하지만, 클라이언트 인증서의 제공을 요구하지는 않는다.

서버의 root.crt는 클라이언트 인증서 서명을 위해 신뢰된 것으로 간주되는 최상위 CA

가 나열되어 있다. 대부분의 경우 클라이언트 인증서에 대해 CA를 신뢰하더라도 원칙적으로는 서버의 인증서를 서명한 CA를 나열할 필요는 없다.

사용자가 클라이언트 인증서를 설정하는 경우 cert 인증 방법을 사용한다면 인증서로 사용자 인증을 제어하고 연결 보안도 제공할 수 있다. 자세한 내용은 5.3.9절을 참조하기 바란다.

3.9.2 SSL 서버 파일 사용

표 3.2는 서버에서 SSL 설정과 관련된 파일들을 요약한 것이다.(표시된 파일 이름은 기본 값 또는 일반적인 이름이다. 로컬로 구성된 이름은 다를 수 있다)

표 3.2 SSL 서버 파일 사용

파일	내용	효과
ssl_cert_file ($PGDATA/server.crt)	서버 인증서	클라이언트로 전송되어 서버 ID 표시
ssl_key_file ($PGDATA/server.key)	서버 개인 키	소유자가 보낸 서버 인증서 검증; 인증서 소유자가 믿을만하다는 것을 나타내지는 않음
ssl_ca_file ($PGDATA/root.crt)	신뢰된 인증서 기관	클라이언트 인증서가 신뢰된 인증 기관에 의해 서명되었는지 확인
ssl_crl_file ($PGDATA/root.crl)	인증 기관에서 취소된 인증서	클라이언트가 인증서가 이 목록에 있으면 안 됨

server.key, server.crt, root.crt 및 root.crl 파일(또는 구성된 다른 이름)은 서버 시작 중에만 검사되므로 변경 내용을 적용하려면 서버를 재시작해야 한다.

3.9.3 자체 서명된 인증서 생성

서버용 자체 서명된 인증서를 빠르게 생성하려면 다음과 같은 OpenSSL 명령을 사용해야 한다.

```
openssl req -new -text -out server.req
```

openssl이 요청하는 정보를 입력하고, 로컬 호스트 이름을 "Common Name"으로 입력했는지 확인한다. 챌린지 패스워드는 비워둘 수 있다. 프로그램은 보호된 패스프레이즈인 키를 생성한다. 4글자 미만의 패스프레이즈는 수락되지 않는다. 패스프레이즈를 삭제하려면(서버의 자동 시작을 원하는 경우처럼) 다음 명령을 실행한다.

```
openssl rsa -in privkey.pem -out server.key
rm privkey.pem
```

이전 패스프레이즈를 입력하여 기존 키를 해제하기 위해 다음과 같이 입력한다.

```
openssl req -x509 -in server.req -text -key server.key -out server.crt
```

그러면 인증서가 자체 서명된 인증서로 전환되고, 서버가 찾는 위치로 키와 인증서가 복사된다. 마지막으로 다음과 같이 입력한다.

```
chmod og-rwx server.key
```

이렇게 하는 이유는 권한이 이것보다 좀 더 자유로운 경우에 서버가 파일을 거부하기 때문이다. 서버 개인 키와 인증서를 생성하는 방법에 대한 자세한 내용은 OpenSSL 문서를 참조하기 바란다.

자체 서명된 인증서를 테스트용으로 사용할 수 있지만 클라이언트가 서버 ID를 검증할 수 있도록 인증 기관[CA](전역 CA 또는 로컬 CA 중 하나)에 의해 서명된 인증서는 실제 운영 중에 사용되어야 한다. 모든 클라이언트가 기관에 대해 로컬인 경우 로컬 CA를 사용하는 것이 권장된다.

3.10 SSH 터널을 사용해 TCP/IP 연결 보호

클라이언트와 PostgreSQL 서버 간 네트워크 연결을 암호화하기 위해 SSH를 사용할 수 있다. 제대로 된 경우 이것은 SSL이 불가능한 클라이언트에 대해서도 적절한 네트워크 연결 보호를 제공한다.

먼저 SSH 서버가 PostgreSQL 서버와 동일한 머신에서 올바로 실행 중인지 확인하고 ssh를 사용하여 일부 사용자로 로그인할 수 있는지 확인한다. 그런 다음, 클라이언트 머신에서 아래와 같은 명령을 사용하여 보안 터널을 설정할 수 있다.

```
ssh -L 63333:localhost:5432 joe@foo.com
```

-L의 첫 번째 인수 63333은 터널 종단의 포트 번호이며, 미사용 포트는 무엇이든 가능하다(IANA는 개인용으로 포트 49152~65535를 제공한다). 두 번째 숫자 5432는 터널의 원거리 종단: 서버가 사용 중인 포트 번호이다. 포트 번호 간의 이름 또는 IP 주소는 연결하려는 데이터베이스 서버가 있는 호스트이며, 이 예시에서 foo.com인 로그인되어 있는 호스트에서 표시된다. 이 터널을 사용하여 데이터베이스 서버에 연결하기 위해 사용자는 로컬 머신의 포트 63333에 연결한다.

```
psql -h localhost -p 63333 postgres
```

이것은 해당 문맥의 localhost에 연결하는 foo.com 호스트에서 사용자가 정말로 데이터베이스 서버에 대한 joe 사용자인 것처럼 보이게 하고, 이 사용자와 호스트로부터의 연결에 대해 구성된 대로 인증 절차를 사용한다. 사실, SSH 서버와 PostgreSQL 서버 사이가 암호화되지 않으므로 서버는 연결이 SSL로 암호화되어 있지 않다고 생각하게 된다. 동일한 머신에 있는 것이 아니라면 이것은 어떠한 추가적인 보안 위험을 드러내지 않을 것이다.

터널 설정이 성공하려면 사용자가 ssh를 사용하여 터미널 세션을 생성하려고 하는 것처럼 joe@foo.com로써 ssh를 통한 연결이 허용되어야 한다

사용자는 다음과 같이 포트 포워딩을 설정할 수도 있다.

```
ssh -L 63333:foo.com:5432 joe@foo.com
```

그러나 데이터베이스 서버가 foo.com 인터페이스에서 들어오는 연결을 보게 되는데, 이것은 기본 설정 `listen_addresses = 'localhost'`에 의해서는 개방되지 않는다. 보통 이것은 사용자가 원하는 바가 아니다.

일부 로그인 호스트를 통해 데이터베이스 서버에 "hop"해야 한다면 가능한 설정 중 하나는 다음과 같을 것이다.

```
ssh -L 63333:db.foo.com:5432 joe@shell.foo.com
```

shell.foo.com에서 db.foo.com으로의 이러한 연결 방법은 SSH 터널에서 암호화되지 않는다는 점에 유의해야 한다. 다양한 방법으로 네트워크가 제한되는 경우에 SSH는 가능한 구성을 다수 제공한다. 자세한 내용은 SSH 문서를 참조하기 바란다.

> **팁** 방금 설명한 개념과 유사한 절차를 사용하여 보안 터널을 제공할 수 있는 몇 가지 다른 애플리케이션이 존재한다.

3.11 〉 윈도우에 이벤트 로그 등록

윈도우 이벤트 로그 라이브러리를 운영체제에 등록하려면 다음 명령을 실행해야 한다.

regsvr32 pgsql_library_directory/pgevent.dll

이것은 PostgreSQL이라는 기본 이벤트 소스 하에서, 이벤트 뷰어가 사용하는 레지스트리 항목을 생성한다.

이벤트 소스 이름을 다르게 지정하려면(4.1.1절의 event_source 참조), /n 및 /i 옵션을 사용해야 한다.

regsvr32 /n /i:event_source_name pgsql_library_directory/pgevent.dll

운영체제에서 이벤트 로그 라이브러리를 등록 취소하려면 다음 명령을 실행해야 한다.

regsvr32 /u [/i:event_source_name] pgsql_library_directory/pgevent.dll

> **참고**: 데이터베이스 서버에서 이벤트 로깅을 활성화하려면 log_destination을 수정하여 postgresql.conf에서 eventlog를 포함해야 한다.

4

서버 구성

데이터베이스 시스템의 동작에 영향을 주는 구성 매개변수는 여러 가지가 있다. 이 장의 첫 번째 절에서는 구성 매개변수와 인터랙션하는 방법을 설명하고 후속 절에서는 각 매개변수를 자세하게 다룬다.

4.1 〉 매개변수 설정

4.1.1 매개변수 이름 및 값

모든 매개변수 이름은 대소문자를 구분한다. 각 매개변수 값은 boolean 또는 string, integer, floating point, enumerated(enum)의 5가지 타입 중 하나이다. 데이터 타입은 매개변수 설정을 위한 구문을 설정한다.

- Boolean: on, off, true, false, yes, no, 1, 0(대소문자 구문 안 함) 또는 t, f, y, n 중 하나로 값을 설정할 수 있다.

- String: 일반적으로 앞뒤에 작은따옴표가 표시되며, 값 내의 작은따옴표에는 작은따옴표를 하나 더 붙여준다. 값이 보통 단순한 숫자 또는 식별자일 경우에는 따옴표를 생략할 수 있다.

- Numeric(integer와 floating point): 소수점은 floating-point 매개변수일 때만 허용된다. 천 단위 구분자를 사용하면 안 된다(예: 1,000,000에서 ','). 따옴표는 불필요하다.

- 단위가 있는 Numeric: 일부 숫자 매개변수는 메모리 또는 시간을 설명하므로 암시

적 단위를 갖고 있다. 단위는 킬로바이트, 블록(보통 8킬로바이트), 밀리초, 초, 분일 수 있다. 이러한 설정들 중 단위가 없는 숫자 값은 설정의 기본 단위를 사용하는데, pg_settings.unit에서 확인할 수 있다. 편의상, 설정은 명시적으로 지정된 단위를 지정할 수 있다. 예를 들면, 시간 값이 '120ms'인 경우, 매개변수의 실제 단위가 무엇이든 변환된다. 이 기능을 사용하려면 값을 string(따옴표 포함)으로 작성해야 한다는 점에 유의하라. 단위 이름은 대소문자를 구분하며, 숫자 값과 단위 사이에 공백이 올 수 있다.

- 유효 메모리 단위는 kB(킬로바이트) 및 MB(메가바이트), GB(기가바이트) 및 TB(테라바이트)이다. 메모리 단위의 승수는 1000이 아니라 1024이다.

- 유효 시간 단위는 ms(밀리초), s(초), min(분), h(시) 및 d(일)이다.

- Enumerated: Enumerated 타입의 매개변수는 string 매개변수와 작성 방식이 동일하지만 값 집합이 하나로 제한된다. 이 매개변수에서 허용되는 값은 pg_settings. enumvals를 참고할 수 있다. Enum 매개변수 값은 대소문자를 구분하지 않는다.

4.1.2 구성 파일을 통한 매개변수 인터랙션

이러한 매개변수를 설정하는 가장 기본적인 방법은 일반적으로 데이터 디렉토리에 있는 postgresql.conf 파일을 편집하는 것이다. 데이터베이스 클러스터 디렉토리가 초기화된 경우 기본 사본이 설치된다. 이 파일과 유사한 예시는 다음과 같다.

```
# This is a comment
log_connections = yes
log_destination = 'syslog'
search_path = '"$user", public'
shared_buffers = 128MB
```

라인당 매개변수 하나가 지정되어 있다. 이름과 값 사이의 등호는 옵션이다. 공백은 중요하지 않으며(따옴표로 둘러싼 매개변수 제외), 빈 라인은 무시된다. 해시 마크(#)는 라인의 나머지가 주석임을 의미한다. 단순 식별자 또는 숫자가 아닌 매개변수 값은 작은따옴표를 사용해야 한다. 작은따옴표를 매개변수 값에 포함하려면 작은따옴표를 하나 더 붙이거나, 역슬래시와 따옴표를 사용해야 한다.

이렇게 설정된 매개변수는 클러스터에 기본값으로 제공된다. 값을 오버라이드하지 않는 이상 활성 세션에서 보이는 설정은 이 값들이다. 다음 절에서는 관리자 또는 사용자가 이러한 기본값을 오버라이드하는 방법을 설명한다.

메인 서버 프로세스가 SIGHUP 신호를 수신할 때마다 환경 설정 파일이 다시 읽히게 된다. 커맨드라인에서 `pg_ctl reload`를 실행하거나 SQL 함수 `pg_reload_conf()`를 호출하면 SIGHUP이 전송된다. 또한 메인 서버 프로세스는 현재 실행 중인 모든 서버 프로세스에 이 신호를 퍼트려서 기존 세션에도 새 값이 적용되게 한다(현재 실행 중인 클라이언트 명령이 완료된 후에 진행됨). 또는 사용자가 단일 서버 프로세스에 직접 신호를 전송할 수도 있다. 일부 매개변수는 서버 시작 시에만 설정 가능하다. 환경 설정 파일의 엔트리를 변경하면 서버가 재시작되기 전까지 무시된다. 마찬가지로, 환경 설정 파일에서 잘못된 매개변수 설정도 SIGHUP 처리 중에 무시된다(단, 로그에는 기록된다).

postgresql.conf 외에 PostgreSQL 데이터 디렉토리에는 postgresql.auto.conf 파일이 포함되어 있으며, postgresql.conf와 형식은 동일하지만 직접 편집해서는 안 된다. 이 파일에는 `ALTER SYSTEM` 명령을 통해 제공되는 설정이 포함되어 있다. postgresql.conf가 존재할 때마다 이 파일을 자동으로 읽어오고, 해당 설정이 동일하게 적용된다. postgresql.auto.conf의 설정은 postgresql.conf의 설정을 오버라이드한다.

4.1.3 SQL을 통한 매개변수 인터랙션

PostgreSQL은 환경 설정 기본값을 설정하기 위한 3가지 SQL 명령을 제공한다. 앞에서 언급한 `ALTER SYSTEM` 명령은 SQL 구문으로 전역 기본값을 변경할 수 있는 방법을 제공하는데, 기능상 postgresql.conf를 편집하는 것과 동일하다. 또, 데이터베이스별로 또는 role별로 기본값 설정이 가능한 명령이 2가지 있다.

- `ALTER DATABASE` 명령은 전역 설정을 데이터베이스별로 오버라이드한다.

- `ALTER ROLE` 명령은 전역 및 데이터베이스별 설정을 모두 사용자 지정 값으로 오버라이드한다.

`ALTER DATABASE` 및 `ALTER ROLE`로 설정된 값은 데이터베이스 세션을 새로 시작하는 경우에만 적용된다. 이것은 환경 설정 파일 또는 서버 커맨드라인에서 구한 값을 오버라이드하고 나머지 세션에 대해 기본값을 적용한다. 서버 시작 후에 일부 설정은 변경이 불가하므로 이 명령(또는 아래 나열된 것 중 하나)으로 설정할 수 없다는 점에 유의해야 한다.

클라이언트가 데이터베이스에 연결되면 PostgreSQL 세션-로컬 환경 설정 설정과 인터랙션이 가능한 SQL 명령(또는 동등한 함수) 2개를 추가 제공한다.

- `SHOW` 명령으로 모든 매개변수의 현재 값을 확인할 수 있다. 해당 함수는 `current_setting(setting_name text)`이다.
- `SET` 명령으로는 세션에 로컬로 설정할 수 있는 이 매개변수의 현재 값을 수정할 수 있다. 다른 세션에는 영향을 미치지 않는다. 해당 함수는 `set_config(setting_name, new_value, is_local)`이다.

또한, 시스템 뷰 `pg_settings`는 세션-로컬 값을 확인하고 변경하는 데 사용할 수 있다.

- 뷰 쿼리는 `SHOW ALL`과 유사하지만, 좀 더 상세한 결과를 보여준다. 또한 필터 조건을 지정하거나 다른 릴레이션과 조인할 수 있어서 좀 더 유연하다.
- 이 뷰에서 setting 칼럼을 업데이트하기 위해 `UPDATE`를 사용하는 것은 `SET` 명령을 실행하는 것과 동일하다. 예를 들면, 다음과 같다.

```
SET configuration_parameter TO DEFAULT;
```

위의 구문은 아래와 동일하다.

```
UPDATE pg_settings SET setting = reset_val WHERE name = 'configuration_parameter';
```

4.1.4 셸을 통한 매개변수 인터랙션

전역 기본값을 설정하거나 데이터베이스 또는 role 레벨에서 오버라이드하는 것 외에도, 셸을 통해 PostgreSQL로 설정을 전달할 수 있다. 서버와 libpq 클라이언트 라이브러리 모두 셸을 통해 매개변수를 전달받는다.

- 서버 시작 도중에 -c 커맨드라인 매개변수를 사용하여 매개변수 설정을 postgres 명령에 전달할 수 있다. 예를 들면, 다음과 같다.

  ```
  postgres -c log_connections=yes -c log_destination='syslog'
  ```

  이런 방법으로 제공된 설정은 postgresql.conf 또는 ALTER SYSTEM을 통해 해당 설정을 오버라이드하므로 서버를 재시작하지 않고는 전역적으로 설정을 변경할 수 없다.

- libpq를 통해 클라이언트 세션을 시작하면 PGOPTIONS 환경 변수를 사용하여 매개변수 설정이 될 수 있다. 이 설정값이 세션의 생명주기 동안 기본값이 되지만 다른 세션에는 영향을 주지 않는다. PGOPTIONS은 postgres 명령과 비슷한 형식으로, -c 플래그를 지정해야 한다. 예를 들면, 다음과 같다.

  ```
  env PGOPTIONS="-c geqo=off -c statement_timeout=5min" psql
  ```

  기타 클라이언트 및 라이브러리는 셸로 자체 메커니즘을 제공하거나 SQL 명령을 직접적으로 사용하지 않고, 사용자가 세션 설정을 변경할 수 있게 한다.

4.1.5 구성 파일 내용 관리

PostgreSQL는 복잡한 postgresql.conf 파일을 작은 파일로 세분화하는 기능들을 제공한다. 이 기능들의 환경 설정 방식이 동일하지는 않지만, 관련 있는 서버들을 관리할 때 특히 유용하다.

개별적인 매개변수 설정 외에, postgresql.conf 파일에는 include 지시어가 있다. 읽어올 다른 파일을 지정하여, 환경 설정 파일에 파일이 삽입된 것 같이 처리된다. 이 기능은 환경 설정 파일을 물리적으로 분할한다. Include 지시어는 간략하게 다음과 같다.

```
include 'filename'
```

파일 이름이 절대 경로가 아니면 참조하는 환경 설정 파일 디렉토리의 상대 경로로 취급된다. include는 중첩이 가능하다.

include_if_exists 지시어도 있는데, 이것은 참조 파일이 존재하지 않거나 파일을 읽을 수 없는 경우 외에는 include 지시어와 동일하게 작동된다. include는 이것을 에러 조건으로 간주하지만, include_if_exists는 단순히 메시지를 로깅하여 참조 환경 설정 파일을 계속 처리한다.

postgresql.conf 파일에는 include_dir도 포함될 수 있는데, 다음과 같이 포함할 환경 설정 파일의 경로를 지정한다.

```
include_dir 'directory'
```

절대 경로가 아니면 참조하는 환경 설정 파일 디렉토리의 상대 경로로 취급된다. 지정된 디렉토리 내에서 디렉토리가 아닌 파일은 이름이 .conf로 끝나는 경우에만 포함된다. 해당 파일이 일부 플랫폼에서 숨겨질 수 있으므로 실수 예방 차원에서 문자 점(.)으로 시작되는 파일 이름도 무시된다. include 디렉토리 내의 파일들은 파일 이름 순으로 처리된다(C 로케일locale 규칙에 따라, 예를 들면, 숫자-문자 순 및 대문자-소문자 순).

Include 파일 또는 디렉토리는 postgresql.conf 파일 하나만 쓰지 않고, 데이터베이스 환경 설정을 논리적으로 분리하는 데 사용될 수 있다. 메모리 용량이 각각 다른 데이터베이스 서버 2대를 운용하는 회사를 생각해보자. 로깅 같이 데이터베이스 2개가 공유하는 환경 설정 요소가 있을 가능성이 높다. 그러나 서버의 메모리 관련 매개변수는 서로 상이할 것이고, 서버마다 커스텀화했을 것이다. 이러한 상황을 관리하는 방법은 커스텀화된 환경 설정 변경 내용을 3개의 파일로 분할하는 것이다. 사용자는 다음 코드를 postgresql.conf 파일의 끝에 추가하여 각 파일을 포함하면 된다.

```
include 'shared.conf'
include 'memory.conf'
include 'server.conf'
```

모든 시스템의 shared.conf 파일은 동일하다. 메모리 크기가 다른 각 서버는 동일한 memory.conf를 공유할 수 있다. 사용자는 RAM이 8GB인 서버와 16GB인 서버를 모두 한 파일로 관리할 수 있다. 그리고 server.conf에는 서버별 환경 설정 정보가 포함된다.

환경 설정 파일 디렉토리를 생성하고 이 정보를 그 파일에 넣는 방법도 있다. 예를 들면, conf.d 디렉토리는 postgresql.conf의 마지막 엔트리로 참조할 수 있다.

```
include_dir 'conf.d'
```

그런 다음, conf.d 디렉토리의 파일 이름을 다음과 같이 지정한다.

```
00shared.conf
01memory.conf
02server.conf
```

이러한 명명 규칙으로 파일이 로드되는 순서가 명확해진다. 서버가 환경 설정 파일을 읽을 때, 매개변수의 마지막 설정만 적용된다. 이 예시에서, conf.d/02server.conf에서 설정된 값들은 conf.d/01memory.conf에서 설정된 값을 오버라이드한다.

이 방법을 대신 사용하여 파일을 서술적으로 명명할 수 있다.

```
00shared.conf
01memory-8GB.conf
02server-foo.conf
```

이러한 배치 순서는 각각의 환경 설정 파일 변화에 대해 고유한 이름을 부여한다. 이로 써 버전 관리 저장소처럼 몇 개의 서버 환경 설정이 한곳에 저장되는 경우 모호함이 줄 어든다(데이터베이스 환경 설정 파일을 버전 관리에 저장하는 것도 생각해 볼만하다).

4.2 〉 파일 위치

앞에서 언급한 postgresql.conf 파일 외에도 PostgreSQL는 수동으로 편집되는 환경 설정 파일 2개를 사용하는데, 이 파일은 클라이언트 인증을 관리하는 파일이다(이 파일은 5장에서 다룬다). 기본적으로 3개의 환경 설정 파일 모두 데이터베이스 클러스터의 데이터 디렉토리에 저장된다. 이 절에서 설명하는 매개변수는 환경 설정 파일을 다른 곳에 배치할 수 있다(그렇게 하면 관리가 편하다. 특히, 환경 설정 파일이 별도로 관리되는 경우에는 환경 설정 파일을 백업하기가 훨씬 쉽다.).

data_directory (string)

데이터 저장소로 사용되는 디렉토리를 지정한다. 이 매개변수는 서버 시작 시에만 설정 가능하다.

config_file (string)

메인 서버 환경 설정 파일(통상적으로 postgresql.conf라고 함)을 지정한다. 이 매개변수는 postgres 커맨드라인에서만 설정 가능하다.

hba_file (string)

호스트 기반 인증(통상적으로 pg_hba.conf라고 함)용 환경 설정 파일을 지정한다. 이 매개변수는 서버 시작 시에만 설정 가능하다.

ident_file (string)

5.2절의 사용자 이름 맵핑(통상적으로 pg_ident.conf라고 함)용 환경 설정 파일을 지정한다. 이 매개변수는 서버 시작 시에만 설정 가능하다.

external_pid_file (string)

서버 관리 프로그램에서 사용하기 위해 서버가 생성해야 하는 추가적인 프로세스 ID[PID] 파일의 이름을 정한다. 이 매개변수는 서버 시작 시에만 설정 가능하다.

기본적으로 위 매개변수들은 설정되어 있지 않다. 데이터 디렉토리는 -D 커맨드라인 옵션 또는 PGDATA 환경 변수로 지정되고, 모든 환경 설정 파일은 데이터 디렉토리에 위치한다.

데이터 디렉토리가 아닌 다른 곳에 환경 설정 파일을 저장하고 싶으면 postgres -D 커맨드라인 옵션 또는 PGDATA 환경 변수가 환경 설정 파일이 있는 곳의 위치를 가리켜야 하고, 데이터 디렉토리가 실제로 어디에 있는지를 보여주는 data_directory 매개변수는 postgresql.conf(또는 커맨드라인에서)에 설정되어야 한다. data_directory는 환경 설정 파일의 위치가 아니라 데이터 디렉토리의 위치에 대해 -D 및 PGDATA를 오버라이드한다.

config_file, hba_file 및(또는) ident_file 매개변수를 사용하여 환경 설정 파일의 이름과 위치를 지정할 수 있다. config_file은 postgres 커맨드라인에서만 지정 가능하고, 기타 파일은 주 환경 설정 파일 내에서 설정할 수 있다. 이 3가지 매개변수와 data_directory를 설정하면, -D와 PGDATA를 지정할 필요 없다.

이 3가지 매개변수는 설정 시 postgres가 시작된 디렉토리의 상대 경로로 해석된다.

4.3 〉 연결 및 인증

4.3.1 연결 설정

listen_addresses (string)

서버가 클라이언트 애플리케이션에서 들어온 연결을 listen하는 TCP/IP 주소를 지정한다. 값은 호스트 이름 및/또는 숫자 IP 주소가 쉼표로 구분된 목록의 형태이다. *는 사용 가능한 IP 인터페이스 모두를 뜻한다. 0.0.0.0은 모든 IPv4 주소에 대해 listen하며, ::는 모든 IPv6 주소에 대해 listen한다는 뜻이다. 목록이 빈칸이면 서버가 IP 인터페이스를 일절 listen하지 않으며, 이런 경우 유닉스 도메인 소켓만 사용해서 연결할 수 있다는 뜻이다. 기본값은 localhost이며, 로컬 TCP/IP "루프백" 연결을 구성한다. 클라이언트 인증(5장)으로 서버 접근 권한을 세분화할 수 있는 반면, listen_addresses는 연결 시도를 수락하는 인터페이스를 제어하여 안전하지 않은 네트워크 인터페이스 상에서 악의적 연결 요청이 반복되는 것을 방지할 수 있다. 이 매개변수는 서버 시작 시 설정된다.

port (integer)

기본적으로 서버가 listen하는 TCP 포트는 5432이다. 서버가 listen하는 모든 IP 주소에 동일한 포트 번호가 사용된다. 이 매개변수는 서버 시작 시 설정된다.

max_connections (integer)

데이터베이스 서버 동시 접속 최대 수를 결정한다. 기본값은 일반적으로 100이지만, 커널이 100을 지원하지 않으면 이보다 낮을 수도 있다(initdb 중에 결정됨). 이 매개변수는 서버 시작 시 설정된다.

대기 서버 실행 중에 사용자는 max_connections를 마스터 서버의 값보다 크거나 같게 설정해야 한다. 그렇게 하지 않으면 대기 서버가 쿼리를 허용하지 않는다.

superuser_reserved_connections (integer)

PostgreSQL 슈퍼유저의 연결용으로 예약된 연결 "슬롯" 수를 결정한다. 최대 max_connections까지 결정된다. 동시 연결 수가 max_connections에서 superuser_reserved_connections를 뺀 값보다 크면 슈퍼유저만 더 연결되고 복제 연결은 되지 않는다.

기본값은 3이고, max_connections 미만이어야 한다. 이 매개변수는 서버 시작 시 설정된다.

unix_socket_directories (string)

서버가 클라이언트 애플리케이션 연결을 listen하는 도메인 소켓의 디렉토리이다. 디렉토리들을 쉼표로 구분하여 나열하면 소켓들을 생성할 수 있다. 항목 간 공백은 무시된다. 이름에 공백이나 쉼표를 넣어야 하는 경우 디렉토리 이름 앞뒤에 큰따옴표를 사용한다. 값을 빈칸으로 두면 유닉스 도메인 소켓에서 일절 listen하지 않는다. 이때 TCP/IP 소켓만 서버에 연결하는 데 사용될 수 있다. 기본값은 통상 /tmp 이지만, 빌드 시에는 변경 가능하다. 이 매개변수는 서버 시작 시 설정된다.

소켓 외에, 파일 자체의 이름도 .s.PGSQL.nnnn이다. 여기서 nnnn은 서버의 포트 번호이며, 이름이 .s.PGSQL.nnnn.lock인 일반 파일이 각 unix_socket_ directories 디렉토리에 생성된다. 어떤 파일이든 수동으로 삭제하면 절대 안 된다.

유닉스 도메인 소켓이 없는 윈도우와 이 매개변수는 무관하다.

unix_socket_group (string)

유닉스 도메인 소켓의 소유자 그룹을 설정한다(소켓을 소유한 사용자는 항상 서버를 시작하는 사용자이다). unix_socket_permissions 매개변수와 함께 unix_socket_group을 유닉스 도메인 연결 시 접근 제어 메커니즘으로 사용할 수 있다. 기본적으로 unix_socket_group은 비어 있는 string이며, 서버 사용자의 기본 그룹을 사용한다. 이 매개변수는 서버 시작 시 설정된다.

유닉스 도메인 소켓이 없는 윈도우와 이 매개변수는 무관하다.

unix_socket_permissions (integer)

유닉스 도메인 소켓의 액세스 권한을 설정한다. 유닉스 도메인 소켓은 일반적인 유닉스 파일 시스템 권한 세트를 사용한다. 매개변수 값은 chmod 및 umask 시스템 셸에서 수용되는 숫자 형식을 따른다(8진수 형식을 사용하려면 0(영)으로 시작되는 숫자여야 한다).

기본 권한은 누구나 연결 가능한 0777이다. 합리적인 다른 대안은 0770(사용자와 그룹만. unix_socket_group 참조) 및 0700(사용자만)이다(유닉스 도메인 소켓의 경우 쓰기 권한에만 해당되는 문제이므로, 읽기 설정이나 취소 또는 실행 권한과는 무관하다).

이러한 접근 제어 메커니즘은 5장에 설명된 것과는 별개이다.

이 매개변수는 서버 시작 시 설정된다.

이 매개변수는 특히 현재 솔라리스 10인 솔라리스 시스템과 무관하다. 솔라리스는 소켓 권한을 완전히 무시한다. unix_socket_directories를 원하는 대상에 한정된 검색 권한을 갖고 있는 디렉토리로 하여 유사한 효과를 낼 수 있다. 유닉스 도메인 소켓이 없는 윈도우에서 이 매개변수는 사용할 수 없다.

bonjour (boolean)

Bonjour를 통해 서버의 존재를 알린다. 기본값은 off이다. 이 매개변수는 서버 시작 시 설정된다.

bonjour_name (string)

Bonjour 서비스 이름을 지정한다. 이 매개변수가 비어 있는 string ''으로 설정된 경우 컴퓨터 이름이 사용된다(기본값). 서버가 Bonjour 지원으로 컴파일되지 않은 경우 이 매개변수가 무시된다. 이 매개변수는 서버 시작 시에만 설정 가능하다.

tcp_keepalives_idle (integer)

TCP가 keepalive 메시지를 클라이언트에 전송하기 전에 비활성화 상태로 대기하는 시간(초)이다. 0을 지정하면 시스템 기본값을 사용한다. TCP_KEEPIDLE 또는 TCP_KEEPALIVE 심볼을 지원하는 시스템과 윈도우에서만 지원된다. 다른 시스템에서는 항상 0이어야 한다. 유닉스 도메인 소켓을 통해 연결된 세션에서 이 매개변수는 무시되고 항상 0으로 읽힌다.

> **참고** 윈도우는 시스템 기본값을 읽을 수 있는 방법이 없으므로 윈도우에서 0은 2시간으로 설정된다.

tcp_keepalives_interval (integer)

클라이언트에 의해 승인되지 않은 TCP keepalive 메시지를 재전송하기 전에 대기하는 시간(초)이다. 0은 기본값을 사용한다. TCP_KEEPINTVL 심볼을 지원하는 시스템과 윈도우에서만 지원된다. 다른 시스템에서는 항상 0이어야 한다. 유닉스 도메인 소켓을 통해 연결된 세션에서는 항상 0으로 읽힌다.

> **참고** 윈도우는 시스템 기본값을 읽을 수 있는 방법이 없으므로 윈도우에서 0은 1초로 설정된다.

tcp_keepalives_count (integer)

몇 개의 TCP keepalive를 분실해야 클라이언트와 서버의 연결 상태를 dead로 판단하는 기준이 되는 지를 정한다. 0은 시스템 기본값을 사용한다. 이 매개변수는 `TCP_KEEPCNT` 심볼을 지원하는 시스템과 기타 시스템에서만 지원된다. 다른 시스템에서는 항상 0이어야 한다. 유닉스 도메인 소켓을 통해 연결된 세션에서는 항상 0으로 읽힌다.

> **참고** 이 매개변수는 윈도우에서 지원되지 않으며, 0이어야 한다.

4.3.2 보안 및 인증

`authentication_timeout (integer)`

클라이언트 인증이 완료되는 최대 시간이다. 초 단위. 클라이언트가 이 시간 내에 인증 프로토콜이 완료되지 않은 경우 서버는 연결을 닫는다. 이로써 응답이 없는 클라이언트가 연결을 무기한 점유하는 것을 방지한다. 기본값은 1분이다(1m). 이 매개변수는 postgresql.conf 파일 또는 서버 커맨드라인에서만 설정 가능하다.

`ssl (boolean)`

SSL 연결을 설정한다. 이것을 사용하기 전에 3.9절을 읽어보기 바란다. 기본값은 `off`이다. 이 매개변수는 서버 시작 시 설정된다. SSL 통신은 유일하게 TCP/IP 연결만 가능하다.

`ssl_ca_file (string)`

SSL 서버 인증 기관[CA]이 포함된 파일 이름을 지정한다. 기본값은 로드된 CA 파일이 없고 클라이언트 인증서 검증이 수행되지 않음을 뜻하는 빈칸이다(PostgreSQL의 이전 릴리스에서 이 파일의 이름은 root.crt로 하드 코딩되었다). 상대 경로는 데이터 디렉토리에 상대적이다. 이 매개변수는 서버 시작 시 설정된다.

`ssl_cert_file (string)`

SSL 서버 인증서가 포함된 파일 이름을 지정한다. 기본값은 server.crt이다. 상대 경로는 데이터 디렉토리에 상대적이다. 이 매개변수는 서버 시작 시 설정된다.

ssl_crl_file (string)

SSL 서버 인증서 해지 목록[CRL]이 포함된 파일 이름을 지정한다. 기본값은 로드된 CRL 파일이 없음을 뜻하는 빈칸이다(PostgreSQL의 이전 릴리스에서 이 파일의 이름은 root.crl로 하드 코딩되었다). 상대 경로는 데이터 디렉토리에 상대적이다. 이 매개변수는 서버 시작 시 설정된다.

ssl_key_file (string)

SSL 서버 개인 키가 포함된 파일 이름을 지정한다. 기본값은 server.key이다. 상대 경로는 데이터 디렉토리에 상대적이다. 이 매개변수는 서버 시작 시 설정된다.

ssl_renegotiation_limit (integer)

세션 키 renegotiation이 일어나기 전에 암호화된 SSL 연결로 흐를 수 있는 데이터 양이다. renegotiation은 대규모 트래픽을 검사할 수 있는 경우에 공격자의 암호 해독 가능성을 줄이지만 큰 성능 저하도 초래한다. 전송 및 수신된 트래픽 합계는 제한을 확인하는 데 사용된다. 이 매개변수가 0으로 설정되면 renegotiation이 실행되지 않는다. 기본값은 512MB이다.

> **참고**: 2009년 11월 이전의 SSL 라이브러리는 SSL 프로토콜의 취약성 때문에 SSL renegotiation 사용 시 보안상 허점이 있다. 임시 수정 대책으로 일부 벤더는 renegotiation이 불가능한 SSL 라이브러리를 출시했다. 클라이언트 또는 서버에서 이 라이브러리를 사용하고 있으면 SSL renegotiation이 실행되지 않는다.

ssl_ciphers (string)

보안 연결에 사용할 수 있는 SSL cipher 스위트[suite] 목록을 지정한다. 이 설정 구문 및 지원되는 값 목록은 OpenSSL 패키지의 ciphers 설명서를 참조하기 바란다. 기본값은 HIGH:MEDIUM:+3DES:!aNULL이다. 이것은 특별한 보안 요구사항이 없을 경우에 일반적으로 합당하다.

기본값 설명:

HIGH

    HIGH 그룹에서 cipher를 사용하는 Cipher 스위트(예: AES, Camellia, 3DES)

MEDIUM

    MEDIUM 그룹에서 cipher를 사용하는 Cipher 스위트(예: RC4, SEED)

+3DES

    HIGH에 대한 OpenSSL 기본 순서는 3DES 서열이 AES128보다 높기 때문에 문제가 된다. 3DES는 AES128보다 보안 수준이 떨어지고 느리기까지 하므로 이것은 잘못된 방법이다. +3DES는 다른 모든 HIGH 및 MEDIUM을 해독한 후, 재배치한다.

!aNULL

    인증이 없는 익명의 cipher 스위트를 실행하지 않는다. 해당 cipher 스위트는 중간자^{man-in-the-middle} 공격에 취약하므로 사용해서는 안 된다.

사용 가능한 cipher 스위트 상세 내역은 OpenSSL 버전에 따라 달라진다. 현재 설치된 OpenSSL 버전에 대한 실제 상세 내역은 openssl ciphers -v 'HIGH:MEDIUM:+3DES:!aNULL' 명령을 사용해야 한다. 이 목록은 서버 키 유형에 따라 런타임 시 필터링된다는 점에 유의해야 한다.

ssl_prefer_server_ciphers (bool)

    SSL cipher 기본 설정을 서버 것으로 사용할 것인지, 클라이언트 것으로 사용할 것인지 지정한다. 기본값은 true이다.

    다른 PostgreSQL 버전은 이 설정이 없으며, 항상 클라이언트 기본 설정을 사용한다. 이 설정은 주로 해당 버전의 이전 버전과의 호환성에 대한 것이다. 서버가 적절하게 환경 설정되어 있을 가능성이 높으므로 보통은 서버의 기본 설정을 사용하는 것이 더 낫다.

`ssl_ecdh_curve (string)`

ECDH 키 교환에서 사용할 curve 이름을 지정한다. 연결하는 모든 클라이언트에서 지원되어야 한다. 서버의 Elliptic Curve 키에서 사용되는 것과 동일한 curve일 필요는 없다. 기본값은 prime256v1이다.

가장 일반적인 curve의 OpenSSL 이름: prime256v1(NIST P-256), secp384r1(NIST P-384), secp521r1(NIST P-521).

사용 가능한 curve의 전체 목록은 `openssl ecparam -list_curves` 명령을 사용하면 표시할 수 있다. 그렇더라도 모든 curve를 TLS에서 사용할 수 있는 것은 아니다.

`password_encryption (boolean)`

`ENCRYPTED` 또는 `UNENCRYPTED`를 쓰지 않고 패스워드를 `CREATE USER` 또는 `ALTER ROLE`에 지정한 경우, 패스워드를 암호화할 것인지 결정한다. 기본값은 on이다(패스워드 암호화).

`krb_server_keyfile (string)`

Kerberos 서버 키 파일의 위치를 설정한다. 자세한 내용은 PostgreSQL 공식 가이드19.3.3절을 참조하기 바란다. 이 매개변수는 postgresql.conf 파일 또는 서버 커맨드라인에서만 설정 가능하다.

`krb_caseins_users (boolean)`

GSSAPI 사용자 이름의 대소문자를 구분할 것인지 설정한다. 기본값은 off이다(대소문자 구분). postgresql.conf 파일 또는 서버 커맨드라인에서만 설정 가능하다.

`db_user_namespace (boolean)`

데이터베이스별 사용자 이름 사용 여부이다. 기본값은 off이다. postgresql.conf 파일 또는 서버 커맨드라인에서만 설정 가능하다.

on일 경우 `username@dbname`처럼 사용자를 생성해야 한다. 연결된 클라이언트가 `username`이 전달하면, @ 및 데이터베이스 이름이 사용자 이름에 추가되고 해당 데이터베이스 특정 사용자 이름이 서버에서 조회된다. SQL 환경에서 사용자 이름에

@를 넣어 사용자를 생성하면 사용자 이름에 따옴표를 사용해야 한다는 점에 유의해야 한다.

일반 전역 사용자를 생성할 수 있다. 예를 들면 joe@처럼 사용자 이름에 간단히 @를 추가하면 된다. @는 사용자 이름이 서버에 의해 조회되기 전에 제거된다.

db_user_namespace는 클라이언트와 서버의 사용자 이름이 다르게 표시되게 한다. 인증 검사는 항상 서버의 사용자 이름이 이용되므로 인증 방법은 클라이언트가 아니라 서버의 사용자 이름으로 설정되어야 한다. md5는 클라이언트와 서버에서 사용자 이름을 솔트로 사용하므로, md5를 db_user_namespace와 함께 사용할 수 없다.

> **참고:** 이 기능을 완벽한 솔루션을 찾을 때까지의 임시 방편용이다. 때가 되면 이 옵션은 없어질 것이다.

4.4 〉 리소스 소비

4.4.1 메모리

shared_buffers (integer)

데이터베이스 서버가 공유 메모리 버퍼용으로 사용하는 메모리 양을 설정한다. 기본값은 일반적으로 128메가바이트(128MB)이지만 커널 설정에서 지원하지 않는 경우 여기에 미치지 못할 수 있다(initdb 중에 결정됨). 이 설정은 최소 128킬로바이트여야 한다(기본값이 아닌 BLCKSZ 값은 최소값을 변경한다). 단, 최소값보다 훨씬 큰 설정은 일반적으로 우수한 성능이 필요할 때 사용된다.

RAM이 1GB 이상인 전용 데이터베이스 서버를 사용하는 경우 shared_buffers의 적절한 시작 값은 시스템 메모리의 25%이다. 작업 부하는 shared_buffers에 대한 설정이 클수록 효과적이지만, PostgreSQL 역시 운영체제 캐시에 의존적이므로 시스템 효율을 위해 40% 이상의 RAM을 shared_buffers에 할당하는 것은 좋지 않다.

장시간에 걸쳐 대량의 새 데이터 또는 변경된 데이터 쓰기 프로세스를 실행하기 위해 `shared_buffers`를 더 크게 설정하면 `checkpoint_segments`에서도 그에 맞게 설정을 증가시켜야 한다.

시스템 RAM이 1GB 미만인 경우에는 운영체제를 위한 적정 공간이 필요하므로 RAM 비율을 더 작게 하는 것이 맞다. 또한 윈도우에서 `shared_buffers` 값을 크게 하는 것은 효과적이지 않다. 설정을 작게 하고, 운영체제는 캐시는 상대적으로 크게 함으로써 더 나은 결과가 나올 수도 있다. 윈도우 시스템의 `shared_buffers`에 대한 유용한 범위는 64MB~512MB이다.

`huge_pages` (enum)

거대^{huge} 메모리 페이지를 활성/비활성으로 설정한다. 유효 값은 `try`(기본값) 및 `on`, `off`이다.

현재 이 기능은 리눅스에서만 지원된다. `try`로 설정되면 다른 시스템에서는 무시된다.

huge pages 페이지를 사용하면 결과적으로 메모리 관리에 더 작은 페이지 테이블과 더 짧은 CPU 시간을 사용하여 성능이 높아진다. 자세한 내용은 PostgreSQL 공식 가이드 3.4.4절을 참조하기 바란다.

`huge_pages`를 `try`로 설정하면 서버가 huge pages의 사용하지만, 실패 시 일반적인 할당을 사용하는 쪽으로 폴백한다. `on`의 경우 huge pages 사용에 실패하면 서버가 시작되지 않는다. `off`의 경우 huge pages를 사용하지 않는다.

`temp_buffers` (integer)

각 데이터베이스 세션이 사용하는 임시 버퍼의 최대 수를 설정한다. 임시 테이블에 액세스하는 용도로만 사용되는 세션-로컬 버퍼가 있다. 기본값은 8메가바이트^{8MB}이다. 설정은 개별 세션 내에서 변경할 수 있지만, 세션 내 임시 테이블을 처음 사용하기 전에만 가능하다. 이후에 값을 변경하면 해당 세션에서 효과가 없다.

세션은 `temp_buffers`에 설정된 한계까지 필요한 임시 버퍼를 할당한다. 실제로는 임시 버퍼가 많이 필요 없는 세션에서 큰 값을 설정하는 데 드는 비용은 temp_buffers 증가분당, 버퍼 디스크립터 혹은 약 64바이트에 불과하다. 그러나 버퍼가 실제로 사용되는 경우에는 8192바이트가 추가적으로 필요하다(또는 일반적으로 BLCKSZ 바이트).

max_prepared_transactions (integer)

동시에 "준비된" 상태일 수 있는 트랜잭션의 최대 수이다.

준비된 트랜잭션을 사용할 계획이 없으면 이 매개변수는 0으로 설정하여 준비된 트랜잭션을 생성하는 실수를 방지해야 한다. 준비된 트랜잭션을 사용하는 경우 max_prepared_transactions가 최소한 max_connections 이상이 되도록 설정하면 세션이 준비된 트랜잭션을 보류시킬 수 있다.

대기 서버 실행 시 마스터 서버 값보다 크거나 같게 설정해야 한다. 그렇게 하지 않으면 대기 서버가 쿼리를 허용하지 않는다.

work_mem (integer)

임시 디스크 파일을 쓰기 전에 내부 정렬 명령 및 해시 테이블에서 사용되는 메모리 양을 지정한다. 기본값은 4메가바이트이다^{4MB}. 복잡한 쿼리의 경우 몇 가지 정렬 또는 해시 명령이 병렬로 실행될 수 있다. 각 명령은 데이터를 임시 파일에 쓰기 전에 이 값에 지정된 크기만큼 메모리를 사용할 수 있다. 실행 중인 세션들은 해당 명령을 동시에 실행할 수도 있다. 사용된 총 메모리는 work_mem의 배수가 된다. 정렬 명령은 ORDER BY 및 DISTINCT, 머지 조인에 사용된다. 해시 테이블은 해시 조인, 해시 기반 집계^{aggregation}, IN 서브쿼리의 해시 기반 처리에 사용된다.

maintenance_work_mem (integer)

VACUUM, CREATE INDEX 및 ALTER TABLE ADD FOREIGN KEY 같은 유지보수 명령에서 사용되는 최대 메모리 양을 지정한다. 기본값은 64메가바이트이다^{64MB}. 이 명령은 데이터베이스 세션에서 한 번에 하나만 실행할 수 있으며, 정상 설치에는 동시 실행되는 명령이 여러 개 있을 수 없다. 이 값은 work_mem보다 훨씬 큰 값으로 설정하는 것이 안전하다. 설정값이 큰 경우에는 vacuuming 및 데이터베이스 덤프 복구 성능이 개선될 수 있다.

autovacuum 실행 시 이 메모리에서 `autovacuum_max_workers`의 배수로 할당할 수 있으므로 기본값을 너무 높게 설정하지 않도록 해야 한다. `autovacuum_work_mem`을 별도로 설정하여 이것을 관리하는 것이 유용할 수 있다.

`autovacuum_work_mem (integer)`

각 autovacuum worker 프로세스에서 사용되는 최대 메모리 양을 지정한다. 기본 값은 `maintenance_work_mem` 값을 대신 사용해야 함을 나타내는 -1이다. 다른 컨텍스트에서 실행하는 경우 이 설정은 VACUUM에 영향을 끼치지 않는다.

`max_stack_depth (integer)`

서버 실행 스택의 최대 안전 깊이를 지정한다. 이상적인 설정은 커널이 강제로 지정한 안전 마진^{safety margin}에서 약간 부족하게 설정하는 것이다(`ulimit -s`에 의해 설정된 대로 하거나 로컬과 동등하게). 표현식 평가^{expression evaluation} 같이 서버의 모든 루틴이 아니라 잠재적 재귀 루틴 중 중요한 것만 스택 깊이가 검사되기 때문에, 안전 마진^{safety margin}이 필요하다. 기본 설정은 기본적으로 작고, 충돌 가능성이 낮은 2메가바이트이다^{2MB}. 그러나 설정값이 너무 작으면 복합 함수의 실행이 어려울 수 있다. 슈퍼유저만 이 설정을 변경할 수 있다.

실제 커널 제한보다 `max_stack_depth`를 큰 값으로 설정하면 런어웨이 재귀 함수가 백엔드 프로세스와 충돌할 수 있다. PostgreSQL이 커널 제한을 결정할 수 있는 플랫폼에서 서버는 이 변수가 불안정한 값으로 설정되는 것을 허용하지 않는다. 그러나 모든 플랫폼이 정보를 제공하지는 않으므로 값 선택 시 신중을 기해야 한다.

`dynamic_shared_memory_type (enum)`

서버가 사용해야 하는 동적 공유 메모리 구현을 지정한다. 가능한 값은 `posix`(`shm_open`을 사용하여 할당된 POSIX 공유 메모리의 경우) 및 `sysv`(`shmget`을 통해 할당된 System V 공유 메모리의 경우), `windows`(윈도우 공유 메모리의 경우), `mmap`(데이터 디렉토리에 저장된 메모리 맵 파일을 사용하는 공유 메모리 시뮬레이션). `none`(이 기능 비활성)이다. 일부 플랫폼에서는 몇 개가 지원되지 않는다. 첫 번째 지원 옵션은 해당 플랫폼의 기본값이다. 플랫폼에서 기본값이 아닌 `mmap` 옵션의 사용은 일반적으로 권장하지 않는다. 이유는 운영체제가 수정된 페이지를 디스크에 반복해서 다시 쓰면서 시스템 I/O 로드가 늘어나기 때문이다. 그러나 pg_dynshmem 디렉토리를 RAM 디스크에 저장하거나 다른 공유 메모리 기능을 사용할 수 없는 경우에는 디버깅용으로 유용하다.

4.4.2 디스크

`temp_file_limit (integer)`

정렬 및 해시 임시 파일 같은 임시 파일 또는 보류된 커서용 저장소 파일에 세션이 사용할 수 있는 디스크 공간의 최대 크기를 지정한다. 이 제한을 초과하는 트랜잭션은 취소된다. 값은 킬로바이트 단위로 지정되며 -1(기본값)은 무제한을 의미한다. 슈퍼유저만 이 설정을 변경할 수 있다.

이 설정은 주어진 PostgreSQL 세션이 동시에 사용하는 모든 임시 파일의 총 공간을 제한한다. 쿼리 실행 시 조용히 사용되는 임시 파일과 달리, 명시적 임시 테이블용으로 사용되는 디스크 공간은 이 제한에 합산되지 않는다는 점에 유의해야 한다.

4.4.3 커널 리소스 사용량

`max_files_per_process (integer)`

서버 하위 프로세스별로 허용된 동시 오픈 파일의 최대 수를 설정한다. 기본값은 1000이다. 커널이 프로세스별 안전 한계를 강제하는 경우 이 설정은 신경 쓸 필요가 없다. 그러나 일부 플랫폼(특히, 대부분의 BSD 시스템)에서는 여러 개의 프로세스가 모두 여러 파일을 열려고 할 때 커널은 시스템이 실제로 지원하는 파일 수보다 많아도 여는 것을 시도한다. "Too many open files" 실패가 나타난 경우 이 설정을 줄여야 한다. 이 매개변수는 서버 시작 시 설정된다.

4.4.4 비용 기반 Vacuum 지연

VACUUM 및 ANALYZE 명령 실행 시 다양한 I/O 명령을 수행하는 데 드는 예상 비용을 추적하는 내부 카운터가 시스템에 있다. 누적 비용이 제한값(vacuum_cost_limit으로 지정)에 도달하면 vacuum_cost_delay에서 지정된 값만큼 명령을 수행하는 프로세스가 잠시 슬립 상태가 된다. 그런 다음, 카운터가 리셋되고 실행이 계속된다.

이 기능으로 관리자는 데이터베이스 동시 작업 시 이러한 명령들이 I/O에 주는 부담을 완화시킬 수 있다. VACUUM 및 ANALYZE 같은 유지 보수 명령이 빨리 마무리되는 것이 중요하지 않을 때도 있다. 그러나 일반적으로는 이 명령 때문에 다른 데이터베이스 명령을 수행 중인 시스템 능력이 저해되지 않게 하는 것이 중요하다. 비용 기반 vacuum 지연은 관리자가 이것을 수행하는 방법을 제공한다.

VACUUM 명령을 직접 실행하면 기본적으로 실행되지 않는다. 사용하는 것으로 설정하려면 vacuum_cost_delay 변수를 0 이외의 값으로 설정해야 한다.

vacuum_cost_delay (integer)

> 비용 제한을 초과한 경우 프로세스가 슬립하는 초 단위의 시간 길이. 기본값은, 비용 기반 vacuum 지연 기능을 사용하지 않는 0이다. 양의 값은 비용 기반 vacuuming을 사용하는 것으로 설정된다. 다수의 시스템에서 슬립 지연의 효율적인 설정은 10밀리초이다. vacuum_cost_delay를 10의 배수가 아닌 다른 값으로 설정하면 10의 배수로 값을 올림하여 설정한 것과 결과가 동일하다.

> 비용 기반 vacuuming을 사용하는 경우 vacuum_cost_delay는 일반적으로 매우 작으며, 보통 10~20밀리초이다. vacuum의 자원 소비를 조절하려면 다른 vacuum 비용 매개변수를 변경하는 것이 가장 좋다.

vacuum_cost_page_hit (integer)

> 공유 버퍼 캐시에 있는 버퍼 vacuuming의 예상 비용. 이것은 버퍼 풀을 잠그고, 공유 해시 테이블을 조회하고 페이지 내용을 스캔 하는 비용을 나타낸다. 기본값은 1이다.

`vacuum_cost_page_miss (integer)`

디스크에서 읽어온 버퍼를 vacuuming하는 데 드는 예상 비용. 이것은 버퍼 풀을 잠그고, 공유 해시 테이블을 조회하고, 디스크에서 원하는 블록을 읽고, 내용을 스캔하는 비용을 나타낸다. 기본값은 10이다.

`vacuum_cost_page_dirty (integer)`

이전에 클린한 블록을 vacuum이 수정하는 경우 예상 비용. 이것은 dirty 블록을 디스크에 다시 쓰는 데 필요한 추가 I/O를 나타낸다. 기본값은 20이다.

`vacuum_cost_limit (integer)`

vacuuming 프로세스를 슬립시키는 누적 비용. 기본값은 200이다.

> **참고**: 일부 명령은 critical locks를 갖고 있으며 따라서, 이러한 명령은 가능한 한 신속하게 완료해야 한다. 해당 명령이 수행되는 중에는 비용 기반 vacuum 지연이 발생하지 않는다. 따라서 지정된 제한보다 비용이 훨씬 더 많아져 누적될 수도 있다. 이런 경우 쓸데없이 긴 지연을 방지하기 위해 실제 지연은 최대값이 vacuum_cost_delay * 4인 vacuum_cost_delay * accumulated_balance / vacuum_cost_limit로 계산된다.

4.4.5 백그라운드 Writer

백그라운드 writer라는 별도의 서버 프로세스가 있는데, 이 기능은 "더티dirty"(신규 또는 수정) 공유 버퍼에 쓰기 작업을 실행하는 것이다. 이것은 공유 버퍼에 쓰는 것이므로, 서버는 사용자 쿼리를 거의 처리하지 않거나 쓰기가 시작될 때까지 기다릴 필요도 없다. 그러나 반복적으로 더티 페이지가 체크포인트 간격당 한 번만 기록될 수 있는 반면, 동일한 간격으로 더티 페이지에 백그라운드 writer가 여러 번 쓸 수 있으므로 백그라운드 writer는 최종적으로 I/O 로드의 전반적인 증가를 초래한다. 이 절에서 논의된 매개변수는 로컬로 필요한 동작을 조절하는 데 이용할 수 있다.

`bgwriter_delay (integer)`

백그라운드 writer의 작업 라운드 사이의 지연을 지정한다. 각 라운드에서 writer

는 몇 개의 dirty 버퍼(다음 매개변수로 조절 가능)에 대해 쓰기를 실행한다. 그리고 `bgwriter_delay` 밀리초 동안 슬립한 다음, 반복한다. 버퍼 풀에 더티 버퍼가 없으면, `bgwriter_delay`와 무관하게 장기 슬립으로 들어간다. 기본값은 200밀리초이다 (200ms). 다수의 시스템에서 효율적인 슬립 지연 설정은 10밀리초이다. `bgwriter_delay`를 10의 배수가 아닌 다른 값으로 설정하면 10의 배수로 값을 올림하여 설정한 것과 결과가 동일하다. 이 매개변수는 postgresql.conf 파일 또는 서버 커맨드라인에서만 설정 가능하다.

`bgwriter_lru_maxpages` (integer)

각 라운드에서 이것보다 큰 버퍼 수는 백그라운드 writer가 쓰지 않는다. 이것을 0으로 설정하면 백그라운드 쓰기가 사용되지 않는다(별도의 전용 보조 프로세스에 의해 관리되는 해당 체크포인트들은 영향을 받지 않는다). 기본값은 100개 버퍼이다. 이 매개변수는 postgresql.conf 파일 또는 서버 커맨드라인에서만 설정 가능하다.

`bgwriter_lru_multiplier` (floating point)

각 작업에 쓰기 된 더티 버퍼의 개수는 최근 작업들 수행 중에 서버 프로세스가 필요 했던 새 버퍼의 개수이다. 최근 평균 요구량에 `bgwriter_lru_multiplier`를 곱하면 다음 작업에서 필요한 버퍼 추정치에 가깝다. 깨끗하고 재사용 가능한 버퍼 수가 충분히 남아 있을 때까지 더티 버퍼는 쓰여진다(그렇더라도 작업당 `bgwriter_lru_maxpages` 이상의 버퍼는 쓰여지지 않는다). 따라서 1.0을 설정하면 정확히 필요한 버퍼 수를 기록하는 "just in time" 정책을 나타낸다. 더 큰 값을 설정하면 수요 급증에 대비할 수 있는 반면, 더 작은 값은 쓰기를 서버 프로세스가 처리하도록 일부러 미처리 상태로 방치한다. 기본값은 2.0이다. 이 매개변수는 postgresql.conf 파일 또는 서버 커맨드라인에서만 설정 가능하다.

`bgwriter_lru_maxpages` 및 `bgwriter_lru_multiplier` 값을 더 작게 설정하면 백그라운드 writer로 인한 I/O 로드는 줄어들지만, 서버 프로세스가 자체적으로 쓰기를 실행해야 하므로 쿼리 수행 지연될 가능성이 높다.

4.4.6 비동기 동작

effective_io_concurrency (integer)

PostgreSQL이 동시에 실행 가능할 것으로 예상하는 동시 디스크 I/O 실행 수를 설정한다. 이 값을 올리면 각 PostgreSQL 세션이 병렬 초기화를 시도하는 I/O 실행 수가 늘어난다. 허용 범위는 1~1000, 또는 비동기 I/O 요청의 실행을 비활성화하는 0이다. 현재, 이 설정은 비트맵 힙 스캔에만 영향을 미친다.

이 설정을 위한 권장 시작점은 데이터베이스에서 사용되는 RAID 0 스트라이프 또는 RAID 1 미러를 환경 설정하는 개별 드라이브 수이다(RAID 5의 경우 패리티 드라이브 수는 계산하지 않는다). 그러나 동시 세션에서 여러 개의 쿼리가 실행된 상태에서 데이터베이스가 매우 바쁠 경우, 디스크 배열을 바쁜 상태로 유지하기 위해서는 적은 값도 충분하다. 디스크를 바쁜 상태로 만들기 위해 필요 이상으로 큰 값을 설정하면 CPU 오버헤드만 가중된다.

버스 대역폭에 의해 제한되는 메모리 기반 저장소 또는 RAID 배열 같은 외부 시스템의 경우, 가용한 I/O 경로 수를 설정해야 한다. 최상의 값을 찾아내려면 몇 가지 시험이 필요할 수도 있다.

비동기 I/O는 효과적인 posix_fadvise 함수에 따라 달라지며, 이것이 운영체제에 없을 수도 있다. 이 함수가 없을 경우 이 매개변수를 0 이외의 다른 것으로 설정하면 에러가 발생한다. 일부 운영체제(예: 솔라리스)에는 함수가 존재하지만 실제로는 아무것도 하지 않는다.

max_worker_processes (integer)

시스템이 지원할 수 있는 백그라운드 프로세스의 최대 수를 설정한다. 이 매개변수는 서버 시작 시 설정된다.

대기 서버 실행 중에는 이 매개변수를 마스터 서버 값보다 크거나 같게 설정해야 한다. 그렇게 하지 않으면 대기 서버가 쿼리를 허용하지 않는다.

4.5 〉 **Write Ahead Log**

이 설정에 대한 자세한 내용은 15.4절을 참조하기 바란다.

4.5.1 설정

wal_level (enum)

> wal_level은 WAL에 기록되는 정보의 양을 결정한다. 기본값은 충돌 또는 즉시 셧
> 다운으로부터 복구하기 위해 필요한 정보만 기록하는 minimal이다. archive는
> WAL 아카이브에 필요한 로깅만 추가한다. hot_standby는 대기 서버에서 읽기 전
> 용 쿼리에 필요한 정보를 좀 더 추가한다. logical은 논리적 디코딩을 지원하는 데
> 필요한 정보를 추가한다. 각 레벨에는 모두 저수준에서 로깅된 정보가 포함된다. 이
> 매개변수는 서버 시작 시 설정된다.

> minimal 레벨에서, 일부 벌크 실행 WAL 로깅은 안전하게 건너뛸 수 있다. 그러면
> 실행이 빨라진다. 이러한 최적화를 적용할 수 있는 실행에는 다음이 포함된다.

```
CREATE TABLE AS
CREATE INDEX
CLUSTER
COPY
```

> 상기는 동일 트랜잭션에서 생성되었거나 또는 레코드가 지워진 테이블에 적용된다.

> 그러나 최소 WAL에는 베이스 백업 및 WAL 로그로부터 데이터를 재구성하는 데 필
> 요한 정보가 충분하지 않으므로 WAL 아카이빙(archive_mode) 및 스트리밍 복제를
> 하려면 archive 이상을 사용해야 한다.

> hot_standby 레벨에서 archive와 동일한 정보 및 WAL로부터 실행 트랜잭션의 상
> 태 재구성에 필요한 정보가 로깅된다. 대기 서버에서 읽기 전용 쿼리를 사용하려면,
> 운영 서버에서 wal_level을 hot_standby 이상으로 설정하고 hot_standby는 대기
> 서버에서 활성화해야 한다. hot_standby와 archive 레벨 사용시 측정 가능한 성능

차이는 거의 없는 것으로 생각되므로 운영상 눈에 띄는 변화가 있을 경우 피드백을 주기 바란다.

논리적 수준에서 hot_standby를 사용하는 것과 동일한 정보 및 WAL로부터 논리적 변경 세트를 사용하는 데 필요한 정보가 로깅된다. 논리적 수준을 사용하면 WAL 볼륨이 증가한다. 특히 여러 개의 테이블을 REPLICA IDENTITY FULL로 환경 설정하고 UPDATE 및 DELETE문을 여러 개 실행하는 경우 그렇다.

fsync (boolean)

이 매개변수가 on인 경우 PostgreSQL 서버는 업데이트가 물리적으로 디스크에 기록되었는지를 fsync() 시스템 호출 또는 상응하는 다양한 메소드(wal_sync_method 참조)를 사용하여 확인하려고 한다. 이로써 운영체제 또는 하드웨어 충돌 후에 데이터베이스 클러스터를 일정한 상태로 복구할 수 있다.

fsync를 해제하는 것은 성능상 장점이 있지만, 결과적으로는 정전 또는 시스템 충돌의 경우에 데이터 손상이 복구 불가능할 수 있다. 따라서 외부 데이터로 전체 데이터베이스를 손쉽게 재생성할 수 있는 경우에만 fsync를 해제하는 것이 바람직하다.

fsync를 해제하는 안전한 방법 중 백업 파일로부터 새 데이터베이스 클러스터를 초기 로딩하여 폐기하고 재생성할 데이터베이스의 데이터를 일괄 처리하거나, 자주 재생성되고 장애처리^{failover}용으로 사용되지 않는 읽기 전용 데이터베이스를 복제하는 데 이 데이터베이스 클러스터를 사용하는 방법이 있다. 고성능 하드웨어만을 위해 fsync를 해제하는 것은 바람직하지 않다.

fsync를 해제했다가 다시 설정하는 경우 복구 신뢰도를 위해 커널에서 변경된 모든 버퍼를 내구성이 좋은 저장소로 강제 이동하는 것이 필요하다. 이것은 클러스터가 셧다운 중이거나 fsync가 on일 때 initdb --sync-only를 실행하거나, sync를 실행하거나, 파일 시스템의 마운트를 해제하거나, 서버를 리부팅함으로써 가능하다.

여러 가지 상황에서 중요하지 않은 트랜잭션에 대해 synchronous_commit을 해제하면 데이터 충돌 위험 없이 fsync를 해제함으로써 잠재적인 성능상 장점을 얻을 수 있다.

fsync는 postgresql.conf 파일 또는 서버 커맨드라인에서만 설정할 수 있다. 이 매개변수를 해제할 경우 full_page_writes의 해제도 고려해야 한다.

synchronous_commit (enum)

명령이 "success" 표시를 클라이언트에 리턴하기 전에 WAL 레코드가 디스크에 기록될 때까지 트랜잭션 커밋이 기다릴지 여부를 지정한다. 유효 값은 on 및 remote_write, local, off이다. 기본값 및 안전 설정은 on이다. off인 경우 success 표시가 클라이언트에 전달되는 시간과 서버 충돌 없이 트랜잭션이 정말로 안전하다는 것이 보장되는 시간 사이에 지연이 생길 수 있다(최대 지연은 wal_writer_delay의 3배이다). fsync와 달리, 이 매개변수를 off로 설정하면 데이터베이스 불일치 위험이 발생하지 않는다. 운영체제 또는 데이터베이스 충돌은 이른바 최근에 커밋된 트랜잭션이 일부 분실되는 결과가 발생하지만 데이터베이스 상태는 해당 트랜잭션이 깔끔하게 중단된 것과 같다. 따라서, 트랜잭션 영속성에 대해 정확한 확실성보다는 성능이 더 중요한 경우에 synchronous_commit를 해제하는 것이 유용한 대안일 수 있다. 자세한 내용은 15.3절을 참조하기 바란다.

synchronous_standby_names가 설정되면, 트랜잭션의 WAL 레코드가 대기 서버로 복제될 때까지 트랜잭션 커밋이 기다릴지의 여부를 이 매개변수로도 제어한다. on으로 설정되면, 트랜잭션의 커밋 레코드를 수신했고 디스크에 쓰기 되었다는 응답이 현재의 동기 대기 서버로부터 올 때까지 커밋이 대기한다. 이것은 운영 서버 및 대기 서버 양쪽에서 데이터베이스 저장소의 손상이 없는 경우에 트랜잭션이 분실되지 않았음을 보장한다. remote_write로 설정되면, 트랜잭션의 커밋 레코드를 수신했고 대기 서버의 운영체제에 쓰기 되었지만, 대기 서버의 안정된 저장소에 데이터가 도착했는지는 확실하지 않다는 응답이 현재의 동기 대기 서버로부터 올 때까지 커밋이 대기한다. 데이터 보존을 위해서는 PostgreSQL의 대기 서버 인스턴스가 충돌한 경우에도 이 설정으로 충분하지만 대기 서버가 운영체제 수준에서 충돌이 발생한 경우는 그렇지 않다.

동기 복제를 사용 중인 경우 일반적으로 로컬에서 디스크로 쓰기 되도록 기다리거나, WAL 레코드의 복제를 기다리거나, 트랜잭션이 비동기적으로 커밋되게 하는 것이 합리적이다. 그러나 local 설정은 로컬에서 디스크로 써지는 것은 기다리지만 동기 복제는 기다리지 않는 트랜잭션에 사용할 수 있다. synchronous_standby_names를 설정하지 않으면 on 및 remote_write, local 설정 모두 동일한 동기화 레벨을 제공하며 트랜잭션 커밋은 로컬에서 디스크로 쓰기만을 기다린다.

이 매개변수는 언제든 변경할 수 있다. 모든 트랜잭션의 동작은 사실상 커밋되었을 때의 설정에 따라 결정된다. 따라서 일부 트랜잭션 커밋은 동기적으로, 그 외에는 비동기적으로 만드는 것이 가능하고 유용하다. 예를 들면, 기본값이 반대인 경우 구문이 여러 개인 트랜잭션 커밋 하나를 비동기적으로 만들려면 트랜잭션 내에서 SET LOCAL synchronous_commit TO OFF를 실행해야 한다.

wal_sync_method (enum)

디스크에 WAL을 강제로 업데이트할 때 사용되는 메소드. fsync가 off인 경우 WAL 파일을 일절 강제로 업데이트하지 않기 때문에 이 설정은 무관하다. 가능한 값은 다음과 같다.

- open_datasync(open() 옵션 O_DSYNC를 사용하여 WAL 파일 쓰기)
- fdatasync(커밋마다 fdatasync() 호출)
- fsync(커밋마다 fsync() 호출)
- fsync_writethrough(커밋마다 fsync() 호출, 모든 디스크 쓰기 캐시에서 write-through 강제로 수행)
- open_sync(open() 옵션 O_SYNC를 사용하여 WAL 파일 쓰기)

open_* 옵션도 필요 시 O_DIRECT를 사용한다. 이와 같은 선택이 항상 모든 플랫폼에서 가능한 것은 아니다. 기본값은 플랫폼에서 지원되는 위의 목록에서 첫 번째 메소드다. 단, 리눅스에서는 fdatasync가 기본값이다. 기본값이 반드시 이상적인 것은 아니다. 충돌로부터 안전한 환경 설정을 만들거나 성능을 최적화하려면 값을 변경하거나 시스템 환경 설정의 다른 측면을 변경하는 것이 필요할 수도 있다. 이러한 측면은 15.1절에서 다룬다. 이 매개변수는 postgresql.conf 파일 또는 서버 커맨드 라인에서만 설정 가능하다.

`full_page_writes (boolean)`

이 매개변수가 on이면, PostgreSQL 서버는 체크포인트 이후의 각 디스크 페이지를 처음 수정하는 도중에 해당 페이지의 전체 내용을 WAL에 기록한다. 이것은, 운영체 제 충돌 시 진행 중인 페이지 쓰기가 부분적으로만 완료되어 디스크 상의 페이지에 옛날 데이터와 새 데이터가 공존할 수 있기 때문에 필요하다. 일반적으로 WAL에 저 장되는 행 수준$^{row-level}$ 변경 데이터는 충돌 후 복구 중에 그러한 페이지를 완전히 복 구하는 데 충분하지 않다. 전체 페이지 이미지를 저장하면 페이지의 올바른 복구가 보장되지만 WAL에 기록해야 하는 데이터량의 증가를 감수해야 한다(WAL 리플레이 는 항상 체크포인트에서 시작되므로 체크포인트 이후의 페이지별 첫 번째 변경 중에 해도 충 분하다. 그러므로 전체 페이지 쓰기 비용을 줄이는 한 가지 방법은 체크포인트 간격 매개변 수를 늘리는 것이다).

이 매개변수를 해제하면 정상적인 운영 속도가 빨라지지만 시스템 장애 발생 시 손 상된 데이터가 복구 불가능하게 되거나 데이터 손상이 드러나지 않을 수 있다. 이러 한 위험은 규모는 작지만 fsync를 해제했을 때와 유사하며, fsync에 권장되는 것과 환경이 동일할 때만 해제해야 한다.

이 매개변수를 해제하는 것은 `point-in-time recovery`^{PITR}용 WAL 아카이빙의 사 용에는 영향을 미치지 않는다(10.3절 참조).

이 매개변수는 postgresql.conf 파일 또는 서버 커맨드라인에서만 설정 가능하다. 기본값은 on이다.

`wal_log_hints (boolean)`

이 매개변수가 on이면, PostgreSQL 서버는 체크포인트 이후의 각 디스크 페이지를 처음 수정하는 도중에는 소위 힌트 비트$^{hint bits}$의 중요하지 않은 수정도 포함하여 해 당 페이지의 전체 내용을 WAL에 기록한다.

데이터 체크섬이 사용으로 설정되면 힌트 비트^{hint bit} 업데이트가 항상 WAL 로깅되고 이 설정은 무시된다. 데이터베이스에서 데이터 체크섬이 사용으로 설정된 경우 이 설정을 사용하여 WAL 로깅이 추가로 얼마나 발생하는지 테스트할 수 있다.

이 매개변수는 서버 시작 시 설정된다. 기본값은 off이다.

wal_buffers (integer)

WAL 데이터에 사용되고 아직 디스크에 기록되지 않은 공유 메모리의 합계. 기본 설정 -1은 shared_buffers의 1/32번째(약 3%)와 동일한 크기로써 64kB 이상, WAL 세그먼트 1개 크기 이하이고, 일반적으로 16MB이다. 자동 설정이 너무 크거나 작은 경우에 직접 선택할 수 있으며, 32kB 미만은 32kB로 처리된다. 이 매개변수는 서버 시작 시 설정된다.

WAL 버퍼의 내용은 모든 트랜잭션 커밋마다 디스크에 쓰기 되므로 극단적으로 큰 값은 별다른 장점이 없을 가능성이 높다. 그러나 이 값을 최소한 몇 메가바이트로 설정하면 여러 클라이언트가 한꺼번에 커밋함으로써 busy한 서버의 쓰기 성능이 개선된다. 기본 설정 -1인 자동 튜닝은 대부분 합리적인 결과를 만든다.

wal_writer_delay (integer)

WAL writer의 작업 간 지연을 정한다. 각 작업 시 writer는 WAL을 디스크에 기록한다. 그런 다음, wal_writer_delay 밀리초 동안 슬립한 다음, 반복한다. 기본값은 200밀리초이다(200ms). 다수의 시스템에서 효율적인 슬립 지연 설정은 10밀리초이다. wal_writer_delay를 10의 배수가 아닌 다른 값으로 설정하면 10의 배수로 값을 올림하여 설정한 것과 결과가 동일하다. 이 매개변수는 postgresql.conf 파일 또는 서버 커맨드라인에서만 설정 가능하다.

commit_delay (integer)

commit_delay는 WAL 플러시^{flush}를 초기화하기 전에 측정된 시간 지연을 마이크로초 단위로 추가한다. 이것은 시스템 로드가 충분히 커서 주어진 간격 내에 트랜잭션을 추가로 커밋할 준비가 된 경우 단일 WAL 플러시를 통해 대량의 트랜잭션이 커밋되게 함으로써 그룹 커밋 처리량을 개선할 수 있다. 그러나 이것은 WAL 플러시별로 대기 시간을 최대 `commit_delay` 마이크로초까지 늘리기도 한다. 커밋할 준비가 된 트랜잭션이 없을 경우 지연은 낭비되는 시간이므로 쓰기가 곧 시작되는 경우 최소한 `commit_siblings`만큼의 다른 트랜잭션이 수행될 때 지연이 수행된다. 또한 `fsync`가 비활성화되면 지연이 수행되지 않는다. 기본 `commit_delay`는 0이다(지연 없음). 슈퍼유저만 이 설정을 변경할 수 있다.

9.3 이전의 PostgreSQL 버전에서 `commit_delay`는 동작이 다르고 효과도 떨어진다. 이것은 모든 WAL 플러시가 아닌 커밋에만 영향을 주었고 WAL 플러시가 곧 완료된 경우에도 환경 설정된 지연 시간 동안 대기했다. PostgreSQL 9.3 초반에, 쓸 준비가 된 첫 번째 프로세스는 환경 설정된 시간 간격을 기다리고, 추후 프로세스는 선행 프로세스의 쓰기 연산이 끝날 때까지 대기한다.

`commit_siblings (integer)`

`commit_delay` 지연을 수행하기 전에 필요한 동시 개방 트랜잭션의 최소 수. 값이 크면, 지연 간격 중에 커밋 준비가 된 다른 트랜잭션이 최소한 하나 이상일 확률이 높다. 기본값은 5개 트랜잭션이다.

4.5.2 Checkpoints

`checkpoint_segments (integer)`

자동 WAL 체크포인트들 간 로그 파일 세그먼트의 최대 수(각 세그먼트는 일반적으로 16메가바이트)이다. 기본값은 3개 세그먼트이다. 이 매개변수를 늘리면 충돌 복구에 필요한 시간을 늘릴 수 있다. 이 매개변수는 postgresql.conf 파일 또는 서버 커맨드라인에서만 설정 가능하다.

`checkpoint_timeout (integer)`

자동 WAL 체크포인트들 간의 최대 시간. 초 단위. 기본값은 5분이다^{5min}. 이 매개변수를 늘리면 충돌 복구에 필요한 시간을 늘릴 수 있다. 이 매개변수는 postgresql.conf 파일 또는 서버 커맨드라인에서만 설정 가능하다.

checkpoint_completion_target (floating point)

체크포인트들 간 총 시간 분할로써, 체크포인트들 완료 목표를 지정한다. 기본값은 0.5이다. 이 매개변수는 postgresql.conf 파일 또는 서버 커맨드라인에서만 설정 가능하다.

checkpoint_warning (integer)

체크포인트 세그먼트 파일을 채우는 체크포인트들이 여기에 지정된 초 수보다 빨리 발생한 경우 서버 로그에 메시지를 기록한다(checkpoint_segments를 증가시키는 것이 권장됨). 기본값은 30초이다^{30s}. 0은 경고를 비활성화한다. checkpoint_timeout가 checkpoint_warning 미만이면 경고가 발생하지 않는다. 이 매개변수는 postgresql. conf 파일 또는 서버 커맨드라인에서만 설정 가능하다.

4.5.3 아카이빙

archive_mode (boolean)

archive_mode를 사용하는 것으로 설정하면 완료된 WAL 세그먼트가 archive_command 설정에 의해 아카이브 저장소로 전달된다. archive_mode 및 archive_command는 별개의 변수이므로 아카이빙 모드를 해지하지 않고도 archive_command를 변경할 수 있다. 이 매개변수는 서버 시작 시 설정된다. wal_level이 minimal로 설정된 경우 archive_mode를 사용으로 설정할 수 없다.

archive_command (string)

완료된 WAL 파일 세그먼트를 아카이브하기 위해 실행하는 로컬 셸 명령. string에서 %p는 아카이브할 파일의 경로명으로 대체되고 %f는 파일명으로만 대체된다(경로명은 서버(예: 클러스터의 데이터 디렉토리)의 작업 디렉토리에 상대적이다). % 문자를 명령에 포함하려면 %%를 사용해야 한다. 성공한 경우에만 명령이 0 종료$^{zero exit}$ 상태를 리턴하는 것이 중요하다. 자세한 내용은 10.3.1절을 참조하기 바란다.

이 매개변수는 postgresql.conf 파일 또는 서버 커맨드라인에서만 설정 가능하다.

archive_mode가 서버 시작 시에 활성화되지 않은 경우 무시된다. archive_mode가 사용으로 설정된 상태에서 archive_command의 string이 비어 있는 경우(기본값) WAL 아카이빙이 일시적으로 비활성화되지만 서버는 명령이 곧 제시될 것이라는 기대를 갖고 WAL 세그먼트 파일을 계속 누적한다. archive_command가 true만 리턴하는 명령으로 설정하면 예를 들어 /bin/true 같은 경우(윈도우에서는 REM), 아카이빙이 효율적으로 비활성화되지만, 아카이브 복구에 필요한 WAL 파일의 체인이 끊어지므로 특이한 환경에서만 사용되어야 한다.

archive_timeout (integer)

archive_command는 완료된 WAL 세그먼트를 호출만 한다. 그러므로, 서버에서는 WAL 트래픽이 발생되지 않아서(WAL 트래픽 발생 시 여유시간이 있거나) 트랜잭션의 완료 되는 시간과 아카이브 저장소에서 안전하게 기록 되는 사이에 긴 지연이 발생할 수 있다. 데이터가 아카이브되지 않은 채로 방치되지 않게 하기 위해 서버가 새 WAL 세그먼트 파일로 주기적으로 전환되도록 archive_timeout을 설정할 수 있다. 이 매개변수가 0보다 큰 경우 마지막 세그먼트 파일로 전환한 이후로 여기서 지정된 초 시간을 경과할 때마다, 그리고 단일 체크포인트들을 비롯한 데이터베이스 작업이 있을 때마다 서버는 새 세그먼트 파일로 전환한다(checkpoint_timeout을 늘리면 유휴 시스템에서 불필요한 체크포인트들이 줄어든다). 강제 전환 때문에 일찍감치 종료된 아카이브된 파일의 길이도 전체 파일 길이와 동일하다는 점에 유의해야 한다. 따라서, archive_timeout를 매우 짧게 하는 것은 아카이브 저장소를 부풀게 하므로 현명하지 못하다. archive_timeout을 1분 정도로 설정하는 것이 일반적으로 합당하다. 데이터를 마스터 서버로 빠르게 복사하려면 아카이빙 대신 스트리밍 복제를 사용해야 한다. 이 매개변수는 postgresql.conf 파일 또는 서버 커맨드라인에서만 설정 가능하다.

4.6 〉 복제

이 설정은 내장 스트리밍 복제 기능의 동작을 제어한다(11.2.5절 참조). 서버는 마스터 서버거나 대기 서버다. 마스터 서버는 데이터를 전송할 수 있고, 대기 서버는 언제나 복제된 데이터의 수신자이다. 케스케이드형 복제(11.2.7절 참조)을 사용하는 경우 대기 서버는 수신자 겸 전송자일 수 있다. 매개변수는 주로 전송 및 대기 서버에 대한 것이며, 일부 매개변수는 마스터 서버에서만 의미가 있다. 클러스터 간에 설정은 필요 시 별 문제없이 다르게 할 수 있다.

4.6.1 전송 서버

이 매개변수는 복제 데이터를 하나 이상의 대기 서버로 전송하는 서버에 설정할 수 있다. 마스터는 항상 전송 서버 이므로 이 매개변수를 언제나 마스터에 설정해야 한다. 이 매개변수의 역할 및 의미는 대기 서버가 마스터로 된 이후에 변경되지 않는다.

`max_wal_senders (integer)`

대기 서버 또는 스트리밍 기반 백업 클라이언트로부터의 동시 연결 최대 수를 지정한다(예: 동시에 실행 중인 WAL 전송자 프로세스의 최대 수). 기본값은, 복제를 비활성화하는 0이다. WAL 전송자 프로세스는 총 연결 수에 포함되므로 매개변수를 `max_connections`보다 큰 값으로 설정할 수 없다. 스트리밍 클라이언트의 연결이 갑작스럽게 끊어지면 타임아웃이 될 때까지 고아 연결 슬롯이 생기므로, 예상되는 클라이언트의 최대 수보다 이 매개변수를 약간 더 크게 설정하여 연결이 끊어진 클라이언트가 즉시 재연결될 수 있도록 해야 한다. 이 매개변수는 서버 시작 시 설정된다. 대기 서버로부터의 연결이 가능하도록 `wal_level`은 `archive`와 같거나 크게 설정해야 한다.

`max_replication_slots (integer)`

서버가 지원할 수 있는 복제 슬롯의 최대 수를 지정한다(11.2.6절 참조). 기본값은 0이다. 이 매개변수는 서버 시작 시 설정된다. 복제 슬롯의 사용이 가능하도록 `wal_` level은 archive와 같거나 크게 설정해야 한다. 현재 존재하는 복제 슬롯 수보다 작은 값으로 설정하면 서버가 시작되지 않는다.

wal_keep_segments (integer)

대기 서버가 스트리밍 복제를 위해 과거 로그 파일을 가져와야 하는 경우 pg_xlog 디렉터리에 저장되는 과거 로그 파일 세그먼트의 최소 수를 지정한다. 각 세그먼트는 보통 16메가바이트이다. 전송 서버에 연결된 대기 서버가 wal_keep_segments 세그먼트에 훨씬 못 미치면 전송 서버는 대기 서버에서 아직 필요한 WAL 세그먼트를 삭제할 수도 있는데, 그러면 복제 연결이 중단된다. 다운스트림 연결도 결과적으로 실패한다(단, 대기 서버는 WAL 아카이빙 사용 중인 경우 아카이브에서 세그먼트를 가져와서 복구할 수 있다).

이것은, pg_xlog에 저장되는 최소 세그먼트 수만 지정한다. 시스템은 WAL 아카이브용으로 또는 체크포인트에서 복구용으로 세그먼트를 좀 더 보유해야 할 수 있다. wal_keep_segments가 0(기본값)인 경우 시스템은 대기 서버를 위한 추가 세그먼트를 유지하지 않으므로, 대기 서버에서 사용 가능한 예전 WAL 세그먼트의 수는 이전 체크포인트의 위치 및 WAL 아카이빙의 상태 함수이다. 이 매개변수는 postgresql.conf 파일 또는 서버 커맨드라인에서만 설정 가능하다.

wal_sender_timeout (integer)

지정된 밀리초 이상 작동되지 않은 복제 연결은 중단된다. 이것은 전송 서버가 대기 서버 충돌 또는 네트워크 중단을 검출할 때 유용하다. 0 값은 시스템 타임아웃 메커니즘을 비활성화한다. 이 매개변수는 postgresql.conf 파일 또는 서버 커맨드라인에서만 설정 가능하다. 기본값은 60초이다.

4.6.2 마스터 서버

이 매개변수는 복제 데이터를 하나 이상의 대기 서버로 전송하는 마스터/운영 서버에 설정할 수 있다. 이 매개변수 외에 wal_level은 마스터 서버에 적절하게 설정되어야 하고 옵션으로 WAL 아카이빙도 활성화될 수 있다(4.5.3절 참조). 사용자가 대기 서버가 마스터가 될 가능성에 대비하여 이 매개변수를 설정하면 안 된다. 마스터 서버와 아무 상관이 없기 때문이다.

synchronous_standby_names (string)

11.2.8절에 설명된 대로 동기 복제를 지원할 수 있는 대기 서버 이름을 쉼표로 구분된 목록으로 지정한다. 작동 중인 동기 대기 서버는 한 번에 많아야 하나이다. 커밋 대기 중인 트랜잭션은 이 대기 서버가 데이터 수신을 확인한 후에 진행이 허용된다. 동기 대기 서버는 이 목록 중에서 현재 연결되어 있고 실시간으로 데이터를 스트리밍하는 첫 번째 대기 서버다(pg_stat_replication 뷰에서 streaming 상태로 표시됨). 이 목록에서 나중에 나타난 다른 대기 서버는 잠재적 동기 대기 서버를 나타낸다. 현재 동기 대기 서버가 어떤 이유로든 연결이 끊어진 경우 우선 순위가 그 다음으로 높은 대기 서버로 즉시 대체된다. 대기 서버 이름을 2개 이상 지정하면 매우 높은 고가용성을 달성할 수 있다.

대기 서버의 WAL 수신자의 primary_conninfo에 설정된 대로 대기 서버 이름의 용도는 대기 서버의 application_name을 설정하기 위함이다. 이름의 고유성을 검사하는 메커니즘은 없다. 복제의 경우, 일치하는 대기 서버 중 하나는 정확히 어떤 것인지 가늠하기 어렵지만 동기 대기 서버가 되도록 선택된다. 특수 항목 *는 walreceiver의 기본 애플리케이션 이름을 비롯한 모든 application_name과 일치한다.

동기 대기 서버 이름이 여기서 지정되지 않으면 동기 복제는 활성화되지 않고 트랜잭션 커밋은 복제를 기다리지 않는다. 이것은 기본 환경 설정이다. 동기 복제가 활성화되더라도 개별 트랜잭션은 synchronous_commit 매개변수를 local 또는 off로 설정함으로써 복제를 기다리지 않도록 환경 설정할 수 있다.

이 매개변수는 postgresql.conf 파일 또는 서버 커맨드라인에서만 설정 가능하다.

vacuum_defer_cleanup_age (integer)

　　VACUUM 및 HOT 업데이트가 데드 로우$^{dead\ row}$ 버전 클린업을 연기하는 트랜잭션 수를 지정한다. 기본값은 0개 트랜잭션이다. 이것은 데드 로우 버전이 열린 트랜잭션에서 더 이상 보이지 않는 즉시, 가능한 한 빨리 제거될 수 있다는 것을 의미한다. 사용자는 11.5절에 설명된 대로 핫 스탠바이가 지원하는 운영 서버에서 이 값을 0이 아닌 다른 값으로 설정하고 싶을 수도 있다. 이것은 조기 클린업에 의한 충돌 없이 대기 서버에서 쿼리가 완료되는 시간적 여유를 허용한다. 그러나 운영 서버에서 발생한 쓰기 트랜잭션 수로 값을 정하므로, 대기 서버 쿼리에 대해 얼마만큼의 유예 시간이 가능한지를 예측하기는 어렵다. 이 매개변수는 postgresql.conf 파일 또는 서버 커맨드라인에서만 설정 가능하다.

　　대체 서버로서 대기 서버의 hot_standby_feedback을 이 매개변수 대신 설정하는 것도 고려해야 한다.

4.6.3 스탠바이 서버

이 설정은 복제 데이터를 수신하는 대기 서버의 동작을 제어한다. 마스터 서버의 값은 무관하다.

hot_standby (boolean)

　　11.5절에 설명된 대로 복구 중에 사용자가 쿼리를 연결하고 실행할 수 있는지를 지정한다. 기본값은 off이다. 이 매개변수는 서버 시작 시 설정된다. 복구 중 또는 대기 서버 모드에서만 효과가 있다.

max_standby_archive_delay (integer)

　　핫 스탠바이가 작동 중이면 11.5.2절에서 설명된 대로 이 매개변수는 적용 직전의 WAL 항목과 충돌하는 대기 서버 쿼리를 취소하기 전에 대기 서버가 기다려야 하는 시간을 결정한다. WAL 데이터를 WAL 아카이브에서 읽어오는 경우(따라서 현재가 아닌 경우) max_standby_archive_delay가 적용된다. 기본값은 30초이다. 지정되지 않으면 단위는 밀리초이다. -1 값은 쿼리 충돌이 완료될 때까지 대기 서버가 무한정 대기하도록 허용한다. 이 매개변수는 postgresql.conf 파일 또는 서버 커맨드라인에서만 설정 가능하다.

취소 전 쿼리를 실행할 수 있는 최대 시간과 max_standby_archive_delay는 동일하지 않다는 것을 유의해야 한다. 이것은 WAL 세그먼트의 데이터를 적용하는 데 허용된 최대 시간의 총합이다. 따라서 WAL 세그먼트 초반에 어떤 쿼리 때문에 상당한 지연이 발생한 경우 추후 충돌되는 쿼리는 유예 시간이 훨씬 짧아진다.

`max_standby_streaming_delay (integer)`

핫 스탠바이가 작동 중이면 11.5.2절에서 설명된 대로 이 매개변수는 적용 직전의 WAL 항목과 충돌하는 대기 서버 쿼리를 취소하기 전에 대기 서버가 기다려야 하는 시간을 결정한다. WAL 데이터를 스트리밍 복제를 통해 수신하는 경우 `max_standby_streaming_delay`가 적용된다. 기본값은 30초이다. 지정되지 않으면 단위는 밀리초이다. -1 값은 쿼리 충돌이 완료될 때까지 대기 서버가 무한정 대기하도록 허용한다. 이 매개변수는 postgresql.conf 파일 또는 서버 커맨드라인에서만 설정 가능하다.

취소 전 쿼리를 실행할 수 있는 최대 시간과 `max_standby_streaming_delay`는 동일하지 않은 것을 유의하라. 이것은 운영 서버로부터 수신했던 WAL 데이터를 적용하는 것이 허용된 최대 시간의 총합이다. 따라서 어떤 쿼리 때문에 상당한 지연이 발생한 경우 추후 충돌되는 쿼리는 대기 서버가 다시 따라잡을 때까지 유예 시간이 훨씬 짧아진다.

`wal_receiver_status_interval (integer)`

대기 서버의 WAL 수신자 프로세스가 복제 프로세스에 대한 정보를 운영 서버 또는 업스트림 스탠바이로 전송하는 최소 빈도를 지정한다. 이것은 `pg_stat_replication` 뷰를 사용하여 볼 수 있다. 대기 서버는 작성된 마지막 트랜잭션 로그 위치 및 디스크에 기록한 마지막 위치, 적용된 마지막 위치를 알려준다. 이 매개변수의 값은 리포트 지점간 초 단위의 최대 간격이다. 업데이트는 쓰기 또는 플러시

^{flush} 위치가 변경될 때마다 전송되거나 최소한 이 매개변수가 지정한 빈도로 전송된다. 따라서 적용 위치는 실제 위치보다 약간 뒤쳐질 수 있다. 이 매개변수를 0으로 설정하면 상태 업데이트가 완전히 비활성화된다. 이 매개변수는 postgresql.conf 파일 또는 서버 커맨드라인에서만 설정 가능하다. 기본값은 10초이다.

`hot_standby_feedback (boolean)`

핫 스탠바이가 대기 서버에서 현재 실행 중인 쿼리에 대해 운영 서버 또는 업스트림 스탠바이로 피드백을 전송할 것인지를 지정한다. 이 매개변수는 클린업 레코드에 의해 야기된 쿼리 취소를 없애는 데 사용할 수 있지만 일부 작업 부하의 경우 운영 서버에서 데이터베이스 팽창을 초래할 수 있다. 피드백 메시지는 `wal_receiver_status_interval` 당 한 번 이상 전송되지 않는다. 기본값은 `off`이다. 이 매개변수는 postgresql.conf 파일 또는 서버 커맨드라인에서만 설정 가능하다.

케스케이드형 복제를 사용 중인 경우 운영 서버에 도달할 때까지 피드백이 상류로 전달된다. 상류 전달 외에, 대기 서버는 수신하는 피드백을 다른 용도로 사용하지 않는다.

`wal_receiver_timeout (integer)`

지정된 밀리초 이상 작동되지 않은 복제 연결이 중단된다. 이것은 대기 서버가 운영 서버 충돌 또는 네트워크 중단을 검출할 때 유용하다. 0 값은 시스템 타임아웃 메커니즘을 비활성화한다. 이 매개변수는 postgresql.conf 파일 또는 서버 커맨드라인에서만 설정 가능하다. 기본값은 60초이다.

4.7 〉 쿼리 플랜

4.7.1 플래너 방법 구성

이 환경 설정 매개변수는 쿼리 옵티마이저에 의해 선택된 쿼리 플랜에 영향을 주는 대략적인 방법을 제공한다. 특정 쿼리에 대한 옵티마이저에 의해 선택된 기본 플랜이 최적이 아닌 경우 임시 솔루션이 이 환경 설정 매개변수 중 하나를 사용하여 옵티마이저가 다른 플랜을 선택하게 강제할 수 있다. 옵티마이저가 선택한 플랜의 수준을 개선하는 더 나은 방법은 플래너 비용 상수를 조절하고(4.7.2절 참조), ANALYZE를 수동으로 실행하고, default_statistics_target 환경 설정 매개변수 늘리고, ALTER TABLE SET STATISTICS를 사용하여 특정 칼럼에 대해 수집된 통계량을 늘리는 것이다.

enable_bitmapscan (boolean)

쿼리 플래너의 bitmap-scan plan types 사용을 활성화 또는 비활성화한다. 기본값은 on이다.

enable_hashagg (boolean)

쿼리 플래너의 hashed aggregation plan types 사용을 활성화 또는 비활성화한다. 기본값은 on이다.

enable_hashjoin (boolean)

쿼리 플래너의 hash-join plan types 사용을 활성화 또는 비활성화한다. 기본값은 on이다.

enable_indexscan (boolean)

쿼리 플래너의 index-scan plan types 사용을 활성화 또는 비활성화한다. 기본값은 on이다.

enable_indexonlyscan (boolean)

쿼리 플래너의 index-only-scan plan types 사용을 활성화 또는 비활성화한다. 기본값은 on이다.

enable_material (boolean)

쿼리 플래너의 materialization의 사용을 활성화 또는 비활성화한다. materialization을 완전히 억제하는 것은 어렵지만 이 변수를 해제하면 정확도가 요구되는 경우 외에는 플래너의 materialize 노드 삽입이 방지된다. 기본값은 on이다.

enable_mergejoin (boolean)

쿼리 플래너의 merge-join plan types 사용을 활성화 또는 비활성화한다. 기본값은 on이다.

enable_nestloop (boolean)

쿼리 플래너의 nested-loop join plans 사용을 활성화 또는 비활성화한다. nested-loop joins를 완전히 억제하는 것은 어렵지만 이 변수를 해제하면 사용 가능한 다른 방법이 있는 경우 플래너가 하나를 사용하는 것이 방지된다. 기본값은 on이다.

enable_seqscan (boolean)

쿼리 플래너의 sequential scan plan types 사용을 활성화 또는 비활성화한다. sequential scans를 완전히 억제하는 것은 어렵지만 이 변수를 해제하면 사용 가능한 다른 방법이 있는 경우 플래너가 하나를 사용하는 것이 방지된다. 기본값은 on이다.

enable_sort (boolean)

쿼리 플래너의 explicit sort steps 사용을 활성화 또는 비활성화한다. explicit sorts를 완전히 억제하는 것은 어렵지만 이 변수를 해제하면 사용 가능한 다른 방법이 있는 경우 플래너가 하나를 사용하는 것이 방지된다. 기본값은 on이다.

enable_tidscan (boolean)

쿼리 플래너의 TID scan plan types 사용을 활성화 또는 비활성화한다. 기본값은 on이다.

4.7.2 플래너 비용 상수

이 절에서 설명하는 cost 변수는 임의의 규모로 계산된다. 상대적인 값만 관련 있기 때문에, 동일한 계수로 상향 또는 하향되면 쿼리 플랜은 바뀌지 않는다. 기본적으로, 이러한 비용 변수는 순차적 페이지를 가져오는 비용을 근거로 한다. seq_page_cost는 인습적으로 1.0으로 설정되어 있으므로 다른 비용 변수는 이를 기준으로 설정된다. 그러나 사용자가 원한다면 특정 머신에서 실제 실행되는 밀리초 단위의 시간처럼 다른 비용을 사용할 수도 있다.

> **참고**: 아쉽게도 비용 변수에 대한 이상적인 값을 결정하는 데 적당한 방법은 없다. 특정한 설치가 수신하는 전체 쿼리 믹스에 대한 평균으로 처리하는 것이 최선이다. 몇 가지 경험에 비추어서, 이 값을 변경하는 것은 매우 위험할 수 있다.

seq_page_cost (floating point)

플래너가 예상하는 순차 가져오기 방법의 일부인 디스크 페이지 가져오기 비용을 설정한다. 기본값은 1.0이다. 이 값은 동일한 이름의 테이블스페이스 매개변수 설정이 특수한 테이블스페이스의 테이블과 인덱스를 오버라이드할 수 있다.

random_page_cost (floating point)

플래너가 예상한, 비순차적으로 가져온 디스크 페이지의 처리 비용을 설정한다. 기본값은 4.0이다. 이 값은 동일한 이름의 테이블스페이스 매개변수 설정에 의해 특수한 테이블스페이스의 테이블과 인덱스를 오버라이드할 수 있다.

이 값을 seq_page_cost에 비례하여 줄이면 시스템이 인덱스 스캔 쪽으로 치우치게 된다. 이 값을 늘리면 인덱스 스캔이 좀 더 비싸진다. 양쪽 값을 함께 늘리거나 줄여서 CPU 비용에 비례하여 디스크 I/O 비용의 중요도를 변경할 수 있다. 이것은 이후의 매개변수에서 설명된다.

기계적 디스크 저장소에 대한 랜덤 액세스는 일반적으로 순차 액세스보다 4배 이상 비싸다. 그러나 인덱싱된 읽기 같이 디스크에 대한 랜덤 액세스 대부분은 캐시에서 일어나므로 작은 기본값이 사용된다(4.0). 랜덤 읽기의 90%는 캐싱되는 것으로 예상되는 반면, 기본값은 순차보다 모델링 랜덤 액세스가 40배 느린 것으로 생각될 수 있다.

사용자의 작업 부하에서 90%의 캐시율이 잘못된 가정인 경우 random_page_cost를 늘려서 랜덤 저장소 읽기의 실제 비용이 반영되도록 할 수 있다. 그에 따라, 총 서버 메모리보다 데이터베이스가 작아서 데이터가 완전히 캐시되는 경우 random_page_cost를 줄이는 것이 적절할 수 있다. 반도체 드라이브 같이 랜덤 읽기 비용이 시퀀스에 비해 상대적으로 낮은 저장소는 더 낮은 random_page_cost 값으로 모델링이 더 잘 될 수도 있다.

> **팁** random_page_cost를 seq_page_cost 미만으로 설정하는 것이 시스템에서 허용되더라도 실제로는 그렇게 하는 것이 합리적이지 않다. 단, 데이터베이스 전체가 RAM에 캐싱되는 경우에는 시퀀스 밖 페이지를 건드리는 비용이 없으므로 동일하게 설정하는 것은 괜찮다. 또한 과도하게 캐시되는 데이터베이스에서 RAM에 이미 있는 페이지를 가져오는 비용이 일반적인 상태의 것보다 훨씬 적으므로 사용자는 CPU 매개변수에 비례하여 양쪽 값을 줄여야 한다.

cpu_tuple_cost (floating point)

플래너가 예상한 쿼리 도중 각 로우의 처리 비용을 설정한다. 기본값은 0.01이다.

cpu_index_tuple_cost (floating point)

플래너가 예상한 인덱스 스캔 도중 각 인덱스 항목의 처리 비용을 설정한다. 기본값은 0.005이다.

cpu_operator_cost (floating point)

플래너가 예상한, 쿼리 도중 실행된 각 연산자 또는 함수의 처리 비용을 설정한다. 기본값은 0.0025이다.

effective_cache_size (integer)

플래너가 추정할 단일 쿼리에 사용할 수 있는 디스크 캐시의 효율적인 크기를 설정한다. 이것은 인덱스를 사용하는 비용에 반영된다. 값이 클수록 인덱스 스캔이 사용될 가능성이 높다. 값이 작을수록 순차 스캔이 사용될 가능성이 높다. 이 매개변수를 설정하는 경우 PostgreSQL의 공유 버퍼와, PostgreSQL 데이터 파일에 사용되는 커널의 디스크 캐시 부분을 모두 고려해야 한다. 또한 사용 가능한 공간을 공유해야 하므로 서로 다른 테이블에 대해 예상되는 동시 쿼리 수도 고려해야 한다. 이 매개변수는 PostgreSQL에 의해 할당된 공유 메모리 크기에는 효과가 없으며, 커널 디스크 캐시도 보존하지 않는다. 추정용으로만 사용된다. 또한 시스템은 디스크 캐시에 쿼리 간에 데이터가 남아 있을 것이라고 가정하지 않는다. 기본값은 4기가바이트이다.

4.7.3 제네릭 쿼리 옵티마이저

제네릭 쿼리 옵티마이저^{GEQO}는 휴리스틱 검색을 사용하는 쿼리 플래닝을 하는 알고리즘이다. 이것은 검색 비용이 많이 드는 일반 알고리즘보다 적은 플랜 생성 비용으로, 복잡한 쿼리(다수의 관계 조인)의 플래닝 시간을 줄인다. 자세한 내용은 PostgreSQL 공식 가이드 54장을 참조하기 바란다.

geqo (boolean)

전체 쿼리 최적화를 활성화 또는 비활성화한다. 기본값은 on이다. 보통은 운영 중 해제하지 않는 것이 최선이며 geqo_threshold 변수는 좀 더 세분화된 GEQO 제공한다.

geqo_threshold (integer)

최소한 FROM 항목에 관련된 수만큼 쿼리를 플랜하는 전체 쿼리 최적화를 사용한다 (FULL OUTER JOIN 구문은 하나의 FROM 항목으로 계산된다). 기본값은 12이다. 단순 쿼리의 경우는 일반적으로 정규, 소모성 검색 플래너를 사용하는 것이 낫지만, 테이블이 다수 있는 쿼리의 경우 소모성 검색은 너무 오래 걸리며, 차선의 플랜을 실행하는 것보다 더 오래 걸릴 수도 있다. 따라서 쿼리 크기에 대한 임계값은 GEQO 사용 관리에 편리한 방법이다.

geqo_effort (integer)

GEQO에서 플래닝 시간과 쿼리 플랜의 수준 간 트레이드 오프를 제어한다. 이 변수는 1~10 사이의 integer여야 한다. 기본값은 5이다. 값이 클수록 쿼리 플래닝에 소요되는 시간이 늘어나지만, 효율적인 쿼리 플랜이 선택될 가능성도 높아진다.

`geqo_effort`가 직접 하는 일은 실제로 없다. GEQO 동작에 영향을 미치는 다른 변수에 대한 기본 값을 계산하는 데에만 이용된다(아래에 설명). 원한다면 그 대신 다른 매개변수를 직접 설정할 수 있다.

`geqo_pool_size (integer)`

GEQO에서 사용되는 풀 크기를 제어한다. 풀 크기는 제네틱 채우기$^{genetic\ population}$에서의 개체 수를 뜻한다. 이것은 최소 2 이상의 유용한 값이어야 하며, 일반적으로 100~1000이다. 0으로 설정되면(기본 설정) 적정값이 `geqo_effort` 및 쿼리의 테이블 수에 따라 선택된다.

`geqo_generations (integer)`

알고리즘 반복 숫자이자, GEQO에서 사용되는 생성 수를 제어한다. 이것은 최소 1 이상이어야 하며, 유용한 값은 풀 크기와 동일한 범위 내이다. 0으로 설정되면(기본 설정) 적정값이 `geqo_pool_size`에 따라 선택된다.

`geqo_selection_bias (floating point)`

GEQO가 사용하는 선택편의$^{selection\ bias}$를 제어한다. 선택편의는 표본에 편파적으로 영향을 미치는 정도를 말한다. 값은 1.50~2.00일 수 있으며, 후자가 기본값이다.

`geqo_seed (floating point)`

조인 순서 검색 공간의 랜덤 경로를 선택하기 위해 GEQO에 의한 난수 발생기의 초기값을 제어한다. 값은 0(기본값)~1일 수 있다. 값을 변경하면 탐색할 조인 경로 집합이 바뀌고 결과적으로 발견된 최상의 경로가 좋을 수도 있고 나쁠 수도 있다.

4.7.4 기타 플래너 옵션

`default_statistics_target (integer)`

`ALTER TABLE SET STATISTICS`를 통해 설정된 칼럼 특정 타깃 없이, 테이블 칼럼에 대한 기본 통계 타깃을 설정한다. 큰 값을 설정하면 `ANALYZE`를 수행하는 데 필요한 시간이 늘어나지만 플래너 평가 수준을 높일 수 있다. 기본값은 100이다.

constraint_exclusion (enum)

쿼리 최적화를 위해 쿼리 플래너의 테이블 제약 조건을 제어한다. constraint_exclusion의 허용 값은 on(모든 테이블에 대해 제약 조건 검사), off(제약 조건 검사 안함) 및 partition(상속 자식 테이블 및 UNION ALL 하위 쿼리에 대해서만 제약 조건 검사)이다. partition은 기본 설정이다.

이 매개변수가 이것을 특정 테이블에 대해 허용하면 플래너가 쿼리 조건을 테이블의 CHECK 제약 조건과 비교하고 제약 조건에 위배되는 테이블을 검색하는 것은 생략한다. 예를 들면, 다음과 같다.

```
CREATE TABLE parent(key integer, ...);
CREATE TABLE child1000(check (key between 1000 and 1999))
INHERITS(parent);
CREATE TABLE child2000(check (key between 2000 and 2999))
INHERITS(parent);
...
SELECT * FROM parent WHERE key = 2400;
```

제약 조건 배제가 활성화되면 이 SELECT는 성능 개선을 위해 child1000을 일절 스캔하지 않는다.

현재, 제약 조건 배제는 테이블 파티션에 주로 사용되는 경우에만 기본값으로 활성화된다. 모든 테이블에 대해 활성화되며, 간단한 쿼리에도 눈에 띄게 플래닝 오버헤드가 가중되어 간단한 쿼리의 장점이 상쇄된다. 파티션된 테이블이 없을 경우 전적으로 해제하는 것이 좋다.

cursor_tuple_fraction (floating point)

검색할 커서 행의 분할에 대한 플래너의 추정치를 설정한다. 기본값은 0.1이다. 값이 작을수록 플래너가 커서에 대해 "fast start" 플랜을 사용하도록 유도되고, 그러면 전체 행을 가져오느라 시간이 오래 걸리는 와중에 처음 몇 개의 행만 빠르게 검색된다. 값이 클수록 총 예상 시간이 중요해진다. 최대 설정 1.0에서는 커서가 정확히 일반 쿼리처럼 플랜되어 총 예상 시간만 고려되고, 첫 번째 행을 얼마나 빨리 가

겨오는지는 고려하지 않는다.

from_collapse_limit (integer)

결과로 나온 FROM 목록에 이 숫자만큼의 항목이 없을 경우 플래너가 하위 쿼리를 상위 쿼리에 병합한다. 값이 작을수록 플래닝 시간은 짧아지지만 비효율적인 쿼리 플랜이 나올 수 있다. 기본값은 8이다.

이 값을 geqo_threshold 이상으로 설정하면 GEQO 플래너의 사용이 트리거되어 결과적으로 최적화되지 않은 플랜이 된다. PostgreSQL 공식 가이드 14.3절을 참조하기 바란다.

이 값을 geqo_threshold 이상으로 설정하면 GEQO 플래너의 사용이 트리거되어 결과적으로 최적화되지 않은 플랜이 된다. 4.7.3절을 참조하기 바란다.

join_collapse_limit (integer)

결과 목록이 이 항목에 미치지 못할 경우 플래너는 명시적 JOIN 구문(FULL JOIN 제외)을 FROM 항목으로 재작성한다. 값이 작을수록 플래닝 시간은 짧아지지만 비효율적인 쿼리 플랜이 나올 수 있다.

기본적으로 이 변수는 from_collapse_limit와 동일하게 설정되며, 대부분의 사용에 적합하다. 1로 설정하면 명시적 JOIN의 재정렬이 방지된다. 따라서 이 쿼리에서 지정된 명시적 조인 순서는 관계가 조인되는 실제 순서가 된다. 쿼리 플래너가 항상 최적의 조인 순서를 선택하는 것은 아니므로 고급 사용자는 이 변수를 임시로 1로 선택한 다음, 원하는 조인 순서를 명시적으로 지정할 수 있다.

이 값을 geqo_threshold 이상으로 설정하면 GEQO 플래너의 사용이 트리거되어 결과적으로 최적화되지 않은 플랜이 된다. 4.7.3절을 참조하기 바란다.

4.8 에러 리포팅 및 로깅

4.8.1 Where To 로그

`log_destination (string)`

PostgreSQL은 stderr 및 csvlog, syslog를 비롯한 서버 메시지를 로깅하는 몇 가지 메소드를 지원한다. 윈도우의 경우, eventlog로 지원한다. 원하는 로그 대상 목록을 쉼표로 구분하여 이 매개변수를 설정한다. 기본값은 stderr로만 로깅하는 것이다. 이 매개변수는 postgresql.conf 파일 또는 서버 커맨드라인에서만 설정 가능하다.

csvlog가 `log_destination`에 포함된 경우 로그 항목은 프로그램으로 로그를 로딩하기 편리한 "컴마로 구분된 값"(CSV) 형식으로 출력된다. 자세한 내용은 4.8.4절을 참조하기 바란다. CSV 형식 로그 출력을 사용으로 설정하려면 `logging_collector`를 사용으로 설정해야 한다.

> **참고**: 대부분의 유닉스 시스템에서 log_destination 옵션의 syslog를 사용하려면 syslog 데몬의 환경 설정을 변경해야 한다. PostgreSQL은 syslog 기능 LOCAL0~LOCAL7(syslog_facility 참조)로 로깅할 수 있지만 대부분의 플랫폼에서 기본값 syslog 환경 설정은 모든 해당 메시지를 취소한다. 이것이 작동되게 하려면 다음과 같은 문장을 입력한다.
>
> ```
> local0.*    /var/log/postgresql
> ```
>
> syslog 데몬의 구성 파일에 추가해야 할 수 있다.
>
> 윈도우에서 log_destination의 eventlog 옵션을 사용하는 경우 이벤트 소스와 라이브러리를 운영체제에 등록해서 윈도우 이벤트 뷰어가 이벤트 로그 메시지를 명확하게 표시하도록 해야 한다. 자세한 내용은 3.11절을 참조하기 바란다.

`logging_collector (boolean)`

이 매개변수는 stderr로 전송된 로그 메시지를 캡처하여 로그 파일로 리다이렉트하는 logging collector 백그라운드 프로세스를 활성화한다. 일부 메시지 유형은 syslog 출력에 나타나지 않을 수 있으므로 syslog에 로깅하는 것보다 이 방법은 대체로 유용하다(공통된 예시 중 한 가지는 동적 링커 실패 메시지이고, 또 다른 예시는

archive_command 같은 스크립트에서 생성된 에러 메시지이다). 이 매개변수는 서버 시작 시 설정된다.

> **참고**: logging collector를 사용하지 않고 stderr에 로깅하는 것이 가능하다. 서버의 stderr이 다이렉트된 곳이면 어디든 로그 메시지가 출력된다. 그러나 해당 메소드는 로그 파일을 로테이션하는 편리한 방법을 제공하지 않으므로 로그 양이 적을 때만 적당하다. 또한 logging collector를 사용하지 않는 일부 플랫폼은 여러 프로세스가 동일한 로그 파일에 동시에 쓰기 때문에 서로가 덮어쓰기 되므로 결과적으로 로그 출력이 왜곡되거나 분실된다.

> **참고**: logging collector는 메시지 분실을 방지하는 용도로 고안되었다. 이것은 부하가 매우 심한 경우에, 컬렉터가 뒤쳐졌을 경우 서버 프로세스가 추가 로그 메시지의 전송을 시도하면서 차단이 일어날 수 있다. 반대로, 기록할 수 없을 때는 syslog가 메시지를 드롭하는데, 이것은 이러한 상황에서 일부 메시지를 로깅하는 데는 실패했지만 시스템의 나머지는 블로킹하지 않음을 의미한다.

log_directory (string)

　　logging_collector를 사용으로 설정하면 이 매개변수는 로그 파일이 생성되는 디렉토리를 결정한다. 절대 경로 또는 클러스터 데이터 디렉토리에 대한 상대 경로로 설정할 수 있다. 이 매개변수는 postgresql.conf 파일 또는 서버 커맨드라인에서만 설정 가능하다. 기본값은 pg_log이다.

log_filename (string)

　　logging_collector를 사용으로 설정하면 이 매개변수는 생성된 로그 파일의 파일 이름을 설정한다. 값은 strftime 패턴으로 처리되므로, % 이스케이프를 사용하여 시간에 따라 바뀌는 파일 이름을 지정할 수 있다(시간대에 의존적인 % 이스케이프가 있을 경우 log_timezone에서 지정된 시간대로 계산된다). 지원되는 % 이스케이프는 Open Group의 strftime 규격에 등재된 것과 유사하다. 시스템의 strftime 이 직접 사용되지는 않으므로 플랫폼 특정(비표준) 확장자가 효력이 없다. 기본값은 postgresql-%Y-%m-%d_%H%M%S.log이다.

이스케이프 없이 파일 이름을 지정하면 로그 로테이션 유틸리티를 사용하여 결국에는 전체 파일이 채워지는 것을 방지하는 계획을 세워야 한다. 8.4 이전 버전에서, `%` 이스케이프가 사용되지 않으면 PostgreSQL은 새 로그 파일 생성 시간 epoch를 추가했었는데, 이 기능은 사라졌다.

`log_destination`에서 CSV 형식 출력을 사용으로 설정한 경우 타임스탬프 로그 파일 이름 뒤에 .csv가 추가되어 CSV 형식 출력 파일 이름이 만들어진다(`log_filename`이 .log로 끝나는 경우 접미사가 대신 사용된다).

이 매개변수는 postgresql.conf 파일 또는 서버 커맨드라인에서만 설정 가능하다.

`log_file_mode (integer)`

유닉스 시스템에서, 이 매개변수는 `logging_collector`가 사용으로 설정된 경우 로그 파일에 대한 권한을 설정한다(마이크로소프트 윈도우에서 이 매개변수는 무시된다). 매개변수 값은, `chmod` 및 `umask` 시스템 셸에서 수용되는 형식으로 지정된 숫자 형식이어야 한다(관례적인 8진수 형식을 사용하려면 0(영)으로 시작되는 숫자여야 한다).

기본 권한은, 서버 소유자만 로그 파일을 읽거나 쓸 수 있는 0600이다. 일반적으로 유용한 다른 설정은, 소유자 그룹의 멤버가 파일을 읽을 수 있는 0640이다. 그러나 해당 설정을 사용하려면 클러스터 데이터 디렉토리 바깥에서도 파일을 저장하도록 `log_directory`를 변경해야 한다. 로그 파일에 중요한 데이터가 포함되어 있을 수도 있으므로 어떤 경우든 로그 파일을 누구나 읽을 수 있게 하는 것은 현명하지 못하다.

이 매개변수는 postgresql.conf 파일 또는 서버 커맨드라인에서만 설정 가능하다.

`log_rotation_age (integer)`

`logging_collector`를 사용으로 설정하면 이 매개변수는 개별 로그 파일의 최대 수명을 결정한다. 여기서 지정된 분 시간이 경과된 후 새로운 로그 파일이 생성된다. 시간을 기준으로 새 로그 파일을 생성하지 않으려면 0으로 설정한다. 이 매개변수는 postgresql.conf 파일 또는 서버 커맨드라인에서만 설정 가능하다.

`log_rotation_size (integer)`

> `logging_collector`를 사용으로 설정하면 이 매개변수는 개별 로그 파일의 최대 크기를 결정한다. 여기서 지정된 킬로바이트가 로그 파일에 방출된 후 새로운 로그 파일이 생성된다. 크기를 기준으로 새 로그 파일을 생성하지 않으려면 0으로 설정한다. 이 매개변수는 postgresql.conf 파일 또는 서버 커맨드라인에서만 설정 가능하다.

`log_truncate_on_rotation (boolean)`

> `logging_collector`가 사용으로 설정된 경우 이 매개변수에 의해 PostgreSQL이 이름이 동일한 기존 로그 파일에 추가하는 것이 아니라 파일을 비운다(덮어쓰기). 단, 비우기는 서버 시작 시 또는 크기 기준 로테이션이 아니라 시간 기준 로테이션에 의해 새 파일이 열린 경우에만 실행된다. `off`인 경우에는 모든 경우에 기존 파일이 추가된다. 예를 들면, `postgresql-%H.log` 같은 `log_filename`과 함께 이 설정을 사용하면 24시간마다 로그 파일을 생성하고 주기적으로 덮어쓰기 된다. 이 매개변수는 postgresql.conf 파일 또는 서버 커맨드라인에서만 설정 가능하다.
>
> **예**: 7일간 로그를 유지하고, 1일 1로그 파일의 이름을 `server_log.Mon`, `server_log.Tue` 등으로 명명하고, 마지막 주의 로그를 이 주의 로그로 자동 덮어쓰기 하려면 `log_filename`은 `server_log.%a`로 설정하고, `log_truncate_on_rotation`은 `on`으로 설정하고, `log_rotation_age`는 1440으로 설정해야 한다.
>
> **예**: 24시간 로그를 유지하고, 1시간당 1개 로그 파일을 생성하되, 로그 파일 크기가 1GB를 초과하면 곧장 로테이션되게 하려면 `log_filename`은 `server_log.%H%M`으로 설정하고, `log_truncate_on_rotation`은 `on`으로 설정하고, `log_rotation_age`는 60으로 설정하고, `log_rotation_size`는 1000000으로 설정해야 한다. `log_filename` 파일에서 `%M`을 포함하면 크기 구동 로테이션으로 시간의 초기 파일 이름과는 다른 파일 이름이 선택되도록 할 수 있다.

`syslog_facility (enum)`

> syslog에 로깅하도록 설정된 경우 이 매개변수는 사용할 syslog "facility"를 결정한

다. LOCAL2, LOCAL3, LOCAL4, LOCAL5, LOCAL6, LOCAL7 중에서 선택할 수 있으며, 기본 값은 LOCAL0이다. 시스템의 syslog 데몬에 관한 문서를 참조하기 바란다. 이 매개변수는 postgresql.conf 파일 또는 서버 커맨드라인에서만 설정 가능하다.

`syslog_ident (string)`

syslog에 로깅하도록 설정된 경우 이 매개변수는 syslog 로그에서 PostgreSQL 메시지를 식별하기 위해 사용되는 프로그램 이름을 결정한다. 기본값은 postgres이다. 이 매개변수는 postgresql.conf 파일 또는 서버 커맨드라인에서만 설정 가능하다.

`event_source (string)`

event log에 로깅하도록 설정된 경우 이 매개변수는 syslog 로그에서 PostgreSQL 메시지를 식별하기 위해 사용되는 프로그램 이름을 결정한다. 기본값은 PostgreSQL이다. 이 매개변수는 postgresql.conf 파일 또는 서버 커맨드라인에서만 설정 가능하다.

4.8.2 When To 로그

`client_min_messages (enum)`

클라이언트로 전송할 메시지 레벨을 제어한다. 유효 값은 DEBUG5 및 DEBUG4, DEBUG3, DEBUG2, DEBUG1, LOG, NOTICE, WARNING, ERROR, FATAL, PANIC이다. 각 레벨에는 이전 레벨들을 모두 포함한다. 레벨이 뒤로 갈수록 메시지가 로그에 적게 전송된다. 기본값은 NOTICE이다. 여기서 LOG 순위는 log_min_messages에서의 순위와 다르다.

`log_min_messages (enum)`

서버 로그에 기록할 메시지 레벨을 제어한다. 유효 값은 DEBUG5 및 DEBUG4, DEBUG3, DEBUG2, DEBUG1, INFO, NOTICE, WARNING, ERROR, LOG, FATAL, PANIC이다. 각 레벨에는 이전 레벨들을 모두 포함한다. 레벨이 뒤로 갈수록 메시지가 로그에 적게 전송된다. 기본값은 WARNING이다. 여기서 LOG 순위는 log_min_messages에서의 순위와 다르다. 슈퍼유저만 이 설정을 변경할 수 있다.

log_min_error_statement (enum)

에러 상태를 유발한 SQL 문 중에 어떤 SQL문이 서버 로그에 기록될 지를 제어한다. 메시지가 지정된 심각도 이상인 경우 해당 SQL문이 로그 항목에 포함된다. 유효 값은 DEBUG5 및 DEBUG4, DEBUG3, DEBUG2, DEBUG1, INFO, NOTICE, WARNING, ERROR, LOG, FATAL, PANIC이다. 기본값은 에러 또는 로그 메시지, 심각한 에러, 패닉을 유발한 구문statement을 로깅하는 ERROR이다. 실패하는 구문의 로깅을 효율적으로 해제하려면 이 매개변수를 PANIC으로 설정해야 한다. 슈퍼유저만 이 설정을 변경할 수 있다.

log_min_duration_statement (integer)

최소한 지정된 밀리초 동안 구문이 실행된 경우 완료된 구문별로 지속 시간이 로깅되게 한다. 이것을 0으로 설정하면 모든 구문의 기간이 인쇄된다. -1(기본값)은 로깅되는 구문 기간을 비활성화한다. 예를 들어, 250ms로 설정하면 250ms 이상 실행된 모든 SQL문이 로깅된다. 이 매개변수를 활성화하면 애플리케이션에서 최적화되지 않은 쿼리를 찾아내는 데 도움이 된다. 슈퍼유저만 이 설정을 변경할 수 있다.

확장 쿼리 프로토콜을 사용하는 클라이언트의 경우 Parse 및 Bind, Execute 단계의 지속 시간이 각각 로깅된다.

> **참고**: 이 옵션을 log_statement와 함께 사용하면 로그 메시지 지연 시간에 log_statement가 반복되지 않으므로 구문 텍스트가 로깅되지 않는다. syslog를 사용하지 않는 경우 프로세스 ID 또는 세션 ID를 사용하여 구문 메시지를 추후 지연 시간 메시지에 연결할 수 있도록 log_line_prefix를 사용하여 PID 또는 세션 ID를 로깅하는 것이 좋다.

표 4.1은 PostgreSQL에서 사용되는 메시지 심각도 레벨을 설명한다. 로깅 출력이 syslog 또는 윈도우의 eventlog에 전송되는 경우 심각도 레벨은 표에 나타난 대로 해석된다.

표 4.1 메시지 심각도 레벨

표 4.1 메시지 심각도 레벨

심각도	용도	syslog	eventlog
DEBUG1..DEBUG5	개발자를 위한 상세 정보를 제공한다.	DEBUG	INFORMATION
INFO	VACUUM VERBOSE로부터 출력 같은 사용자가 암시적으로 요청한 정보를 제공한다.	INFO	INFORMATION
NOTICE	긴 식별자 잘라내기에 대한 공지 같이 사용자에게 유익한 정보가 제공된다.	NOTICE	INFORMATION
WARNING	트랜잭션 블록 외부로 COMMIT 같은 문제의 가능성이 있는 경고를 제공한다.	NOTICE	WARNING
ERROR	현재 명령이 중단된 원인이 되는 에러를 리포트한다.	WARNING	ERROR
LOG	checkpoint 작업 같이 관리자가 관심 있어 할 정보를 리포트한다.	INFO	INFORMATION
FATAL	현재 세션이 중단된 원인이 되는 에러를 리포트한다.	ERR	ERROR
PANIC	모든 데이터베이스 세션이 중단된 원인이 되는 에러를 리포트한다.	CRIT	ERROR

4.8.3 What To 로그

application_name (string)

> application_name은 NAMEDATALEN 글자 수(표준 빌드에서 64자) 이내의 string일 수 있다. 이것은 일반적으로 서버 연결 시 애플리케이션에 의해 설정된다. 이름은 pg_stat_activity 뷰에 표시되고 CSV 로그 항목에 포함된다. log_line_prefix 매개변수를 통해 일반 로그 항목에 포함될 수도 있다. 인쇄 가능한 ASCII 문자만 application_name 값으로 사용된다. 다른 문자는 물음표(?)로 대체된다.

debug_print_parse (boolean)

debug_print_rewritten (boolean)

debug_print_plan (boolean)

> 이 매개변수는 다양한 디버깅 출력을 활성화한다. 설정된 경우 결과로 나온 파싱 트

리 또는 쿼리 재작성 출력, 실행된 각 쿼리별로 실행 플랜이 인쇄된다. 이 메시지는 LOG 메시지 수준으로 출력되므로 기본적으로 서버 로그에 나타나지만 클라이언트로 전송되지는 않는다. `client_min_messages` 및(또는) `log_min_messages`를 조절하여 변경할 수 있다. 이 매개변수의 기본값은 `off`이다.

`debug_pretty_print` (boolean)

설정된 경우, `debug_pretty_print`는 `debug_print_parse` 또는 `debug_print_rewritten`, `debug_print_plan`에 의해 생성된 메시지를 들여쓰기 한다. 따라서 가독성이 증가하는 대신, `off`로 설정된 경우의 "compact" 형식보다 출력이 길어진다. 기본값은 `on`이다.

`log_checkpoints` (boolean)

체크포인트들 및 재시작포인트[restartpoints]들이 서버 로그에 로깅되게 한다. 일부 통계는 작성된 버퍼 수 및 작성할 때 소요된 시간을 비롯한 로그 메시지에 포함된다. 이 매개변수는 postgresql.conf 파일 또는 서버 커맨드라인에서만 설정 가능하다. 기본값은 `off`이다.

`log_connections` (boolean)

서버로의 각 연결 시도 및 성공한 클라이언트 인증 완료가 로깅되게 한다. 이 매개변수는 세션 시작 후에는 변경할 수 없다. 기본값은 `off`이다.

> **참고:** psql 같은 일부 클라이언트 프로그램은 패스워드가 필수인지 판단하면서 2번 연결을 시도하므로 "connection received" 메시지가 중복되어 나타나도 문제를 뜻하지는 않는다.

`log_disconnections` (boolean)

이것은 세션을 중단할 때 외에는 `log_connections`와 유사하게 서버 로그에 한 줄을 출력하고 세션의 지속 시간을 포함한다. 기본값은 `off`이다. 이 매개변수는 세션 시작 후에는 변경할 수 없다.

log_duration (boolean)

완료된 모든 문의 지속 시간이 로깅 되게 한다. 기본값은 off이다. 슈퍼유저만 이 설정을 변경할 수 있다.

확장 쿼리 프로토콜을 사용하는 클라이언트의 경우 Parse 및 Bind, Execute 단계의 지속 시간이 각각 로깅된다.

> **참고:** 이 옵션과 log_min_duration_statement를 0으로 설정하는 것의 차이는 log_min_duration_statement를 초과하면 쿼리 텍스트가 강제로 로깅되지만, 이 옵션은 그렇지 않다는 것이다. 따라서 log_duration이 on으로 설정되고 log_min_duration_statement가 양의 값을 갖는 경우 모든 지속 시간이 로깅되지만 쿼리 텍스트는 임계값을 초과하는 문인 경우에만 포함된다. 이러한 동작은 고부하 설치에서 통계를 수집할 때 유용하다.

log_error_verbosity (enum)

로깅된 각 메시지에 대해 서버 로그에 작성되는 상세 내역을 제어한다. 유효 값은 각 메시지에 표시되는 필드를 나타내는 TERSE 및 DEFAULT, VERBOSE이다. TERSE는 DETAIL 및 HINT, QUERY, CONTEXT 에러 정보의 로깅을 제외한다. VERBOSE 출력은 SQLSTATE 에러 코드 및 소스 코드 파일 이름, 함수 이름 및 에러 발생 줄 번호를 포함한다. 슈퍼유저만 이 설정을 변경할 수 있다.

log_hostname (boolean)

기본적으로, 연결 로그 메시지는 연결 호스트의 IP 주소만 표시한다. 이 매개변수를 활성화하면 호스트 이름도 로깅된다. 호스트 이름 설정에 따라 이것이 상당한 성능을 요구한다. 이 매개변수는 postgresql.conf 파일 또는 서버 커맨드라인에서만 설정 가능하다.

log_line_prefix (string)

이것은 각 로그 줄의 처음에 출력되는 printf 스타일 string이다. % 문자는 "이스케이프 시퀀스"로 시작되며 아래 요약된 상태 정보로 대체된다. 미인식 이스케이프는 무시된다. 다른 문자는 로그 줄에 직접 복사된다. 일부 이스케이프는 세션 프로세스만 인식 하고, 메인 서버 프로세스 같은 백그라운드 프로세스는 빈 것으로 처리한다. 상태 정보는 % 뒤, 옵션 앞에 숫자 리터럴을 지정함으로써 왼쪽 또는 오른쪽에 정렬될 수 있다. 음의 값은 최소 너비를 갖도록 상태 정보를 오른쪽에서 공백으로 채우고, 양의 값은 왼쪽에서 공백으로 채운다. 패딩padding은 로그 파일의 가독성을 늘릴 때 유용하다. 이 매개변수는 postgresql.conf 파일 또는 서버 커맨드라인에서만 설정 가능하다. 기본값은 비어 있는 string이다.

이스케이프	효과	세션 전용
%a	애플리케이션 이름	예
%u	사용자 이름	예
%d	데이터베이스 이름	예
%r	원격 호스트 이름 또는 IP 주소 및 원격 포트	예
%h	원격 호스트 이름 또는 IP 주소	예
%p	프로세스 ID	아니요
%t	밀리초 없는 타임스탬프	아니요
%m	밀리초 있는 타임스탬프	아니요
%i	명령 태그: 세션의 현재 명령 유형	예
%e	SQLSTATE 에러 코드	아니요
%c	세션 ID: 아래 참조	아니요
%l	1부터 시작하는 각 세션 또는 프로세스의 로그 줄 번호	아니요
%s	프로세스 시작 타임스탬프	아니요
%v	가상 트랜잭션 ID(backendID/localXID)	아니요
%x	트랜잭션 ID(아무것도 할당되지 않은 경우 0)	아니요
%q	출력은 하지 않지만 이 시점에서 중단을 위한 비 세션 프로세스를 표시하며, 세션 프로세스에 의해 무시된다.	아니요
%%	리터럴 %	아니요

%c 이스케이프는 점으로 구분된 4바이트 16진수(선행 0 없음) 2개로 환경 설정되는 의사 고유quasi-unique 세션을 인쇄한다. 숫자는 프로세스 시작 시간 및 프로세스 ID이므로

을 활성화한다. 이 매개변수의 기본값은 on이다. 활성화된 경우에도 이 정보가 모든 사용자에게 보이는 것은 아니며, 슈퍼유저 및 리포트되는 세션의 소유자에게만 표시되므로 보안 위험을 나타내서는 안 된다. 슈퍼유저만 이 설정을 변경할 수 있다.

track_activity_query_size (integer)

각각의 활성 세션에 대해 현재 실행 중인 명령을 추적하기 위해 pg_stat_activity.query 필드에 예약된 바이트 수를 지정한다. 기본값은 1024이다. 이 매개변수는 서버 시작 시 설정된다.

track_counts (boolean)

데이터베이스 작업에 대한 통계 수집을 활성화한다. autovacuum은 수집된 정보를 필요로 하므로 이 매개변수의 기본값은 on이다. 슈퍼유저만 이 설정을 변경할 수 있다.

track_io_timing (boolean)

데이터베이스 I/O 호출의 타이밍을 활성화한다. 운영체제에 현재 시간을 반복해서 쿼리함으로써 일부 플랫폼에서는 상당한 오버헤드가 발생되므로 이 매개변수는 기본적으로 off이다. 사용자 시스템에서 타이밍 오버헤드를 측정하기 위해 pg_test_timing 도구를 사용할 수 있다. I/O 타이밍 정보는 BUFFERS 옵션이 사용되는 경우 및 pg_stat_statements에 의해 EXPLAIN 출력에서 pg_stat_database에 표시된다. 슈퍼유저만 이 설정을 변경할 수 있다.

track_functions (enum)

함수 호출 횟수 및 사용된 시간의 추적을 활성화한다. 프로시저 언어 함수 all만 추적하기 위해 pl를 지정하면 SQL 및 C 언어 함수도 추적한다. 기본값은 함수 통계 추적을 비활성화하는 none이다. 슈퍼유저만 이 설정을 변경할 수 있다.

> **참고**: 호출 쿼리에 간단하게 "inlined"되는 SQL 언어 함수는 이 설정과 무관하게 추적되지 않는다.

update_process_title (boolean)

새 SQL 명령이 서버에서 수신될 때마다 프로세스 제목 업데이트를 활성화한다. 프로세스 제목은 일반적으로 ps 명령으로 보거나 Process Explorer를 사용하여 윈도우에서 볼 수 있다. 슈퍼유저만 이 설정을 변경할 수 있다.

stats_temp_directory (string)

임시 통계 데이터를 저장할 디렉토리를 설정한다. 디렉토리에 대한 상대 경로이거나 절대 경로일 수 있다. 기본값은 pg_stat_tmp이다. RAM 기본 파일 시스템에서 이것을 지정하면 물리적 I/O 요구 사항이 줄어들고 성능 개선으로 이어질 수 있다. 이 매개변수는 postgresql.conf 파일 또는 서버 커맨드라인에서만 설정 가능하다.

4.9.2 통계 모니터링

log_statement_stats (boolean)

log_parser_stats (boolean)

log_planner_stats (boolean)

log_executor_stats (boolean)

각 쿼리에 대해 각 모듈의 성능 통계를 서버 로그에 출력한다. 이것은 유닉스 getrusage() 운영체제 기능과 유사한 대략적인 프로파일링 방법이다. log_statement_stats는 총 구문 통계를 리포트하고, 그 외의 것은 모듈별 통계를 알려준다. log_statement_stats는 모듈별 옵션과 함께 활성화될 수 없다. 이 옵션은 모두 기본적으로 비활성화된다. 슈퍼유저만 이 설정을 변경할 수 있다.

4.10 ⟩ 자동 Vacuuming

이 설정은 autovacuum 기능의 동작을 제어한다. 자세한 내용은 9.1.6절을 참조하기 바란다.

autovacuum (boolean)

서버가 autovacuum 런처 데몬을 실행해야 하는지를 제어한다. 기본값은 on이지만, autovacuum이 작동되게 하려면 track_counts도 활성화해야 한다. 이 매개변수는 postgresql.conf 파일 또는 서버 커맨드라인에서만 설정 가능하다.

이 매개변수가 비활성화된 경우 필요시 시스템이 autovacuum 프로세스를 실행하여 트랜잭션 ID 겹침을 방지한다. 자세한 내용은 9.1.5절을 참조하기 바란다.

log_autovacuum_min_duration (integer)

최소한 지정된 밀리초 동안 autovacuum에 의해 실행된 각각의 액션이 로깅되게 한다. 0으로 설정하면 모든 autovacuum 액션이 로깅된다. -1(기본값)은 autovacuum 액션을 비활성화한다. 예를 들면, 이것을 250ms로 설정한 경우 250ms 이상 지속되는 모든 자동 vacuums 및 분석이 로깅된다. 또한 이 매개변수가 -1 이외의 다른 값으로 설정된 경우 잠금 충돌이 존재하여 autovacuum 액션을 건너뛰면 메시지가 로깅된다. 이 매개변수를 활성화하면 autovacuum 작업을 추적하는 데 도움이 된다. 이 설정은 postgresql.conf 파일 또는 서버 커맨드라인에서만 설정할 수 있다.

autovacuum_max_workers (integer)

한 번에 실행할 수 있는 autovacuum 프로세스(autovacuum 제외)의 최대 수를 지정한다. 기본값은 3이다. 이 매개변수는 서버 시작 시 설정된다.

autovacuum_naptime (integer)

주어진 데이터베이스에서 autovacuum 실행 사이의 최소 지연을 지정한다. 각 작업에서 데몬은 데이터베이스를 검사하고 필요 시 해당 데이터베이스 테이블에 대해 VACUUM 및 ANALYZE 명령을 실행한다. 지연은 초 단위로 측정되며 기본값은 1분이다^{1min}. 이 매개변수는 postgresql.conf 파일 또는 서버 커맨드라인에서만 설정 가능하다.

autovacuum_vacuum_threshold (integer)

임의의 테이블에서 VACUUM를 트리거하는 데 필요한 업데이트 또는 삭제된 튜플의 최소 수를 지정한다. 기본값은 50튜플이다. 이 매개변수는 postgresql.conf 파일 또는 서버 커맨드라인에서만 설정 가능하다. 이 설정은 저장소 매개변수를 변경함으로써 개별 테이블에 오버라이드할 수 있다.

autovacuum_analyze_threshold (integer)

임의의 테이블에서 ANALYZE를 트리거하는 데 필요한 삽입, 업데이트 또는 삭제된 튜플의 최소 수를 지정한다. 기본값은 50튜플이다. 이 매개변수는 postgresql.conf 파일 또는 서버 커맨드라인에서만 설정 가능하다. 이 설정은 저장소 매개변수를 변경함으로써 개별 테이블에 오버라이드할 수 있다.

autovacuum_vacuum_scale_factor (floating point)

VACUUM의 트리거 여부를 결정할 때 autovacuum_vacuum_threshold에 추가할 테이블 크기의 부분을 지정한다. 기본값은 0.2이다(테이블 크기의 20%). 이 매개변수는 postgresql.conf 파일 또는 서버 커맨드라인에서만 설정 가능하다. 이 설정은 저장소 매개변수를 변경함으로써 개별 테이블에 오버라이드할 수 있다.

autovacuum_analyze_scale_factor (floating point)

ANALYZE의 트리거 여부를 결정할 때 autovacuum_analyze_threshold에 추가할 테이블 크기의 부분을 지정한다. 기본값은 0.1이다(테이블 크기의 10%). 이 매개변수는 postgresql.conf 파일 또는 서버 커맨드라인에서만 설정 가능하다. 이 설정은 저장소 매개변수를 변경함으로써 개별 테이블에 오버라이드할 수 있다.

autovacuum_freeze_max_age (integer)

테이블 내 트랜잭션 ID 겹침을 방지하기 위해 VACUUM 명령을 강제로 실행하기 전에 테이블의 pg_class.relfrozenxid 필드가 도달할 수 있는 연령(트랜잭션에서)을 지정한다. autovacuum이 달리 비활성화된 경우에도 시스템은 겹침을 방지하기 위해 autovacuum 프로세스를 실행한다는 점에 유의해야 한다.

Vacuum은 pg_clog 서브 디렉토리에서 오래된 파일도 제거하는데, 이는 기본값이 2억 트랜잭션으로 상대적으로 낮기 때문이다. 이 매개변수는 서버 시작 시에만 설정할 수 있지만 저장소 매개변수를 변경함으로써 개별 테이블에 대한 설정을 줄일 수 있다. 자세한 내용은 9.1.5절을 참조하기 바란다.

autovacuum_multixact_freeze_max_age (integer)

테이블 내 multixact ID 겹침을 방지하기 위해 VACUUM 명령을 강제하기 전에 테이블의 pg_class.relminmxid 필드가 도달할 수 있는 연령(multixacts에서)을 지정한다. autovacuum이 달리 비활성화된 경우에도 시스템은 겹침을 방지하기 위해 autovacuum 프로세스를 실행한다는 점에 유의해야 한다.

Vacuuming multixacts는 pg_multixact/members 및 pg_multixact/offsets 서브 디렉토리에서 오래된 파일도 제거하는데, 이는 기본값이 4억 multixacts로 상대적으로 낮기 때문이다. 이 매개변수는 서버 시작 시에만 설정할 수 있지만 저장소 매개변수를 변경함으로써 개별 테이블에 대한 설정을 줄일 수 있다. 자세한 내용은 9.1.5.1절을 참조하기 바란다.

autovacuum_vacuum_cost_delay (integer)

자동 VACUUM 명령에 사용되는 비용 지연 값을 지정한다. -1을 지정하면 일반 vacuum_cost_delay 값이 사용된다. 기본값은 20밀리초이다. 이 매개변수는 postgresql.conf 파일 또는 서버 커맨드라인에서만 설정 가능하다. 이 설정은 저장소 매개변수를 변경함으로써 개별 테이블에 오버라이드할 수 있다.

autovacuum_vacuum_cost_limit (integer)

자동 VACUUM 명령에 사용되는 비용 제한 값을 지정한다. -1을 지정하면(기본값) 일반 vacuum_cost_limit 값이 사용된다. 실행 중인 autovacuum workers가 하나 이상 있을 경우 각 worker 제한의 합계가 이 변수의 제한값을 초과하지 않도록 값이 비례 분배된다. 이 매개변수는 postgresql.conf 파일 또는 서버 커맨드라인에서만 설정 가능하다. 이 설정은 저장소 매개변수를 변경함으로써 개별 테이블에 오버라이드할 수 있다.

4.11 〉 클라이언트 연결 기본값

4.11.1 문(statement) 동작

search_path (string)

이 변수는 개체(테이블, 데이터 타입, 함수 등)를 스키마가 지정되지 않은 간단한 이름으로 참조하는 경우 스키마가 검색되는 순서를 지정한다. 서로 다른 스키마에 이름이 동일한 개체가 있는 경우 사용된 검색 경로에 처음 발견된 것이 사용된다. 검색 경로에서 어떤 스키마에도 없는 개체는 스키마를 구체화(점을 이용해서)한 이름으로 지정하여 참조 가능하다.

search_path에 대한 값은 스키마 이름을 쉼표로 구분한 목록이다. 스키마에 존재하지 않는 이름이거나, 사용자가 USAGE 권한이 없는 스키마 이름은 조용히 무시된다.

목록 항목 중 하나가 특수한 이름 $user인 경우, 해당 스키마 및 사용자에게 USAGE 권한이 있으면 SESSION_USER가 리턴한 이름의 스키마는 대체된다(그 외에는 $user가 무시된다).

시스템 카탈로그 스키마 pg_catalog는 경로에 있든 없든 항상 검색된다. 경로에 있을 경우 지정된 순서대로 검색된다. pg_catalog가 경로에 없으면 경로 항목을 검색하기 전에 검색된다.

마찬가지로, 현재 세션의 임시 테이블 스키마 pg_temp_nnn은 존재할 경우 항상 검색된다. pg_temp 별칭을 사용함으로써 경로에 명시적으로 나열할 수 있다. 경로에 나열하지 않으면 검색부터 된다(pg_catalog를 검색하기도 전에). 그러나 관계(테이블, 뷰, 시퀀스 등) 및 데이터 타입 이름에 대한 임시 스키마만 검색된다. 함수 또는 연산자 이름으로는 절대 검색되지 않는다.

특별한 타깃 스키마를 지정하지 않고 개체를 생성한 경우 search_path에 명명된 첫 번째 유효 스키마에 배치된다. 검색 경로가 비어 있으면 에러가 리포트된다.

이 매개변수의 기본값은 "$user", public이다. 이 설정은 데이터베이스의 공유 사용(사용자에게 개인 스키마가 없고 모두 public의 공유 사용인 경우), 개인 사용자별 스키마 및 이러한 것들의 조합을 지원한다. 전역적 또는 사용자별 기본 검색 경로 설정을 전환함으로써 다른 효과를 얻을 수도 있다.

검색 경로에서 현재 효과적인 값은 SQL 함수 current_schemas(PostgreSQL 공식 가이드 9.25절 참조)를 통해서 검사할 수 있다. current_schemas는 search_path에 표시되는 항목이 해결되는 방법을 표시하므로 이것은 search_path 값을 검사하는 것과 다르다. 스키마 처리에 대한 자세한 내용은 PostgreSQL 공식 가이드 5.7절을 참조하기 바란다.

default_tablespace (string)

이 변수는 CREATE 명령이 테이블스페이스를 명시적으로 지정하지 않는 경우 개체(테이블 및 인덱스)가 생성되는 기본 테이블스페이스를 지정한다.

값은 테이블스페이스의 이름 또는 현재 데이터베이스의 기본 테이블스페이스를 사용하여 지정하기 위한 비어 있는 string이다. 기존 테이블스페이스의 이름과 값이 일치하지 않으면 PostgreSQL이 자동으로 현재 데이터베이스의 기본 테이블스페이스를 사용한다. 기본값이 아닌 테이블스페이스가 지정되면 사용자는 CREATE 권한이 있어야 하며, 그렇지 않으면 생성 시도에 실패한다.

이 변수를 임시 테이블에는 사용되지 않으며, 대신 temp_tablespaces를 사용해야 한다.

이 변수는 데이터베이스 생성 시 사용되지 않는다. 기본적으로 새 데이터베이스는 복사되었던 템플릿 데이터베이스로부터 테이블스페이스 설정을 상속받는다.

테이블스페이스에 대한 자세한 내용은 7.6절을 참조하기 바란다.

temp_tablespaces (string)

이 변수는 CREATE 명령이 테이블스페이스를 명시적으로 지정하지 않는 경우 임시 개체(임시 테이블 및 임시 테이블의 인덱스)가 생성되는 테이블스페이스를 지정한다. 대형 데이터집합 정렬 같은 용도의 임시 파일도 이 테이블스페이스에서 생성된다.

값은 테이블스페이스의 이름 목록이다. 목록에서 이름이 2개 이상 있는 경우, 트랜잭션 내에서 연속 생성된 임시 개체가 목록에서 연속 테이블스페이스에 매치되는 것 외에는 PostgreSQL는 임시 개체를 생성할 때마다 목록에서 멤버를 임의로 선택한다. 목록에서 선택된 요소가 비어 있는 string인 경우 PostgreSQL이 현재 데이터베이스의 기본 테이블 스페이스를 자동으로 대신 사용한다.

사용자에게 CREATE 권한이 없는 테이블스페이스를 지정하는 것이므로, temp_tablespaces가 인터랙티브하게 설정된 경우 존재하지 않는 테이블스페이스를 지정하는 것은 에러이다. 단, 사용자에게 CREATE 권한이 없는 테이블스페이스이므로, 이전에 설정된 값을 사용하는 경우 존재하지 않는 테이블스페이스는 무시된다. 특히, 이 규칙은 postgresql.conf에 설정된 값을 사용하는 경우에 적용된다.

기본 값은, 현재 데이터베이스의 기본 테이블스페이스에서 모든 임시 개체가 생성되는 비어 있는 string이다. default_tablespace도 참조하기 바란다.

check_function_bodies (boolean)

이 매개변수는 일반적으로 on이다. off로 설정되면 CREATE FUNCTION 중에 함수 본문 string의 검증이 비활성화된다. 검증을 비활성화하면 검증 프로세스의 부작용이 예방되고 전방 참조[forward references] 같은 문제로 인한 거짓 긍정이 방지된다. 다른 사용자를 위해 함수를 로딩하기 전에 이 매개변수를 off로 설정해야 한다. pg_dump는 자동으로 off로 설정한다.

default_transaction_isolation (enum)

각 SQL 트랜잭션은 "read uncommitted" 또는는 "read committed", "repeatable read", "serializable"의 격리 레벨을 갖고 있다. 이 매개변수는 새 트랜잭션마다 기본 격리 레벨을 제어한다. 기본값은 "read committed"이다.

자세한 내용은 PostgreSQL 공식 가이드 13장 및 SET TRANSACTION을 참고하기 바란다.

`default_transaction_read_only` (boolean)

읽기 전용 SQL 트랜잭션은 비임시 테이블은 변경할 수 없다. 이 매개변수는 새 트랜잭션마다 기본 읽기 전용 상태를 제어한다. 기본값은 `off`이다(읽기/쓰기).

자세한 내용은 PostgreSQL 공식 가이드 `SET TRANSACTION`을 참조하기 바란다.

`default_transaction_deferrable` (boolean)

직렬화 가능한^{serializable} 격리 수준에서 실행 중인 경우 진행을 허용하기 전에 유예 가능한 읽기 전용 SQL 트랜잭션을 지연시킬 수 있다. 그러나 실행이 시작되면, 오버헤드가 발생하지 않고 직렬화를 보장하기 때문에 직렬화 코드는 동시 업데이트 때문에 강제 중단을 할 이유가 없어진다. 장기 실행되는 읽기 전용 트랜잭션에 적합하다.

이 매개변수는 새 트랜잭션마다 유예 가능한 기본 상태를 제어한다. 이것은 현재 읽기 전용 트랜잭션에 아무런 효과가 없고, 직렬화 가능한^{serializable}보다 낮은 격리 수준에서 작동되는 트랜잭션에는 효과가 없다. 기본값은 `off`이다.

자세한 내용은 PostgreSQL 공식 가이드 `SET TRANSACTION`을 참조하기 바란다.

`session_replication_role` (enum)

복제 관련 트리거 시작 및 현재 세션의 규칙을 제어한다. 이 변수를 설정하려면 슈퍼유저 권한이 필요하고, 따라서 이전에 캐시된 쿼리 플랜이 삭제된다. 가능한 값은 `origin`(기본값) 및 `replica`, `local`이다. 자세한 내용은 PostgreSQL 공식 가이드 `ALTER TABLE`을 참조하기 바란다.

`statement_timeout` (integer)

명령이 클라이언트에서 서버로 도착한 때부터 걸린 시간이 지정된 밀리초를 초과한 구문을 중단한다. `log_min_error_statement`가 ERROR 이하로 설정되면 타임아웃된 구문도 로깅된다. 0 값(기본값)은 이것을 해제한다.

모든 세션에 영향을 줄 수 있으므로 postgresql.conf에서 `statement_timeout`을 설정하는 것은 권장하지 않는다.

`lock_timeout (integer)`

테이블, 인덱스, 행 또는 기타 데이터베이스 개체의 잠금을 획득하기 위해 대기한 시간이 지정된 밀리초를 초과하면 구문을 중단한다. 획득 시도별로 시간 제한이 개별적으로 적용된다. 이 제한은 명시적 잠금 요청(예: `LOCK TABLE` 또는 `NOWAIT`하지 않은 `SELECT FOR UPDATE`) 및 암시적으로 획득한 잠금에 모두 적용된다. `log_min_error_statement`가 `ERROR` 이하로 설정되면 타임아웃된 구문이 로깅된다. 0 값(기본값)은 이것을 해제한다.

`statement_timeout`과 달리, 이 타임아웃은 잠금 대기 시에만 발생한다. `statement_timeout`이 0이 아닌 경우, 구문 타임아웃이 항상 먼저 트리거되므로 `lock_timeout`을 동일한 값이나 큰 값으로 설정하는 것은 무의미하다.

모든 세션에 영향을 줄 수 있으므로 postgresql.conf에서 `lock_timeout`을 설정하는 것은 권장되지 않는다.

`vacuum_freeze_table_age (integer)`

VACUUM은 테이블의 `pg_class.relfrozenxid` 필드가 이 설정에서 지정된 연령에 도달한 경우 전체 테이블 스캔을 수행한다. 기본값은 1억 5천만 트랜잭션이다. 사용자는 이 값을 0~20억 중 아무거나 설정할 수 있지만 VACUUM은 유효 값을 `autovacuum_freeze_max_age`의 95%로 슬며시 제한하므로 겹침 방지 autovacuum이 테이블에서 실행되기 주기적으로 직접 VACUUM할 수 있다. 자세한 내용은 9.1.5절을 참조하기 바란다.

`vacuum_freeze_min_age (integer)`

테이블 스캔 중 행 버전 동결 여부를 결정할 때 VACUUM이 사용해야 하는 컷오프 연령(트랜잭션에서)을 지정한다. 기본값은 5천만 트랜잭션이다. 사용자는 이 값을 0~10억 중 아무거나 설정할 수 있지만 VACUUM은 유효 값을 `autovacuum_freeze_max_age`의 절반으로 슬며시 제한하므로 강제 autovacuum들 사이에 시간이 불합리하게 짧은 경우는 없다. 자세한 내용은 9.1.5절을 참조하기 바란다.

vacuum_multixact_freeze_table_age (integer)

VACUUM은 테이블의 `pg_class.relminmxid` 필드가 이 설정에서 지정된 연령에 도달한 경우 전체 테이블 스캔을 수행한다. 기본값은 1억 5천만 다중 트랜잭션이다. 사용자는 이 값을 0~20억 중 아무거나 설정할 수 있지만 VACUUM은 유효 값을 `autovacuum_multixact_freeze_max_age`의 95%로 슬며시 제한하므로 겹침 방지가 테이블에서 실행되기 전에 주기적으로 직접 VACUUM할 수 있다.

자세한 내용은 9.1.5.1절을 참조하기 바란다.

vacuum_multixact_freeze_min_age (integer)

테이블 스캔 중 행 multixact ID를 후속 트랜잭션 ID 또는 multixact ID로 교체 여부를 결정할 때 VACUUM이 사용해야 하는 컷오프 연령(`multixact`에서)을 지정한다. 기본값은 5백만 다중 트랜잭션이다. 사용자는 이 값을 0~10억 중 아무거나 설정할 수 있지만 VACUUM은 유효 값을 `autovacuum_multixact_freeze_max_age`의 절반으로 슬며시 제한하므로 강제 autovacuum들 사이에 시간이 불합리하게 짧은 경우는 없다. 자세한 내용은 9.1.5.1절을 참조하기 바란다.

bytea_output (enum)

bytea 타입의 값에 대한 출력 형식을 설정한다. 유효 값은 hex(기본값) 및 escape(전형적인 PostgreSQL 형식)이다. 자세한 내용은 PostgreSQL 공식 가이드 8.4절을 참조하기 바란다. bytea 타입은 이 설정과 무관하게 입력에서 항상 두 형식을 수용한다.

xmlbinary (enum)

바이너리 값이 XML로 인코딩되는 방법을 설정한다. 이것은 예를 들면 bytea 값이 `xmlelement` 또는 `xmlforest` 함수에 의해 XML로 변환되는 경우에 적용된다. 가능한 값은, XML 스키마 표준에서 정의된 base64 및 hex이다. 기본값은 base64이다.

이것은 실제로 선호도의 문제로, 클라이언트 애플리케이션에서 가능한 제약에 의해서만 제한된다. 양쪽 방법은 hex 인코딩이 base64 인코딩보다 다소 크더라도 가능한 모든 값을 지원한다.

XML 함수에 대한 자세한 내용은 PostgreSQL 공식 가이드 9.14절을 참조하기 바란다.

xmloption (enum)

XML과 문자 string 값 사이의 변환 시 DOCUMENT 또는 CONTENT가 암시적인지를 설정한다. 이것에 대한 설명은 PostgreSQL 공식 가이드 8.13절을 참조하기 바란다. 유효 값은 DOCUMENT 및 CONTENT이다. 기본값은 CONTENT이다.

SQL 표준에 따라 이 옵션을 설정하는 명령은 다음과 같다.

```
SET XML OPTION { DOCUMENT | CONTENT };
```

이 구문은 PostgreSQL에서도 사용할 수 있다.

4.11.2 로케일 및 형식 지정

DateStyle (string)

날짜 및 시간 값의 표시 형식과, 애매한 날짜 입력 값을 해석하는 규칙을 설정한다. 역사적인 이유로, 이 변수는 두 가지 독립적인 요소인 출력 형식 명세(ISO 또는 Postgres, SQL, German)와 연/월/일 순서의 입력/출력 명시(DMY 또는 MDY, YMD)로 환경 설정된다. 이것은 별개로 설정하거나 함께 설정할 수 있다. 키워드 Euro 및 European은 DMY의 동의어이고, 키워드 US, NonEuro 및 NonEuropean은 MDY의 동의어이다. 자세한 내용은 PostgreSQL 공식 가이드 8.5절을 참조하기 바란다. 내장된 기본값은 ISO, MDY이지만 initdb는 선택된 lc_time 로케일[locale]의 동작에 해당되는 설정으로 환경 설정 파일을 초기화한다.

IntervalStyle (enum)

간격 값에 대한 표시 형식을 설정한다. sql_standard는 SQL 표준 간격 리터럴과 일치하는 출력을 생성한다. postgres 값(기본값)은 DateStyle 매개변수가 ISO로 설정된 경우 PostgreSQL 8.4 이전 릴리스와 일치하는 출력을 생성한다. postgres_verbose 값은 DateStyle 매개변수가 비ISO 출력으로 설정된 경우 PostgreSQL 8.4

이전 릴리스와 일치하는 출력을 생성한다. iso_8601 값은 ISO 8601의 4.4.3.2절에 정의된 "format with designators"의 시간 간격과 일치하는 출력을 생성한다.

IntervalStyle 매개변수 또한 애매한 간격 입력을 해석하는 데 영향을 준다. 자세한 내용은 PostgreSQL 공식 가이드 8.5.4절을 참조하기 바란다.

TimeZone (string)

타임스탬프를 표시 및 해석하기 위한 시간대를 설정한다. 내장 기본값은 GMT이지만, 일반적으로 postgresql.conf에 오버라이드되고 initdb는 시스템 환경에 해당되는 곳에 설정을 설치한다. 자세한 내용은 PostgreSQL 공식 가이드 8.5.3절을 참조하기 바란다.

timezone_abbreviations (string)

서버에서 datetime 입력으로 수용되는 시간대 약어 컬렉션을 설정한다. 기본값은, 거의 전세계적으로 적용되는 컬렉션인 'Default'이며, 특정 설치용으로 정의할 수 있는 'Australia'와 'India' 및 기타 컬렉션도 있다. 자세한 내용은 PostgreSQL 공식 가이드 B.3절을 참조하기 바란다.

extra_float_digits (integer)

이 매개변수는 float4, float8 및 기하학적^{geometric} 데이터 타입을 비롯한 floating-point 값에 대해 표시할 수 있는 자릿수를 조절한다. 매개변수 값은 표준 자릿수에 추가된다(FLT_DIG 또는 DBL_DIG를 적절하게). 부분적 유효 숫자를 포함하여 값은 최대 3까지 설정할 수 있다. 이것은 정확한 복원이 필요한 부동 데이터를 덤프할 때 특히 유용하다. 또는 불필요한 숫자가 나타나지 않도록 음수로 설정할 수도 있다. PostgreSQL 공식 가이드 8.1.3절도 참조하기 바란다.

client_encoding (string)

클라이언트 측 인코딩(문자 집합)을 설정한다. 기본값은 데이터베이스 인코딩을 사용하는 것이다. PostgreSQL 서버에서 지원하는 문자 집합은 8.3.1절에 나와 있다.

lc_messages (string)

메시지가 표시되는 언어를 설정한다. 허용되는 값은 시스템에 따라 다르다. 자세한 내용은 8.1절을 참조하기 바란다. 변수가 비어 있는 string으로 설정된 경우(기본값), 값은 시스템 의존적인 방법으로 서버의 실행 환경으로부터 상속된다.

일부 시스템에서 이 로케일^{locale} 카테고리는 존재하지 않는다. 이 변수의 설정은 계속 유효하지만 아무런 효과는 없다. 또한 원하는 언어로 번역된 메시지가 존재하지 않을 수도 있다. 이런 경우 영어 메시지를 확인할 수 있다.

서버 로그 및 클라이언트로 전송되는 메시지에 영향을 줄 수 있고 부적절한 값이 서버 로그의 가독성을 해칠 수 있으므로 슈퍼유저만 이 설정을 변경할 수 있다.

lc_monetary (string)

통화 형식 지정에 사용되는 로케일을 지정한다. 예를 들면, 함수의 to_char 계열을 사용한다. 허용되는 값은 시스템에 따라 다르다. 자세한 내용은 8.1절을 참조하기 바란다. 변수가 비어 있는 string으로 설정된 경우(기본값), 값은 시스템 의존적인 방법으로 서버의 실행 환경으로부터 상속된다.

lc_numeric (string)

숫자 형식 지정에 사용되는 로케일을 지정한다. 예를 들면, 함수의 to_char 계열을 사용한다. 허용되는 값은 시스템에 따라 다르다. 자세한 내용은 8.1절을 참조하기 바란다. 변수가 비어 있는 string으로 설정된 경우(기본값), 값은 시스템 의존적인 방법으로 서버의 실행 환경으로부터 상속된다.

lc_time (string)

날짜 및 시간 형식 지정에 사용되는 로케일을 지정한다. 예를 들면, 함수의 to_char 계열을 사용한다. 허용되는 값은 시스템에 따라 다르다. 자세한 내용은 8.1절을 참조하기 바란다. 변수가 비어 있는 string으로 설정된 경우(기본값), 값은 시스템 의존적인 방법으로 서버의 실행 환경으로부터 상속된다.

default_text_search_config (string)

환경 설정을 지정하는 명시적 인수 없이, 텍스트 검색 함수의 변형에서 사용되는 텍스트 검색 환경 설정을 선택한다. 내장된 기본값은 pg_catalog.simple이지만 로케일^locale 일치 환경 설정을 식별할 수 있는 경우 initdb는 선택된 lc_ctype 로케일에 해당되는 설정으로 환경 설정 파일을 초기화한다.

4.11.3 공유 라이브러리 사전 로드

추가 기능을 로드하거나 성능상 이점을 위해 몇 가지 설정을 서버로의 공유 라이브러리 사전 로드에 사용할 수 있다. 예를 들면, '$libdir/mylib' 설정은 mylib.so(또는 일부 플랫폼에서, mylib.sl)가 설치 표준 라이브러리 디렉토리로부터 사전 로드되게 한다. 설정 간 차이라면 효과가 나타나는 시간과 변경 시 필요한 권한이다.

PostgreSQL 프로시저 언어 라이브러리는 이와 같은 방식으로 사전 로드할 수 있으며, 일반적으로 $libdir/plXXX 구문이 사용된다. 여기서 XXX는 pgsql, 펄, tcl 또는 파이썬이다.

각 매개변수별로 2개 이상의 라이브러리를 로드하는 경우 이름은 쉼표로 구분해야 한다. 모든 라이브러리 이름은 큰따옴표를 사용하지 않는 한 소문자로 변환된다.

특별히 PostgreSQL과 함께 사용하려는 공유 라이브러리만 이와 같은 방식으로 로드할 수 있다. 모든 PostgreSQL 지원 라이브러리는 호환성 보장을 검사하는 "magic block"이 있다. 이러한 이유로 비PostgreSQL 라이브러리는 이 방식으로 로드할 수 없다. 이를 위해 LD_PRELOAD 같은 운영체제 기능을 사용할 수는 있다.

일반적으로 해당 모듈을 로드하는 권장 방법은 특정 모듈에 대한 문서를 참조하기 바란다.

local_preload_libraries (string)

이 변수는 연결 시작 시 사전 로드되는 공유 라이브러리를 하나 이상 지정한다. 특정 세션 시작 후에는 이 매개변수를 변경할 수 없다. 지정된 라이브러리를 찾지 못하면 연결 시도가 실패한다.

이 옵션은 사용자가 설정할 수 있다. 따라서 로드된 라이브러리는 설치의 표준 라이브러리 디렉토리의 plugins 서브 디렉토리에 나타나는 것으로 한정된다("안전한" 라이브러리만 설치되게 하는 것은 데이터베이스 관리자의 책임이다). 예를 들면, $libdir/ plugins/mylib 같이 `local_preload_libraries`의 항목은 이 디렉토리를 명시적으로 지정할 수 있으며, 또는 라이브러리 이름 mylib는 $libdir/plugins/mylib와 효과가 동일할 수 있다.

슈퍼유저 이외에 사용자가 이러한 방식으로 사용할 수 있도록 모듈이 특수하게 디자인되어 있지 않는 한 이것은 일반적으로 올바른 설정 방법이 아니다. 대신 `session_preload_libraries`를 찾아보기 바란다.

`session_preload_libraries (string)`

이 변수는 연결 시작 시 사전 로드되는 공유 라이브러리를 하나 이상 지정한다. 슈퍼유저만 이 설정을 변경할 수 있다. 매개변수 값은 연결 시작 시에만 효과가 있다. 추후 변경은 무효하다. 지정된 라이브러리를 찾지 못하면 연결 시도가 실패한다.

이 기능은 명시적 `LOAD` 명령 없이 디버깅 또는 성능 평가 라이브러리가 특정 세션에 로드되도록 한다. 예를 들면, `ALTER ROLE SET`을 사용하여 이 매개변수를 설정하면 주어진 사용자 이름 하의 모든 세션에 대해 `auto_explain`의 활성화가 가능하다. 또한 이 매개변수는 서버 재시작 없이 변경 가능하므로(단, 세션을 새로 시작하는 경우에만 효과가 있다), 새 모듈을 모든 세션에 적용해야 하더라도 이렇게 추가하는 것이 쉽다.

`shared_preload_libraries`와 달리, 세션을 먼저 사용한 경우보다 세션 시작 시 라이브러리를 로딩하는 것이 큰 장점은 없다. 그래도 연결 풀링을 사용하는 경우에는 장점이 약간 있기는 하다.

`shared_preload_libraries (string)`

이 변수는 서버 시작 시에 사전 로드할 하나 이상의 공유 라이브러리를 쉼표를 사용하여 지정한다. 이 매개변수는 서버 시작 시 설정된다. 지정된 라이브러리를 찾지 못하면 서버 시작이 실패한다.

일부 라이브러리는 공유 메모리 할당 또는 경량 잠금 예약, 백그라운드 worker 시작 같은 postmaster 시작 시에만 일어날 수 있는 특정한 명령을 수행해야 한다. 해당 라이브러리는 이 매개변수를 통해 서버 시작 시에만 로드해야 한다. 자세한 내용은 각 라이브러리의 문서를 참조하기 바란다.

다른 라이브러리는 사전 로드할 수도 있다. 공유 라이브러리를 사전 로드해서 라이브러리를 먼저 사용하는 경우 라이브러리 시작 시간은 라이브러리가 처음 사용될 때 바뀐다. 단, 해당 프로세스가 라이브러리를 사용하지 않더라도 각각의 새로운 서버 프로세스 시작 시간이 약간 늘어날 수 있다. 따라서 이 매개변수는 대부분의 세션에서 사용되는 라이브러리인 경우에만 권장된다. 또한 이 매개변수를 변경하면 서버를 재시작해야 하므로 단기간 디버깅 시에는 설정이 바람직하지 않다. 대신 session_preload_libraries를 사용해야 한다.

> **참고**: 윈도우 호스트에서 서버 시작 시 라이브러리를 사전 로드하는 것은 각각의 새 서버 프로세스를 시작하는 데 필요한 시간을 줄이지 않는다. 각 서버 프로세스는 모든 사전 로드 라이브러리를 리로드한다. 그러나 postmaster 시작 시에 명령을 수행해야 하는 라이브러리의 경우 shared_preload_libraries는 윈도우 호스트에 여전히 유용하다.

4.11.4 그 외 기본값

dynamic_library_path (string)

동적 로드 가능한 모듈을 열어야 하고 CREATE FUNCTION 또는 LOAD 명령에서 지정된 파일 이름에 디렉토리 성분이 없는 경우(예: 이름에 슬래시가 없음) 시스템은 필요한 파일에 대한 이 경로를 검색한다.

dynamic_library_path에 대한 값은 콜론(또는 윈도우에서 세미콜론)으로 구분된 절대 디렉토리 경로 목록이어야 한다. 목록 요소가 특수 문자 $libdir로 시작되는 경우 컴파일된 PostgreSQL 패키지 라이브러리 디렉토리가 $libdir에 대체된다. 이것은 표준 PostgreSQL 배포에 의해 제공된 모듈이 설치되는 경우에 해당된다. (이 디렉토리의 이름을 찾으려면 `pg_config --pkglibdir`을 사용해야 한다.) 예를 들면, 다음과 같다.

```
dynamic_library_path = '/usr/local/lib/postgresql:/home/my_project/
lib:$libdir'
```

또는 윈도우 환경에서는 다음과 같다.

```
dynamic_library_path = 'C:\tools\postgresql;H:\my_project\lib;$libdir'
```

이 매개변수의 기본값은 `'$libdir'`이다. 값이 비어 있는 `string`으로 설정되면, 자동 경로 검색이 해제된다.

이 매개변수는 런타임 시 변경될 수 있지만 해당 설정은 클라이언트 연결이 끝날 때까지만 유지되므로 이 방법은 개발 단계에서 따로 준비해야 한다. 권장 방법은 postgresql.conf 환경 설정 파일에서 이 매개변수를 설정하는 것이다.

`gin_fuzzy_search_limit (integer)`

GIN 인덱스 스캔에 의해 리턴된 설정 크기에 대한 상한선이다. 자세한 내용은 PostgreSQL 공식 가이드 58.5절을 참조하기 바란다.

[4.12] 잠금 관리

`deadlock_timeout (integer)`

이것은 데드록 상황인지 검사하기 전에 잠금을 대기하는 밀리초 단위의 시간이다. 데드록에 대한 검사는 상대적으로 고비용이므로 잠금을 기다릴 때마다 서버가 검사를 실행하지는 않는다. 실제 운영 중인 애플리케이션에서 데드록이 일반적이지는 않으며, 데드록 검사 전에 잠시 잠금을 기다리는 것이라고 긍정적으로 가정한다. 이 값을 늘리면 불필요한 데드록 검사를 위해 대기하는 시간이 줄어들지만 실제 데드록 에러 리포팅이 느려진다. 기본값은, 실제로 사용자가 희망하는 최소값일 가능성이 높은 1초이다(1s). 로드가 과도한 서버에서는 이 값을 올리고 싶을 것이다. 이상적으로, waiter가 데드록 검사를 결정하기 전에 잠금이 해제되는 이상한 상황을 개선하려면 이 설정은 사용자의 일반적인 트랜잭션 시간을 초과해야 한다. 슈퍼유저만 이 설정을 변경할 수 있다.

`log_lock_waits`가 설정된 경우 이 매개변수는 잠금 대기에 대한 로그 메시지가 발생되기 전에 기다려야 하는 시간도 결정한다. 잠금 지연을 조사하려는 사용자라면 일반적인 `deadlock_timeout`보다 짧게 설정할 수 있다.

max_locks_per_transaction (integer)

공유 잠금 테이블은 `max_locks_per_transaction` * (max_connections + max_prepared_transactions) 개체(예: 테이블)에 대한 잠금을 추적하므로 이 개체 수 이하를 언제든 잠글 수 있다. 이 매개변수는 트랜잭션별로 할당된 평균 개체 잠금 수를 제어한다. 개별 트랜잭션은 모든 트랜잭션의 잠금이 잠금 테이블에 적합한 경우에 개체를 추가로 잠글 수 있다. 이것은 잠글 수 있는 행 수는 아니다. 해당 값은 무제한이다. 기본값으로 64가 충분한 것으로 입증되었지만, 쿼리가 단일 트랜잭션으로 서로 다른 여러 가지 테이블에 액세스하는 경우라면 이 값을 늘려야 할 수도 있다(예: 자식이 다수 있는 부모 테이블에 대한 쿼리). 이 매개변수는 서버 시작 시 설정된다.

대기 서버 실행 중에 사용자는 이 매개변수를 마스터 서버 값보다 크거나 같게 설정해야 한다. 그렇지 않으면 대기 서버에서 쿼리가 허용되지 않는다.

max_pred_locks_per_transaction (integer)

공유 예측 잠금 테이블은 `max_pred_locks_per_transaction` * (max_connections + max_prepared_transactions) 개체(예: 테이블)에 대한 잠금을 추적하므로 이 개체 수 이하를 언제든 잠글 수 있다. 이 매개변수는 트랜잭션별로 할당된 평균 개체 잠금 수를 제어한다. 개별 트랜잭션은 모든 트랜잭션의 잠금이 잠금 테이블에 적합한 경우에 개체를 추가로 잠글 수 있다. 이것은 잠글 수 있는 행의 수는 아니다. 해당 값은 무제한이다. 기본값으로 64가 테스트 시 충분한 것으로 입증되었지만, 클라이언트가 직렬화 가능한 트랜잭션으로 서로 다른 여러 가지 테이블에 액세스하는 경우라면 이 값을 늘려야 할 수도 있다. 이 매개변수는 서버 시작 시 설정된다.

4.13 버전 및 플랫폼 호환성

4.13.1 이전 PostgreSQL 버전

array_nulls (boolean)

이것은 따옴표 없는 NULL을 null 배열 요소로 지정하는 것으로 배열 입력 파서에 인식시킬 것인지를 제어한다. 기본적으로 이것은 null 값이 포함된 배열값의 입력을 허용하는 on이다. 단, 8.2 이전 버전의 PostgreSQL은 배열에서 null 값을 지원하지 않으며, 따라서 string 값 "NULL"을 사용하는 일반적인 배열 요소를 지정하는 것으로 NULL을 처리한다. 예전 동작을 필요로 하는 애플리케이션 이전 버전과의 호환성 때문에 이 변수를 off로 설정할 수 있다.

이 변수가 off인 경우에도 null 값을 포함한 배열 변수를 생성하는 것도 가능하다.

backslash_quote (enum)

이것은 string 리터럴에서 따옴표를 \'로 표기할 수 있는지를 제어한다. 따옴표를 SQL 표준 방식으로 표기하는 방법은 이중으로 사용하는 것('')이지만 PostgreSQL은 오래 전부터 \'도 허용해 왔다. 그러나 \'를 사용하면 일부 클라이언트 문자 집합 인코딩에서 마지막 바이트가 수치상 ASCII \와 동일한 멀티바이트 문자가 있기 때문에 보안상 위험하다. 클라이언트 측 코드가 잘못 이스케이프할 경우 SQL 인젝션 공격이 가능하다. 이러한 위험은, 역슬래시에 의해 이스케이프되는 따옴표가 있는 경우에 서버가 쿼리를 거부하도록 함으로써 예방할 수 있다. backslash_quote의 허용 값은 on(항상 \' 허용), off(항상 거부) 및 safe_encoding(클라이언트 인코딩이 멀티바이트 문자 내에서 ASCII \를 수락하지 않는 경우에만 허용)이다. 기본 설정은 safe_encoding이다.

표준 준수 string 리터럴에서 \는 \라는 점에 유의해야 한다. 이 매개변수는 이스케이프 string 구문(E'...')을 비롯한 비 표준 준수 리터럴의 처리에만 영향을 준다.

default_with_oids (boolean)

이것은 WITH OIDS 또는 WITHOUT OIDS가 지정되지 않은 경우 CREATE TABLE 및

`CREATE TABLE AS`가 새로 생성된 테이블에서 OID 칼럼을 포함할 것인지를 제어한다. 또한 OID를 `SELECT INTO`에 의해 생성된 테이블에 포함할 것인지를 결정한다. 이 매개변수는 기본적으로 off이며, PostgreSQL 8.0 이전 버전에서는 기본적으로 on이다.

사용자 테이블에서 OID의 사용은 사용 가치가 없는 것[deprecated]으로 간주되므로 대부분의 설치는 이 변수를 비활성화해야 한다. 특별한 테이블에 OID가 필요한 애플리케이션은 테이블 생성 시 WITH OIDS를 지정해야 한다. 이 변수는 이 동작을 따르지 않는 예전 애플리케이션과의 호환성을 위해 활성화할 수 있다.

escape_string_warning (boolean)

on인 경우 역슬래시(\)가 일반 string 리터럴('...' 구문)에 있고 standard_conforming_strings가 off인 경우 경고가 나타난다. 기본값은 on이다.

SQL 표준에 따라 일반 string의 기본 동작은 역슬래시를 일반 문자로 처리하기 때문에 역슬래시를 이스케이프로 사용하려는 애플리케이션은 이스케이프 string 구문(E'...')을 수정해야 한다. 이 변수를 활성화하면 수정이 필요한 코드를 찾는 데 도움이 된다.

lo_compat_privileges (boolean)

9.0 이전의 PostgreSQL 릴리스에서 거대[large] 개체는 액세스 권한이 없었으며, 항상 모든 사용자에 의해 읽기 및 쓰기가 가능했었다. 이 변수를 on으로 설정하면 이전 릴리스와의 호환성에 대한 새 권한 검사가 비활성화된다. 기본값은 off이다. 슈퍼유저만 이 설정을 변경할 수 있다.

이 변수를 설정한다고 해서 거대[large] 개체와 관련된 모든 보안 검사가 비활성화되는 것은 아니다. 기본 동작에 대한 것만 PostgreSQL 9.0에서 변경되었다. 예를 들면, `lo_import()` 및 `lo_export()`는 이 설정과 무관하게 슈퍼유저 권한이 필요하다.

quote_all_identifiers (boolean)

데이터베이스가 SQL을 생성하는 경우 (현재) 키워드가 없더라도 모든 식별자에서 따옴표를 사용해야 한다. 이것은 EXPLAIN 출력과 pg_get_viewdef 같은 함수의 결과에 영향을 준다. pg_dump 및 pg_dumpall의 --quote-all-identifiers 옵션도 참조하기 바란다.

sql_inheritance (boolean)

이 설정은 장식이 없는 테이블 참조가 상속 자식 테이블을 포함하는 것으로 간주할 것인지를 제어한다. 기본값은, 자식 테이블이 포함됨을 의미하는 on이다(따라서 * 접미사가 기본적으로 추정된다). off로 설정되면 자식 테이블이 포함되지 않는다(따라서 ONLY 접두사가 추정된다). SQL 표준은 포함할 자식 테이블이 필요하므로, off 설정은 규격에 맞지 않지만 7.1 이전 PostgreSQL 버전과의 호환성을 위해 제공된다.

sql_inheritance를 off로 설정하는 것은 동작이 오류가 발생하기 쉽고 SQL 표준에도 반하기 때문에 의미가 없다[deprecated]. 이 설명서 다른 곳에서 논의된 상속 동작은 보통 on인 것으로 가정한다.

standard_conforming_strings (boolean)

이것은 대개 string 리터럴('…')이 역슬래시를 SQL 표준에 지정된 대로 문자 그대로 처리할 것인지 제어한다. PostgreSQL 9.1 초반에는 기본값이 on이다(이전 릴리스에서는 기본값이 off). 애플리케이션은 string 리터럴 처리하는 방법을 결정하는 이 매개변수를 검사한다. 이 매개변수가 존재하면 이스케이프 string 구문(E'…')이 지원되는 것으로 볼 수 있다. 애플리케이션이 역슬래시를 이스케이프 문자로 처리하기를 원할 경우에는 이스케이프 string 구문을 사용해야 한다.

synchronize_seqscans (boolean)

이것은 거대 테이블의 순차 스캔을 허용하여 서로를 동기화하므로 동시 스캔은 동일한 시간에 동일한 블록을 읽고 I/O 작업 부하를 공유한다. 이것이 활성화되면 스캔이 테이블 중간에서 시작되며, 이미 진행 중인 스캔 활동과 동기화되도록 모든 행을 끝까지 "겹치게"한다. 이것은 결과적으로 ORDER BY 절이 없는 쿼리에 의해 리턴된 행 정렬에서 예측 불가능한 변경으로 이어진다. 이 매개변수를 off로 설정하면 순차 스캔이 항상 테이블 초반에 시작되는 8.3 이전의 동작이 보장된다. 기본값은 on이다.

4.13.2 플랫폼 및 클라이언트 호환성

transform_null_equals (boolean)

    on으로 설정되면 양식의 표현식 expr = NULL(또는 NULL = expr)은 expr IS NULL로 처리된다. 즉, expr가 null 값으로 평가되면 true가 리턴되고, 그 외에는 false가 리턴된다. expr = NULL의 올바른 SQL 규격 호환 동작은 항상 null을 리턴한다(알 수 없음). 그러므로 이 매개변수의 기본값은 off이다.

    그러나 마이크로소프트 액세스에서 필터링된 양식은 expr = NULL을 사용하여 null 값을 테스트하기 위한 쿼리를 생성하므로 해당 인터페이스를 사용하여 데이터베이스에 액세스하는 경우 사용자는 이 옵션을 on으로 설정하고자 할 수 있다. 표현식 expr = NULL은 항상 null 값을 리턴하므로(SQL 표준 해석 사용), 그다지 유용하지 않고, 일반적인 애플리케이션에 거의 나타나지 않으므로 실제로 이 옵션은 해가 되지 않는다. 하지만 새 사용자는 null 값이 관련된 표현식을 헷갈려 하므로 이 옵션은 기본적으로 off로 설정되어 있다.

    이 옵션은 정확한 양식 = NULL에만 영향을 미치며, 다른 비교 연산자 또는 동일한 연산자(예: IN)와 관련된 몇몇 표현식과 계산상 동일한 다른 표현식에는 영향을 미치지는 않는다. 따라서 이 옵션이 나쁜 프로그래밍에 대한 해결책은 아니다.

    관련 내용은 PostgreSQL 공식 가이드 9.2절을 참조하기 바란다.

4.14 에러 처리

exit_on_error (boolean)

    true인 경우 어떤 에러가 발생했든 현재 세션이 중단된다. 기본적으로 이것은 false로 설정되고 FATAL 에러 시 세션이 중단된다.

restart_after_crash (boolean)

    기본값인 true로 설정되면 백엔드 충돌 후 PostgreSQL이 자동으로 재초기화된다. 이 값을 계속 true로 설정하는 것은 일반적으로 데이터베이스의 가용성을 최대화하는 최고의 방법이다. 그러나 클러스터웨어에서 PostgreSQL를 호출하는 경우처럼 경우에 따라 재시작을 비활성화해서 클러스터웨어가 제어를 획득하고 적절하다고 생각되는 조치를 취할 수 있게 하는 점이 유용하다.

[4.15] 프리셋 옵션

다음 "매개변수"는 읽기 전용이며, PostgreSQL이 컴파일되거나 설치된 경우에만 결정된다. 따라서 postgresql.conf 샘플 파일에서는 제외되었다. 이 옵션은 특정 애플리케이션, 특히 관리 프론트 엔드에 도움이 되는 PostgreSQL 동작의 다양한 측면을 보여준다.

block_size (integer)

디스크 블록의 크기를 알려준다. 이것은 서버 빌드 시 BLCKSZ 값에 의해 결정된다. 기본값은 8192바이트이다. 일부 환경 설정 변수(예: shared_buffers)의 의미는 block_size의 영향을 받는다. 자세한 내용은 4.4절을 참조하기 바란다.

data_checksums (boolean)

데이터 체크섬이 이 클러스터에 대해 활성화되었는지를 알려준다. 자세한 내용은 데이터 체크섬을 참조하기 바란다.

integer_datetimes (boolean)

PostgreSQL이 64비트 integer 날짜 및 시간으로 빌드되었는지를 알려준다. PostgreSQL 빌드 시 --disable-integer-datetimes로 환경 설정하면 이것을 비활성화할 수 있다. 기본값은 on이다.

lc_collate (string)

텍스트 데이터의 정렬 로케일을 알려준다. 자세한 내용은 8.1절을 참조하기 바란다. 이 값은 데이터베이스를 생성할 때 결정된다.

lc_ctype (string)

문자 분류를 결정하는 로케일을 알려준다. 자세한 내용은 8.1절을 참조하기 바란다. 이 값은 데이터베이스를 생성할 때 결정된다. 대개는 lc_collate와 동일하지만 특수한 애플리케이션의 경우 다르게 설정될 수 있다.

max_function_args (integer)

함수 인수의 최대 수를 알려준다. 이것은 서버 빌드 시 FUNC_MAX_ARGS 값에 의해 결정된다. 기본값은 100개 인수이다.

max_identifier_length (integer)

최대 식별자 길이를 알려준다. 이것은 서버 빌드 시 NAMEDATALEN 값보다 하나 작게 결정된다. NAMEDATALEN의 기본값이 64이므로 max_identifier_length 기본값은 63바이트이며, 이것은 멀티바이트 인코딩 시 63자 미만일 수 있다.

max_index_keys (integer)

인덱스 키의 최대 수를 알려준다. 이것은 서버 빌드 시 INDEX_MAX_KEYS 값에 의해 결정된다. 기본값은 32개 키이다.

segment_size (integer)

파일 세그먼트 내에서 저장할 수 있는 블록(페이지)의 수를 알려준다. 이것은 서버 빌드 시 RELSEG_SIZE 값에 의해 결정된다. 세그먼트 파일의 최대 크기(바이트 단위)는 block_size를 곱한 segment_size와 같으며, 기본값은 1GB이다.

server_encoding (string)

데이터베이스 인코딩(문자 집합)을 알려준다. 데이터베이스를 생성할 때 결정된다. 대개, 클라이언트는 client_encoding 값만 사용해서 연결해야 한다.

server_version (string)

서버의 버전 번호를 알려준다. 이것은 서버 빌드 시 PG_VERSION 값에 의해 결정된다.

server_version_num (integer)

서버의 버전 번호를 integer로 알려준다. 이것은 서버 빌드 시 PG_VERSION_NUM 값에 의해 결정된다.

wal_block_size (integer)

WAL 디스크 블록의 크기를 알려준다. 이것은 서버 빌드 시 XLOG_BLCKSZ 값에 의해 결정된다. 기본값은 8192바이트이다.

`wal_segment_size (integer)`

WAL 세그먼트 파일 내에서 블록(페이지)의 수를 알려준다. WAL 세그먼트 파일의 총 크기(바이트 단위)는 `wal_block_size`를 곱한 `wal_segment_size`와 같으며, 기본값은 16GB이다. 자세한 내용은 15.4절을 참조하기 바란다.

4.16 커스텀 옵션

이 기능은 일반적으로 PostgreSQL이 알지 못하는 매개변수를 추가 모듈로 추가할 수 있게 한다(예: 프로시저 언어). 이렇게 하면 표준 방식으로 확장 모듈을 환경 설정할 수 있다.

커스텀 옵션은 확장명 다음에 점, 다음에 적절한 매개변수 이름의 두 부분으로 환경 설정되며, SQL의 정규화된 이름과 아주 유사하다. 예를 들면, `plpgsql.variable_conflict`와 같다.

커스텀 옵션은 관련 확장 모듈이 로드되지 않은 프로세스에서 설정되어야 하므로, PostgreSQL은 두 부분의 매개변수 이름에 대한 설정을 허용한다. 해당 변수는 플레이스 홀더로 처리되며 변수를 정의하는 모듈이 로드되기 전까지는 함수를 갖지 않는다. 확장 모듈이 로드된 경우 변수 정의가 추가되고, 해당 변수에 따라 플레이스 홀더 값이 변환되고, 확장명으로 시작되는데 인식되지 않는 플레이스 홀더에 대해 경고를 보낸다.

4.17 개발자 옵션

다음 매개변수는 PostgreSQL 소스 코드에서 사용할 수 있으며 경우에 따라 심각한 데이터베이스 손상을 복구하는 데에도 도움이 된다. 실제 운영 중인 데이터베이스에서 이 매개변수를 사용할 이유는 없다. 따라서 postgresql.conf 샘플 파일에서는 제외되었다. 이러한 매개변수 다수는 어쨌든 제대로 작동하려면 특수한 소스 컴파일 플래그가 필요하다.

allow_system_table_mods (boolean)

시스템 테이블의 구조 수정을 허용한다. 이것은 initdb에서 사용된다. 이 매개변수는 서버 시작 시 설정된다.

debug_assertions (boolean)

다양한 assertion 검사를 사용으로 설정한다. 이것은 디버깅 시 도움이 된다. 이상한 문제가 발생하거나 충돌이 있는 경우 프로그래밍 실수에 의한 것일 수 있으므로 사용자는 이것을 사용 설정하려고 할 수 있다. 이 매개변수를 사용하려면 PostgreSQL을 빌드할 때 매크로 USE_ASSERT_CHECKING을 정의해야 한다(configure 옵션 --enable-cassert로 가능). assertion이 활성화된 상태에서 PostgreSQL을 빌드하면 debug_assertions의 기본값은 on이 된다.

ignore_system_indexes (boolean)

시스템 테이블을 읽을 때 시스템 인덱스를 무시한다(그러나 테이블을 수정하면 인덱스는 계속 수정된다). 이것은 손상된 시스템 인덱스를 복구할 때 유용하다. 이 매개변수는 세션 시작 후에는 변경할 수 없다.

post_auth_delay (integer)

0이 아닌 경우 인증 절차를 수행한 후 새 서버 프로세스가 시작되면 이 초 단위 수만큼의 지연이 발생한다. 이것은 개발자가 디버거를 사용하여 서버 프로세스에 접속할 수 있는 기회를 제공하기 위한 것이다. 이 매개변수는 세션 시작 후에는 변경할 수 없다.

pre_auth_delay (integer)

0이 아닌 경우 인증 절차를 수행하기 전 새 서버 프로세스가 시작된 직후 이 초 단위 수만큼의 지연이 발생한다. 이것은 개발자가 디버거를 사용하여 인증 오류를 추적할 수 있도록 서버 프로세스에 접속할 수 있는 기회를 제공하기 위한 것이다. 이 매개변수는 postgresql.conf 파일 또는 서버 커맨드라인에서만 설정 가능하다.

trace_notify (boolean)

LISTEN 및 NOTIFY 명령에 대한 대량의 디버깅 출력을 생성한다. 이 출력을 클라이언트 또는 서버 로그에 각각 전송하려면 `client_min_messages` 또는 `log_min_messages`는 DEBUG1이어야 한다.

`trace_recovery_messages` (enum)

복구 관련 디버깅 출력의 로깅을 활성화한다. 그 외에는 로깅되지 않는다. 이 매개변수는 사용자가 `log_min_messages`의 일반 설정을 오버라이드할 수 있지만, 특정 메시지에만 해당된다. 이것은 핫 스탠바이에서 사용된다. 유효 값은 DEBUG5 및 DEBUG4, DEBUG3, DEBUG2, DEBUG1, LOG이다. 기본적으로, LOG는 로깅 결정에 전혀 영향을 주지 않는다. 다른 값들은 LOG 우선 순위가 있어도 해당 우선 순위보다 높은 복구 관련 디버그 메시지를 발생시킨다. `log_min_messages`의 공통 설정의 경우 이것은 서버 로그로 무조건 메시지를 전송한다. 이 매개변수는 postgresql.conf 파일 또는 서버 커맨드라인에서만 설정 가능하다.

`trace_sort` (boolean)

on으로 설정된 경우 정렬 명령 중에 리소스 사용량에 대한 정보를 출력한다. 이것은 PostgreSQL이 컴파일된 경우 TRACE_SORT 매크로가 정의된 경우에만 사용할 수 있다(단, TRACE_SORT는 현재 기본적으로 정의된다).

`trace_locks` (boolean)

on으로 설정된 경우 정렬 명령 중에 잠금 사용에 대한 정보를 출력한다. 덤프된 정보에는 잠금 명령, 잠금 유형, 잠금 또는 잠금 해제된 개체의 고유 식별자가 포함된다. 이 개체에 이미 부여된 잠금 유형 및 이 개체를 기다리는 잠금 유형에 대한 비트마스크도 포함된다. 각 잠금 유형의 경우 부여된 잠금 및 대기 중인 잠금 수에 대한 카운트 및 총계도 덤프된다. 로그 파일 출력에 대한 예제는 다음과 같다.

```
LOG:  LockAcquire: new: lock(0xb7acd844) id(24688,24696,0,0,0,1)
      grantMask(0) req(0,0,0,0,0,0,0)=0 grant(0,0,0,0,0,0,0)=0
      wait(0) type(AccessShareLock)
LOG:  GrantLock: lock(0xb7acd844) id(24688,24696,0,0,0,1)
      grantMask(2) req(1,0,0,0,0,0,0)=1 grant(1,0,0,0,0,0,0)=1
      wait(0) type(AccessShareLock)
```

```
LOG:  UnGrantLock: updated: lock(0xb7acd844) id(24688,24696,0,0,0,1)
      grantMask(0) req(0,0,0,0,0,0,0)=0 grant(0,0,0,0,0,0,0)=0
      wait(0) type(AccessShareLock)
LOG:  CleanUpLock: deleting: lock(0xb7acd844) id(24688,24696,0,0,0,1)
      grantMask(0) req(0,0,0,0,0,0,0)=0 grant(0,0,0,0,0,0,0)=0
      wait(0) type(INVALID)
```

덤프되는 구조에 대한 자세한 내용은 src/include/storage/lock.h에서 찾을 수 있다.

이것은 PostgreSQL이 컴파일된 경우 LOCK_DEBUG 매크로가 정의된 경우에만 사용할 수 있다.

trace_lwlocks (boolean)

on으로 설정된 경우 정렬 명령 중에 가벼운 잠금lightweight lock 사용에 대한 정보를 출력한다. 가벼운 잠금lightweight lock은 주로 공유 메모리 데이터 구조에 대한 상호 배제 액세스를 제공하기 위함이다.

이것은 PostgreSQL이 컴파일된 경우 LOCK_DEBUG 매크로가 정의된 경우에만 사용할 수 있다.

trace_userlocks (boolean)

on으로 설정된 경우 정렬 명령 중에 사용자 잠금user lock 사용에 대한 정보를 출력한다. 보조 잠금advisory locks인 경우에만 출력이 trace_locks와 동일하다.

이것은 PostgreSQL이 컴파일된 경우 LOCK_DEBUG 매크로가 정의된 경우에만 사용할 수 있다.

trace_lock_oidmin (integer)

설정된 경우 이 OID 아래 테이블에 대해 잠금을 추적하지 않는다. (시스템 테이블에 출력을 방지하려고 사용)

이것은 PostgreSQL이 컴파일된 경우 LOCK_DEBUG 매크로가 정의된 경우에만 사용할 수 있다.

trace_lock_table (integer)

이 테이블(OID)에 대한 잠금을 무조건 추적한다.

이것은 PostgreSQL이 컴파일된 경우 LOCK_DEBUG 매크로가 정의된 경우에만 사용할 수 있다.

debug_deadlocks (boolean)

설정된 경우 데드락 타임아웃 발생 시 현재 모든 잠금에 대한 정보를 덤프한다.

이것은 PostgreSQL이 컴파일된 경우 LOCK_DEBUG 매크로가 정의된 경우에만 사용할 수 있다.

log_btree_build_stats (boolean)

설정된 경우 다양한 B-트리 명령에서 시스템 리소스 사용량 통계(메모리 및 CPU)를 로깅한다.

이것은 PostgreSQL이 컴파일된 경우 BTREE_BUILD_STATS 매크로가 정의된 경우에만 사용할 수 있다.

wal_debug (boolean)

설정된 경우 WAL 관련 디버깅 출력을 내보낸다. 이것은 PostgreSQL이 컴파일된 경우 WAL_DEBUG 매크로가 정의된 경우에만 사용할 수 있다.

ignore_checksum_failure (boolean)

data checksums가 활성화된 경우에만 효과가 있다.

읽기 중 체크섬 실패를 감지하면 PostgreSQL이 에러를 보고하고, 현재 트랜잭션을 중단한다. ignore_checksum_failure를 on으로 설정하면 시스템이 실패(그래도 경고는 보고된다)를 무시하고 프로세싱을 계속한다. 이러한 동작은 충돌 또는 충돌 전파, 숨김, 기타 심각한 문제를 초래한다. 그러나 블록 헤더가 온전한 경우에는 에러를 무시하고 테이블에 잔존해 있을 수 있는 미손상 튜플을 검색할 수 있다. 블록 헤더가 손상된 경우 이 옵션이 활성화돼도 에러가 보고된다. 기본값은 off이고 슈퍼유저에 의해서만 변경 가능하다.

`zero_damaged_pages (boolean)`

손상된 페이지 헤더가 감지되면 PostgreSQL이 에러를 보고하고 현재 트랜잭션을 중단한다. `zero_damaged_pages`를 `on`으로 설정하면 시스템이 대신 경고를 보고하고, 메모리에서 손상된 페이지를 0으로 처리하고, 프로세싱을 계속한다. 이러한 작업은 손상된 페이지의 모든 행, 즉 데이터를 소멸시킨다. 그러나 이것을 이용하면 사용자는 에러를 무시하고 테이블에 남아 있을 수 있는 미손상 페이지에서 행을 검색할 수 있다. 이것은 하드웨어 또는 소프트웨어 에러에 의한 손상이 발생된 경우 데이터를 복구할 때 유용하다. 테이블의 손상된 페이지에서 데이터를 복구하지 않기로 결정하기 전에는 이것을 `on`으로 설정하면 안 된다. 0으로 처리된 페이지는 디스크에 강제로 쓰여지지 않으므로 이 매개변수를 `off`로 다시 설정하기 전에 테이블 또는 인덱스를 재생성하는 것이 좋다. 기본값은 `off`이고 슈퍼유저에 의해서만 변경 가능하다.

4.18 〉 단축 옵션

편의상 일부 매개변수에서는 1글자 커맨드라인 옵션 스위치를 사용할 수 있다. 표 4.2에 나와 있다. 이 옵션 중 일부는 그 존재 이유에 나름의 내력이 있으며, 1글자 옵션이라고 해서 많이 사용해도 되는 것은 아니다.

표 4.2 단축 옵션 키

단축 옵션	동등
−A x	debug_assertions = x
−B x	shared_buffers = x
−d x	log_min_messages = DEBUGx
−e	datestyle = euro
−fb, −fh, −fi, −fm,−fn, −fo, −fs, −ft	enable_bitmapscan = off, enable_hashjoin = off, enable_indexscan = off, enable_mergejoin = off,enable_nestloop = off, enable_indexonlyscan = off, enable_seqscan = off, enable_tidscan = off

(이어짐)

단축 옵션	동등
−F	fsync = off
−h x	listen_addresses = x
−i	listen_addresses = '*'
−k x	unix_socket_directories = x
−l	ssl = on
−N x	max_connections = x
−O	allow_system_table_mods = on
−p x	port = x
−P	ignore_system_indexes = on
−s	log_statement_stats = on
−S x	work_mem = x
−tpa, −tpl, −te	log_parser_stats = on, log_planner_stats = on, log_executor_stats = on
−W x	post_auth_delay = x

5

클라이언트 인증

클라이언트 애플리케이션이 데이터베이스 서버에 연결하는 경우 어떤 PostgreSQL 데이터베이스 사용자 이름으로 연결할 것인지 지정하는데, 이것은 특정 사용자로 유닉스 컴퓨터에 로그인하는 것과 매우 유사하다. SQL 환경 내에서 사용 중인 데이터베이스 사용자 이름은 데이터베이스 개체에 대한 액세스 권한을 결정한다. 자세한 내용은 6장을 참고하기 바란다. 따라서 연결 가능한 데이터베이스 사용자를 제한하는 것이 중요하다.

> **참고**: 6장에서 설명한 대로 PostgreSQL은 실제로 "role"로 권한을 관리한다. 이 장에서는 데이터베이스 사용자가 "LOGIN 권한이 있는 role"이라는 의미로 쓰인다.

인증은 데이터베이스 서버가 클라이언트 ID를 구축하는 프로세스이며, 더 나아가 요청된 데이터베이스 사용자 이름으로 클라이언트 애플리케이션(또는 클라이언트 애플리케이션을 실행하는 사용자)의 연결을 허용할 것인지 결정하는 프로세스이다.

PostgreSQL는 서로 다른 여러 가지 클라이언트 인증 방법을 제공한다. 특정 클라이언트 연결을 인증하는 데 사용되는 방법은 (클라이언트) 호스트 주소 및 데이터베이스, 사용자를 기준으로 선택할 수 있다.

PostgreSQL 데이터베이스 사용자 이름은 서버가 실행되는 운영체제의 사용자 이름과 논리적으로 별개이다. 특정 서버의 모든 사용자도 서버 머신에 계정을 가질 수 있지만 운영체제 사용자 이름과 일치하는 데이터베이스 사용자 이름을 할당하는 것이 합당하다. 그러나 원격 연결을 수용하는 서버에는 로컬 운영체제 계정이 없는 데이터베이스 사용자가 다수일 수 있으며, 이런 경우 데이터베이스 사용자 이름과 OS 사용자 이름을 연결짓는 것은 불필요하다.

5.1 〉 pg_hba.conf 파일

클라이언트 인증은 전통적으로 이름이 pg_hba.conf이고 데이터베이스 클러스터의 데이터 디렉토리에 저장되는 환경 설정 파일로 제어된다(HBA는 호스트 기반 인증host-based authentication의 약어이다). 기본 pg_hba.conf 파일은 데이터 디렉토리가 initdb로 초기화될 때 설치된다. 인증 환경 설정 파일을 다른 곳에 배치하는 것도 가능하다. hba_file 환경 설정 파일을 참조하기 바란다.

pg_hba.conf 파일의 일반 형식은 한 줄당 하나씩 있는 레코드의 집합이다. 빈 줄은 무시된다. # 주석 문자 뒤의 텍스트도 무시된다. 레코드는 줄을 바꿔서 이어질 수 없다. 레코드는 여러 개의 필드로 구성되며, 공백 및/또는 탭으로 구분된다. 필드 값에 큰 따옴표를 사용하면 필드에 공백을 포함할 수 있다. 데이터베이스 또는 사용자, 주소 필드의 키워드에 따옴표를 사용하면(예: all 또는 replication) 단어는 자체의 특수한 의미를 상실하고 해당 이름의 데이터베이스 또는 사용자, 호스트와 일치하게 된다.

각 레코드는 이러한 매개변수와 일치하는 연결에 사용되는 연결 유형 및 클라이언트 IP 주소 범위(연결 유형에 해당하는 경우), 데이터베이스 이름, 사용자 이름, 인증 방법을 지정한다. 연결 타입 및 클라이언트 주소, 요청된 데이터베이스, 사용자 이름이 일치하는 첫 번째 레코드는 인증을 수행할 때 사용된다. "제어 이동fall-through" 또는 "백업"은 없다. 레코드 하나가 선택되고 인증이 실패한 경우 다음 레코드는 인증되지 않는다. 일치하는 레코드가 없으면 액세스가 거부된다.

레코드는 다음 7가지 형식 중 하나이다.

```
local      database  user  auth-method  [auth-options]
host       database  user  address  auth-method  [auth-options]
hostssl    database  user  address  auth-method  [auth-options]
hostnossl  database  user  address  auth-method  [auth-options]
host       database  user  IP-address  IP-mask  auth-method  [auth-options]
hostssl    database  user  IP-address  IP-mask  auth-method  [auth-options]
hostnossl  database  user  IP-address  IP-mask  auth-method  [auth-options]
```

필드의 의미는 다음과 같다.

local

이 레코드는 유닉스 도메인 소켓을 사용한 연결 시도와 일치한다. 이러한 유형의 레코드 없이 유닉스 도메인 소켓 연결은 불가능하다.

host

이 레코드는 TCP/IP를 사용한 연결 시도와 일치한다. host 레코드는 SSL 연결 시도 혹은 비SSL 연결 시도와 일치한다.

> **참고:** 기본 동작이 로컬 루프백 주소인 localhost에 대해서만 TCP/IP 연결을 listen하는 것이므로 서버가 적절한 listen_addresses 값으로 시작되지 않으면 원격 TCP/IP 연결이 불가능하다.

hostssl

이 레코드는 TCP/IP를 사용한 연결 시도와 일치하지만, SSL 암호화를 사용한 연결에만 해당된다.

이 옵션을 사용하려면 서버는 SSL 지원이 내장되어 있어야 한다. 또한 SSL은 ssl 환경 설정 매개변수를 설정함으로써 서버 시작 시에 활성화되어야 한다(자세한 내용은 3.9절 참조).

hostnossl

이 레코드 유형은 hostssl과는 반대로 동작한다. SSL을 사용하지 않는 TCP/IP 상의 연결 시도에 대해서만 일치한다.

database

이 레코드가 일치하는 데이터베이스 이름을 지정한다. all 값은 모든 데이터베이스와 일치하도록 지정한다. sameuser 값은 요청된 데이터베이스가 요청된 사용자와 이름이 동일한 경우에 레코드가 일치하도록 지정한다. samerole 값은 요청된 사용자가 요청된 데이터베이스와 이름이 동일한 role의 멤버여야 하는지 지정한다(samegroup은 폐지되었지만 samerole은 계속 쓸 수 있다). 슈퍼유저는 직접 혹은 간접적으로 role의 명시적인 멤버가 아닐 경우, 단지 슈퍼유저라는 이유로 samerole에 대한 role의 멤버로 간주되지 않는다. replication 값은 복제 연결이 요청되는 경우 레코드가 일치하도록 지정한다(복제 연결은 특정 데이터베이스를 지정하지는 않는다). 이 경우가 아니라면 특정 PostgreSQL 데이터베이스의 이름으로 사용된다. 쉼표로 구분해서 데이터베이스 이름을 여러 개 쓸 수 있다. 데이터베이스 이름이 포함된 파일은 파일 이름 앞에 @를 붙여서 지정 가능하다.

user

이 레코드와 일치하는 데이터베이스 사용자 이름을 지정한다. all 값은 모든 사용자와 일치하도록 지정한다. 이 외에는, 특정한 데이터베이스 사용자의 이름이거나 앞에 +를 붙인 그룹 이름이다(PostgreSQL에서는 사용자와 그룹 이름 간에 실제로 차이는 없다. + 마크는 실제로 "이 role의 직접 또는 간접 멤버인 아무 role과 일치함"을 의미하며, + 마크가 없는 이름은 유일하게 특정 role과 일치한다). 이러한 이유로, 슈퍼유저는 단지 슈퍼유저라는 이유 때문이 아니라, 직접 혹은 간접적으로 role의 명시적 멤버인 경우에만 role 멤버로 간주된다. 쉼표로 구분해서 사용자 이름을 여러 개 쓸 수 있다. 사용자 이름이 포함된 파일은 파일 이름 앞에 @를 붙여서 지정 가능하다.

address

이 레코드와 일치하는 클라이언트 머신 주소를 지정한다. 이 필드는 호스트 이름, IP 주소 범위 또는 아래 설명된 특수 키워드 중 하나를 포함할 수 있다.

IP 주소는 CIDR 마스크 길이의, 점으로 구분된 십진수$^{\text{dotted decimal}}$ 표준 표기법으로 지정된다. 마스크 길이는 일치해야 하는 클라이언트 IP 주소의 상위 비트 수를 나타낸다. 이것의 오른쪽에 있는 비트는 주어진 IP 주소에서 0이어야 한다. IP 주소 및 /, CIDR 마스크 길이 사이에 공백이 있으면 안 된다.

이러한 방법으로 지정된 IP 주소 범위의 전형적인 예시는 단일 호스트의 경우 172.20.143.89/32, 소규모 네트워크의 경우 172.20.143.0/24, 대규모 네트워크의 경우 10.6.0.0/16일 수 있다. 0.0.0.0/0은 모든 IPv4 주소를 나타내며 ::/0은 모든 IPv6 주소를 나타낸다. 단일 호스트를 지정하려면 IPv4의 경우 CIDR 마스크 32를 사용하고 IPv6의 경우 128을 사용해야 한다. 네트워크 주소 끝의 0을 빠트리면 안 된다.

IPv4 형식의 IP 주소는 해당 주소의 IPv6 연결과 일치한다. 예를 들면, 127.0.0.1은 IPv6 주소 ::ffff:127.0.0.1과 일치하게 된다. IPv6 형식의 항목은 표시된 주소가 IPv4-in-IPv6 범위 내이더라도 IPv6 연결만 일치하게 된다. IPv6 형식의 항목은 시스템의 C 라이브러리가 IPv6 주소를 지원하지 않는 경우 거부된다.

사용자는 아무 IP 주소나 일치하도록 all을 쓸 수도 있고, 서버의 자체 IP 주소 아무거나 일치하도록 samehost를 쓸 수도 있고, 서버가 직접 연결되는 서브넷의 아무 주소나 일치하도록 samenet을 쓸 수도 있다.

호스트 이름이 지정된 경우(IP 주소가 아니거나 특수 키워드가 호스트 이름으로 처리되는 모든 것) 해당 이름은 클라이언트 IP 주소의 역방향 이름 분석 결과와 비교된다(예: DNS가 사용되는 경우 역방향 DNS 조회). 호스트 이름 비교는 대소문자를 구분하지 않는다. 일치하는 호스트 이름이 있는 경우, 호스트 이름을 순방향 이름 분석(예: 순방향 DNS 조회)해서 클라이언트의 IP 주소와 동일한지 검사한다. 양방향으로 일치할 경우 항목이 일치하는 것으로 간주된다(pg_hba.conf에서 사용되는 호스트 이름은 클라이언트 IP 주소의 주소-이름 분석address-to-name resolution이 리턴한 것이어야 하며, 리턴된 값이 아니면 일치할 수 없다). 일부 호스트 이름 데이터베이스는 IP 주소를 호스트 이름 여러 개와 연결하는 것을 허용하지만, IP 주소를 분석하도록 요청된 경우 운영체제는 호스트 이름을 하나만 리턴한다.

점(.)으로 시작되는 호스트 이름 규격은 실제 호스트 이름의 접미사와 일치한다. 따라서, .example.com은 foo.example.com과 일치하게 된다(example.com만으로는 일치하지 않음).

호스트 이름이 pg_hba.conf에 지정된 경우 이름 분석 속도가 빠른지 확인해야 한다. nscd 같은 로컬 이름 분석 캐시를 설정하는 것이 유리할 수 있다. 또한 사용자는 환경 설정 매개변수 `log_hostname`을 활성화하여 로그의 IP 주소 대신 클라이언트의 호스트 이름을 볼 수 있다.

이 필드는 host 및 hostssl, hostnossl 레코드에 적용된다.

클라이언트 IP 주소의 역방향 조회를 비롯한 두 이름 분석 방법이 이렇게 복잡한 방식으로 호스트 이름을 처리하는 이유를 궁금해 하는 사용자도 있다. 클라이언트의 역방향 DNS 항목이 설정되지 않았거나 올바르지 않은 호스트 이름을 넘겨주는 경우에 사용법이 복잡해진다. 이것은 기본적으로 효율을 위한 것이다. 이와 같은 연결 시도는 기껏해야 두 가지 리졸버(resolver) 조회(역방향 하나 및 순방향 하나)를 시도한다. 일부 주소에 리졸버(resolver) 문제가 있는 경우 이것은 해당 클라이언트만의 문제이다. 순방향 조회만 수행하면 pg_hba.conf에 나오는 모든 호스트 이름을 연결 시도할 때마다 분석해야 한다. 이름이 많을 경우 속도가 매우 느려진다. 그리고, 호스트 이름 중 하나라도 리졸버(resolver) 문제가 있는 경우 이것은 전체의 문제가 된다.

또한, 패턴 일치를 위해서는 실제 클라이언트 호스트 이름을 알고 있어야 하므로 역방향 조회는 접미사 일치 기능을 구현해야 한다.

이러한 동작은 Apache HTTP 서버 및 TCP 래퍼 같은 다른 유명한 호스트 이름 기반의 액세스 제어 구현과 같다.

```
IP-address
IP-mask
```

이 필드는 CIDR-address 표기의 대안으로 사용될 수 있다. 마스크 길이를 지정하는 대신 실제 마스크가 쉼표로 구분하여 지정된다. 예를 들면, 255.0.0.0은 IPv4

CIDR 마스크 길이 8을 나타내고, 255.255.255.255는 CIDR 마스크 길이 32를 나타
낸다.

이 필드는 host 및 hostssl, hostnossl 레코드에 적용된다.

auth-method

연결이 이 레코드와 일치할 때 사용하는 인증 방법을 지정한다. 가능한 선택안이 여
기에 요약되어 있다. 자세한 내용은 5.3절을 참조하기 바란다.

trust

무조건 연결을 허용한다. 이 방법은 패스워드나 다른 인증 없이 임의의
PostgreSQL 데이터베이스 사용자로 로그인하여 누구나 PostgreSQL 데이터베
이스 서버에 연결할 수 있다. 자세한 내용은 5.3.1절을 참조하기 바란다.

reject

무조건 연결을 거부한다. 이것은 그룹에서 특정 호스트를 "필터링"할 때 유용하
다. 예를 들면, reject 줄은 특정 호스트의 연결을 차단하고, 그 이후의 줄은 특
정 네트워크의 남은 호스트들과의 연결을 허용한다.

md5

클라이언트가 인증을 위해 double-MD5-hashed 패스워드를 제공해야 한다.
자세한 내용은 5.3.2절을 참조하기 바란다.

password

클라이언트가 인증을 위해 암호화되지 않은 패스워드를 제공해야 한다. 패스워
드는 네트워크 상에서 일반 텍스트로 전송되므로 신뢰하지 않는 네트워크에서
이것을 사용하면 안 된다. 자세한 내용은 5.3.2절을 참조하기 바란다.

gss

GSSAPI를 사용하여 사용자를 인증한다. 이것은 TCP/IP 연결에서만 사용할 수
있다. 자세한 내용은 5.3.3절을 참조하기 바란다.

sspi

SSPI를 사용하여 사용자를 인증한다. 이것은 윈도우에서만 사용할 수 있다. 자세한 내용은 5.3.2절을 참조하기 바란다.

ident

클라이언트의 ident 서버에 접촉함으로써 클라이언트의 운영체제 사용자 이름을 획득하고, 요청된 데이터베이스 사용자 이름과 일치하는지 확인한다. ident 인증은 TCP/IP 연결에서만 사용할 수 있다. 로컬 연결에 대해 지정하는 경우 피어peer 인증이 대신 사용된다. 자세한 내용은 5.3.5절을 참조하기 바란다.

peer

클라이언트의 운영체제 사용자 이름을 운영체제에서 획득하고, 요청된 데이터베이스 사용자 이름과 일치하는지 확인한다. 이것은 로컬 연결에서만 사용할 수 있다. 자세한 내용은 5.3.6절을 참조하기 바란다.

ldap

LDAP 서버를 사용하여 인증한다. 자세한 내용은 5.3.7절을 참조하기 바란다.

radius

RADIUS 서버를 사용하여 인증한다. 자세한 내용은 5.3.8절을 참조하기 바란다.

cert

SSL 클라이언트 인증을 사용하여 인증한다. 자세한 내용은 5.3.9절을 참조하기 바란다.

pam

운영체제에서 제공하는 PAMPluggable Authentication Modules을 사용하여 인증한다. 자세한 내용은 5.3.10절을 참조하기 바란다.

auth-options

auth-method 필드 이후에 인증 방법에 대한 옵션을 지정하는 name=value 형식의 필드가 있을 수 있다. 인증 방법에서 사용할 수 있는 옵션에 대한 자세한 내용은 아래에 나와 있다.

@ 구문이 포함된 파일은, 공백 또는 쉼표로 구분된 이름 목록으로 읽는다. pg_hba.conf 처럼 #으로 표시된 주석 및 중첩된 @ 구문이 허용된다. 파일 이름 뒤에 @가 나오는 것이 절대 경로가 아니면 참조 파일이 있는 디렉토리의 상대 경로로 취급된다.

pg_hba.conf 레코드는 각 연결 시도에 대해 순차적으로 검사되므로 레코드의 순서는 중요하다. 일반적으로 초기 레코드는 연결 일치 매개변수는 치밀하고, 인증 방법은 느슨한 반면, 후기 레코드는 일치 매개변수는 느슨하고 인증 방법은 강력하다. 예를 들면, 로컬 TCP/IP 연결에 대한 trust 인증을 사용하려고 하면서 원격 TCP/IP 연결을 할 수도 있다. 이런 경우 127.0.0.1로부터 연결을 위한 trust 인증을 지정한 레코드는 다양한 허용 클라이언트 IP 주소에 대해 패스워드 인증을 지원하는 레코드 이전에 나타난다.

pg_hba.conf 파일은 시작 시 및 메인 서버 프로세스가 SIGHUP 신호를 수신하면 읽혀지게 된다. 활성화된 시스템에서 파일을 편집하는 경우 파일을 다시 읽어오려면 postmaster에 신호를 전송해야 한다(pg_ctl reload 또는 kill -HUP 사용).

> **팁** 특수한 데이터베이스에 연결하려면 pg_hba.conf 검사만 통과해서는 안 되며 데이터베이스에 대한 CONNECT 권한이 사용자에게 있어야 한다. 데이터베이스에 연결 가능한 사용자를 제한하고 싶으면 pg_hba.conf 항목에 규칙을 입력하는 것보다 CONNECT 권한을 부여/취소하는 것이 일반적으로 쉽다.

pg_hba.conf 항목에 대한 몇 가지 예시가 예제 5.1에 나와 있다. 서로 다른 인증 방법에 대한 자세한 내용은 다음 절을 참조하기 바란다.

예제 5.1 pg_hba.conf 항목 예

```
# Allow any user on the local system to connect to any database with
# any database user name using Unix-domain sockets (the default for local
# connections).
#
# TYPE   DATABASE         USER              ADDRESS               METHOD
```

```
local   all             all                                         trust

# The same using local loopback TCP/IP connections.
#
# TYPE  DATABASE        USER            ADDRESS             METHOD
host    all             all             127.0.0.1/32        trust

# The same as the previous line, but using a separate netmask column
#
# TYPE  DATABASE        USER            IP-ADDRESS      IP-MASK
METHOD
host    all             all             127.0.0.1       255.255.255.255
trust

# The same over IPv6.
#
# TYPE  DATABASE        USER            ADDRESS             METHOD
host    all             all              ::1/128            trust

# The same using a host name (would typically cover both IPv4 and IPv6).
#
# TYPE  DATABASE        USER            ADDRESS             METHOD
host    all             all             localhost           trust

# Allow any user from any host with IP address 192.168.93.x to connect
# to database "postgres" as the same user name that ident reports for
# the connection (typically the operating system user name).
#
# TYPE  DATABASE        USER            ADDRESS             METHOD
host    postgres        all             192.168.93.0/24     ident

# Allow any user from host 192.168.12.10 to connect to database
# "postgres" if the user's password is correctly supplied.
#
```

```
# TYPE    DATABASE        USER             ADDRESS              METHOD
host      postgres        all              192.168.12.10/32     md5

# Allow any user from hosts in the example.com domain to connect to
# any database if the user's password is correctly supplied.
#
# TYPE    DATABASE        USER             ADDRESS              METHOD
host      all             all              .example.com         md5

# In the absence of preceding "host" lines, these two lines will
# reject all connections from 192.168.54.1 (since that entry will be
# matched first), but allow GSSAPI connections from anywhere else
# on the Internet.  The zero mask causes no bits of the host IP
# address to be considered, so it matches any host.
#
# TYPE    DATABASE        USER             ADDRESS              METHOD
host      all             all              192.168.54.1/32      reject
host      all             all              0.0.0.0/0            gss

# Allow users from 192.168.x.x hosts to connect to any database, if
# they pass the ident check.  If, for example, ident says the user is
# "bryanh" and he requests to connect as PostgreSQL user "guest1", the
# connection is allowed if there is an entry in pg_ident.conf for map
# "omicron" that says "bryanh" is allowed to connect as "guest1".
#
# TYPE    DATABASE        USER             ADDRESS              METHOD
host      all             all              192.168.0.0/16       ident
map=omicron

# If these are the only three lines for local connections, they will
# allow local users to connect only to their own databases (databases
# with the same name as their database user name) except for administrators
# and members of role "support", who can connect to all databases.  The file
# $PGDATA/admins contains a list of names of administrators.  Passwords
```

```
# are required in all cases.
#
# TYPE   DATABASE       USER            ADDRESS                 METHOD
local    sameuser       all                                     md5
local    all            @admins                                 md5
local    all            +support                                md5

# The last two lines above can be combined into a single line:
local    all            @admins,+support                        md5

# The database column can also use lists and file names:
local    db1,db2,@demodbs  all                                  md5
```

사용자 이름 맵

Ident 또는 GSSAPI 같은 외부 인증 시스템을 사용하는 경우, 연결을 시작하는 운영체제 사용자의 이름은 연결해야 하는 데이터베이스 사용자 이름과 다를 수 있다. 이런 경우 사용자 이름 맵을 사용하여 운영체제 사용자 이름과 데이터베이스 사용자 이름을 맵핑 할 수 있다. 사용자 이름 맵핑을 사용하려면 pg_hba.conf 옵션 필드에서 map=map-name 을 지정해야 한다. 이 옵션은 외부 사용자 이름을 수신하는 모든 인증 방법에서 지원된 다. 서로 다른 연결에 서로 다른 맵핑이 필요할 수 있으므로 연결별로 사용할 맵을 지정 하기 위해 사용할 맵의 이름은 pg_hba.conf의 map-name 매개변수에서 지정된다.

사용자 이름 맵은 ident 맵 파일에서 정의되며, 기본적으로 이름은 pg_ident.conf이며 클러스터의 데이터 디렉토리에 저장된다(맵 파일을 다른 곳에 배치할 수도 있다. ident_file 환경 설정 매개변수를 참조하기 바란다).

```
map-name system-username database-username
```

주석 및 공백은 pg_hba.conf에서와 동일하게 처리된다. map-name은 pg_hba.conf에서 이 맵핑을 참고하기 위해 사용되는 임의의 이름이다. 나머지 2개의 필드는 운영체제 사용자 이름 및 일치하는 데이터베이스 사용자 이름을 지정한다. 동일한 map-name을 여러 번 사용해서 단일 맵 내에서 여러 사용자 맵핑을 지정할 수 있다.

주어진 한 명의 운영체제 사용자가 몇 명의 데이터베이스 사용자에 대응하는지에 대해서는 아무런 제한이 없다(그 반대도 마찬가지). 따라서, 맵의 항목은 사용자가 동일함을 의미한다기보다 "이 운영체제 사용자는 이 데이터베이스 사용자로서 연결이 허용된다"로 생각되어야 한다. 사용자가 연결 요청을 한 데이터베이스 사용자 이름을 사용하여 외부 인증 시스템에서 획득한 사용자 이름과 쌍을 이루는 맵 항목이 있을 경우 연결이 허용된다.

system-username 필드가 슬래시(/)로 시작되는 경우 필드의 나머지는 정규식으로 처리된다. 정규식은 단일 캡처 또는 괄호 표현식을 포함할 수 있으며, \1(역슬래시 1개)로 database-username 필드에서 참조가 가능하다.이것은 한 줄로 된 여러 사용자 이름을 맵핑할 수 있으며, 단순 구문 대체 시 특히 유용하다. 예를 들면, 다음과 같다.

```
mymap    /^(.*)@mydomain\.com$      \1
mymap    /^(.*)@otherdomain\.com$   guest
```

이 항목은 @mydomain.com으로 끝나는 시스템 사용자 이름을 사용하여 사용자에 대한 도메인 부분을 삭제하고, 시스템 이름이 @otherdomain.com으로 끝나는 모든 사용자가 guest로 로그인하는 것을 허용한다.

> **팁** 기본적으로 정규식은 string의 일부만 일치할 수 있다는 점에 유의해야 한다. 위의 예시처럼 전체 시스템 사용자 이름과 일치하도록 하려면 ^ 및 $를 사용하는 것이 좋다.

pg_ident.conf 파일은 시작 시 및 메인 서버 프로세스가 SIGHUP 신호를 수신했을 때 읽혀진다. 활성화 된 시스템에서 파일을 편집하는 경우 파일을 다시 읽어오려면 postmaster에 신호를 전송해야 한다(pg_ctl reload 또는 kill -HUP 사용).

예제 5.1에서 pg_ident.conf 파일과 함께 사용할 수 있는 pg_hba.conf 파일이 예제 5.2에 나와 있다. 이 예제에서 운영체제 사용자 이름인 bryanh 또는 ann, robert가 없는

192.168 네트워크에서 로그인한 사용자는 액세스 권한을 부여받지 못한다. 유닉스 사용자 robert는 robert 또는 다른 사람이 아니라 PostgreSQL 사용자인 bob으로 연결을 시도하는 경우에만 액세스가 허용된다. ann은 ann으로 연결할 때만 허용된다. 사용자 bryanh은 bryanh 또는 guest1일 때만 연결이 허용된다.

예제 5.2 pg_ident.conf 파일 예

```
# MAPNAME         SYSTEM-USERNAME          PG-USERNAME

omicron           bryanh                   bryanh
omicron           ann                      ann
# bob has user name robert on these machines
omicron           robert                   bob
# bryanh can also connect as guest1
omicron           bryanh                   guest1
```

⌊5.3⌉ 인증 방법

아래 절에서는 인증 방법을 자세하게 다룬다.

5.3.1 트러스트 인증

trust 인증이 지정된 경우 PostgreSQL은 지정한 데이터베이스 사용자 이름을 사용하여 서버에 연결 가능한 모든 이가 데이터베이스 액세스에 대한 인증을 받는 것으로 간주한다(슈퍼유저 이름 포함). 물론, database 및 user 칼럼의 제한도 계속 적용된다. 이 방법은 서버 연결에 대한 적절한 운영체제 수준의 보호가 제공되는 경우에만 사용되어야 한다.

trust 인증은 단일 사용자 워크스테이션에 대한 로컬 연결 시 적절하며, 매우 편리하다. 다중 사용자 머신에서는 일반적으로 적절하지 않다. 그러나 파일 시스템 권한을 사용하여 서버의 유닉스 도메인 소켓 파일에 대한 액세스를 제한하는 경우 다중 사용자 머신에서도 trust를 사용 가능할 수 있다. 이렇게 하려면 `unix_socket_permissions`(및 가능하면 `unix_socket_group`) 환경 설정 매개변수를 4.3절에서 설명한 대로 설정해야 한다. 또는 `unix_socket_directories` 환경 설정 매개변수를 설정하여 소켓 파일을 적절히 제한된 디렉토리에 배치할 수 있다.

파일 시스템 권한 설정은 유닉스 소켓 연결 시에만 유용하다. 로컬 TCP/IP 연결은 파일 시스템 권한에 의해 제한되지 않는다. 따라서 로컬 보안을 위해 파일 시스템 권한을 사용하려면 `host ... 127.0.0.1 ...` 줄을 pg_hba.conf에서 삭제하거나, 비trust 방법으로 변경해야 한다.

trust 인증은 trust를 지정하는 pg_hba.conf에서 서버와 연결이 허용된 모든 머신의 모든 사용자를 신뢰하는 경우에만 TCP/IP 연결에 적합하다. localhost(127.0.0.1) 외에 TCP/IP 연결 시 trust를 사용하는 것은 별로 합당하지 않다.

5.3.2 패스워드 인증

패스워드 기반 인증 방법은 md5 및 password이다. 패스워드가 전송될 때 각각 MD5 해시 및 일반 텍스트로 전송되는 점을 제외하고 두 방법은 유사하게 작동된다.

패스워드 "스니핑" 공격을 주의하는 경우 md5가 바람직하다. 일반 password는 가능하면 피해야 한다. 대신, md5는 `db_user_namespace` 기능과 함께 사용할 수 없다. 연결이 SSL 암호화로 보호되는 경우 password를 안전하게 사용할 수 있다(SSL을 사용하는 경우 SSL 인증서 인증이 더 나을 수 있지만).

PostgreSQL 데이터베이스 패스워드는 운영체제 사용자 패스워드와 구분된다. 각 데이터베이스 사용자에 대한 패스워드는 `pg_authid` 시스템 카탈로그에 저장된다. 패스워드는 SQL 명령 `CREATE USER` 및 `ALTER ROLE`으로 관리할 수 있으며, 예를 들면 `CREATE USER foo WITH PASSWORD 'secret'`와 같다. 패스워드가 사용자에 대해 설정되지 않은 경우 저장된 패스워드는 `null`이고 패스워드 인증은 해당 사용자에 대해 항상 실패한다.

5.3.3 GSSAPI 인증

GSSAPI는 RFC 2743에 정의된 보안 인증을 위한 산업 표준 프로토콜이다. PostgreSQL은 RFC 1964에 따라 Kerberos를 사용한 GSSAPI를 지원한다. GSSAPI은 이것을 지원하는 시스템에 대해 자동 인증^single sign-on^을 제공한다. 인증 자체는 안전하지만, SSL을 사용하지 않을 경우 데이터베이스 연결을 통해 전송된 데이터는 암호화되지 않은 상태로 전송된다.

GSSAPI는 PostgreSQL이 빌드된 경우 활성화되어야 한다.

GSSAPI가 Kerberos를 사용하는 경우 servicename/hostname@realm 형식으로 표준 규칙이 사용된다. PostgreSQL 서버가 서버에서 사용되는 키탭에 포함된 보안 규칙을 수용하지만, krbsrvname 연결 매개변수를 사용하여 클라이언트에서 연결을 할 때 올바른 보안 규칙 상세 정보를 지정할 때 특별히 주의해야 한다. 설치 기본값은 빌드 시에 ./configure --with-krb-srvnam=whatever를 사용하여 기본값 postgres에서 변경 가능하다. 대부분의 환경에서 이 매개변수는 절대 변경할 필요가 없다. 일부 Kerberos 구현은 서비스 이름이 대문자여야 하는 마이크로소프트 액티브 디렉토리처럼 서로 다른 서비스 이름을 요구할 수도 있다(POSTGRES).

hostname은 서버 머신의 정규화된 호스트 이름이다. 서비스 보안 규칙의 영역은 서버 머신의 기본 설정된 영역이다.

클라이언트 보안 규칙은 첫 번째 구성요소로 자체 PostgreSQL 데이터베이스 사용자 이름을 갖는다(예:pgusername@realm). 또는, 보안 규칙 이름의 첫 번째 구성요소부터 데이터베이스 사용자 이름까지 맵핑을 위해 사용자 이름 맵핑을 사용할 수도 있다. 기본적으로 클라이언트의 영역^realm^은 PostgreSQL에서 검사되지 않는다. 영역 간 인증^cross-realm authentication^을 활성화하고 영역을 검증해야 하는 경우 krb_realm 매개변수를 사용하거나 include_realm을 활성화하고 사용자 이름 맵핑을 사용하여 영역을 검사해야 한다.

사용자는 서버 키탭 파일을 PostgreSQL 서버 계정으로 판독 가능한지(기본적으로 판독만 가능한지) 확인해야 한다. S키 파일의 위치는 krb_server_keyfile 환경 설정 매개변수에 의해 지정된다. 기본값은 /usr/local/pgsql/etc/krb5.keytab(또는 빌드 시 sysconfdir 로 지정된 아무 디렉토리). 보안상의 이유로, 시스템 키탭 파일에 대한 권한을 여는 것보다 는 PostgreSQL 서버에 대해 별개의 키탭을 사용하는 것이 바람직하다.

키탭 파일은 Kerberos 소프트웨어에 의해 생성된다. 자세한 내용은 Kerberos 문서를 참조하기 바란다. 다음 예시는 MIT 호환 Kerberos 5 구현에 대한 것이다.

```
kadmin% ank -randkey postgres/server.my.domain.org
kadmin% ktadd -k krb5.keytab postgres/server.my.domain.org
```

데이터베이스에 연결할 때 요청된 데이터베이스 사용자 이름과 일치하는 보안 규칙에 대한 티켓이 있는지 확인해야 한다. 예를 들면, 데이터베이스 이름 fred의 경우 보안 규 칙 fred@EXAMPLE.COM은 연결이 가능하다. 보안 규칙 fred/users.example.com@ EXAMPLE.COM의 연결도 허용하려면 5.2절에 설명된 대로 사용자 이름 맵을 사용해야 한다.

다음 환경 설정 옵션이 GSSAPI에 대해 지원된다.

include_realm

1로 설정되면 인증된 사용자 보안 규칙의 영역 이름이 사용자 이름 맵핑을 통해 전 달되는 시스템 사용자 이름에 포함된다(5.2절). 이것은 복수의 영역^{realm}에서 사용자 를 처리할 때 유용하다. 기본값은 0이지만(시스템 사용자 이름의 영역에 포함되지 않음 을 뜻함), 향후 PostgreSQL 버전에서는 1로 바뀔 수도 있다. 사용자는 업그레이드할 때 이슈를 피하기 위해 0을 명시적으로 설정할 수 있다.

map

시스템과 데이터베이스 사용자 이름 사이의 맵핑을 허용한다. 자세한 내용은 5.2 절을 참조하기 바란다. Kerberos 보안 규칙 username/hostbased@EXAMPLE. COM의 경우 맵핑에 사용된 사용자 이름은 include_realm이 비활성화됐을 시 에 username/hostbased이고, include_realm이 활성화됐을 시에 username/ hostbased@EXAMPLE.COM이다.

`krb_realm`

사용자 보안 규칙 이름과 일치하는 영역을 설정한다. 이 매개변수가 설정된 경우 해당 영역의 사용자만 허용된다. 설정되지 않으면 모든 영역의 사용자가 연결할 수 있으며, 사용자 이름 맵핑 완료 여부에 달려 있다.

5.3.4 SSPI 인증

SSPI는 단일 사인온[sign-on]의 보안 인증을 위한 윈도우 기술이다. PostgreSQL은 negotiate 모드에서 SSPI를 사용한다. 이것은 가능한 경우 Kerberos를 사용하고, 그 외에는 NTLM으로 자동 폴백[fall back]된다. SSPI 인증은 서버와 클라이언트가 모두 윈도우를 사용하는 경우에만 작동되고, GSSAPI를 사용할 수 있는 경우에는 비 윈도우에서 작동된다.

Kerberos 인증 사용 중에는 SSPI가 GSSAPI와 동일한 방식으로 작동된다. 자세한 내용은 5.3.3절을 참조하기 바란다.

다음 환경 설정 옵션이 SSPI에 대해 지원된다.

`include_realm`

1로 설정되면 인증된 사용자 보안 규칙의 영역 이름이 사용자 이름 맵핑을 통해 전달되는 시스템 사용자 이름에 포함된다(5.2절). 이것은 복수의 영역에서 사용자를 처리할 때 유용하다. 기본값은 0이지만(시스템 사용자 이름의 영역에 포함되지 않음을 뜻함), 향후 PostgreSQL 버전에서는 1로 바뀔 수도 있다. 사용자는 업그레이드할 때 이슈를 피하기 위해 0을 명시적으로 설정할 수 있다.

`map`

시스템과 데이터베이스 사용자 이름 사이의 맵핑을 허용한다. 자세한 내용은 5.2절을 참조하기 바란다.

`krb_realm`

사용자 보안 규칙 이름과 일치하는 영역을 설정한다. 이 매개변수가 설정된 경우 해당 영역의 사용자만 허용된다. 설정되지 않으면 모든 영역의 사용자가 연결할 수 있으며, 영역은 사용자 이름 맵핑 완료 여부에 달려 있다.

5.3.5 Ident 인증

ident 인증 방법은 클라이언트의 운영체제 사용자 이름을 ident 서버로부터 획득하고, 허용된 데이터베이스 사용자 이름으로 사용함으로써 작동된다(선택적 사용자 이름 맵핑 사용). 이것은 TCP/IP 연결에서만 지원된다.

> **참고**: 로컬(비 TCP/IP) 연결에 대해 ident를 지정하는 경우 피어(peer) 인증이 대신 사용된다(5.3.6절 참조).

다음 구성 옵션이 ident에 대해 지원된다.

map

    시스템과 데이터베이스 사용자 이름 사이의 맵핑을 허용한다. 자세한 내용은 5.2절을 참조하기 바란다.

"신분확인 프로토콜Identification Protocol"은 RFC 1413에 설명되어 있다. 실제로 모든 유닉스 류의 운영체제에는 기본적으로 TCP 포트 113에서 listen하는 ident 서버가 내장되어 있다. ident 서버의 기본적인 기능은, "당신의 포트 X에서 출력되어 내 포트 Y에 연결되는 연결을 초기화한 사용자는 누구인가?" 같은 질문에 응답하는 것이다. 실제 연결이 성립되면 PostgreSQL은 X와 Y를 모두 알고 있으므로 연결 클라이언트의 호스트에 대한 정보를 ident 서버에서 얻을 수 있으며, 주어진 연결에서 운영체제 사용자를 판단할 수 있다.

이 방법의 단점은 클라이언트의 무결성에 따라 달라진다. 클라이언트 머신을 신뢰할 수 없거나 손상된 경우 공격자attacker는 포트 113에서 프로그램을 실행하고, 선택한 사용자 이름으로 리턴할 수 있다. 따라서 인증 방법은 각 클라이언트 머신이 엄격하게 제어되고, 데이터베이스 및 시스템 관리자의 협력이 긴밀하게 이뤄지는 폐쇄된 네트워크의 경우에만 적합하다. 즉, 사용자는 ident 서버가 실행되는 머신을 신뢰해야 한다. 다음 경고에 유의해야 한다.

신분확인 프로토콜은 인증 또는 액세스 제어 프로토콜로 사용할 수 없다.

--RFC 1413

일부 ident 서버는 원래 머신의 관리자만 알고 있는 키를 사용하여, 리턴된 사용자 이름을 암호화되도록 하는 비표준 옵션이 있다. PostgreSQL는 실제 사용자 이름을 결정하기 위해 리턴된 string의 암호를 해제할 방법이 없으므로 ident 서버에서 PostgreSQL을 사용하는 경우에는 이 옵션을 사용해서는 안 된다.

5.3.6 피어 인증

피어[peer] 인증 방법은 클라이언트의 운영체제 사용자 이름을 커널로부터 획득하고, 허용된 데이터베이스 사용자 이름으로 사용함으로써 작동된다(선택적 사용자 이름 맵핑 사용). 이 방법은 로컬 연결에만 지원된다.

다음 구성 옵션이 피어[peer]에 대해 지원된다.

map

시스템과 데이터베이스 사용자 이름 사이의 맵핑을 허용한다. 자세한 내용은 5.2절을 참조하기 바란다.

피어 인증은 `getpeereid()` 함수 또는 `SO_PEERCRED` 소켓 매개변수, 유사 메커니즘이 제공되는 운영체제에서만 사용할 수 있다. 현재 리눅스가 포함되며, OS X 및 솔라리스를 비롯한 BSD가 가장 선호된다.

5.3.7 LDAP 인증

이 인증 방법은 패스워드 검증 방법으로 LDAP를 사용할 때 외에는 password와 유사하게 작동된다. LDAP는 사용자 이름/패스워드 쌍을 검증할 때에만 사용된다. 따라서 LDAP를 인증에 사용하기 전에 사용자가 데이터베이스에 존재해야 한다.

LDAP 인증은 2가지 모드로 수행할 수 있다. 간단한 바인딩 모드라고 하는 첫 번째 방법은 서버가 `prefix username suffix`로 구성된 고유한 이름에 바인딩하는 것이다. 일반적으로 prefix 매개변수는 활성 디렉토리^{Active Directory} 환경에서 cn= 또는 DOMAIN\을 지정하는 데 사용된다. suffix는 비 활성 디렉토리^{Active Directory} 환경의 나머지 부분을 지정할 때 사용된다.

검색+바인딩 모드라고 하는 두 번째 모드에서 서버는 `ldapbinddn` 및 `ldapbindpasswd`로 지정 및 고정된 사용자 이름과 패스워드를 사용하여 LDAP 디렉토리에 먼저 바인딩한 다음, 데이터베이스에 로그인하려는 사용자를 검색한다. 사용자 및 패스워드가 설정되지 않은 경우 디렉토리에 익명으로 바인딩이 시도된다. `ldapbasedn`의 서브 트리에서 검색이 수행되고 `ldapsearchattribute`와 정확히 일치하는 것을 찾는다. 이 검색에서 사용자를 찾으면, 서버는 연결을 끊고 로그인이 올바른지 검증하기 위해 클라이언트에서 지정된 패스워드를 사용하여 이 사용자로 디렉토리에 다시 바인딩한다. 이 모드는 `Apache mod_authnz_ldap` 및 `pam_ldap` 같은 다른 소프트웨어의 LDAP 인증 스키마에서 사용되는 것과 동일하다. 이 방법은 사용자 객체들이 디렉토리에 있을 경우 더 유연하게 작용하지만 두 LDAP 서버 연결을 분리시킨다.

다음 구성 옵션이 양쪽 모드에 사용된다.

ldapserver

　　연결할 LDAP 서버의 이름 또는 IP 주소. 공백으로 구분된 서버를 여러 개 지정할 수 있다.

ldapport

　　연결할 LDAP 서버의 포트 번호. 포트가 지정되지 않으면 LDAP 라이브러리의 기본 포트 설정이 사용된다.

ldaptls

1로 설정하면 TLS 암호화를 사용하여 PostgreSQL과 LDAP 서버가 연결된다. 이것은 LDAP 서버로의 트래픽만 암호화한다. 클라이언트에 대한 연결은 SSL을 사용하지 않는 한 암호화되지 않은 상태가 지속된다.

다음 옵션은 간단 바인딩 모드에만 사용된다.

ldapprefix

간단한 바인딩 인증 수행 시 DN 바인딩의 사용자 이름 앞에 추가하는 string이다.

ldapsuffix

간단한 바인딩 인증 수행 시 DN 바인딩의 사용자 이름 뒤에 추가하는 string이다.

다음 옵션은 검색+바인딩 모드에만 사용된다.

ldapbasedn

검색+바인딩 인증 수행 시 사용자 검색을 시작하는 루트 DN이다.

ldapbinddn

검색+바인딩 인증 수행 시 검색 수행하기 위해 디렉토리에 바인딩하는 사용자 DN이다.

ldapbindpasswd

검색+바인딩 인증 수행 시 검색 수행하기 위해 디렉토리에 바인딩하는 사용자의 패스워드이다.

ldapsearchattribute

검색+바인딩 인증 수행 시 검색에서 사용자 이름에 대해 일치하는 속성이다. 속성이 지정되지 않으면 uid 속성이 사용된다.

ldapurl

RFC 4516 LDAP URL. 이것은 다른 LDAP 옵션 중 일부를 좀 더 간결한 표준 형식으로 작성하는 다른 방법이다. 기본값은 다음과 같다.

```
ldap://host[:port]/basedn[?[attribute][?[scope]]]
```

scope는 base, one, sub 중 하나여야 하며, 일반적으로 후자이다. 한 가지 속성만 사용되며, 필터 및 확장 같은 표준 LDAP URL의 다른 설정은 지원되지 않는다.

비 익명 바인딩의 경우 ldapbinddn 및 ldapbindpasswd는 별도의 옵션으로 지정되어야 한다.

암호화된 LDAP 연결을 사용하려면 ldapurl 외에도 ldaptls 옵션을 사용해야 한다. ldaps URL 스키마(다이렉트 SSL 연결)는 지원되지 않는다.

LDAP URL은 현재 윈도우가 아니라 OpenLDAP에서만 지원된다.

간단한 바인딩의 구성 옵션과 검색+바인딩의 옵션을 혼용하는 것은 에러이다.

간단한 바인딩 LDAP 구성의 예시는 다음과 같다.

```
host ... ldap ldapserver=ldap.example.net ldapprefix="cn=" ldapsuffix=",
dc=example, dc=net"
```

데이터베이스 사용자 someuser로 데이터베이스 서버에 연결이 요청된 경우 PostgreSQL은 DN cn=someuser 및 dc=example, dc=net, 클라이언트에서 제공된 패스워드를 사용하여 LDAP 서버에 바인딩을 시도한다. 해당 연결이 성공하면 데이터베이스 액세스가 허용된다.

검색+바인딩 구성의 예시는 다음과 같다.

```
host ... ldap ldapserver=ldap.example.net ldapbasedn="dc=example, dc=net"
ldapsearchattribute=uid
```

데이터베이스 사용자 someuser로 데이터베이스 서버에 연결이 요청된 경우 PostgreSQL은 익명으로(ldapbinddn가 지정되지 않았으므로) LDAP 서버에 바인딩을 시도하고 지정된 베이스 DN 아래에서 uid=someuser에 대한 검색을 수행한다. 항목이 발견되면 발견된 정보와 클라이언트가 제공한 패스워드를 사용하여 바인딩을 시도한다. 해당 제2차 연결이 성공하면 데이터베이스 액세스가 허용된다.

URL로 작성한 동일한 검색+바인딩 구성은 다음과 같다.

```
host ... ldap lapurl="ldap://ldap.example.net/dc=example,dc=net?uid?sub"
```

LDAP에 대한 인증을 지원하는 일부 다른 소프트웨어는 동일한 URL 형식을 사용하므로
설정을 공유하기 쉬워진다.

> **팁** LDAP는 주로 쉼표와 공백을 사용하여 DN의 서로 다른 부분을 구분하므로 예시에 표시된 대로 LDAP 옵션
> 을 구성할 때 매개변수를 큰따옴표로 둘러싸야 하는 경우가 있다.

5.3.8 RADIUS 인증

이 인증 방법은 패스워드 검증 방법으로 RADIUS를 사용할 때 외에는 password와 유
사하게 작동된다. RADIUS는 사용자 이름/패스워드 쌍을 검증할 때에만 사용된다. 따라
서 RADIUS를 인증에 사용하기 전에 사용자가 데이터베이스에 존재해야 한다.

RADIUS 인증을 사용 중인 경우 구성된 RADIUS 서버로 액세스 요청[Access Request] 메시지
가 전송된다. 이 요청은 `Authenticate Only` 유형이며, `user name` 및 `password`(암호화됨),
`NAS Identifier`에 대한 매개변수가 포함된다. 요청은 서버와 공유되는 시크릿을 사용하
여 암호화된다. RADIUS 서버는 `Access Accept` 또는 `Access Reject`를 사용하여 이 서
버에 응답한다. RADIUS 계정에 대한 지원은 없다.

다음 구성 옵션이 RADIUS에 대해 지원된다.

radiusserver

연결할 RADIUS 서버의 이름 또는 IP 주소. 이 매개변수는 필수이다.

radiussecret

보안을 유지하면서 RADIUS 서버와 통신할 때 사용되는 공유 시크릿. 이것은
PostgreSQL 및 RADIUS 서버에서 값이 정확하게 동일해야 한다. 최소 16자의
`string`이 권장된다. 이 매개변수는 필수이다.

`radiusport`

연결할 RADIUS 서버의 포트 번호. 포트가 지정되지 않으면 기본 포트 1812가 사용된다.

`radiusidentifier`

RADIUS 요청에서 NAS Identifier로 사용되는 `string`. 이 매개변수는 예를 들면, 사용자가 인증하려는 데이터베이스 사용자를 식별하여 RADIUS 서버에서 제2의 매개변수로 사용될 수 있다. 식별자가 지정되지 않으면 기본 postgresql이 사용된다.

5.3.9 인증서 인증

이 인증 방법은 SSL 클라이언트 인증서를 사용하여 인증을 수행한다. 따라서 SSL 연결에서만 사용 가능하다. 이 인증 방법을 사용하는 경우 서버는 클라이언트가 유효한 인증서를 제공할 것을 요구한다. 패스워드 프롬프트는 클라이언트로 전송되지 않는다. 인증서의 cn(공통 이름) 속성은 요청된 데이터베이스 사용자 이름과 비교되며, 일치하는 경우 로그인이 허용된다. 사용자 이름 맵핑을 사용하여 cn을 데이터베이스 사용자 이름과 다르게 할 수 있다.

다음 구성 옵션이 SSL 인증서 인증에 대해 지원된다.

`map`

시스템과 데이터베이스 사용자 이름 사이의 맵핑을 허용한다. 자세한 내용은 5.2절을 참조하기 바란다.

5.3.10 PAM 인증

이 인증 방법은 인증 메커니즘으로 PAM^{Pluggable Authentication Modules}을 사용할 때 외에는 password와 유사하게 작동된다. 기본 PAM 서비스 이름은 postgresql이다. PAM은 사용자 이름/패스워드 쌍을 검증할 때에만 사용된다. 따라서 PAM을 인증에 사용하기 전에 사용자가 데이터베이스에 존재해야 한다. PAM에 대한 자세한 내용은 Linux-PAM 페이지를 참고하기 바란다.

다음 구성 옵션이 PAM에 대해 지원된다.

pamservice

PAM 서비스 이름이다.

> **참고**: PAM이 /etc/shadow를 읽도록 설정된 경우 PostgreSQL 서버는 root가 아닌 다른 사용자로 시작되므로 인증이 실패한다. 단, PAM이 LDAP 또는 다른 인증 방법을 사용하도록 설정된 경우 실행되지 않는다.

5.4 〉 인증 문제

인증 실패 및 관련 문제는 일반적으로 다음과 같은 에러 메시지를 통해 드러난다.

```
FATAL:  no pg_hba.conf entry for host "123.123.123.123", user "andym",
database "testdb"
```

이것은 사용자와 연결할 수 없다는 뜻이다. 메시지에 나타난 대로, 서버는 pg_hba.conf 환경 설정 파일에서 일치하는 항목을 찾기 못해서 연결 요청을 거부했다.

```
FATAL:  password authentication failed for user "andym"
```

이 메시지는 사용자가 서버에 접촉했으며, 사용자와의 연결은 가능하지만 pg_hba.conf 파일에 지정된 인증 방법을 통과해야 함을 의미한다. 사용자가 입력한 패스워드를 검사하거나, 이러한 인증 유형에 문제가 있는 경우에 사용자의 Kerberos 또는 ident 소프트웨어를 검사해야 한다.

```
FATAL:  user "andym" does not exist
```

표시된 데이터베이스 사용자 이름을 찾지 못했다.

```
FATAL:  database "testdb" does not exist
```

연결하려는 데이터베이스가 존재하지 않는다. 데이터베이스 이름을 지정하지 않으면
데이터베이스 사용자 이름을 데이터베이스 이름으로 간주한다.

> **팁** 서버 로그에 클라이언트에 보고된 것보다 더 자세한 인증 실패 정보가 나와 있다. 실패 이유가 명확하지 않
> 은 경우 서버 로그를 확인해야 한다.

6

데이터베이스 role

PostgreSQL은 role이라는 개념을 사용하여 데이터베이스 액세스 권한을 관리한다. role은 데이터베이스가 설정된 방법에 따라 데이터베이스 사용자 또는 데이터베이스 사용자 그룹으로 생각할 수 있다. role은 데이터베이스 개체(예: 테이블)를 소유할 수 있으며 해당 개체에 대한 권한을 다른 role에 할당하여 해당 개체에 액세스할 수 있는 사용자를 제어할 수 있다. 또한, role의 멤버십을 다른 role에 부여할 수 있으므로 멤버 role이 다른 role에 할당된 권한을 사용하도록 할 수 있다.

role의 개념은 "사용자" 및 "그룹"의 개념을 포함한다. PostgreSQL 8.1 이전 버전에서 사용자와 그룹은 별개의 엔티티였지만 이제는 role만 있다. 모든 role은 사용자, 그룹 또는 양쪽 모두로 작용할 수 있다.

이 장에서는 role을 생성 및 관리하는 방법을 설명한다. 다양한 데이터베이스 개체에 대한 역할 권한의 효과에 대한 내용은 PostgreSQL 공식 가이드 5.6절을 참조할 수 있다.

6.1 〉데이터베이스 role

데이터베이스 role은 개념상 운영체제 사용자와 완전히 다르다. 사실, 대응 관계를 유지하는 것이 편리할 수 있지만, 그럴 필요는 없다. 데이터베이스 role은 데이터베이스 클러스터 설치 간에 전역적이다(데이터베이스에 개별적이지 않음). role을 생성하려면 CREATE ROLE SQL 명령을 사용해야 한다.

```
CREATE ROLE name;
```

name은 SQL 식별자에 대한 규칙(특수 문자 또는 큰따옴표 사용 안 함)을 준수한다(실제로는 LOGIN 같은 옵션을 명령에 추가하고 싶을 수도 있다. 자세한 내용이 아래에 나와 있다). 기존 role을 삭제하려면 유사한 DROP ROLE 명령을 사용해야 한다.

```
DROP ROLE name;
```

편의상, 프로그램 createuser 및 dropuser는 셸 커맨드라인에서 호출할 수 있는 이러한 SQL 명령의 래퍼^{wrapper}로 제공된다.

```
createuser name
dropuser name
```

기존 role 집합을 판단하려면 pg_roles 시스템 카탈로그를 검사해야 한다. 예를 들면, 다음과 같다.

```
SELECT rolname FROM pg_roles;
```

psql 프로그램의 \du 메타 명령도 기존 role을 나열할 때 유용하다.

데이터베이스 시스템을 부트스트랩하려면 갓 초기화된 시스템이 사전 정의된 role을 항상 포함해야 한다. 이 role은 항상 "슈퍼유저"이며, 기본적으로(initdb 실행 중에 변경하지 않는 한) 데이터베이스 클러스터를 초기화했던 운영체제와 이름이 동일하다. 통상적으로 이 role의 이름은 postgres이다. role을 좀 더 생성하려면 먼저 이 postgres로 연결해야 한다.

데이터베이스 서버에 대한 모든 연결은 일부 특정 role의 이름이 사용되며, 이러한 role

은 해당 연결에서 실행된 명령에 대한 초기 액세스 권한을 결정한다. 특정 데이터베이스 연결에 사용할 role 이름은 애플리케이션 특정 방식의 연결 요청을 초기화하는 클라이언트에 의해 표시된다. 예를 들면, psql 프로그램은 -U 옵션을 사용하여 연결할 role을 표시한다. 다수의 애플리케이션이 기본적으로 현재 운영체제 시스템 사용자의 이름을 가정한다(createuser 및 psql 포함). 따라서 role 및 운영체제 사용자 간에 네이밍 연관성을 유지하는 것이 편리하다.

주어진 클라이언트 연결을 할 수 있는 데이터베이스 role 집합은 5장에서 설명된 대로 클라이언트 인증 설정에 의해 결정된다(따라서, 로그인 이름이 꼭 그 사람의 실명과 일치해야 할 필요가 없는 것처럼, 클라이언트를 운영체제 사용자와 일치하는 role로 연결해야만 하는 것은 아니다). role ID는 연결된 클라이언트에서 가능한 권한 집합을 결정하므로 다중 사용자 환경을 설정할 때 권한을 세심하게 구성하는 것이 중요하다.

6.2 〉 role 속성

데이터베이스 role은 권한을 정의하는 속성이 다수 있으며, 클라이언트 인증 시스템과 인터랙션한다.

로그인 권한

데이터베이스 연결을 위한 초기 role 이름으로 LOGIN 속성이 있는 role만 사용할 수 있다. LOGIN 속성이 있는 role은 "데이터베이스 사용자"와 동일한 것으로 간주될 수 있다. 로그인 권한이 있는 role을 생성하려면 다음 중 하나를 사용해야 한다.

```
CREATE ROLE name LOGIN;
CREATE ROLE name;
```

(CREATE USER는 디폴트로 LOGIN 권한을 준다는 점에서 CREATE ROLE과 다르다)

슈퍼유저 상태

데이터베이스 슈퍼유저는 로그인 권한을 제외한 모든 권한 검사를 건너 뛴다. 이 권한은 위험하며, 무심코 사용해서는 안 된다. 작업 대부분은 슈퍼유저 이외의 다른

role로 수행하는 것이 좋다. 새 데이터베이스 슈퍼유저를 생성하려면 CREATE ROLE name SUPERUSER를 사용해야 한다. 슈퍼유저인 role로 이것을 수행해야 한다.

데이터베이스 생성

데이터베이스를 생성하려면 권한이 명시적으로 role에 주어져야 한다(모든 권한 검사를 건너 뛰는 슈퍼유저인 경우 제외). 이러한 role을 생성하려면 CREATE ROLE name CREATEDB를 사용해야 한다.

role 생성

role을 추가적으로 생성하려면 권한이 명시적으로 role에 주어져야 한다(모든 권한 검사를 건너 뛰는 슈퍼유저인 경우 제외). 이러한 role을 생성하려면 CREATE ROLE name CREATEROLE을 사용해야 한다. CREATEROLE 권한이 있는 role은 다른 role을 변경 및 삭제할 수 있으며, 멤버십을 부여 또는 취소할 수도 있다. 단, 슈퍼유저 role의 멤버십을 생성, 변경[alter], 삭제 또는 변경[change]하려면 슈퍼유저 상태가 필요하다. CREATEROLE로는 부족하다.

복제 초기화

streaming replication을 초기화하려면 권한이 명시적으로 role에 주어져야 한다(모든 권한 검사를 건너 뛰는 슈퍼유저인 경우 제외). streaming replication에 사용되는 role은 항상 LOGIN 권한이 있어야 한다. 이러한 role을 생성하려면 CREATE ROLE name REPLICATION LOGIN을 사용해야 한다.

패스워드

패스워드는 데이터베이스에 연결할 때 사용자가 패스워드를 입력해야 하는 클라이언트 인증 방법인 경우에만 중요하다. password 및 md5 인증 방법은 패스워드를 이용한다. 데이터베이스 패스워드는 운영체제 사용자 패스워드와 구분된다. role 생성 시 패스워드 지정은 CREATE ROLE name PASSWORD 'string'을 사용해야 한다.

role의 속성은 ALTER ROLE로 생성한 후 수정할 수 있다. 자세한 내용은 CREATE ROLE 및 ALTER ROLE 명령에 대한 참고 페이지를 참조하기 바란다.

> **팁** 슈퍼유저는 아니지만 CREATEDB 및 CREATEROLE 권한이 있는 role을 생성하고, 데이터베이스와 role의 모든 루틴 관리에 대해 이 role을 사용하는 것이 좋다. 이러한 방법으로 실제로 슈퍼유저 권한이 불필요한 작업을 슈퍼유저로 실행하는 위험이 방지된다.

role은 4장에 설명된 여러 가지 런타임 구성 설정에 대해 role별 기본값을 가질 수도 있다. 예를 들면, 연결할 때 인덱스 스캔을 비활성화하려면, 다음과 같이 할 수 있다.

```
ALTER ROLE myname SET enable_indexscan TO off;
```

이것은 설정을 저장한다(그러나 즉시 설정되지는 않음). SET enable_indexscan TO off가 세션 시작 직전에 실행되었더라도 추후 이 role이 연결할 때 이것이 나타난다. 세션 중에 이 설정을 변경할 수 있으며, 이것은 기본값에 불과하다. role별 기본 설정을 삭제하려면 ALTER ROLE rolename RESET varname을 사용해야 한다. LOGIN 권한 없이 role에 연결된 role별 기본값은 절대 호출되지 않으므로 아무 쓸모가 없다는 점에 유의해야 한다.

6.3 〉 role 멤버십

권한 관리의 편의상 사용자를 그룹으로 묶는 것이 편리할 수 있다. 이렇게 하면 권한을 그룹 단위로 부여하거나 취소할 수 있다. PostgreSQL에서 이것은 그룹을 나타내는 role을 생성한 다음, 그룹 role의 멤버십을 개별 사용자 role에 부여하면 된다.

그룹 role을 설정하려면 먼저 role을 생성해야 한다.

```
CREATE ROLE name;
```

일반적으로 그룹으로 사용되는 role은 LOGIN 속성이 없으며, 원하면 설정은 할 수 있다.

그룹 role이 존재하는 경우 GRANT 및 REVOKE 명령을 사용하여 멤버를 추가 및 삭제할 수 있다.

```
GRANT group_role TO role1, ... ;
REVOKE group_role FROM role1, ... ;
```

다른 그룹 role에도 멤버십을 부여할 수 있다(그룹 role과 비 그룹 role 사이에 실제로는 구분이 없음). 데이터베이스는 순환식 멤버십 루프의 설정을 허용하지 않는다. 또한, role의 멤버십을 PUBLIC에 부여하는 것도 허용하지 않는다.

그룹 role의 멤버는 두 가지 방법으로 role의 권한을 사용할 수 있다. 첫째, 그룹의 모든 멤버는 명시적으로 SET ROLE을 수행하여 일시적으로 그룹 role이 "된다". 이 상태에서 데이터베이스 세션은 원래의 로그인 role이 아닌 그룹 role에 대한 액세스 권한을 가지며, 생성된 데이터베이스 개체는 로그인 role이 아닌 그룹 role이 소유하는 것으로 간주된다. 둘째, INHERIT 속성이 있는 멤버 role은 해당 role에서 상속된 모든 권한을 비롯하여 멤버로서 role의 권한을 자동으로 갖는다. 예를 들면, 다음을 실행했다고 가정하자.

```
CREATE ROLE joe LOGIN INHERIT;
CREATE ROLE admin NOINHERIT;
CREATE ROLE wheel NOINHERIT;
GRANT admin TO joe;
GRANT wheel TO admin;
```

joe role로 연결한 직후에 데이터베이스 세션은 joe에 직접 부여된 권한 외에도, joe는 admin의 권한을 "상속 받기" 때문에 admin에 부여된 권한도 사용한다. 그러나 joe가 간접적으로 wheel의 멤버지만 이 멤버십은 NOINHERIT 속성을 갖는 admin을 통한 것이므로 wheel에 부여된 권한은 사용할 수 없다. 다음 명령을 실행해보자.

```
SET ROLE admin;
```

그러면 세션은 admin에 부여된 이러한 권한만 사용하고 joe에 부여된 권한은 사용하지 않는다. 다음 명령을 실행해보자.

```
SET ROLE wheel;
```

그 후 세션은 wheel에 부여된 이러한 권한만 사용하고 joe 또는 admin에 부여된 권한
은 사용하지 않는다. 원래의 권한 상태는 다음 중 하나를 사용하면 복원된다.

```
SET ROLE joe;
SET ROLE NONE;
RESET ROLE;
```

> **참고**: SET ROLE 명령은 원래 로그인 role이 직간접적으로 멤버인 모든 role을 선택할 수 있도록 항상 허용한다.
> 따라서 위의 예시에서, wheel이 되기 전에 꼭 admin이어야 할 필요는 없다.

> **참고**: SQL 표준에서 사용자와 role은 명확히 구분되며, role은 권한을 자동으로 상속받지만, 사용자는 그렇지 않
> 다. 이는 SQL 사용자로서 사용되는 role에게는 NOINHERIT 속성을 부여하고, SQL role로 사용되는 role에게는
> INHERIT 속성을 부여한다. 그러나 사용자에게 항상 멤버인 그룹에 부여된 권한이 있는 8.1 릴리스 이전 버전과
> 의 호환성 때문에 PostgreSQL은 기본적으로 모든 role에 INHERIT 속성을 부여한다.

role 속성 LOGIN 및 SUPERUSER, CREATEDB, CREATEROLE은 특수한 권한으로 생각될 수 있
지만 데이터베이스 개체의 일상적인 권한으로 상속되지 않는다. 속성을 사용하려면 이
러한 속성 중 하나를 보유한 특정 role에 실제로 SET ROLE을 해야 한다. 위의 예시에 이
어서, CREATEDB 및 CREATEROLE을 admin role에 부여할 수도 있다. 그러면, joe role로
연결하는 세션은 이러한 권한을 즉각 갖지는 못하며, SET ROLE admin을 수행한 이후
에만 권한이 부여된다.

그룹 role을 소멸하려면 DROP ROLE을 사용해야 한다.

```
DROP ROLE name;
```

그룹 role의 멤버십이 자동 취소된다(단, 멤버 role은 영향을 받지 않음). 그룹 role이 소유
한 개체를 먼저 삭제하거나 다른 소유자에게 재할당해야 하며, 그룹 role에 부여된 권한
은 취소해야 한다는 점을 유의해야 한다.

6.4 〉 함수 및 트리거 보안

함수와 트리거를 사용하면 다른 사용자가 무심코 실행할 수 있는 코드를 백엔드 서버에 삽입할 수 있다. 따라서 두 메커니즘은 "트로이목마"를 상대적으로 쉽게 침투시킬 수 있다. 유일한 보호책은 함수를 정의할 수 있는 사용자를 엄격하게 제어하는 것이다.

함수는 데이터베이스 서버 데몬의 운영체제 권한이 있는 백엔드 서버 프로세스 내에서 실행된다. 함수에 사용된 프로그래밍 언어가 미검사 메모리 액세스를 허용하는 경우 서버의 내부 데이터 구조를 변경하는 것이 가능하다. 따라서 해당 함수는 모든 시스템 액세스 제어를 피해갈 수 있다. 해당 액세스를 허용하는 함수 언어는 "신뢰되지 않음"으로 간주되고, PostgreSQL은 슈퍼유저만 해당 언어로 작성된 함수를 생성하도록 허용한다.

7

데이터베이스 관리

실행 중인 PostgreSQL 서버의 모든 인스턴스는 하나 이상의 데이터베이스를 관리한다. 그러므로 데이터베이스는 SQL 객체("데이터베이스 객체")를 구성하기 위한 최상위 계층이다. 이 장에서는 데이터베이스의 특성과 데이터베이스를 생성 및 관리, 소멸하는 방법에 대해 다룬다.

7.1 ⟩ 개요

데이터베이스는 명명된 SQL 개체 컬렉션이다("데이터베이스 개체"). 일반적으로 모든 데이터베이스 개체(테이블, 함수 등)는 데이터베이스 한 곳에만 속한다(예를 들면, `pg_database`처럼 전체 클러스터에 속하고 클러스터 내의 각 데이터베이스에서 액세스가 가능한 시스템 카탈로그는 몇 개 있다). 좀 더 정확하게 데이터베이스는 명명된 SQL 객체 컬렉션이다("데이터베이스 객체"). 일반적으로 모든 데이터베이스 객체(테이블, 함수 등)은 데이터베이스 한 곳에만 속한다(예를 들면, `pg_database`처럼 전체 클러스터에 속하고 클러스터 내의 각 데이터베이스에서 접근 가능한 시스템 카탈로그는 몇 개 있다). 좀 더 정확하게 말하면 데이터베이스는 스키마의 컬렉션이며, 스키마에는 테이블, 함수 등이 포함된다. 따라서 전체 구조는 서버, 데이터베이스, 스키마, 테이블(또는 함수 같이 종류가 다른 일부 객체)로 구성된다.

데이터베이스 서버에 연결하는 경우 클라이언트는 연결하려는 데이터베이스 이름을 연결을 요청할 때 지정해야 한다. 연결당 데이터베이스를 하나 이상 접근할 수도 있다. 단, 애플리케이션은 동일한 데이터베이스 또는 다른 데이터베이스에 대해 열리는 연결 수에 제한되지 않는다. 데이터베이스는 물리적으로 구분되며 접근 제어는 연결 수준에서 관리된다. 한 PostgreSQL 서버 인스턴스가 서로 인식하지 못하는 프로젝트 또는 사용자를 수용하는 경우, 두 가지를 별도의 데이터베이스에 두는 것이 좋다. 프로젝트 또는 사용자가 서로 연관되어 있고 서로의 자원을 사용해야 하는 경우에는 두 가지를 동일한 데이터베이스에 두고 스키마는 분리해야 한다. 스키마는 순전히 논리적 구조이며 권한 시스템이 관리하는 대상에 접근할 수 있는 사용자이다.

데이터베이스는 스키마의 컬렉션이며, 스키마에는 테이블, 함수 등이 포함된다. 따라서 전체 구조는 서버, 데이터베이스, 스키마, 테이블(또는 함수 같이 종류가 다른 일부 개체)로 구성된다.

데이터베이스 서버에 연결하는 경우 클라이언트는 연결하려는 데이터베이스 이름을 연결 요청에서 지정해야 한다. 연결당 데이터베이스를 하나 이상 액세스할 수도 있다. 단, 애플리케이션은 동일한 데이터베이스 또는 다른 데이터베이스에 대해 열리는 연결 수에 제한되지 않는다. 데이터베이스는 물리적으로 구분되며 액세스 제어는 연결 레벨에서 관리된다. PostgreSQL 서버 인스턴스 1개가 분리가 필요한 프로젝트 또는 사용자를 수용한 경우 및 대부분이 서로를 인지하지 못하는 경우 두 가지를 별도의 데이터베이스에 두는 것이 좋다. 프로젝트 또는 사용자가 서로 연관되는 경우 및 서로의 리소스를 사용해야 하는 경우에는 두 가지를 동일한 데이터베이스에 두고 스키마는 분리해야 한다. 스키마는 순전히 논리적 구조이며, 권한 시스템에 의해 관리되는 대상에 액세스할 수 있는 사용자이다. 스키마 관리에 대한 자세한 내용은 PostgreSQL 공식 가이드 5.7절을 참조 바란다.

데이터베이스는 CREATE DATABASE 명령(7.2절 참조)으로 생성되고 DROP DATABASE 명령(7.5절 참조)으로 소멸된다. 기존 데이터베이스를 판단하려면 pg_database 시스템 카탈로그를 검사해야 한다. 예를 들면, 다음과 같다.

```
SELECT datname FROM pg_database;
```

psql 프로그램의 \l 메타 명령 및 -l 커맨드라인 옵션도 기존 데이터베이스를 나열하는 데 유용하다.

[7.2] 데이터베이스 생성

데이터베이스를 생성하려면 PostgreSQL 서버를 시작한 다음에 실행해야 한다(3.3절 참조).

데이터베이스는 SQL 명령 CREATE DATABASE로 생성된다.

```
CREATE DATABASE name;
```

여기서, name은 SQL 식별자에 대한 일반 규칙을 따른다. 현재 role은 자동으로 새 데이터베이스의 소유자가 된다. 나중에 데이터베이스를 삭제하는 것은 데이터베이스 소유자의 권한이다(소유자가 달라도 데이터베이스의 모든 객체가 삭제됨).

데이터베이스 생성은 제한적이다. 권한 부여 방법은 6.2절을 참조 바란다.

CREATE DATABASE 명령을 실행하려면 데이터베이스 서버에 연결해야 하는데, 주어진 사이트에서 첫 번째 데이터베이스를 어떻게 만들 것인가가 문제가 된다. 첫 번째 데이터베이스는 데이터 저장소 영역을 초기화할 때 initdb 명령으로 항상 생성된다(3.2절 참조). 이 데이터베이스를 postgres라고 한다. 따라서 첫 번째 "일반" 데이터베이스를 생성하기 위해 postgres에 연결할 수 있다.

두 번째 데이터베이스 template1도 데이터베이스 클러스터 초기화 중에 생성된다. 클러스터 내에서 새 데이터베이스를 생성할 때마다 template1이 복제된다. 이것은 template1에서 변경된 내용이 추후 생성된 데이터베이스로 전파된다는 것을 의미한다. 따라서 새로 생성된 모든 데이터베이스로 전파되는 것을 원하지 않으면 template1에서 객체 생성을 하지 말아야 한다. 자세한 내용은 7.3절에 나와 있다.

createdb는 편의상 새 데이터베이스를 생성하기 위해 셸에서 실행할 수 있는 프로그램이다.

```
createdb dbname
```

createdb는 마법이 아니다. 이것은 postgres 데이터베이스에 연결하고 위에서 설명한 대로 정확하게 CREATE DATABASE 명령을 실행한다. PostgreSQL 공식 가이드 createdb 참조 페이지에는 호출 상세 내용이 나와 있다. 인자가 없는 createdb는 현재 사용자 이름으로 데이터베이스를 생성한다.

> **참고**: 주어진 데이터베이스에 연결할 수 있는 사용자를 제한하는 방법에 대한 내용은 5장에 나온다.

다른 사용자를 위한 데이터베이스를 생성하고, 그 사용자를 새 데이터베이스의 소유자로 만들면, 해당 사용자가 스스로 새 데이터베이스를 환경 설정 및 관리할 수 있다. 이렇게 하려면 SQL 환경에서 다음 명령 중 하나를 사용해야 한다.

```
CREATE DATABASE dbname OWNER rolename;
```

또는 셸에서 다음을 사용해야 한다.

```
createdb -O rolename dbname
```

다른 사용자를 위한 데이터베이스는 슈퍼유저만 생성할 수 있다(즉, 멤버가 아닌 role의 경우).

7.3 〉 템플릿 데이터베이스

CREATE DATABASE는 실제로 기존 데이터베이스를 복사한다. 기본적으로 template1이라는 표준 시스템 데이터베이스를 복사한다. 따라서 해당 데이터베이스는 새 데이터베이스를 만드는 "템플릿"이다. 객체를 template1에 추가하면, 이 객체는 나중에 생성된 사용자 데이터베이스로 복사된다. 이 작업은 데이터베이스의 표준 객체 집합에 대한 사이트-로컬 수정을 가능하게 한다. 예를 들면, template1에서 프로시저 언어 PL/Perl을 설치하는 경우 해당 데이터베이스를 생성할 때 추가적인 작업 없이 사용자 데이터베이스가 자동으로 사용 가능하게 된다.

template0이라는 2차 표준 시스템 데이터베이스가 있다. 이 데이터베이스에는 template1의 초기 내용과 동일한 데이터가 포함되어 있다. 즉, PostgreSQL 버전에 의해 사전 정의된 표준 객체만 포함되어 있다. 데이터베이스 클러스터를 초기화한 후에는 template0을 절대 변경하면 안 된다. template1 대신 template0을 복사하도록 CREATE DATABASE를 실행하면 template1에서 사이트-로컬 추가가 없는 "처녀" 사용자 데이터 베이스를 생성할 수 있다. 이것은 pg_dump 덤프를 복원할 때 특히 유용하다. 나중에 template1에 추가되었을 수도 있는 객체와 충돌 없이 덤프된 데이터베이스를 올바르게 재생성 하도록 처녀 데이터베이스에서 덤프 스크립트를 복원해야 한다.

template1 대신 template0을 복사하는 일반적인 다른 이유는 template1의 복사는 동일한 설정을 사용해야 하지만 template0을 복사하는 경우에는 새 인코딩 및 로케일^{locale} 설정을 지정할 수 있기 때문이다. template1은 인코딩 또는 로케일^{locale}에 관한 데이터를 포함하지만 template0은 그렇지 않다.

template0을 복사하여 데이터베이스를 생성하려면 SQL 환경에서 다음을 사용해야 한다.

```
CREATE DATABASE dbname TEMPLATE template0;
```

또는 셸에서 다음을 사용해야 한다.

```
createdb -T template0 dbname
```

템플릿 데이터베이스를 추가적으로 생성하는 것이 가능하며, CREATE DATABASE의 경우 템플릿 이름을 지정하면 클러스터의 데이터베이스를 복사할 수도 있다. 그러나 아직까지는 "COPY DATABASE"가 범용으로 사용되는 기능이 아니라는 점을 이해해야 한다. 이러한 제한은 복사 중인 소스 데이터베이스에 다른 세션을 연결할 수 없다는 것을 의미한다. 시작 시 다른 연결이 존재하면 CREATE DATABASE가 실패하며, 복사 명령 중에 소스 데이터베이스에 대한 새롭게 연결되는 것을 방지한다.

데이터베이스별로 pg_database에는 `datistemplate` 칼럼 및 `datallowconn` 칼럼의 두 가지 유용한 플래그가 존재한다. `datistemplate`를 설정하여 데이터베이스가 `CREATE DATABASE`의 템플릿임을 나타낼 수 있다. 이 플래그가 설정되면 `CREATEDB` 권한이 있는 사용자가 데이터베이스를 복제할 수 있다. 설정되지 않으면 슈퍼유저와 데이터베이스 소유자만 복제할 수 있다. `datallowconn`이 false인 경우 해당 데이터베이스에 대한 새로운 연결이 허용되지 않는다(단, 플래그를 false로 설정해도 기존 세션은 중단되지 않는다). template0 데이터베이스는 수정 방지를 위해 일반적으로 `datallowconn = false`로 표시된다. 양쪽 template0 및 template1은 `datistemplate = true`로 항상 표시되어야 한다.

> **참고**: template1 및 template0은 이름 template1이 CREATE DATABASE의 기본 소스 데이터베이스 이름이라는 사실 외에는 특별한 상태를 나타내지 않는다. 예를 들면, template1을 삭제하고 부작용 없이 template0으로 재생성 가능하다. 이러한 작업 과정은 template1에 잘못 추가한 것이 많을 경우에 좋다(template1을 삭제하려면 pg_database.datistemplate = false여야 한다).
>
> 데이터베이스 클러스터가 초기화될 때 postgres 데이터베이스도 생성된다. 이 데이터베이스는 연결하는 사용자 및 애플리케이션의 기본 데이터베이스임을 의미한다. 이것은 단순히 template1의 사본이며, 필요 시 삭제 및 재생성이 가능하다.

7.4 〉 데이터베이스 환경 설정

4장에서 설명한 대로 PostgreSQL 서버는 여러 가지 런타임 설정 변수를 제공한다. 이러한 여러 가지 설정에 대해 데이터베이스별 기본값을 설정할 수 있다.

예를 들면, 주어진 데이터베이스에 대해 GEQO 옵티마이저를 비활성화하려는 경우 대개는 모든 데이터베이스에 대해 비활성화해야 하거나 모든 연결 클라이언트가 신중하게 `SET geqo TO off`를 실행하는지 확인해야 한다. 특정 데이터베이스 내에서 이 설정을 기본값으로 설정하려면 다음 명령을 실행해야 한다.

```
ALTER DATABASE mydb SET geqo TO off;
```

이것은 설정을 저장한다(그러나 즉시 설정되지는 않음). `SET geqo TO off;;`가 세션 시작 직전에 실행되었더라도 이 데이터베이스를 추후 연결했을 때 이것이 적용된다. 세션 중에 사용자가 이 설정을 변경할 수 있으며, 이는 기본값에 불과하다. 설정을 실행 취소하려면 `ALTER DATABASE dbname RESETvarname`을 사용해야 한다.

7.5 〉 데이터베이스 소멸

데이터베이스는 `DROP DATABASE` 명령으로 소멸된다.

```
DROP DATABASE name;
```

데이터베이스 소유자 또는 슈퍼유저만 데이터베이스를 삭제할 수 있다. 데이터베이스를 삭제하면 데이터베이스에 포함된 모든 객체가 삭제된다. 데이터베이스 소멸은 실행 취소가 불가능하다.

삭제 대상 데이터베이스에 연결된 상태에서는 `DROP DATABASE` 명령을 실행할 수 없다. 그러나 template1 데이터베이스를 비롯한 다른 데이터베이스에 연결하는 것은 가능하다. 주어진 클러스트의 마지막 사용자 데이터베이스를 삭제할 때 template1은 유일한 옵션이 된다.

편의상 데이터베이스를 삭제할 수 있는 셸 프로그램 dropdb도 있다.

```
dropdb dbname
```

(createdb와 달리, 이것은 현재 사용자 이름으로 데이터베이스를 삭제하는 기본 동작은 아니다)

7.6 〉 테이블스페이스

PostgreSQL의 테이블스페이스는 데이터베이스 관리자가 데이터베이스 객체를 나타내는 파일을 저장할 수 있는 파일 시스템의 위치를 정의할 수 있게 한다. 생성된 경우 테이블스페이스는 데이터베이스 객체 생성 시 이름으로 참조가 가능하다.

테이블스페이스를 사용함으로써 관리자는 PostgreSQL 설치의 디스크 레이아웃을 제어할 수 있다. 이것은 최소 2가지 방법으로 활용할 수 있다. 첫째, 클러스터가 초기화된 파티션 또는 볼륨 공간이 소진되고 확장이 불가능한 경우, 다른 파티션에 테이블스페이스를 생성하고 시스템이 재인식될 때까지 사용할 수 있다.

두 번째, 테이블스페이스는 관리자가 성능 최적화를 위해 데이터베이스 객체의 사용 패턴에 대한 지식을 사용할 수 있게 한다. 예를 들면, 사용이 빈번한 인덱스는 고가의 SSD 같은 고속, 고가용성 디스크에 배치할 수 있다. 또한, 거의 사용되지 않거나 성능이 중요하지 않은 아카이브 데이터가 저장된 테이블은 저속, 저가의 디스크 시스템에 저장할 수 있다.

주의

PostgreSQL 주 데이터 디렉토리 외부에 배치했더라도 테이블스페이스는 데이터베이스 클러스터 내부에 속해 있기 때문에 데이터 파일 자동 수집으로 처리되어서는 안 된다. 테이블스페이스는 주 데이터 디렉토리에 포함된 메타데이터에 종속적이므로 서로 다른 데이터베이스 클러스터에 연결되거나 개별적으로 백업할 수 없다. 마찬가지로, 테이블스페이스를 잃어버린 경우(파일 삭제, 디스크 오류 등), 데이터베이스 클러스터를 읽지 못하게 되거나 시작하지 못하게 될 수 있다. 램디스크 같은 임시 파일 시스템에 테이블 스페이스를 배치하면 전체 클러스터의 신뢰도가 위험할 수 있다.

테이블스페이스를 정의하려면 CREATE TABLESPACE 명령을 사용해야 한다. 예를 들면, 다음과 같다.

```
CREATE TABLESPACE fastspace LOCATION '/ssd1/postgresql/data';
```

위치는 빈 디렉토리로 존재해야 하며, PostgreSQL 운영체제 사용자가 소유한 것이어야 한다. 이후에 테이블스페이스 내부에서 생성된 모든 객체는 이 디렉토리 아래의 파일에 저장된다. 테이블스페이스가 누락 또는 분실된 경우 클러스터 작동이 실패할 수 있으므로 위치가 이동식 또는 임시 저장소이면 안 된다.

테이블스페이스 자체는 데이터베이스 슈퍼유저로 생성해야 하지만, 생성한 후에는 일반 데이터베이스 사용자가 이 데이터베이스를 사용하도록 할 수 있다. 이렇게 하려면 CREATE 권한을 부여해야 한다.

테이블 및 인덱스, 전체 데이터베이스는 특정 테이블스페이스에 할당될 수 있다. 이를 위해, 주어진 테이블스페이스에 대한 CREATE 권한이 있는 사용자는 테이블스페이스 이름을 해당 명령에 대한 매개변수로 전달해야 한다. 예를 들면, 다음은 테이블스페이스 space1에서 테이블을 생성한다.

```
CREATE TABLE foo(i int) TABLESPACE space1;
```

또는 default_tablespace 매개변수를 사용한다.

```
SET default_tablespace = space1;
CREATE TABLE foo(i int);
```

default_tablespace가 비어 있는 string 이외의 것으로 설정되면 이것은 명시적이지 않은 CREATE TABLE 및 CREATE INDEX 명령에 대한 암시적 TABLESPACE 절을 제공한다.

임시 테이블과 인덱스, 거대^{large} 데이터 세트 정렬 같은 목적으로 사용되는 임시 파일의 배치를 결정하는 temp_tablespaces 매개변수도 있다. 이것은 하나 이상의 테이블스페이스명 목록일 수 있으므로 임시 객체와 관련된 부하가 다수의 테이블스페이스로 퍼질 수 있다. 목록의 임의의 멤버는 임시 객체가 생성될 때마다 선택된다.

데이터베이스와 관련된 테이블스페이스는 해당 데이터베이스의 시스템 카탈로그를 저장하는 데 사용된다. 또한 TABLESPACE 절이 없거나 default_tablespace 또는 temp_ tablespaces에 의해 지정된 다른 선택이 없는 경우, 이것은 데이터베이스 내에서 생성된 테이블 및 인덱스, 임시 파일에 사용되는 기본 테이블스페이스이다. 테이블스페이스를 지정하지 않고 데이터베이스를 생성하면, 복사했던 템플릿 데이터베이스와 동일한 테이블스페이스를 사용한다.

데이터베이스 클러스터가 초기화되면 테이블스페이스 2개가 자동으로 생성된다. pg_global 테이블스페이스는 공유 시스템 카탈로그에 사용된다. pg_default 테이블스페이스는 template1 및 template0 데이터베이스의 기본 테이블스페이스이다(따라서 CREATE DATABASE의 TABLESPACE 절로 덮어쓰지 않으면 다른 데이터베이스의 기본 테이블스페이스가 된다).

테이블스페이스가 생성되면 요청한 사용자에게 권한이 충분한 경우에는 모든 데이터베이스에서 사용할 수 있다. 이것은 테이블스페이스를 사용하는 모든 데이터베이스에서 모든 객체를 삭제하지 않으면 테이블스페이스를 삭제할 수 없다는 것을 의미한다.

비어 있는 테이블스페이스를 삭제하려면 DROP TABLESPACE 명령을 사용해야 한다.

기존 테이블스페이스를 확인하려면 pg_tablespace 시스템 카탈로그를 검사해야 한다. 예를 들면, 다음과 같다.

```
SELECT spcname FROM pg_tablespace;
```

psql 프로그램의 \db 메타 명령도 기존 테이블스페이스를 나열할 때 유용하다.

PostgreSQL은 심볼릭 링크를 사용하여 테이블스페이스의 구현을 간략화한다. 이것은 심볼릭 링크가 지원되는 시스템에서만 테이블스페이스를 사용할 수 있다는 것을 의미한다.

디렉토리 $PGDATA/pg_tblspc에는 클러스터에 저장된 비 내장 테이블스페이스 각각을 가리키는 심볼릭 링크가 포함되어 있다. 권장 사항은 아니지만, 이 링크를 재정의하여 테이블스페이스의 레이아웃을 조정할 수도 있다. 이 작업은 어떤 경우에서든 서버 실행 중에 해야 한다. PostgreSQL 9.1 이전 버전에서는 pg_tablespace 카탈로그를 새 위치로 업그레이드해야 한다(그렇게 하지 않으면 pg_dump가 계속해서 이전 테이블스페이스 위치를 출력한다).

8

로컬라이제이션

이 장에서는 관리자의 관점에서 사용 가능한 로컬라이제이션 기능을 설명한다. PostgreSQL은 두 가지 로컬라이제이션 기능을 지원한다.

- 운영체제의 로케일^{locale} 기능을 사용하여 로케일별^{locale-specific} 콜레이션 순서, 숫자 형식 설정, 메시지 번역 및 기타 이것은 8.1절 및 8.2절에서 다룬다.
- 텍스트를 모든 종류의 언어로 저장하는 것을 지원하는 각종 문자 집합 및 클라이언트와 서버 간 문자 집합 번역. 이것은 8.3절에서 다룬다.

8.1 〉 로케일 지원

로케일^{Locale} 지원이란 영문자, 정렬, 숫자 형식 등 문화적인 기본 설정과 관련된 지원을 의미한다. PostgreSQL는 서버 운영체제에서 제공되는 표준 ISO C 및 POSIX 로케일 기능을 사용한다. 부가적인 정보에 대해서는 시스템 문서를 참조하기 바란다.

8.1.1 개요

로케일 지원은 initdb를 사용하여 데이터베이스 클러스터가 생성되면 자동으로 초기화된다. initdb는 기본적으로 실행 환경의 로케일 설정을 사용하여 데이터베이스 클러스터를 초기화하므로, 데이터베이스 클러스터에서 시스템이 이미 원하는 로케일을 사용하는 것으로 설정된 경우 사용자가 특별히 할 일은 없다. 다른 로케일을 사용하려면(또는 시스템에 어떤 로케일이 설정되었는지 모를 경우) --locale 옵션으로 initdb 명령을 실행하여 어떤 로케일이 사용되는지 정확히 알 수 있다. 예를 들면, 다음과 같다.

```
initdb --locale=sv_SE
```

유닉스 시스템에 대한 이 예시에서, 스웨덴(SE)에서 사용되는 스웨덴어(sv)가 로케일로 설정된다. 다른 것으로는 en_US(영어) 및 fr_CA(프랑스어를 제1언어로 하는 캐나다인)가 있을 수 있다. 로케일에 두 가지 이상의 문자 세트를 사용하는 경우 language_territory.codeset 규격의 양식을 따를 수 있다. 예를 들면, fr_BE.UTF-8은 UTF-8 문자 집합 인코딩을 사용하여 벨기에(BE)의 프랑스어(fr)를 나타낸다.

시스템에서 사용할 수 있는 로케일의 이름은 운영체제 벤더에 따라, 설치된 것에 따라 다르다. 대부분의 유닉스 시스템에서 locale -a 명령은 사용 가능한 로케일 목록을 보여준다. 윈도우는 German_Germany 또는 Swedish_Sweden.1252 같이 로케일 이름을 더 자세하게 사용하지만 원리는 동일하다.

경우에 따라 몇 가지 로케일 규칙을 혼용하는 것이 유용하다. 예를 들면, English 콜레이션 규칙은 사용하되, Spanish 메시지는 사용하지 않을 수 있다. 이것을 지원하기 위해 로컬라이제이션 규칙의 특정 측면만 제어하는 로케일 보조 카테고리 집합이 존재한다.

LC_COLLATE	String 정렬 순서
LC_CTYPE	문자 분류(어떤 글자인지, 대문자도 동일한지)
LC_MESSAGES	메시지 언어
LC_MONETARY	통화 형식

(이어짐)

LC_COLLATE	String 정렬 순서
LC_NUMERIC	숫자 형식
LC_TIME	날짜 및 시간 형식

카테고리 이름은 initdb 옵션 이름으로 번역되어 특정 카테고리의 로케일 선택을 오버라이드한다. 예를 들면, 로케일을 Canadian으로 설정하되, 통화 형식은 U.S. 규칙을 사용하려면 initdb --locale=fr_CA --lc-monetary=en_US를 사용해야 한다.

시스템에 로케일 지원이 안 되는 것처럼 하고 싶으면 특수한 로케일 이름 C 또는 동등하게 POSIX를 사용해야 한다.

일부 로케일 카테고리는 데이터베이스가 생성될 때 고정된 값이어야 한다. 서로 다른 데이터베이스에 대해 서로 다른 설정을 사용할 수 있지만 데이터베이스가 생성된 다음에는 해당 데이터베이스에 대한 설정을 변경할 수 없다. LC_COLLATE 및 LC_CTYPE이 이러한 카테고리이다. 이것은 인덱스 정렬 순서에 영향을 미치므로 고정된 상태로 유지되어야 하며, 그렇지 않을 경우 텍스트 칼럼의 인덱스가 손상을 입게 된다(그러나 8.2절에 나오는 콜레이션을 사용하면 이 제한을 완화할 수 있다). 이 카테고리의 기본값은 initdb가 실행 중에 결정되고 이 값은 CREATE DATABASE 명령에서 지정되지 않았을 경우 새 데이터베이스를 생성할 때 사용된다.

다른 로케일 카테고리는 로케일 카테고리와 이름이 동일한 서버 환경 설정 매개변수를 설정함으로써 필요할 때마다 변경 가능하다(자세한 내용은 4.11.2절 참조). initdb에서 선택된 값은 실제로 환경 설정 파일 postgresql.conf에 작성되어 서버 시작 시에 기본값으로 사용된다. 이 값을 postgresql.conf에서 제거하면 서버가 실행 환경에서 설정을 상속받는다.

서버의 로케일 동작은 클라이언트 환경이 아니라 서버에서 표시되는 환경 변수에서 결정된다는 점에 유의해야 한다. 따라서 서버를 시작하기 전에 올바른 로케일 설정을 환경 설정하는 것에 주의해야 한다. 이것의 결과는, 클라이언트와 서버가 서로 다른 로케일로 설정된 경우 출처에 따라 메시지가 다른 언어로 나타날 수 있다.

> **참고**: 실행 환경에서 로케일 상속에 대해 언급할 때 이것은 대부분의 운영체제에서 다음을 의미한다. 콜레이션 이라는 지정된 로케일 카테고리의 경우 설정할 것을 찾을 때까지 LC_ALL, LC_COLLATE(또는 각 카테고리에 해당되는 변수), LANG 환경 변수가 이 순서로 검색된다. 이 환경 변수 중 어느 것도 설정되지 않은 경우 로케일 기본값은 C이다.
>
> 메시지 언어 설정을 위해 일부 메시지 로컬라이제이션 라이브러리도 다른 모든 로케일 설정을 오버라이드하는 환경 변수 LANGUAGE를 살펴본다. 더 자세한 건 운영체제 문서, 특히 gettext에 대한 문서를 참조하기 바란다.

사용자가 원하는 언어로 메시지가 번역되게 하려면 빌드 시에 NLS를 선택해야 한다 (`configure --enable-nls`). 다른 모든 로케일 지원은 자동으로 내장된다.

8.1.2 동작

로케일 설정은 다음과 같은 SQL 기능에 영향을 준다.

- `ORDER BY`를 사용한 쿼리에서 정렬 순서 또는 텍스트 데이터에서 표준 비교 연산자
- `upper` 및 `lower`, `initcap` 함수
- 패턴 일치 연산자(`LIKE`, `SIMILAR TO` 및 POSIX 스타일 정규식). 대소문자 비 구분 일치 및 문자 클래스 정규식에 의한 문자 분류에 모두 영향을 미치는 로케일
- `to_char` 계열 함수
- `LIKE` 절을 사용한 인덱스 사용 능력

PostgreSQL에서 C 또는 POSIX이 아닌 다른 로케일을 사용할 때의 단점은 성능이다. 문자 처리가 느려지고 `LIKE`에서 사용되는 일반 인덱스를 사용하지 못한다. 이러한 이유로, 실제로 필요한 경우에만 로케일을 사용해야 한다.

C가 아닌 로케일 하에서 `LIKE` 절을 사용한 인덱스를 PostgreSQL이 이용하려면 몇 가지 커스텀 연산자 클래스가 존재해야 한다. 이것은 로케일 비교 규칙은 무시하면서 엄격한 문자별 비교를 수행하는 인덱스의 생성을 허용한다. 다른 방법은 8.2절에 설명된 대로 C 콜레이션을 사용하여 인덱스를 생성하는 것이다.

8.1.3 문제

위의 설명대로 로케일이 지원되지 않으면 운영체제의 로케일 지원이 바르게 환경 설정되었는지 확인해야 한다. 운영체제에서 제공되는 경우 로케일이 시스템에 설치되었는지 확인하기 위해 `locale -a` 명령을 사용할 수 있다.

사용자가 생각하는 로케일을 PostgreSQL이 실제로 사용 중인지 확인하라. `LC_COLLATE` 및 `LC_CTYPE` 설정은 데이터베이스가 생성될 때 결정되고, 새 데이터베이스를 생성할 때 외에는 변경할 수 없다. `LC_MESSAGES` 및 `LC_MONETARY`를 비롯한 다른 로케일 설정은 서버가 시작된 환경에 의해 처음 결정되고, 상황에 따라 바뀔 수 있다. `SHOW` 명령을 사용하면 활성화된 로케일 설정을 확인할 수 있다.

소스의 src/test/locale 디렉토리에는 PostgreSQL의 로케일을 지원하는 테스트 세트가 포함되어 있다.

에러 메시지 텍스트를 파싱하여 서버 측 에러를 처리하는 클라이언트 애플리케이션은 서버의 메시지 언어가 다르면 명백하게 문제가 된다. 해당 애플리케이션의 작성자는 에러 코드 스키마를 대신 활용하는 것이 좋다.

PostgreSQL의 메시지 번역 카탈로그를 선호하는 언어로 개발하려면 노력이 필요하다. 원하는 언어로 된 메시지가 현재 없거나 번역이 완전하지 않을 수 있기 때문에 개발 협조를 구하고 있다. 도움이 필요하면 PostgreSQL 공식 가이드 51장을 참조하거나 개발자의 메일링 리스트에 기록 바란다.

8.2 ⟩ 콜레이션 지원

콜레이션 기능으로 칼럼별 및 연산별 데이터의 정렬 순서 및 문자 분류 동작을 지정할 수 있다. 이것은 데이터베이스 생성 후 `LC_COLLATE` 및 `LC_CTYPE` 설정을 변경하지 못하도록 하는 제한을 풀어준다.

8.2.1 개념

개념적으로 콜레이션 가능한 데이터 타입의 모든 표현식은 콜레이션을 갖고 있다(콜레이션 가능한 내장된 데이터 타입은 `text` 및 `varchar`, `char`이다. 사용자 정의된 베이스 타입은 콜레이션 가능으로 표시될 수 있으며, 콜레이션 가능한 데이터 타입의 도메인도 콜레이션이 가능하다). 표현식이 칼럼 참조인 경우 표현식의 콜레이션은 칼럼이 정의한 콜레이션이다. 표현식이 상수인 경우 콜레이션은 상수 데이터 타입의 기본 콜레이션이다. 좀 더 복잡한 표현식의 콜레이션은 아래 설명대로 입력 콜레이션으로부터 결정된다.

표현식의 콜레이션은 데이터베이스에 대해 정의된 로케일 설정을 의미하는 "기본" 콜레이션이 될 수 있다. 표현식의 콜레이션을 결정되지 않은 상태로 하는 것도 가능하다. 이런 경우 콜레이션을 알아야 하는 정렬 명령 및 기타 명령은 실패한다.

데이터베이스 시스템이 정렬 또는 문자 분류를 수행해야 하는 경우 입력 표현식의 콜레이션이 사용된다. 이것은, 예를 들면 `ORDER BY` 절 및 함수 또는 `<` 같은 연산자 호출을 사용할 때 결정된다. `ORDER BY` 절에 적용되는 콜레이션은 단순히 정렬 키의 콜레이션이다. 함수 또는 연산자 호출에 적용되는 콜레이션은 아래 설명된 인자로부터 결정된다. 비교 연산자 외에, 콜레이션은 `lower` 및 `upper`, `initcap` 같이 대소문자 사이를 변환하는 함수와 패턴 일치 및 `to_char`와 관련 함수를 사용할 때 결정된다.

함수 또는 연산자 호출의 경우 인자 콜레이션 검사로 결정된 콜레이션이 작업 성능을 위해 런타임에 사용된다. 함수나 연산자 호출의 결과가 콜레이션 가능한 데이터 타입인 경우, 콜레이션에 대한 정보가 필요한 주변 표현식이 있을 때 콜레이션도 파싱할 때의 함수 또는 연산자 표현식의 정의된 콜레이션으로 사용된다.

표현식의 콜레이션 결정은 암시적 또는 명시적일 수 있다. 이 차이는 서로 다른 콜레이션이 표현식에 나타나는 경우, 콜레이션이 결합되는 방식에 영향을 준다. `COLLATE` 절을 사용하면 명시적 콜레이션이 결정되고, 그 외 모든 콜레이션은 암시적으로 결정된다. 예를 들면, 함수 호출에서 여러 콜레이션을 결합해야 하는 경우 다음과 같은 규칙이 사용된다.

1. 입력 표현식이 명시적 콜레이션을 결정하는 경우 입력 표현식에서 명시적으로 결정된 모든 콜레이션은 동일해야 한다. 그렇지 않으면 에러가 발생한다. 명시적으로 결정된 콜레이션은 콜레이션 결합의 결과물이다.

2. 그 외에 모든 입력 표현식은 동일한 암시적 콜레이션을 결정하거나 기본 콜레이션을 사용해야 한다. 기본값이 아닌 콜레이션은 콜레이션 결합의 결과물이다. 그 외에는 기본 콜레이션이다.

3. 입력 표현식 사이에 기본이 아닌 암시적 콜레이션의 충돌이 있을 경우 결합은 불확정적인 콜레이션을 쓰는 것으로 간주된다. 호출하려는 특정 함수가 적용해야 할 콜레이션을 알아야 하는 경우가 아니면 이것은 에러 조건이 아니다. 그 외에는 런타임 시 에러가 발생된다.

예를 들어, 다음과 같은 테이블 정의를 생각해보자.

```
CREATE TABLE test1 (
    a text COLLATE "de_DE",
    b text COLLATE "es_ES",
    ...
);
```

그러면, 다음 구문을 보자.

```
SELECT a < 'foo' FROM test1;
```

이 구문에서 〈 비교는 표현식이 명시적으로 결정된 콜레이션을 기본 콜레이션과 결합하기 때문에 de_DE 규칙에 따라 수행된다. 그러나 다음 코드를 보자.

```
SELECT a < ('foo' COLLATE "fr_FR") FROM test1;
```

이 구문에서는 명시적 콜레이션이 암시적 콜레이션을 오버라이드하므로 fr_FR 규칙으로 비교가 수행된다. 게다가, 다음 구문에서는 a 및 b 칼럼의 암시적 콜레이션이 충돌하므로 어떤 콜레이션을 적용할 것인지 파서로 결정할 수 없다.

```
SELECT a < b FROM test1;
```

< 연산자는 어떤 콜레이션을 사용할 것인지 알 필요가 없으므로, 결과적으로 에러가 발생한다. 암시적 콜레이션 지정자[specifier]를 입력 표현식에 추가하면 이 에러가 해결된다. 따라서, 다음 코드처럼 할 수 있다.

```
SELECT a < b COLLATE "de_DE" FROM test1;
```

또는 동일하게, 다음과 같이 할 수 있다.

```
SELECT a COLLATE "de_DE" < b FROM test1;
```

즉, 구조상 동일한 구문이다.

```
SELECT a || b FROM test1;
```

이 구문은 || 연산자가 콜레이션에 대해 무심하므로 결과적으로 에러가 발생한다. 이 결과는 콜레이션과 무관하게 동일하다.

또한 함수 또는 연산자의 결합된 입력 표현식에 할당된 콜레이션은 함수 또는 연산자가 콜레이션 가능한 데이터 타입의 결과를 전달하는 경우, 함수 또는 연산자의 결과에 적용되는 것으로 간주된다. 따라서, 다음 구문은 de_DE 규칙에 따라 정렬된다.

```
SELECT * FROM test1 ORDER BY a || 'foo';
```

그러나 이 쿼리는 || 연산자는 콜레이션에 대해 알고 있을 필요가 없지만 ORDER BY 절은 그렇게 하므로 결과적으로 에러가 발생한다.

```
SELECT * FROM test1 ORDER BY a || b;
```

이전과 같이, 명시적 콜레이션 지정자를 사용하면 충돌을 해결할 수 있다.

```
SELECT * FROM test1 ORDER BY a || b COLLATE "fr_FR";
```

8.2.2 콜레이션 관리

콜레이션은 SQL 이름을 운영체제 로케일에 맵핑하는 SQL 스키마 개체이다. 특히, LC_COLLATE 및 LC_CTYPE 조합에 맵핑한다(이름이 암시하듯 콜레이션의 주요 목적은 정렬 순서를 제어하는 `LC_COLLATE`를 설정하는 것이다. 그러나 실제로는 `LC_COLLATE`와 다른 `LC_CTYPE`를 갖는 것은 거의 불필요하므로 표현식별로 `LC_CTYPE` 설정에 대한 다른 인프라를 생성하는 대신 한 가지 개념 하에서 이것을 수집하는 것이 더 편리하다). 또한 콜레이션은 문자 집합 인코딩에 연결된다(8.3절 참조). 다른 인코딩으로 동일한 콜레이션 이름이 존재할 수도 있다.

모든 플랫폼에서 이름이 default 및 C, POSIX인 콜레이션을 사용할 수 있다. 추가적인 콜레이션은 운영체제 지원에 따라 사용할 수 있다. default 콜레이션은 데이터베이스 생성 시에 지정된 `LC_COLLATE` 및 `LC_CTYPE` 값을 선택한다. C 및 POSIX 콜레이션 둘 다 ASCII 문자 "A" ~ "Z"만 글자로 처리되고 문자 코드 바이트 값으로 엄격하게 정렬이 되는 "전형적인 C" 동작을 지정한다.

운영체제가 단일 프로그램(`newlocale` 및 관련 함수) 내에서 복수의 로케일을 사용하는 지원을 제공하는 경우 데이터베이스 클러스터가 초기화되면, `initdb`는 당시에 운영체제에서 찾은 모든 로케일에 따라 콜레이션으로 시스템 카탈로그 `pg_collation`을 채운다. 예를 들면, 운영체제는 `de_DE.utf8`이라는 이름의 로케일을 제공할 수도 있다. 그러면 `initdb`는 `LC_COLLATE` 및 `LC_CTYPE`가 둘 다 `de_DE.utf8`로 설정된 UTF8 인코딩에 대해 `de_DE.utf8`이라는 콜레이션을 생성한다. 또한 이것은 이름 일부만 추려낸 `.utf8` 태그를 사용하여 콜레이션을 생성한다. 따라서 작성이 간편하고 인코딩에 대한 이름 의존도가 낮은 `de_DE`라는 이름으로 콜레이션을 사용할 수도 있다. 그래도 콜레이션 이름의 초기 설정은 플랫폼에 따라 달라진다.

`LC_COLLATE` 및 `LC_CTYPE`에 대한 값이 서로 다른 콜레이션이 필요한 경우 `CREATE COLLATION` 명령을 사용하여 새로운 콜레이션을 생성할 수도 있다. 또한 해당 명령으로 기존 콜레이션에서 새 콜레이션을 생성할 수도 있으며, 이것은 애플리케이션에서 운영체제로부터 독립된 콜레이션 이름을 사용할 때 유용하다.

특정한 데이터베이스 내에서 데이터베이스의 인코딩을 사용하는 콜레이션만 중요하다. `pg_collation`의 다른 항목은 무시된다. 따라서 `de_DE` 같이 일부만 추려낸 콜레이션 이름은 전역적으로는 고유하지 않더라도 지정된 데이터베이스 내에서는 고유한 것으로 간주될 수 있다. 데이터베이스 인코딩을 다른 것으로 변경하기로 결정한 경우 변경 사항이 적은 추려낸 콜레이션 이름을 사용하는 것이 권장한다. 그러나 default 및 C, POSIX 콜레이션은 데이터베이스 인코딩과 무관하게 사용할 수 있다.

PostgreSQL은 속성이 동일한 경우에도 별개의 콜레이션 개체는 호환되지 않는 것으로 간주한다. 따라서 예를 들면, 다음과 같다.

```
SELECT a COLLATE "C" < b COLLATE "POSIX" FROM test1;
```

이 구문은 C 및 POSIX 콜레이션의 동작이 동일하더라도 에러가 발생된다. 따라서 추려 낸 콜레이션 이름과 추려내지 않은 콜레이션 이름의 혼용은 권장하지 않는다.

8.3 ⟩ 문자 집합 지원

PostgreSQL에서 지원하는 문자 집합을 사용하면 ISO 8859 같은 싱글바이트 문자 집합 및 EUC^Extended Unix Code, UTF-8, 뮬 내부 코드 같은 멀티바이트 문자 집합을 비롯한 다양한 문자 집합으로 텍스트를 저장할 수 있다. 지원되는 모든 문자 집합은 클라이언트에서 사용 가능한 것이 확실하지만, 몇 가지는 서버 내에서의 사용이 지원되지 않는다 (즉, 서버 측 인코딩). 기본 문자 집합은 initdb를 사용하여 PostgreSQL 데이터베이스 클러스터를 초기화하면서 선택된다. 데이터베이스를 생성할 때 오버라이딩돼서, 데이터베이스들마다 각각 다른 문자 집합을 사용할 수 있다.

하지만, 각 데이터베이스 문자 집합은 데이터베이스의 LC_CTYPE(문자 분류) 및 LC_COLLATE(string 정렬 순서) 로케일 설정과 호환되어야 한다는 제약 사항이 있다. C 또는 POSIX 로케일의 경우 임의의 문자 집합이 허용되지만, 다른 로케일의 경우 올바르게 작동되는 문자 집합은 하나밖에 없다(그러나 윈도우의 경우 UTF-8 인코딩은 모든 로케일에서 사용할 수 있다).

8.3.1 지원되는 문자 집합

표 8.1은 PostgreSQL에서 사용할 수 있는 문자 집합을 보여준다.

표 8.1 PostgreSQL 문자 집합

이름	설명	언어	서버?	바이트/문자	별칭
BIG5	Big Five	중국어 번체	아니요	1-2	WIN950, Windows950
EUC_CN	Extended UNIX Code-CN	중국어 간체	예	1-3	
EUC_JP	Extended UNIX Code-JP	일본어	예	1-3	
EUC_JIS_2004	Extended UNIX Code-JP, JIS X 0213	일본어	예	1-3	
EUC_KR	Extended UNIX Code-KR	한국어	예	1-3	
EUC_TW	Extended UNIX Code-TW	중국어 번체, 대만	예	1-3	
GB18030	국가 표준	중국어	아니요	1-2	
GBK	확장 국가 표준	중국어 간체	아니요	1-2	WIN936, Windows936
ISO_8859_5	ISO 8859-5, ECMA 113	라틴어/키릴어	예	1	
ISO_8859_6	ISO 8859-6, ECMA 114	라틴어/아랍어	예	1	
ISO_8859_7	ISO 8859-7, ECMA 118	라틴어/그리스어	예	1	
ISO_8859_8	ISO 8859-8, ECMA 121	라틴어/히브리어	예	1	
JOHAB	JOHAB	한국어(한글)	아니요	1-3	
KOI8R	KOI8-R	키릴어(러시아어)	예	1	KOI8
KOI8U	KOI8-U	키릴어(우크라이나어)	예	1	

(이어짐)

이름	설명	언어	서버?	바이트/문자	별칭
LATIN1	ISO 8859-1, ECMA 94	서유럽어	예	1	ISO88591
LATIN2	ISO 8859-2, ECMA 94	중유럽어	예	1	ISO88592
LATIN3	ISO 8859-3, ECMA 94	남유럽어	예	1	ISO88593
LATIN4	ISO 8859-4, ECMA 94	북유럽어	예	1	ISO88594
LATIN5	ISO 8859-9, ECMA 128	터키어	예	1	ISO88599
LATIN6	ISO 8859-10, ECMA 144	스칸디나비아어	예	1	ISO885910
LATIN7	ISO 8859-13	발트어	예	1	ISO885913
LATIN8	ISO 8859-14	켈트어	예	1	ISO885914
LATIN9	ISO 8859-15	유로 및 액센트 사용 LATIN1	예	1	ISO885915
LATIN10	ISO 8859-16, ASRO SR 14111	루마니아어	예	1	ISO885916
MULE_INTERNAL	Mule 내부 코드	다언어 Emacs	예	1-4	
SJIS	Shift JIS	일본어	아니요	1-2	Mskanji, ShiftJIS,WIN932, Windows932
SHIFT_JIS_2004	Shift JIS, JIS X 0213	일본어	아니요	1-2	
SQL_ASCII	미지정(텍스트 참조)	아무거나	예	1	
UHC	Unified Hangul Code	한국어	아니요	1-2	WIN949, Windows949
UTF8	유니코드, 8비트	모두	예	1-4	Unicode
WIN866	Windows CP866	키릴어	예	1	ALT
WIN874	Windows CP874	태국어	예	1	
WIN1250	Windows CP1250	중유럽어	예	1	

(이어짐)

이름	설명	언어	서버?	바이트/문자	별칭
WIN1251	Windows CP1251	키릴어	예	1	승리
WIN1252	Windows CP1252	서유럽어	예	1	
WIN1253	Windows CP1253	그리스어	예	1	
WIN1254	Windows CP1254	터키어	예	1	
WIN1255	Windows CP1255	히브리어	예	1	
WIN1256	Windows CP1256	아랍어	예	1	
WIN1257	Windows CP1257	발트어	예	1	
WIN1258	Windows CP1258	베트남어	예	1	ABC, TCVN, TCVN5712, VSCII

모든 클라이언트 API가 나열된 모든 문자 집합을 지원하는 것은 아니다. 예를 들면, PostgreSQL JDBC 드라이버는 MULE_INTERNAL 및 LATIN6, LATIN8, LATIN10을 지원하지 않는다.

SQL_ASCII 설정은 다른 설정과 상당히 다르게 동작한다. 서버 문자 집합이 SQL_ASCII인 경우 서버는 ASCII 표준에 따라 바이트 값 0-127을 해석하고, 바이트 값 128~255은 해석 불가 문자로 처리한다. 설정이 SQL_ASCII인 경우 인코딩 변환이 완료되지 않는다. 따라서 이 설정은 사용 중인 특정 인코딩에 대한 선언이라기 보다는 인코딩에 대한 무시 선언이다. 대부분의 경우에, ASCII가 아닌 데이터를 사용 시 PostgreSQL은 비 ASCII 문자를 변환하거나 검증할 수 없기 때문에 SQL_ASCII 설정을 사용하는 것은 현명하지 않다.

8.3.2 문자 집합 설정

initdb는 PostgreSQL 클러스터에 대한 기본 문자 집합(인코딩)을 정의한다. 예를 들면, 다음과 같다.

```
initdb -E EUC_JP
```

이것은 기본 문자 집합을 EUC_JP(Extended Unix Code for Japanese)로 설정한다. 옵션 string이 긴 것을 선호하는 경우 --encoding을 -E 대신 사용할 수 있다. -E 또는 --encoding 옵션을 지정하지 않으면 initdb는 지정되었거나 기본 로케일을 기반으로 사용할 적정 인코딩을 결정하려고 한다.

인코딩이 선택한 로케일과 호환되는 경우 사용자는 기본값이 아닌 인코딩을 데이터베이스 생성 시에 지정할 수 있다.

```
createdb -E EUC_KR -T template0 --lc-collate=ko_KR.euckr --lc-ctype=ko_
KR.euckr korean
```

이것은 문자 집합 EUC_KR 및 로케일 ko_KR을 사용하는 korean이라는 데이터베이스를 생성한다. 다른 방법으로 아래와 같은 SQL 명령을 사용할 수 있다.

```
CREATE DATABASE korean WITH ENCODING 'EUC_KR' LC_COLLATE='ko_KR.euckr' LC_
CTYPE='ko_KR.euckr' TEMPLATE=template0;
```

위의 명령은 template0 데이터베이스를 복사한다는 점에 유의하라. 다른 데이터베이스를 복사할 때 데이터 손상의 우려 때문에 원본 데이터베이스의 인코딩과 로케일 설정은 변경할 수 없다. 자세한 내용은 7.3절을 참조하기 바란다.

데이터베이스의 인코딩은 시스템 카탈로그 pg_database에 저장되어 있다. psql -l 옵션 또는 \l 명령을 사용하면 이것을 확인할 수 있다.

```
$ psql -l
                           List of databases
   Name    |  Owner   | Encoding | Collation   |    Ctype    |        Access Privileges
-----------+----------+----------+-------------+-------------+------------------------------------
 clocaledb | hlinnaka | SQL_ASCII | C          | C           |
 englishdb | hlinnaka | UTF8     | en_GB.UTF8  | en_GB.UTF8  |
 japanese  | hlinnaka | UTF8     | ja_JP.UTF8  | ja_JP.UTF8  |
 korean    | hlinnaka | EUC_KR   | ko_KR.euckr | ko_KR.euckr |
 postgres  | hlinnaka | UTF8     | fi_FI.UTF8  | fi_FI.UTF8  |
 template0 | hlinnaka | UTF8     | fi_FI.UTF8  | fi_FI.UTF8  | {=c/hlinnaka,hlinnaka=CTc/hlinnaka}
 template1 | hlinnaka | UTF8     | fi_FI.UTF8  | fi_FI.UTF8  | {=c/hlinnaka,hlinnaka=CTc/hlinnaka}
(7 rows)
```

중요: 대부분의 최신 운영체제에서 PostgreSQL은 LC_CTYPE 설정으로 어떤 문자 집합이 암시되는지를 판단하며, 일치하는 데이터베이스 인코딩만 강제로 사용되도록 한다. 예전 시스템에서는 선택한 로케일에서 예상되는 올바른 인코딩을 사용하는 것이 사용자의 책임이었다. 여기서 실수를 했을 경우 정렬(sorting) 같이 로케일에 의존적인 작업은 이상하게 동작한다.

PostgreSQL은 LC_CTYPE이 C 또는 POSIX가 아니더라도 슈퍼유저가 SQL_ASCII 인코딩을 사용하여 데이터베이스를 생성하는 것을 가능하게 한다. 위에서 명시한 대로, SQL_ASCII는 데이터베이스에 저장된 데이터가 특정한 인코딩을 강제로 갖게 하지 않으므로 SQL_ASCII를 선택하면 로케일에 의존적인 동작은 잘못될 가능성이 있다. 이러한 설정 조합은 사용할 수 없으며 언젠가는 전면적으로 금지될 수 있다.

8.3.3 서버와 클라이언트 간 자동 문자 집합 변환

PostgreSQL은 서버와 클라이언트 간 특정 문자 집합 조합에 대해 자동 문자 집합 변환을 지원한다. 변환 정보는 pg_conversion 시스템 카탈로그에 저장된다. PostgreSQL은 표 8.2에 나오는 사전 정의된 변환 몇 가지를 제공한다. SQL 명령 CREATE CONVERSION을 사용하면 새로운 변환을 생성할 수 있다.

표 8.2 클라이언트/서버 문자 집합 변환

서버 문자 집합	사용 가능한 클라이언트 문자 집합
BIG5	서버 인코딩으로 지원되지 않음
EUC_CN	EUC_CN, MULE_INTERNAL, UTF8
EUC_JP	EUC_JP, MULE_INTERNAL, SJIS, UTF8
EUC_KR	EUC_KR, MULE_INTERNAL, UTF8
EUC_TW	EUC_TW, BIG5, MULE_INTERNAL, UTF8
GB18030	서버 인코딩으로 지원되지 않음
GBK	서버 인코딩으로 지원되지 않음
ISO_8859_5	ISO_8859_5, KOI8R, MULE_INTERNAL, UTF8, WIN866, WIN1251
ISO_8859_6	ISO_8859_6, UTF8
ISO_8859_7	ISO_8859_7, UTF8
ISO_8859_8	ISO_8859_8, UTF8

(이어짐)

서버 문자 집합	사용 가능한 클라이언트 문자 집합
JOHAB	JOHAB, UTF8
KOI8R	KOI8R, ISO_8859_5, MULE_INTERNAL, UTF8, WIN866, WIN1251
KOI8U	KOI8U, UTF8
LATIN1	LATIN1, MULE_INTERNAL, UTF8
LATIN2	LATIN2, MULE_INTERNAL, UTF8, WIN1250
LATIN3	LATIN3, MULE_INTERNAL, UTF8
LATIN4	LATIN4, MULE_INTERNAL, UTF8
LATIN5	LATIN5, UTF8
LATIN6	LATIN6, UTF8
LATIN7	LATIN7, UTF8
LATIN8	LATIN8, UTF8
LATIN9	LATIN9, UTF8
LATIN10	LATIN10, UTF8
MULE_INTERNAL	MULE_INTERNAL, BIG5, EUC_CN, EUC_JP, EUC_KR, EUC_TW, ISO_8859_5, KOI8R, LATIN1 to LATIN4, SJIS,WIN866, WIN1250, WIN1251
SJIS	서버 인코딩으로 지원되지 않음
SQL_ASCII	아무거나(변환이 수행되지 않음)
UHC	서버 인코딩으로 지원되지 않음
UTF8	인코딩 모두 지원
WIN866	WIN866, ISO_8859_5, KOI8R, MULE_INTERNAL, UTF8, WIN1251
WIN874	WIN874, UTF8
WIN1250	WIN1250, LATIN2, MULE_INTERNAL, UTF8
WIN1251	WIN1251, ISO_8859_5, KOI8R, MULE_INTERNAL, UTF8, WIN866
WIN1252	WIN1252, UTF8
WIN1253	WIN1253, UTF8

(이어짐)

서버 문자 집합	사용 가능한 클라이언트 문자 집합
WIN1254	WIN1254, UTF8
WIN1255	WIN1255, UTF8
WIN1256	WIN1256, UTF8
WIN1257	WIN1257, UTF8
WIN1258	WIN1258, UTF8

자동 문자 집합 변환을 활성화하려면 클라이언트에서 사용하려는 문자 집합(인코딩)을 PostgreSQL에 알려 주어야 한다. 이렇게 하는 방법에는 몇 가지가 있다.

- psql에서 \encoding 명령 사용. \encoding을 사용하면 클라이언트 인코딩을 그때 그때 변경할 수 있다. 예를 들면, 인코딩을 SJIS로 변경하려면 다음을 입력한다.

  ```
  \encoding SJIS
  ```

- libpq에는 클라이언트 인코딩을 제어하는 기능이 있다.
- SET client_encoding TO를 사용한다.

  ```
  SET CLIENT_ENCODING TO 'value';
  ```

  또는 표준 SQL 구문 SET NAMES를 사용할 수도 있다.

  ```
  SET NAMES 'value';
  ```

  현재 클라이언트 인코딩을 확인하려면, 다음과 같이 한다.

  ```
  SHOW client_encoding;
  ```

  기본 인코딩을 리턴하려면, 다음과 같이 한다.

  ```
  RESET client_encoding;
  ```

- PGCLIENTENCODING 사용. 환경 변수 PGCLIENTENCODING이 클라이언트의 환경에서 정의된 경우 해당 클라이언트 인코딩은 서버 연결 시 자동으로 선택된다(위에 언급된 다른 방법을 사용하면 나중에 이것을 무시할 수 있다).

- 환경 설정 변수 `client_encoding` 사용. `client_encoding` 변수가 설정된 경우 해당 클라이언트 인코딩은 서버 연결 시 자동으로 선택된다(위에 언급된 다른 방법을 사용하면 나중에 이것을 무시할 수 있다).

특정한 문자 변환이 불가능한 경우 사용자가 서버에 대해서는 `EUC_JP`를 선택하고 클라이언트에 대해서는 `LATIN1`을 선택한 것으로 추정되며, `LATIN1` 표현이 없는 일본어 문자가 리턴된다. 에러가 발생한다.

클라이언트 문자 집합이 `SQL_ASCII`로 설정된 경우 서버의 문자 집합과 무관하게 인코딩 변환이 비활성화된다. 서버의 경우처럼 모든 ASCII 데이터를 사용하지 않을 때 `SQL_ASCII`는 바람직하지 않다.

8.3.4 추가 자료

이 소스는 다양한 인코딩 시스템을 배우는 데 도움이 된다.

CJKV Information Processing: Chinese, Japanese, Korean & Vietnamese Computing

    EUC_JP, EUC_CN, EUC_KR, EUC_TW에 대한 자세한 설명이 나와 있다.

http://www.unicode.org/

    유니코드 컨소시엄 웹사이트이다.

RFC 3629

    UTF-8(8-bit UCS/Unicode Transformation Format)이 여기에 정의되어 있다.

9
정기적인 데이터베이스
유지관리 작업

다른 데이터베이스 소프트웨어와 마찬가지로 최적의 성능을 유지하려면 PostgreSQL에 대해 정기적으로 특정 작업을 수행해야 한다. 이 작업은 필수이지만 사실상 반복적이어서, cron 스크립트 또는 윈도우의 작업 스케줄러 같은 표준 툴을 사용하여 간단하게 자동화할 수 있다. 물론 적합한 스크립트를 작성하고 정상적으로 실행되는지 확인하는 것은 데이터베이스 관리자의 책임이다.

대표적인 유지관리 작업 중 하나는 정기적으로 데이터 사본을 백업하는 것이다. 최근의 백업 데이터가 없을 경우 문제(디스크 오류, 화재, 중요 테이블을 실수로 삭제 등) 발생 후 최근 데이터로 복구할 수 있는 기회를 잃게 된다. PostgreSQL에서 가능한 백업 및 복구 메커니즘은 10장에서 자세히 거론된다.

또 다른 주요 유지관리 작업은 주기적인 데이터베이스 "vacuuming"이다. 이 내용은 9.1절에서 다루고 있다. 이와 밀접한 관련이 있는 것은 쿼리 플래너에서 사용되는 통계를 업데이트하는 것인데, 9.1.3절에서 다루고 있다.

주기적으로 주의를 요하는 또 다른 작업은 로그 파일 관리이다. 이 내용은 9.3절에서 다룬다.

check_postgres[1]는 데이터베이스 상태를 모니터링하고 특이 상태를 리포팅하는 데 이용할 수 있다. check_postgres는 Nagios 및 MRTG에 통합되어 있지만 독립적으로도 실행 가능하다.

PostgreSQL는 일부 다른 데이터베이스 관리 시스템에 비해 유지관리 비용이 적다. 그렇지만, 쾌적하고 생산적인 데이터베이스 관리시스템으로 유지하려면 이러한 작업을 소홀히 해서는 안 된다.

9.1 정기적인 Vacuuming

PostgreSQL 데이터베이스는 vacuuming이라는 주기적인 유지관리가 필요하다. 9.1.6 절에 설명된 autovacuum 데몬으로 vacuuming이 수행되도록 하면 된다. 거기서 설명되는 autovacuuming 매개변수를 조정하여 각각의 상황에 맞는 최고의 결과를 얻어야 할 수도 있다. 데이터베이스 관리자 중에는 보완책을 원하는 관리자도 있을 수 있고 수동으로 관리되고 보통 cron 또는 작업 스케줄러 스크립트에 따라 실행되는 VACUUM 명령으로 데몬의 활동을 교체하고자 하는 관리자도 있을 것이다. 수동으로 관리되는 vacuuming을 바르게 셋업하려면 다음 몇 개의 후속 절에서 다루는 문제를 이해하는 것이 중요하다. autovacuuming에 의존하는 관리자는 autovacuuming을 이해하고 조정하는 수준에서 이 자료를 훑어보는 것도 좋다.

9.1.1 Vacuuming 기초

PostgreSQL의 VACUUM 명령은 다음과 같은 이유로 각 테이블마다 정기적으로 프로세스 해야 한다.

1. 업데이트 또는 삭제된 행이 점유한 디스크 공간의 복구 또는 재사용
2. PostgreSQL 쿼리 플래너가 사용하는 데이터 통계 업데이트

---

1   http://bucardo.org/wiki/Check_postgres

3. 인덱스 전용 스캔 속도를 높이는 가시도 맵$^{\text{visibility map}}$ 업데이트

4. 트랜잭션 ID 랩어라운드 또는 multixact ID 랩어라운드에 의한 아주 오래된 데이터 가 손실되지 않도록 보호

이러한 각각의 이유는 다양한 빈도와 범위로 VACUUM 작업의 수행을 지시하며, 후속 절에서 설명한다.

VACUUM에는 두 가지 변이인 표준 VACUUM과 VACUUM FULL이 있다. VACUUM FULL은 디스 크 공간을 더 많이 회수하는 대신 실행이 느리다. 또한 표준형 VACUUM은 데이터베이스 작업과 병렬로 실행할 수 있다(vacuum 진행 중에 ALTER TABLE 같은 명령으로 테이블 정의 는 수정할 수 없지만 SELECT, INSERT, UPDATE 및 DELETE 같은 명령은 계속 정상적으로 작동한다). VACUUM FULL은 작업 중인 테이블에 대해 배타적 잠금이 필수이므로, 테이블의 다른 작 업과 병렬로 사용할 수 없다. 따라서 일반적으로 관리자는 VACUUM을 사용하되, VACUUM FULL은 사용을 피해야 한다.

VACUUM은 상당한 I/O 트래픽이 발생되며, 다른 활성 세션의 성능을 저하시키는 원인이 된다. 구성 매개변수를 조정하면 백그라운드 vacuuming이 성능에 미치는 영향을 줄일 수 있다. 4.4.4절을 참조하기 바란다.

9.1.2 디스크 공간 복구

PostgreSQL에서 행의 UPDATE 또는 DELETE는 행의 오래된 버전을 즉각 제거하지 않는 다. 이러한 접근법은 멀티버전 동시성 제어(MVCC, PostgreSQL 공식 가이드 13장 참조) 의 장점을 누리기 위한 것으로, 다른 트랜잭션에서 계속 확인될 가능성이 있을 경우에 는 행 버전을 삭제해서는 안 된다. 그러나 사실상 오래되었거나 삭제된 행 버전은 더 이 상 트랜잭션의 관심 사항이 아니다. 그러므로 디스크 공간 요구사항의 무제한적 증가를 피하기 위해 점유되었던 공간은 새 행에서 사용할 수 있도록 회수되어야 한다. 이것은 VACUUM을 실행하면 가능하다.

표준형 VACUUM은 테이블과 인덱스에서 데드 행$^{dead\ row}$ 버전을 삭제하고, 나중에 재사용할 수 있도록 가용 공간으로 표시한다. 그러나 하나 이상의 페이지가 완전히 해제되고 배타적 테이블 잠금을 손쉽게 얻을 수 있는 경우 외에는, 이 공간을 운영체제에 리턴하지는 않는다. 반대로, VACUUM FULL은 데드 공간이 일절 없도록 테이블 파일을 완전히 새 버전으로 작성함으로써 테이블을 컴팩트하게 만든다. 그럼으로써 테이블 크기가 최소화되지만 시간이 오래 걸린다는 단점이 있다. 또한 작업이 완료될 때까지 테이블의 새 사본을 위한 디스크 공간을 추가로 필요로 한다.

일상적인 vacuuming의 일반적인 목표는 VACUUM FULL이 불필요하도록 표준형 VACUUM을 충분히 실행하는 것이다. autovacuum 데몬은 이와 같은 방식으로 작동되며, 사실상 VACUUM FULL을 절대 수행하지 않는다. 이 접근법은 테이블을 최소 크기로 유지하는 것이 목적은 아니지만, 디스크 공간을 안정적인 상태로 사용할 수 있게 유지하는 것이 필요하다. 각 테이블은 최소 크기 외에 vacuuming 중에 사용되는 추가 공간을 점유한다. VACUUM FULL은 테이블을 최소 크기로 되돌리고 디스크 공간을 운영체제에 리턴할 때 사용할 수 있지만 테이블의 크기가 다시 커지는 경우에는 이것이 중요하지 않다. 따라서, 업데이트가 자주 발생하는 테이블을 유지관리 할 때는 적당한 빈도로 표준 VACUUM을 실행하는 것이 VACUUM FULL을 가끔씩 실행하는 것보다 낫다.

관리자 중에는 예를 들면, 부하가 적은 밤에 모든 작업을 수행하는 것처럼 vacuuming 자체를 스케줄링하는 것을 선호할 수도 있다. 정해진 스케줄에 따라 vacuuming을 수행할 때의 문제점은 업데이트 작업 중 테이블에 예상하지 못한 스파이크에 공간 회수를 위한 VACUUM FULL이 필요할 수 있다는 것이다. autovacuum 데몬을 사용하면 업데이트 작업에 따라 데몬이 vacuuming을 동적으로 스케줄링하므로 이 문제가 완화된다. 워크로드를 완벽하게 예상하지 못할 때에는 데몬을 완전히 비활성화하는 것이 현명한 방법이다. 한 가지 가능한 타협안은 데몬의 매개변수를 설정해서, 로드가 일반적일 때에는 작업을 벌크로 설정하도록 VACUUM을 스케줄링하고, 업데이트 작업이 평소와 다르게 많을 때에만 반응하도록 하여 감당할 수 없는 지경에 이르지 않도록 관리하는 것이다.

autovacuum을 사용하지 않는 경우 일반적인 접근법은 사용량이 적은 기간에 VACUUM을 하루에 한 번 하도록 스케줄링하고, 필요하면 업데이트가 많은 테이블에 대해 좀 더 자주 vacuuming하도록 보충하는 것이다(업데이트 빈도가 잦은 일부 설치는 바쁜 테이블에 대해 분 단위로 vacuum을 수행한다). 클러스터에 여러 데이터베이스가 있는 경우 각 데이터베이스마다 VACUUM을 수행해야 한다. vacuumdb 프로그램을 사용하면 도움이 된다.

> **팁** 대량 업데이트 또는 삭제 작업의 결과로 다수의 데드 행(dead row) 버전이 테이블에 포함된 경우 표준 VACUUM이 만족스럽지 않을 수 있다. 이와 같은 경우 과도하게 점유한 디스크 공간을 회수해야 하기 때문에 VACUUM FULL을 사용해야 하거나, 또는 CLUSTER나 ALTER TABLE의 테이블 재작성 변이 중 하나를 대신 사용해야 한다. 이러한 명령은 테이블 사본을 완전히 새로 재작성하고 인덱스도 새로 빌드한다. 이 모든 옵션은 배타적 잠금이 필요하다. 테이블과 인덱스의 오래된 사본은 새로운 것이 완료되기 전까지는 릴리스되지 않으므로 테이블 크기와 거의 동일한 추가 디스크 공간을 임시로 사용한다는 것에 주의하라.

> **팁** 전체 내용이 주기적으로 삭제되는 테이블이 있을 경우, DELETE와 VACUUM을 사용하는 대신 TRUNCATE를 사용하는 것에 대해 고려해보라. TRUNCATE는 후속 VACUUM 또는 VACUUM FULL로 현재 미사용 디스크 공간을 회수할 필요 없이 테이블 전체 내용을 즉시 삭제한다. 단점은 엄격한 MVCC 시멘틱을 위반하는 것이다.

9.1.3 실행 계획 통계 업데이트

PostgreSQL 쿼리 플래너는 쿼리에 대해 괜찮은 플랜을 생성하기 위해 테이블 내용에 대한 통계 정보에 의존한다. 이러한 통계는 자체적으로 호출하거나 VACUUM에서 옵션으로 처리하거나 ANALYZE 명령으로 생성된다. 이것은 정확한 통계를 갖는 데 있어서 중요하다. 플랜을 잘못 선택하면 데이터베이스 성능이 저하된다.

autovacuum 데몬이 활성화되면 업데이트 작업이 필요한 테이블의 내용이 바뀔 때마다 ANALYZE 명령이 자동으로 실행된다. 그러나 테이블의 업데이트 작업이 작업대상 통계에 영향을 미치지 않을 경우 관리자는 수동으로 스케줄링한 ANALYZE 작업을 사용해도 좋다. autovacuum 데몬은 삽입 또는 업데이트되는 행 수에 대한 ANALYZE를 엄격하게 스케줄링한다. 유의미한 통계적 변경으로 이어지는지 여부는 알 수 없다.

공간 복구를 위한 vacuuming을 사용함으로써 업데이트가 드물게 일어나는 테이블보다 빈번하게 일어나는 테이블에 대해 통계를 자주 업데이트하는 것이 훨씬 유용하다. 업데이트가 빈번한 테이블조차도, 데이터의 통계적 분포가 많이 바뀌지 않을 때는 통계를 업데이트할 필요가 없다. 경험에 근거한 간단한 규칙은 테이블 변경 시 컬럼의 최소 및 최대 값에 대해 생각해보는 것이다. 예를 들어, 행이 추가 및 업데이트됨에 따라 행 업데이트 시간이 포함된 timestamp 컬럼은 끊임없이 증가하는 최대 값이 있으며 해당 컬럼은 소위, 웹 사이트에서 액세스되는 페이지 URL이 포함된 컬럼보다 훨씬 더 빈번한 통계 업데이트가 필요할 가능성이 높다. URL 컬럼은 변경이 빈번할 수 있지만 해당 값의 통계적 분포는 상대적으로 느릴 가능성이 있다.

특정 테이블 및 테이블의 특정 컬럼에 대해 ANALYZE를 실행함으로써 다른 것보다 빈번하게 일부 통계를 업데이트하는 유연성을 갖도록 하는 것이 가능하다. 그러나 실제로는 속도 면에서 빠르기 때문에 전체 데이터베이스를 분석하는 것이 최선이다. ANALYZE는 모든 행을 일일이 읽기보다는 테이블의 행을 통계적으로 랜덤 샘플링한다.

팁 ANALYZE 빈도에 대한 컬럼별 조정이 생산성은 낮지만 ANALYZE에 의해 수집된 통계 상세 내역의 수준을 컬럼별로 조정하는 것이 쓸모가 있을 수도 있다. WHERE 절에서 빈번하게 사용되고 데이터 배포가 매우 불규칙적인 컬럼은 다른 컬럼보다 훨씬 더 정밀한 데이터 히스토그램이 필요할 수 있다. ALTER TABLE SET STATISTICS를 참조하거나 default_statistics_target 구성 매개변수를 사용하여 데이터베이스 전체적인 기본값을 변경하기 바란다.

또한 기본적으로 함수사용에 제공되는 정보는 한계가 있다. 그러나 함수 호출을 사용하는 표현식 인덱스를 생성하면 사용하는 쿼리 플랜을 상당히 개선할 수 있는 유용한 통계가 수집된다.

팁 사용 빈도를 결정하는 데 아무런 영향이 없으므로 autovacuum 데몬은 foreign 테이블에 대해 ANALYZE 명령을 실행하지 않는다. 적합한 플래닝을 위해 foreign 테이블에 대한 통계를 필요로 하는 쿼리의 경우 수동으로 관리되는 ANALYZE 명령을 적절한 스케줄로 해당 테이블에 실행하는 것이 좋다.

9.1.4 가시성 맵 업데이트

vacuum은 모든 활성 트랜잭션(및 페이지가 다시 수정될 때까지 모든 미래의 트랜잭션)에 보이는 것으로 알려진 튜플만 포함된 페이지를 추적하기 위해 각 테이블에 대한 가시성 맵Visibility Map을 관리한다. 이것은 두 가지 목적을 갖고 있다. 첫째, vacuum 자체는 클린업할 것이 없으므로 다음 실행에서 해당 페이지를 스킵한다.

둘째, 기저 테이블을 참조하지 않고 인덱스만 사용하여 PostgreSQL이 일부 쿼리에 응답할 수 있게 한다. PostgreSQL 인덱스는 튜플 가시성 정보가 없으므로, 일반 인덱스 스캔은 일치하는 각 인덱스 엔트리에 대해 힙 튜플을 가져와서 현재 트랜잭션에 보여야 하는지 확인한다. 반대로, 인덱스만 스캔은 가시성 맵을 먼저 확인한다. 페이지의 모든 튜플이 보이는 경우 힙 페치fetch는 스킵할 수 있다. 거대 데이터 세트에서는 가시성 맵이 디스크 액세스를 막을 수 있는 가장 확실한 방법이다. 가시성 맵은 힙보다 훨씬 작으므로 힙이 매우 클 때에도 손쉽게 캐시된다.

9.1.5 트랜잭션 ID 랩어라운드 실패 방지

PostgreSQL의 MVCC 트랜잭션 시멘틱은 트랜잭션 ID(XID) 번호의 비교 가능 여부에 달려있다. 현재 트랜잭션의 XID보다 입력 XID가 큰 행 버전은 "미래의" 것이므로 현재 트랜잭션에서 보이면 안 된다. 단, 트랜잭션 ID의 크기는 제한되어 있으므로(32비트) 장시간(40억 트랜잭션 이상) 동안 실행되는 클러스터는 트랜잭션 ID 랩어라운드가 발생하게 된다. 이것은 XID 카운터가 영(0)으로 랩어라운드되고 과거에 있었던 급작스러운 모든 트랜잭션이 미래에 나타나게 된다. 요컨대, 데이터가 소실된다(사실, 데이터는 존재하지만 액세스가 안되면 별다른 도움이 되지 않는다). 이것을 피하려면 최소 20억 트랜잭션마다 모든 데이터베이스의 모든 케이블을 vacuum해야 한다.

주기적 vacuuming으로 문제가 해결되는 이유는 이 행이 과거에 커밋된 트랜잭션에 의해 삽입되었고 삽입 트랜잭션의 결과로 MVCC 관점부터 현재와 미래 트랜잭션에서 모두 보이는 것이 확실하도록 VACUUM이 행에 동결 표시를 한다는 것이다. PostgreSQL은 특수 XID인 FrozenTransactionId를 예약하는데, 이것은 노멀 XID 비교 규칙을 따르지 않으며 모든 노멀 XID보다 이전의 것으로 항상 간주된다. 노멀 XID는 modulo-232 산술 연산으로 비교된다. 이것은 모든 노멀 XID의 경우에, 20억 XID는 "오래된 것"이고, 20억은 "새것"이라는 것을 의미한다. 달리 말하면 노멀 XID 공간은 엔드포인트가 없이 순환된다고 할 수 있다. 그러므로 특정 노멀 XID로 행 버전을 생성했다면 어떤 노멀 XIP를 말하든 행 버전은 다음 20억 트랜잭션에 대해 "과거의 것"으로 나타난다. 20억 트랜잭션을 초과한 후에도 행 버전이 존재하는 경우 나중에 갑작스럽게 나타나게 된다. 이것을 방지하기 위해 XID 삽입이 FrozenTransactionId인 것처럼 해서 랩어라운드 문제와 무관하게 모든 노멀 트랜잭션에 대해 "과거의 것"으로 나타나고, 따라서 이러한 행 버전이 삭제되기 전까지는 연령과 무관하게 유효하도록 처리된다.

vacuum_freeze_min_age는 행 버전이 동결되기 전 XID 값의 연령을 제어한다. 예상과 다르게 동결되는 행이 곧 다시 수정되는 않는 경우 이 설정을 증가시키면 불필요한 작업이 방지되지만, 이 값을 줄이면 테이블을 다시 vacuumed하기 전에 경과 가능한 트랜잭션 수가 증가된다.

VACUUM은 데드 행 버전이 없는 페이지는 일반적으로 스킵하지만 해당 페이지에 XID 값이 오래된 행 버전이 잔존할 수 있다. 오래된 행 버전이 모두 동결되도록 하려면 전체 테이블의 스캔이 필요하다. vacuum_freeze_table_age는 VACUUM의 실행 시기를 제어한다. vacuum_freeze_table_age에서 vacuum_freeze_min_age를 뺀 트랜잭션 동안 테이블이 완전 스캔되지 않은 경우 전체 테이블 스윕이 강제된다. 이것을 0으로 설정하면 VACUUM이 항상 모든 페이지를 스캔하고 가시성 맵을 효율적으로 스킵한다.

unvacuumed 상태로 갈 수 있는 테이블의 최대 시간은 VACUUM이 전체 테이블을 마지막으로 스캔한 시점에서 20억 트랜잭션 빼기 vacuum_freeze_min_age 값이다. 그것보다 장시간 unvacuumed 상태일 경우 데이터 손실이 발생할 수 있다. 이것이 발생하지 않게 하기 위해 구성 매개변수 autovacuum_freeze_max_age에 지정된 연령보다 XID가 오래된 비동결 행이 포함된 테이블에서 autovacuum이 호출된다(autovacuum이 비활성화되었더라도 이것이 발생된다).

테이블이 예상과 달리 vacuumed되지 않는 경우 autovacuum은 대략 `autovacuum_freeze_max_age` 빼기 `vacuum_freeze_min_age` 트랜잭션마다 한 번씩 호출된다. 공간 확보를 위해 규칙적으로 vacuumed되는 테이블의 경우 이것은 별로 중요하지 않다. 그러나 정적인 테이블(삽입은 하지만 업데이트나 삭제는 없는 테이블 포함)의 경우 공간 확보를 위한 vacuum은 불필요하므로 매우 큰 정적 테이블에서 강제 autovacuum 사이의 간격을 최대화하는 것이 유용할 수 있다. `autovacuum_freeze_max_age`를 늘리거나 `vacuum_freeze_min_age`을 줄이면 이것이 확실히 가능하다.

`vacuum_freeze_table_age`의 효율적인 최대값은 0.95 * `autovacuum_freeze_max_age`이며, 이것보다 크게 설정하면 최대값으로 갈음된다. 안티 랩어라운드 autovacuum은 해당 시점에 트리거되고 0.95 승수는 이것이 발생하기 전에 수동 VACUUM을 실행할 여지를 남겨두므로 `autovacuum_freeze_max_age`보다 큰 값은 합당하지 않다. 경험적으로, `vacuum_freeze_table_age`는 `autovacuum_freeze_max_age`보다 작은 값으로 설정해서 정기적으로 스케줄링된 VACUUM 또는 일반적인 삭제 또는 업데이트 작업에 의해 트리거되는 autovacuum이 해당 시간대에 실행되도록 여유를 충분히 확보해야 한다. 너무 근접하게 설정하면 테이블이 최근에 vacuumed되어 공간을 회수했더라도 autovacuum이 안티 랩어라운드된다. 반면, 값을 낮게 설정하면 전체 테이블 스캔이 너무 빈번하게 일어난다.

`autovacuum_freeze_max_age`(`vacuum_freeze_table_age` 값도 포함하여)를 늘렸을 때의 유일한 단점은, 모든 트랜잭션의 커밋 상태를 `autovacuum_freeze_max_age` 수평선에 다시 저장해야 하므로 데이터베이스 클러스터의 pg_clog 서브 디렉토리가 공간을 더 많이 차지한다는 것이다. 커밋 상태는 트랜잭션당 2비트를 사용하므로, `autovacuum_freeze_max_age`가 최대 허용 값인 20억으로 설정되면 pg_clog가 1기가바이트의 절반 수준까지 늘어날 것으로 예상할 수 있다. 이것이 총 데이터베이스 크기에 비해 약소한 경우 `autovacuum_freeze_max_age`를 허용된 최대 값으로 설정하는 것이 권장된다. 그 외에는 pg_clog 저장소에 허용하려고 생각한 값에 따라 설정한다(기본적으로 2억 트랜잭션은 약 50MB의 `pg_clog` 저장소로 해석된다).

vacuum_freeze_min_age를 줄였을 때의 한 가지 단점은 VACUUM이 불필요한 작업을 수행하게 될 수도 있다는 것이다. 금방 행이 수정되는 경우에는 행 버전의 동결은 시간 낭비이다(새 XID를 획득하게 됨). 따라서 행이 더 이상 변경되지 않을 때까지 동결되도록 충분히 크게 설정해야 한다.

데이터베이스에서 오래된 비동결 XID의 연령을 추적하기 위해, VACUUM은 시스템 테이블 pg_class 및 pg_database에 XID 통계를 저장한다. 특히, 테이블의 pg_class 행의 relfrozenxid 컬럼에는 해당 테이블에 대해 마지막 전체 테이블 VACUUM에서 사용된 동결 컷오프 XID가 포함된다. XID가 이 컷오프 XID보다 오래된 트랜잭션에 의해 삽입된 모든 행은 동결된 것으로 보장된다. 유사하게, 데이터베이스의 pg_database 행의 datfrozenxid 컬럼은 해당 데이터베이스에 나타나는 비동결 XID에 대해 낮은 바운드이다. 데이터베이스 내에서 테이블별 relfrozenxid 값의 최소값에 불과하다. 이러한 내용을 간편하게 확인하는 방법은 다음과 같은 쿼리를 실행하는 것이다.

```
SELECT c.oid::regclass as table_name, greatest(age(c.relfrozenxid),age(t.
relfrozenxid)) as age
FROM pg_class c
LEFT JOIN pg_class t ON c.reltoastrelid = t.oid WHERE c.relkind IN ('r',
'm');

SELECT datname, age(datfrozenxid) FROM pg_database;
```

age 컬럼은 컷오프 XID부터 현재 트랜잭션의 XID까지 트랜잭션 수를 계산한다.

VACUUM은 마지막으로 vacuum 이후로 수정된 페이지만 일반적으로 스캔하지만 relfrozenxid는 전체 테이블을 스캔하는 경우에만 진행된다. 전체 테이블은 relfrozenxid가 vacuum_freeze_table_age 연령 이상인 경우, VACUUM의 FREEZE 옵션이 사용된 경우 또는 모든 페이지에서 vacuuming을 해서 데드 행 버전을 삭제해야 하는 경우에 스캔된다. 완료 후 VACUUM이 전체 테이블을 스캔하는 경우 age(relfrozenxid)는 사용된 vacuum_freeze_min_age 설정보다 약간 더 커야 한다(VACUUM이 시작된 이후로 시작된 트랜잭션 수 이상). autovacuum_freeze_max_age에 도달할 때까지 전체 테이블 스캐닝 VACUUM이 테이블에 실행되지 않는 경우 곧이어 autovacuum이 해당 테이블에 강제된다.

오래된 XID를 테이블에서 삭제하는 autovacuum이 실패한 경우, 데이터베이스의 오래된 XID가 랩어라운드 시점부터 1천만 트랜잭션에 도달했을 때처럼 시스템이 경고 메시지를 표시한다.

```
WARNING: database "mydb" must be vacuumed within 177009986 transactions
HINT: To avoid a database shutdown, execute a database-wide VACUUM in "mydb".
```

(힌트에서 제시한 대로 수동 VACUUM으로 문제가 해결되어야 한다. 그러나 VACUUM은 슈퍼유저가 실행하지 않을 경우 시스템 카탈로그 프로세스가 실패해서 데이터베이스의 datfrozenxid를 진행할 수 없게 된다.) 이 경고를 무시하면 시스템이 셧다운되고 랩어라운드까지 트랜잭션이 1백만 이하인 경우에는 새 트랜잭션의 시작이 거부된다.

```
ERROR: database is not accepting commands to avoid wraparound data loss in
database
"my HINT: Stop the postmaster and vacuum that database in single-user mode.
```

1백만 트랜잭션 안전 마진은 관리자가 데이터 손실 없이 필요한 VACUUM 명령을 수동으로 실행함으로써 복구가 가능하도록 하기 위함이다. 단, 시스템이 일단 안전 셧다운 모드로 진행되면 시스템이 명령을 실행할 수 없으므로 유일한 방법은 서버를 중단하고 단일 사용자 모드로 서버를 시작하여 VACUUM을 실행하는 것이다. 단일 사용자 모드에서는 셧다운 모드를 강제로 실행할 수 없다. 단일 사용자 모드에 대해서는 postgres 레퍼런스 페이지를 참조하기 바란다.

9.1.5.1 Multixact 및 랩어라운드

Multixact ID는 복수 트랜잭션에 의한 행 잠금을 지원할 때 사용된다. 잠금 정보를 저장하는 튜플 헤더에는 공간 제약이 있으므로 행을 동시에 잠그는 트랜잭션이 하나 이상일 때는 해당 정보가 "복수 트랜잭션 ID" 또는 짧게 multixact ID로 인코딩된다. 특정 multixact ID에 포함된 트랜잭션 ID에 대한 정보는 pg_multixact 서브 디렉토리에 별도 저장되며 multixact ID는 튜플 헤더의 xmax 필드에 나타난다. 트랜잭션 ID처럼, multixact ID는 32비트 카운터 및 해당 저장소로 구현되며, 모두 세심한 연령 관리, 저장소 클린업 및 랩어라운드 핸들링이 필요하다. 각 multixact별로 32비트 카운터를 사용하고 멤버 목록을 보유하는 별도의 저장소가 있으며, 이것 역시 관리가 필요하다.

VACUUM 테이블 스캔 중에, 테이블 부분적으로 또는 전체적으로 `vacuum_multixact_freeze_min_age`보다 오래된 multixact ID는 서로 다른 값으로 교체되는데, 이 값은 0값, 단일 트랜잭션 ID 또는 신규 multixact ID일 수 있다. 테이블별로 `pg_class.relminmxid`는 해당 테이블에 계속 나타날 가능성이 있고 가장 오래된 multixact ID를 저장한다. 이 값이 `vacuum_multixact_freeze_table_age`보다 오래된 경우 전체 테이블 스캔이 강제된다. 원인과 무관하게 전체 테이블 VACUUM 스캔은 해당 테이블에 대한 값의 증가를 가능하게 한다. 결국 모든 데이터베이스의 모든 테이블이 스캔되고 가장 오래된 multixact 값이 증가함으로써 오래된 multixact의 온디스크 저장소를 삭제할 수 있다.

안전 장치로, 전체 테이블 vacuum 스캔은 multixact 연령이 `autovacuum_multixact_freeze_max_age`보다 큰 테이블에 대해 발생한다. 전체 테이블 vacuum 스캔은 사용된 멤버 저장소 공간이 할당된 저장소 공간의 50%를 초과할 경우 multixact 연령이 가장 오래된 것을 시작으로 모든 테이블에 대해 순차적으로 일어난다. 전체 테이블 스캔 유형 모두 autovacuum이 명목적으로 비활성화되어 있더라도 발생된다.

9.1.6 Autovacuum 데몬

PostgreSQL에는 옵션이지만 autovacuum라는 매우 유용한 기능이 있다. 이것의 목적은 VACUUM 및 ANALYZE 명령의 실행을 자동화하는 것이다. autovacuum이 활성화되면 다수의 튜플이 삽입, 업데이트 또는 삭제된 테이블을 검사한다. 이 검사는 통계 수집 기능을 사용한다. 따라서 `track_counts`가 `true`로 설정되지 않으면 autovacuum을 사용할 수 없다. 기본 구성에서 autovacuuming은 활성화되고 관련 구성 매개변수가 적절히 설정된다.

"autovacuum 데몬"은 실제로 여러 개의 프로세스로 구성된다. autovacuum launcher라는 영구적 데몬 프로세스가 있는데, 이것은 모든 데이터베이스에서 autovacuum worker의 시작을 담당한다. 런처는 `autovacuum_naptime`초 단위로 각 데이터베이스 내에서 worker 하나를 시작하려고 하면서 시간에 따라 작업을 배포한다(따라서 설치에 N 데이터베이스가 있는 경우 새로운 worker가 `autovacuum_naptime`/N 초 단위로 시작된다). `autovacuum_max_workers` worker 프로세스의 최대 값이 동시 실행에 허용된다. `autovacuum_max_workers` 데이터베이스 이상을 처리하는 경우 첫 번째 worker가 완료된 즉시 다음 데이터베이스가 처리된다. 각 worker 프로세스는 해당 데이터베이스 내에서 각 테이블을 검사하고, 필요하면 VACUUM 및(또는) ANALYZE를 실행한다. `log_autovacuum_min_duration`은 autovacuum 작업을 모니터링할 때 사용할 수 있다.

몇 개의 거대^{large} 테이블 모두 단시간에 vacuuming해야 하는 경우 모든 autovacuum worker가 해당 테이블을 장기간 vacuuming으로 점유하게 될 수도 있다. 이것은 결과적으로 worker가 사용 가능해질 때까지 테이블과 데이터베이스가 vacuumed되지 않는다. 몇 개의 worker가 단일 데이터베이스에 있어야 하는지에 대한 제한은 없지만 worker는 다른 worker가 완료한 작업을 반복하는 것을 피한다. 실행 중인 worker 수는 `max_connections` 쪽으로 카운트되거나 `superuser_reserved_connections` 제한으로 카운트되지 않는다.

`relfrozenxid` 값이 `autovacuum_freeze_max_age` 트랜잭션 연령보다 많은 테이블은 항상 vacuumed된다(이것은 동결 최대 연령이 저장소 매개변수를 통해 수정된 해당 테이블에 항상 적용된다. 다음 참조). 그 외에는 마지막 VACUUM이 "vacuum 임계치"를 초과해서 다수의 튜플이 폐기된 경우 테이블이 vacuumed된다. vacuum 임계치는 다음과 같이 정의된다.

```
vacuum threshold = vacuum base threshold + vacuum scale factor * number of tuples
```

여기서 vacuum 베이스 임계치는 `autovacuum_vacuum_threshold`이고, vacuum 스케일 팩터는 `autovacuum_vacuum_scale_factor`이고, 튜플 수는 `pg_class.reltuples`이다.

폐기된 튜플 수는 통계 수집기를 통해 얻어진다. 이것은 각각의 UPDATE 및 DELETE 작업으로 중간 정도의 정확도로 카운트가 업데이트된다(로드가 과중할 때는 소실되는 정보도 있으므로 중간 정도의 정확도만 확보된다). 테이블의 relfrozenxid 값이 vacuum_freeze_table_age 트랜잭션 연령 이상인 경우, 마지막 vacuum이 스캔된 이후에 수정된 페이지 외에 전체 테이블은 스캔해서 오래된 튜플을 동결하고, relfrozenxid를 증가시킨다.

분석의 경우 유사한 조건이 사용된다. 임계치는 다음과 같이 정의된다.

```
analyze threshold = analyze base threshold + analyze scale factor * number of tuples
```

이것은 마지막 ANALYZE 이수에 삽입, 업데이트 도는 삭제된 총 튜플 수와 비교된다.

임시 테이블은 autovacuum에서 액세스할 수 없다. 그러므로 적절한 vacuum 및 분석 작업은 세션 SQL 명령을 통해 수행되어야 한다.

기본 임계치 및 스케일 팩터는 postgresql.conf에서 가져올 수 있지만 테이블 단위table-by-table basis로 오버라이드할 수 있다. 자세한 내용은 저장소 매개변수를 참조하기 바란다. 저장소 매개변수를 통해 설정이 변경된 경우 해당 값이 사용되고, 그 외에는 전역 설정이 사용된다. 전역 설정에 대해서는 4.10절을 참조하기 바란다.

베이스 임계치 값과 스케일 팩터 외에 저장소 매개변수를 통해 테이블별로 설정 가능한 autovacuum 매개변수 6개가 더 있다. 첫 번째 매개변수인 autovacuum_enabled는 false로 설정하여 autovacuum 데몬이 해당 특정 테이블을 통째로 스킵하도록 할 수 있다. 이 경우에, 트랜잭션 ID 랩어라운드를 방지하기 위해 필요한 경우 autovacuum은 테이블을 수정만 한다. 또 다른 2가지 매개변수인 autovacuum_vacuum_cost_delay 및 autovacuum_vacuum_cost_limit는 비용 기반 vacuum 지연 기능에 대한 테이블 특정 값을 설정하는 데 사용된다(4.4.4절 참조). autovacuum_freeze_min_age, autovacuum_freeze_max_age 및 autovacuum_freeze_table_age는 vacuum_freeze_min_age, autovacuum_freeze_max_age 및 vacuum_freeze_table_age에 각각 값을 설정하는 데 사용된다.

복수의 worker가 실행 중인 경우 비용 지역 매개변수는 모든 실행 중인 worker 간에 "밸런스"를 유지하므로 시스템에 미치는 총 I/O 영향력은 실제로 실행 중인 worker 수와 무관하게 동일하다. 단, `autovacuum_vacuum_cost_delay` 또는 `autovacuum_vacuum_cost_limit`가 설정된 모든 worker 처리 테이블은 밸런싱 알고리즘으로 간주되지 않는다.

9.2 일상적인 리인덱싱

경우에 따라 `REINDEX` 명령 또는 일련의 작업을 사용하여 주기적으로 인덱스를 리빌드하는 것이 중요하다.

완전히 비워진 B-트리 인덱스 페이지가 재사용을 위해 회수된다. 그러나 사용 공간이 부족해질 가능성은 항상 있다. 페이지에서 일부 인덱스 키가 삭제된 경우에도 페이지는 할당된 상태를 유지한다. 그러므로 전부는 아니지만, 각 범위의 키가 결국 공간 활용도를 떨어뜨린다. 이러한 사용 패턴의 경우 주기적 리인덱싱이 권장된다.

B-트리 이외의 인덱스가 팽창할 가능성에 대해서는 제대로 연구된 바 없다. B-트리 이외의 인덱스 유형을 사용할 때는 인덱스의 실제 크기를 주기적으로 모니터링하는 것이 좋다.

또한 B-트리 인덱스의 경우, 새로 빌드된 인덱스에서 논리적으로 인접한 페이지는 실제로도 인접한 경우가 대부분이므로 갓 구성된 인덱스가 여러 번 업데이트된 인덱스보다 액세스가 빠르다(이러한 사고 방식은 B-트리 이외의 인덱스에는 해당되지 않는다). 액세스 속도를 개선하려면 주기적으로 리인덱스하는 것이 중요할 수 있다.

`REINDEX`는 모든 경우에 안전하고 손쉽게 사용 가능하다. 그러나 이 명령은 배타적 테이블 잠금을 필요로 하므로 생성 시퀀스 및 교체 단계를 사용한 인덱스 리빌드를 실행하는 것이 대체로 선호된다. `CONCURRENTLY`를 사용한 `CREATE INDEX`를 지원하는 인덱스 유형은 해당 방법으로 재생성이 가능하다. 이것이 성공적이고 결과 인덱스가 유효한 경우 `ALTER INDEX` 및 `DROP INDEX`의 조합으로 원래의 인덱스를 새로 빌드된 것으로 교체할

수 있다. 고유성 또는 기타 제약을 강제하기 위해 인덱스를 사용하는 경우 기존 제약을 새 인덱스에 스왑하려면 ALTER TABLE이 필요할 수 있다. 이러한 대안적 다단계 리빌드 접근법은 인덱스를 이러한 방법을 리인덱싱하는 데 제약이 따르고 에러를 처리해야 할 수도 있으므로 사용 전에 검토가 필요하다.

[9.3] 〉로그 파일 유지관리

데이터베이스 서버의 로그 출력을 /dev/null을 통해 막 폐기된 장소가 아닌 다른 곳에 저장하는 것이 좋다. 로그 출력은 문제 진단 시 매우 중요하다. 그러나 로그 출력은 양이 많으므로(특히 디버그 레벨이 높을 때) 무한정 저장할 수는 없다. 로그 파일을 교체해서 새 로그 파일이 시작되면 일정 기간이 지난 오래된 파일은 삭제되도록 할 필요가 있다.

간단히 postgres를 stderr로 파일로 다이렉트하는 경우 로그 출력이 생성되지만 로그 파일을 자르는 유일한 방법은 서버를 중단 및 재시작하는 것이다. 개발 환경에서 PostgreSQL을 사용하는 경우에는 수용 가능한 방법이지만 프로덕션 서버에서는 수용되지 않는 방법이다.

좀 더 나은 방법은 서버의 stderr 출력을 일종의 로그 교체 프로그램으로 보내는 것이다. 내장된 로그 교체 기능이 있는데, 이것은 postgresql.conf에서 구성 매개변수 logging_collector를 true로 설정함으로써 사용할 수 있다. 이 프로그램의 제어 매개변수는 4.8.1절에 설명된다. 이러한 방법으로 CSV$^{\text{comma-separated values}}$ 형식의 로드 데이터를 캡처할 수도 있다.

또는 다른 서버 소프트웨어가 있을 경우 이 소프트웨어의 외부 로그 교체 프로그램을 사용할 수도 있다. 예를 들면, 아파치 배포에 포함된 rotatelogs 툴을 PostgreSQL과 함께 사용할 수 있다. 이렇게 하려면 서버의 stderr 출력을 원하는 프로그램으로 파이프하면 된다. pg_ctl로 서버를 시작하는 경우 stderr는 이미 stdout으로 리다이렉트되므로 파이프 명령만 있으면 된다. 예를 들면 다음과 같다.

```
pg_ctl start | rotatelogs /var/log/pgsql_log 86400
```

로그 출력 관리에 대한 다른 접근법은 syslog로 보내서 syslog가 파일 교체를 처리하도록 하는 것이다. 방법은 이러하다 postgresql.conf에서 구성 매개변수 `log_destination`을 syslog로 설정한다(syslog에만 로깅). 그러면 사용자가 새 로그 파일의 작성을 시작하려고 할 때마다 SIGHUP 신호를 syslog 데몬에 보낼 수 있다. 로그 교체를 자동화하기 위해 syslog로부터 로그 파일을 작업하도록 logrotate 프로그램을 구성할 수 있다.

그러나 대부분의 시스템에서, syslog는 신뢰도가 높지 않다. 특히 로그 메시지가 대량일 때는 사용자에게 필요한 순간에 메시지가 잘리거나 삭제되기도 한다.

리눅스에서도 syslog는 메시지를 디스크로 플러시하지만 성능이 떨어진다(동기화를 비활성화하려면 syslog 구성 파일에서 파일 이름 앞에 "-"를 사용할 수 있다).

위에서 설명한 모든 해결책은 오래되고 더 이상 불필요한 로그 파일의 삭제는 처리되지 않는다는 점에 유의해야 한다. 오래된 로그 파일을 주기적으로 삭제하기 위해 일괄처리 작업을 셋업하는 방법이 있다. 다른 방법으로는 교체 프로그램을 구성해서 오래된 로그 파일을 주기적으로 덮어쓰는 것이 있다.

pgBadger[2]는 정교하게 로그 파일을 분석하는 외부 프로젝트이다. `check_postgres`[3]는 로그 파일에 중요 메시지가 나타났을 때 Nagios 경고를 발생시키고 기타 여러 가지 예외 상황을 감지한다.

---

2 http://dalibo.github.io/pgbadger/

3 http://bucardo.org/wiki/Check_postgres

10

백업 및 복원

중요한 데이터가 포함된 다른 것과 마찬가지로, PostgreSQL 데이터베이스는 정기적으로 백업해야 한다. 프로시저가 간단한 경우 기본적인 기법과 개념을 명확하게 이해하는 것이 중요하다.

PostgreSQL 데이터를 백업하는 3가지 방법이 있다.

- SQL 덤프
- 파일 시스템 레벨 백업
- 연속 아카이빙

각각은 자체적으로 장단점이 있는데, 후속 절에서 차례로 다룬다.

10.1 SQL 덤프

이 덤프 방법에 깔려 있는 기본적인 아이디어는 SQL 명령을 사용하여 파일을 생성하는 것이며, 서버에 피드백했을 때 이 명령은 덤프했을 당시의 동일한 상태로 데이터베이스를 재생성한다. PostgreSQL은 이러한 용도로 `program pg_dump` 유틸리티를 제공한다.

이 명령의 기본적인 사용법은 다음과 같다.

```
pg_dump dbname > outfile
```

pg_dump는 결과를 표준 출력으로 쓴다. 이것이 얼마나 유용한지는 뒤에서 설명한다. 위의 명령으로 텍스트 파일이 생성되는 반면, pg_dump는 병렬화 및 개체 복구의 좀 더 정밀한 제어가 가능한 다른 형으로 파일을 생성할 수 있다.

pg_dump는 일반적인 PostgreSQL 클라이언트 애플리케이션이다(albeit는 특히 기발한 애플리케이션임). 이것은 데이터베이스에 액세스한 원격 호스트에서 이러한 백업 프로시저를 실행할 수 있음을 의미한다. 그러나 pg_dump는 특수 권한을 사용해서 작동되는 것이 아님을 기억하기 바란다. 특히, 백업하려는 모든 테이블에 읽기 액세스가 있어야 하므로 전체 데이터베이스를 백업하려면 데이터베이스 슈퍼유저로 거의 대부분 실행해야 한다(전체 데이터베이스를 백업하는 권한이 없을 경우 -n schema 또는 -t table 같은 옵션을 사용하면 액세스가 가능한 데이터베이스 부분만 백업 가능하다).

pg_dump가 액세스해야 하는 데이터베이스를 지정하려면 커맨드라인 옵션 -h host 및 -p port를 사용한다. 기본 호스트는 로컬 호스트이거나 사용자의 PGHOST 환경 변수에 지정된 것이다. 유사하게, 기본 포트는 PGPORT 환경 변수로 지정되거나, 실패했을 경우 컴파일 인$^{compiled-in}$ 기본값으로 지정된다(편의상, 서버는 보통 동일한 컴파일 인$^{compiled-in}$ 기본값을 갖고 있다).

다른 PostgreSQL 클라이언트 애플리케이션과 마찬가지로 pg_dump는 기본적으로 현재 운영체제 사용자 이름과 동일한 데이터베이스 사용자 이름을 사용하여 연결한다. 이것을 오버라이드하려면 -U 옵션을 지정하거나 PGUSER 환경 변수를 지정한다. pg_dump 연결은 일반적인 클라이언트 인증 메커니즘에 좌우된다는 점을 기억하라(5장에서 설명됨).

나중에 설명되는 다른 백업 방법보다 pg_dump의 중요한 장점은 pg_dump의 출력이 보통은 PostgreSQL의 최신 버전에 다시 로드될 수 있는 반면, 파일 레벨의 백업 및 연속 아카이빙은 모두 서버 버전에 따라 크게 좌우된다. 또한 pg_dump는 데이터베이스를 다른 머신 아키텍처로 전송할 때(예: 32비트에서 64비트 서버로 이동) 작동되는 유일한 방법이다.

pg_dump로 생성된 덤프는 내부적으로 일관된다. 즉, 덤프는 pg_dump가 실행을 시작할 당시의 데이터베이스 스냅샷에 해당된다. pg_dump는 작동 중에 데이터베이스의 다른 작업을 차단하지 않는다(ALTER TABLE의 양식 대부분과 같이 배타적 잠금이 필요한 작업 제외).

10.1.1 덤프 복원

pg_dump로 생성된 텍스트 파일은 psql 프로그램으로 읽게 되어 있다. 덤프를 복원하기 위한 일반적인 명령 형식은 다음과 같다.

```
psql dbname < infile
```

여기서 infile은 pg_dump 명령에 의한 파일 출력이다. 데이터베이스 dbname은 이 명령으로 생성되지 않으므로 psql을 실행하기 전에 template0에서 사용자가 직접 생성해야 한다(예: createdb -T template0 dbname 사용). psql는 연결한 데이터베이스 서버와 사용할 사용자 이름을 지정하기 위해 pg_dump와 유사한 옵션을 지원한다. 자세한 내용은 psql 레퍼런스 페이지를 참조하기 바란다. 비 텍스트 파일 덤프는 pg_restore 유틸리티를 사용하여 복원된다.

SQL 덤프를 복원하기 전에 덤프된 데이터베이스의 개체를 소유하고 있거나 개체에 대한 권한이 부여된 모든 사용자가 이미 존재해야 한다. 그렇지 않으면 원래의 소유권 및/또는 권한으로 개체를 복원으로 재생성하지 못하게 된다(가끔은 이것이 사용자가 원하는 바일 때도 있지만 보통은 그렇지 않다).

기본적으로 psql 스크립트는 SQL 에러가 발생한 후 실행을 계속하게 된다. 사용자는 해당 동작을 변경하도록 설정된 ON_ERROR_STOP 변수를 사용하여 psql을 실행하고, SQL 에러 발생 시 3의 종료 상태로 psql이 종료되기를 원할 수도 있다.

```
psql --set ON_ERROR_STOP=on dbname < infile
```

어떤 방식이든, 사용자에게는 부분적으로 복원된 데이터베이스만 있다. 또는 전체 덤프
가 단일 트랜잭션으로 복원되도록 지정할 수 있으므로 복원이 전체적으로 완료되거나
전체적으로 롤백된다. 이 모드는 psql에 -1 또는 --single-transaction 커맨드라인 옵
션을 전달하여 지정 가능하다. 이 모드를 사용하는 경우 이미 여러 시간 실행된 복원을
사소한 마이너 에러가 롤백할 수도 있다는 점에 유의해야 한다. 단, 이것은 덤프를 부분
적으로 복원한 후에 복잡한 데이터베이스를 수동으로 클린업하는 것이 더 나을 수도
있다.

파이프에 쓰거나 파이프에서 읽어 오는 pg_dump 및 psql의 기능은 데이터베이스를 특
정 서버에서 다른 서버로의 직접 덤프를 가능하게 한다. 예를 들면 다음과 같다.

```
pg_dump -h host1 dbname | psql -h host2 dbname
```

> **중요**: pg_dump로 생성된 덤프는 template0에 상대적이다. 이것은 template1을 통해 추가된 언어, 프로시저 등
> 도 pg_dump에 의해 덤프된다는 것을 의미한다. 결과적으로 복원 시, 커스터마이즈된 template1을 사용하는 경
> 우 위의 예제처럼 template0으로부터 비어 있는 데이터베이스를 생성해야 한다.

백업을 복원한 후 데이터베이스별로 ANALYZE를 실행해서 쿼리 옵티마이저가 유용한 통
계를 갖도록 하는 것이 좋다. 자세한 내용은 9.1.3절 및 9.1.6절을 참조하기 바란다. 대
량의 데이터를 PostgreSQL에 효율적으로 로드하는 방법은 PostgreSql 공식 가이드
14.4절을 참조하기 바란다.

10.1.2 pg_dumpall 사용

pg_dump는 한 번에 하나의 데이터베이스만 덤프하며, role 또는 테이블스페이스에 대
한 정보는 덤프하지 않는다(이것은 데이터베이스별per-database이 아니라 클러스터 차원cluster-
wide이기 때문이다). 데이터베이스 클러스터의 전체 내용을 편리한 덤프를 지원하기 위해

pg_dumpall 프로그램이 제공된다. pg_dumpall은 지정된 클러스터의 각 데이터베이스를 백업하고 역할 및 테이블스페이스 정의 같은 클러스터 차원$^{cluster-wide}$의 데이터를 보존한다.

이 명령의 기본적인 사용법은 다음과 같다.

```
pg_dumpall > outfile
```

결과 덤프는 psql을 사용하여 복원될 수 있다.

```
psql -f infile postgres
```

(실제로 시작할 기존 데이터베이스 이름을 지정할 수 있지만 비어 있는 클러스터로 로딩한 경우 postgres를 일반적으로 사용해야 한다) pg_dumpall 덤프를 복원하는 경우 역할 및 테이블스페이스 정보를 복원하는 데 필요하므로 데이터베이스 슈퍼유저 액세스가 항상 필요하다. 테이블스페이스를 사용하는 경우 덤프에서 테이블스페이스 경로가 새 설치에 적합한지 확인해야 한다.

pg_dumpall은 역할, 테이블스페이스 및 비어 있는 데이터베이스 재생성을 위한 명령을 실행하고 각 데이터베이스에 대해 pg_dump를 호출함으로써 작동된다. 이것은 각 데이터베이스가 내부적으로 일관되고, 서로 다른 데이터베이스의 스냅샷이 동기화되지 않는다는 것을 의미한다.

클러스터 차원$^{Cluster-wide}$의 데이터는 pg_dumpall --globals-only 옵션을 사용하여 단독 덤프가 가능하다. 각 데이터베이스의 pg_dump 명령을 실행하는 경우 클러스터를 전체적으로 백업하는 것이 필요하다.

10.1.3 거대 데이터베이스 처리

일부 운영체제는 거대^{large} pg_dump 출력 파일을 생성할 때 최대 파일 크기 제한이 있다. 다행히도, pg_dump는 표준 출력으로 쓸 수 있으므로 표준 유닉스 툴을 사용하여 이러한 문제의 가능성을 피할 수 있다. 또 다른 몇 가지 방법은 다음과 같다.

압축 덤프 사용. 일반적인 압축 프로그램을 사용할 수 있다. gzip을 예를 들면 다음과 같다.

```
pg_dump dbname | gzip > filename.gz
```

다음을 사용하여 리로드한다.

```
gunzip -c filename.gz | psql dbname
```

또는 다음처럼 한다.

```
cat filename.gz | gunzip | psql dbname
```

split 사용. split 명령은 출력을 작은 파일로 분할하여 기본 파일 시스템에서 수용되는 크기로 만든다. 예를 들면, 1메가바이트 단위로 분할할 경우는 다음과 같다.

```
pg_dump dbname | split -b 1m - filename
```

다음을 사용하여 리로드한다.

```
cat filename* | psql dbname
```

pg_dump의 커스텀 덤프 형식 사용. 설치된 zlib 압축 라이브러리를 사용하여 PostgreSQL을 시스템에서 빌드한 경우 출력 파일에 쓸 때 커스텀 덤프 형식이 데이터를 압축한다. 이렇게 하면 덤프 파일 크기가 gzip을 사용한 것과 비슷하지만 테이블을 선택적으로 복원할 수 있다는 장점이 있다. 다음 명령은 커스텀 덤프 형식을 사용하여 데이터베이스를 덤프한다.

```
pg_dump -Fc dbname > filename
```

커스텀 형식 덤프는 psql용 스크립트는 아니지만, 대신 pg_restore를 사용하여 복원해야 한다. 예를 들면 다음과 같다.

```
pg_restore -d dbname filename
```

자세한 내용은 pg_dump 및 pg_restore 레퍼런스 페이지를 참조하기 바란다.

엄청난 거대 데이터베이스의 경우 split를 다른 두 가지 방법과 혼용해야 할 수도 있다.

pg_dump의 병렬 덤프 기능 사용. 거대 데이터베이스의 덤프 속도를 높이기 위해 pg_dump의 병렬 모드를 사용할 수 있다. 이것은 다수의 테이블을 동시에 덤프한다. -j 매개변수를 사용하면 병렬화 수준을 조절할 수 있다. 병렬 덤프는 "디렉토리" 아카이브 형식에 대해서만 지원된다.

```
pg_dump -j num -F d -f out.dir dbname
```

덤프를 병렬로 복원하기 위해 pg_restore -j를 사용할 수 있다. 이것은 pg_dump -j를 사용한 생성 여부와 무관하게 "커스텀" 또는 "디렉토리" 아카이브 모드의 아카이브에 대해 작동된다.

10.2 파일 시스템 레벨 백업

대체 백업 전략은 해당 데이터를 저장하기 위해 PostgreSQL이 사용하는 파일을 직접 복사하는 것이다. 파일이 위치한 장소는 3.2절에서 설명된다. 파일 시스템을 백업하는 방법으로 사용자는 아무거나 사용할 수 있다. 예를 들면 다음과 같다.

```
tar -cf backup.tar /usr/local/pgsql/data
```

이러한 방법을 비현실적으로 만들거나 pg_dump 방법보다 떨어지게 만드는 제한이 두 가지 있다.

1. 정상적으로 백업을 하기 위해서는 반드시 데이터베이스 서버를 셧다운해야 한다. 도중에 모든 연결을 끊는 것은 불가능하다(부분적으로는 tar 및 유사 툴은 파일 시스템 상태의 원자 스냅샷을 사용하지 않기 때문이며, 서버 내 내부 버퍼링 때문이기도 하다). 서버 중지에 대한 정보는 3.5절에 나와 있다. 두말할 필요 없이 데이터 복원 전에는 서버를 셧다운해야 한다.

2. 데이터베이스의 파일 시스템 레이아웃에 대해 자세히 조사했다면 특정한 개별 테이블 또는 데이터베이스만 각각의 파일 또는 디렉토리로부터 백업하거나 복원하고 싶

은 유혹을 느꼈을 것이다. 이러한 파일에 포함된 정보는 모든 트랜잭션의 커밋 상태가 포함된 커밋 로그 파일인 pg_clog/* 없이는 쓸모가 없기 때문에 가능하지 않다. 테이블 파일은 이 정보가 있을 때에만 유효하다. 물론 데이터베이스 클러스터의 모든 다른 테이블을 쓸데 없이 렌더링하므로 테이블 및 연결된 pg_clog 데이터만 복원하는 것도 불가능하다. 따라서 파일 시스템 백업은 전체 데이터베이스 클러스터의 완전한 백업 및 복원에 대해서만 작동된다.

대체 파일 시스템 백업 접근법은, 파일 시스템이 해당 기능을 지원한 경우(및 올바른 구현에 대한 확신이 있는 경우)에 데이터 디렉터리의 "일관된 스냅샷"을 만드는 것이다. 일반적인 프로시저는 데이터베이스가 포함된 볼륨의 "동결 스냅샷"을 만들고 전체 데이터 디렉터리(일부가 아니라, 위 내용 참조)를 스냅샷에서 백업 장치로 복사한 다음, 동결 스냅샷을 릴리스하는 것이다. 이것은 데이터베이스 서버 실행 중에도 작동된다. 단, 이러한 방법으로 생성된 백업은 데이터베이스 서버가 제대로 셧다운되지 않은 것 같은 상태에서 데이터베이스 파일을 저장하므로, 백업 데이터 상에서 데이터베이스 서버를 시작하면 이전 서버 인스턴스가 충돌한 것으로 간주되어 WAL 로그가 리플레이된다. 이것이 문제가 되는 것은 아니지만 알고는 있어야 한다(백업에 WAL 파일이 포함되는지도 확인). 복구 시간을 줄이려면 스냅샷을 가져오기 전에 CHECKPOINT를 수행해야 한다.

데이터베이스가 복수의 파일 시스템에 퍼져 있는 경우 모든 볼륨의 정확히 동시 동결 스냅샷을 얻는 방법이 없을 수도 있다. 예를 들면, 데이터 파일 및 WAL 로그가 서로 다른 디스크에 있을 경우 또는 테이블스페이스가 서로 다른 파일 시스템에 있을 경우 스냅샷이 동시여야 하므로 스냅샷 백업을 사용하는 것이 가능하지 않을 수 있다. 이러한 상황에서는 일관된 스냅샷 기법을 신뢰하기 전에 파일 시스템 문서를 꼼꼼히 읽어보기 바란다.

동시 스냅샷이 불가능한 경우 한 가지 옵션은 모든 동결 스냅샷이 성립되도록 충분히 오랫동안 데이터베이스 서버를 셧다운하는 것이다. 다른 옵션은, 백업 중에 파일 시스템 변경에 대한 영향을 백업이 받지 않으므로 연속 아카이빙 베이스 백업(10.3.2절)을 수행하는 것이다. 이것은 백업 프로세스 중에만 연속 아카이빙을 활성화해야 하고, 복원은 연속 아카이브 복구를 사용하여 수행된다(10.3.4절 참조).

다른 옵션은 rsync를 사용하여 파일 시스템 백업을 수행하는 것이다. 이것은 데이터베이스 서버 실행 중에 rsync를 실행하여 완료된 다음, 두 번째 rsync가 수행되도록 충분히 오랫동안 데이터베이스 서버를 셧다운하는 함으로써 수행된다. 상대적으로 전송할 데이터 양이 적고, 서버 다운 때문에 마지막 결과가 일관되므로 두 번째 rsync는 첫 번째보다 빠르다. 이 방법은 최소의 다운타임 이내에서 파일 시스템 백업을 가능하게 한다.

파일 시스템 백업은 일반적으로 SQL 덤프보다 크다(pg_dump는 인덱스 내용을 덤프할 필요가 없다. 예를 들면, 재생성용 명령만 필요함). 그러나 파일 시스템 백업을 가져오는 것은 빠를 수 있다.

10.3〉 연속 아카이빙 및 PITR

PostgreSQL은 클러스터의 데이터 디렉토리의 pg_xlog/ 서브 디렉토리에 WAL$^{write\ ahead\ log}$를 항상 유지관리한다. 이 로그에는 데이터베이스 데이터 파일에서 일어난 모든 변경 내역이 기록된다. 이 로그는 원래 충돌 안전을 보장하기 위한 목적이지만 시스템 충돌 시, 데이터베이스는 마지막 체크포인트 이후에 만들어진 로그 항목을 "리플레이"함으로써 데이터베이스를 일관된 상태로 복구할 수 있다. 그러나 이 로그가 존재함으로써 데이터베이스 백업의 세 번째 전략이 가능하다. 당사는 파일 시스템 레벨 백업을 WAL 파일의 백업과 결합한다. 복구가 필요한 경우, 파일 시스템 백업을 복원한 다음, 백업된 WAL 파일로부터 리플레이로 시스템을 현재 상태로 불러온다. 이 접근법은 이전 방법보다 관리가 복잡한 면이 있지만, 상당한 장점도 몇 가지 있다.

- 백업의 시작 지점으로 완벽하게 일관된 파일 시스템은 필요하지 않다. 내부적으로 모순된 백업은 로그 리플레이로 수정된다(이것은 충돌 복구 중에 일어나는 것과는 꽐목

하게 다르지 않음). 따라서 파일 시스템 스냅샷 기능이 불필요하며, tar 또는 유사 아카이빙 툴만 있으면 된다.

- 리플레이를 위해 WAL 파일 시퀀스를 무한정 결합할 수 있으므로 간단히 WAL 파일의 아카이브를 계속함으로써 연속 백업이 아카이브된다. 이것은 전체 백업을 빈번하게 수행하기가 어려운 거대 데이터베이스에 있어서 특히 중요하다.

- WAL 엔트리를 끝까지 리플레이할 필요는 없다. 특정 지점에서 리플레이를 중지하고 해당 시점에서 일관된 데이터베이스 스냅샷을 획득할 수 있다. 따라서 이 기법은 PITR$^{point-in-time\ recovery}$을 지원하며, 베이스 백업을 가져온 이후로 어떤 시점의 상태로든 데이터베이스를 복원할 수 있다.

- 동일한 베이스 백업 파일이 로드된 다른 머신 쪽으로 일련의 WAL 파일을 연속 전송하는 경우 warm standby 시스템을 보유하고 있으므로, 언제든 두 번째 머신을 불러올 수 있으므로 거의 최신과 다름 없는 데이터베이스 사본을 갖게 된다.

> **참고:** pg_dump 및 pg_dumpall은 파일 시스템 레벨 백업을 생성하지 않으며, 연속 아카이빙 솔루션의 일부로 사용할 수 없다. 이러한 덤프는 논리적이며, WAL 리플레이에서 사용될 만큼 정보가 충분하지도 않다.

일반 파일 시스템 백업과 마찬가지로, 이 방법은 부분이 아닌 전체 데이터베이스 클러스터의 복원만 지원한다. 아카이브용 저장소도 많이 필요하다. 베이스 백업은 부피가 클 수 있으며, 사용 중인 시스템이 아카이브를 위해 수 메가바이트의 WAL 트래픽을 발생시키게 된다. 그래도, 고신뢰도가 요구되는 다수의 상황에서 많이 사용되는 백업 기법이다.

연속 아카이빙을 사용한 복구가 성공하려면(다수의 데이터베이스 벤더에서 "온라인 백업"이라고 함), 최소한 백업의 시작 시점까지 뒤로 연장되는 아카이브된 WAL 파일의 연속 시퀀스가 필요하다. 따라서, 시작하려면 첫 번째 베이스 백업을 가져오기 전에 WAL 파일을 아카이브하기 위한 프로시저를 셋업하고 테스트해야 한다. 따라서 WAL 파일 아카이빙의 메커니즘부터 논의한다.

10.3.1 WAL 아카이빙 셋업

추상적인 의미에서 PostgreSQL 시스템을 실행하면 WAL 레코드의 시퀀스가 무한정 길어진다. 시스템은 물리적으로 이러한 시퀀스를 WAL 세그먼트 파일로 분할하는 데, 보통은 하나에 16MB이다(PostgreSQL 빌드 시 세그먼트 크기를 변경할 수 있다). 세그먼트 파일은 추상적인 WAL 시퀀스에서 자체 위치를 나타내도록 숫자 이름으로 지정된다. WAL 아카이빙 사용 시 시스템은 일반적으로 몇 개의 세그먼트 파일만 생성한 다음, 더 이상 사용되는 세그먼트 파일의 이름을 더 큰 숫자로 변경하여 세그먼트를 "재활용"한다. 파일 내용이 마지막 체크포인트보다 앞선 세그먼트 파일은 더 이상 사용 가치가 없는 것으로 간주되므로 재사용된다.

재사용을 위해 WAL 데이터를 아카이브할 때 채워진 각 세그먼트 파일의 내용을 캡처해서, 세그먼트 파일이 재활용되기 전에 해당 데이터를 어딘가에 저장해야 한다. 애플리케이션 미 가용 하드웨어에 따라 "데이터를 저장"하는 방법은 다양할 수 있다. 세그먼트 파일을 다른 머신의 NFS 마운트 디렉토리에 복사하거나, 테이프 드라이브에 쓰거나(각 파일의 원래 이름을 식별하는 방법이 확실해야 함), 모두 묶어서 CD 등에 구울 수 있다. 데이터베이스 관리자에게 유연성을 부여하기 위해 PostgreSQL은 아카이빙이 수행되는 방법에 대해서는 어떠한 전제도 하지 않는다. 대신, PostgreSQL은 완료된 세그먼트 파일을 필요한 위치로 복사하기 위해 실행되는 셸 명령을 관리자가 지정할 수 있게 한다. 명령은 cp처럼 간단하거나 복잡한 셸 스크립트를 호출하는 것일 수 있으며, 사용자가 결정할 수 있다.

WAL 아카이빙을 활성화하려면 wal_level 구성 매개변수를 archive 또는 그 이상으로 설정하고, archive_mode는 on으로 설정한 뒤, archive_command 구성 매개변수에서 사용할 셸 명령을 지정해야 한다. 이러한 설정은 항상 postgresql.conf 파일에서 다룬다. archive_command에서 %p는 아카이브할 파일 경로명으로 대체되고 %f는 파일명으로만 대체된다(경로명은 예를 들면, 클러스터의 데이터 디렉토리처럼 현재 작업 디렉토리에 상대적이다). 실제로 % 문자를 커맨드라인에 포함시켜야 할 경우 %%를 사용한다. 유용한 명령 중 가장 간단한 것은 다음과 같은 형태이다.

```
archive_command = 'test ! -f /mnt/server/archivedir/%f && cp %p /mnt/server/
archivedir/% archive_command = 'copy "%p" "C:\\server\\archivedir\\%f"'     #
Windows
```

이것은 아카이브 가능한 WAL 세그먼트를 /mnt/server/archivedir 디렉토리에 복사한다(이것은 예시이며, 권장 사항은 아니다. 일부 플랫폼에서는 작동되지 않을 수 있다). %p 및 %f 매개변수를 대체한 후 실행되는 실제 명령은 다음과 같은 형태이다.

```
test ! -f /mnt/server/archivedir/00000001000000A900000065 && cp pg_
xlog/00000001000000A9
```

아카이브되는 새 파일마다 유사한 명령이 생성된다.

아카이브 명령은 PostgreSQL 서버를 실행하는 권한이 있는 사용자에 의하여 실행된다. 아카이브되는 일련의 WAL 파일에는 데이터베이스의 모든 내용이 효율적으로 포함되기 때문에 아카이브된 데이터가 정찰안^{prying eyes}으로부터 보호되기를 원할 수 있다. 예를 들면, 그룹 또는 월드 읽기 액세스가 없는 디렉토리에 아카이브하기를 원할 수 있다.

아카이브 명령이 성공한 경우에만 0 exit 상태가 리턴되도록 하는 것이 중요하다. 0이 결과로 리턴된 경우, PostgreSQL은 파일이 성공적으로 아카이브되었고 제거 또는 재활용이 가능한 것으로 간주한다. 그러나 0이 아닌 상태는 파일이 아카이브되지 않았고 성공할 때까지 주기적으로 재시도될 것임을 PostgreSQL에게 알려준다.

아카이브 명령은 일반적으로 사전에 존재하는 아카이브 파일의 덮어쓰기를 거부하도록 설계되어야 한다. 이것은 관리자의 실수가 있을 경우(예를 들면, 2개의 서로 다른 서버의 출력을 동일한 아카이브 디렉토리로 전송하는 등) 아카이브의 무결성을 지키기 위한 중요한 기능이다.

정말로 기존 파일을 덮어쓰지 않았는지, 그리고 이 경우에 0이 아닌 상태를 리턴하는지 확인하려면 제시된 아카이브 명령을 테스트하는 것이 좋다. 위의 유닉스용 예제 명령은 별도의 test 단계를 포함함으로써 이것을 확인한다. 일부 유닉스 플랫폼에서, cp는 장황하지 않게 동일한 내용을 수행할 때 사용할 수 있는 -i 같은 스위치가 있지만, 올바른 exit 상태가 리턴되는지 확인하지 않고 이것에 의존해서는 안 된다(-i를 사용하고 타깃 파일이 이미 존재하는 경우에, GNU cp는 특히 0 상태를 리턴하지만, 이것은 기대한 상태가 아니다).

아카이빙 단계를 설계할 때 일부 측면에서 오퍼레이터의 개입을 필요로 하거나 아카이브 공간이 부족해져서 아카이브 명령이 반복적으로 실패하는 경우에 일어날 수 있는 문제를 생각해보기 바란다. 예를 들면, 자동 교환기 없이 테이프에 기록하는 경우에 이러한 문제가 발생할 수 있다. 테이프가 꽉 찼을 경우 테이프 스왑 전에는 아카이브가 일절 되지 않는다. 모든 에러 조건 또는 인간 오퍼레이터에 대한 요청은 즉시 보고되어서 이러한 상황이 빨리 해결될 수 있도록 해야 한다. pg_xlog/ 디렉토리는 이러한 상황이 해결될 때까지 WAL 세그먼트가 계속해서 채워진다(pg_xlog가 포함된 파일 시스템이 채워질 경우 PostgreSQL은 PANIC 셧다운을 수행한다. 커밋된 트랜잭션이 소실되지는 않지만 사용자가 일부 공간을 해제할 때까지는 데이터베이스에서 오프라인 상태가 지속된다).

서버가 WAL 데이터를 생성하는 평균 속도에 뒤처지지 않는 한 아카이브 명령의 속도는 중요하지 않다. 아카이빙 프로세스가 약간 뒤처져도 작업은 정상적으로 계속된다. 아카이빙이 상당히 뒤처질 경우 문제 발생 시 상당량의 데이터가 손실된다. 이것은 pg_xlog/ 디렉토리에 아직 아카이브되지 않는 세그먼트 파일이 대량으로 들어 있어서 결국에는 가용 데이터 공간을 초과할 수도 있다는 의미이기도 하다. 아카이빙 프로세스가 생각한 대로 작동되는지 모니터링하는 것이 좋다.

아카이브 명령을 작성할 때 아카이브할 파일 이름은 최대 64자까지 가능하고 ASCII 문자, 숫자 및 점 조합을 사용할 수 있다. 원래의 상대 경로(%p)를 유지할 필요는 없지만 파일 이름(%f)은 유지해야 한다.

WAL 아카이빙은 PostgreSQL 데이터베이스의 수정 내용을 복원하는 것은 가능하지만, SQL 작업을 통해 나중에 편집되므로 구성 파일의 변경 내용은 복원할 수 없다(즉, postgresql.conf, pg_hba.conf 및 pg_ident.conf). 사용자는 일반적인 파일 시스템 백업 프로시저로 백업되는 위치에 구성 파일을 저장하기를 원할 수 있다. 구성 파일의 재배치 방법은 4.2절을 참조하기 바란다.

아카이브 명령은 완료된 WAL 세그먼트를 호출만 한다. 그러므로 약간의 WAL 트래픽이 발생되는 서버에서는(또는 그렇게 되는 곳에서는 느슨한 구간을 가진다면) 트랜잭션의 완료 및 아카이브 저장소에서 안전하게 기록되기까지 긴 지연이 발생할 수 있다. 데이터가 아카이브되지 않은 채로 방치되는 시간을 제한하기 위해 `archive_timeout`을 설정하여 서버가 새 WAL 세그먼트 파일로 지정된 빈도만큼 전환되도록 할 수 있다. 강제 전환을 하기 때문에 일찌감치 아카이브된 파일의 길이는 완전한 전체 파일과 동일하다는 점에 유의해야 한다. 따라서, archive_timeout을 매우 짧게 하는 것은 아카이브 저장소를 부풀게 하므로 적절하지 못하다. archive_timeout을 분단위로 설정하는 것이 일반적으로 합당하다.

막 끝난 트랜잭션이 가능한 한 빨리 아카이브되기를 원할 경우 `pg_switch_xlog`를 사용하여 수동으로 세그먼트를 강제 전환할 수도 있다. WAL 관리를 위한 기타 유틸리티 함수는 PostgreSql 공식 가이드 표 9.65에 나와 있다.

`wal_level`이 `minimal`인 경우 PostgreSql 공식 가이드 14.4.7절에 설명된 대로 WAL 로깅을 방지하는 쪽으로 일부 SQL 명령이 최적화된다. 아카이빙 또는 스트리밍 복제가 이 구문 중 한 가지를 실행하는 중에 켜진 경우 아카이브 복구에 충분한 정보가 WAL에 포함되지 않게 된다(충돌 복구는 영향을 받지 않음). 이러한 이유로 `wal_level`은 서버 시작 시에만 변경 가능하다. 그러나 `archive_command`는 리로드된 구성 파일을 사용하여 변경 가능하다. 아카이빙을 일시적으로 중지하는 방법 중 하나는 `archive_command`를 빈 문자열(")로 설정하는 것이다. 이것은 작동 중인 `archive_command`이 재설정되기 전까지 WAL 파일이 pg_xlog/에 누적되도록 한다.

10.3.2 베이스 백업

가장 간단하게 베이스 백업을 수행하는 방법은 pg_base 백업 툴을 사용하는 것이다. 일반 파일 또는 tar 아카이브로 베이스 백업을 생성할 수 있습니다. pg_base 백업에서 제공되는 것보다 유연성이 더 필요할 경우 저수준 API를 사용하여 베이스 백업을 만들 수도 있다(10.3.3절 참조).

베이스 백업을 만드는 데 걸리는 시간은 우려하지 않아도 된다. 단, `full_page_writes`를 비활성화한 상태에서 서버를 실행하는 경우 백업 모드 중에 `full_page_writes`는 강제 실행되므로 백업 실행 중에 성능이 떨어지는 것이 느껴질 수 있다.

백업을 이용하려면 파일 시스템 백업 중에, 또는 후에 생성된 모든 WAL 세그먼트 파일을 보관하고 있어야만 한다. 이를 돕기 위해 베이스 백업 프로세스는 WAL 아카이브 영역에 즉각 저장되는 백업 내역 파일을 생성한다. 파일 시스템 백업용으로 필요한 첫 번째 WAL 세그먼트 파일 뒤에 이 파일이 명명된다. 예를 들면, 시작 WAL 파일이 000000010000123400005CD이면, 백업 내역 파일의 이름은 000000010000123400005CD.007C9330.backup처럼 명명된다(파일 이름의 두 번째 부분은 WAL 파일 내의 정확한 위치를 나타내며, 대개는 무시된다). 파일 시스템 백업을 안전하게 아카이브했고 백업 중에 WAL 세그먼트 파일이 사용된 경우(백업 내역 파일에 지정된 대로) 이름 숫자가 작고, 아카이브된 모든 WAL 세그먼트는 파일 시스템 백업을 복구하는 데 더 이상 불필요하므로 삭제 가능하다. 단, 데이터를 복구 가능한 것이 확실한 몇 개의 백업 세트는 보존을 고려해야 한다.

백업 내역 파일은 작은 텍스트 파일에 불과하다. 여기에는 사용자가 pg_base 백업에 제공한 라벨 스트링과 시작 및 종료 시간, 백업의 WAL 세그먼트가 포함되어 있다. 연결된 덤프 파일을 식별하는 라벨을 사용한 경우 아카이브된 내역 파일은 어떤 덤프 파일을 복구하는지 확실히 알 수 있다.

아카이브된 모든 WAL 파일을 마지막 베이스 백업으로 다시 유지해야 할 경우 베이스 백업 간 간격은 일반적으로 아카이브된 WAL 파일에 확장했으면 하는 저장소 용량을 기준으로 선택된다. 또한 복구가 필요할 경우 복구에 소요되는 준비 기간도 고려해야 한다. 시스템은 해당 WAL 세그먼트를 모두 리플레이해야 하며, 마지막 베이스 백업을 한 지 오래되었다면 시간이 좀 필요할 것이다.

10.3.3 저수준 API를 사용한 베이스 백업

저수준 API를 사용한 베이스 백업 절차는 pg_base 백업 방법보다 몇 가지 단계가 추가되지만 상대적으로 간단하다. 이러한 단계가 순차적으로 실행되고, 다음 단계로 진행하기 전에 단계의 성공을 검증하는 것이 매우 중요하다.

1. WAL 아카이빙이 활성화되고 작동되는지 확인한다.
2. 슈퍼유저로 데이터베이스에 연결하고 다음 명령을 실행한다.

   ```
   SELECT pg_start_backup('label');
   ```

   여기서 label은 이 백업 작업을 고유하게 식별하기 위해 사용자가 사용하려고 하는 임의의 스트링이다(백업 덤프 파일을 삽입하려고 하는 곳의 전체 경로를 사용하는 것이 좋다). pg_start_backup은 시작 시간 및 라벨 스트링을 비롯한 백업에 대한 정보를 사용하여 클러스터 디렉토리에 backup_label이라는 백업 라벨 파일을 생성한다. 파일로부터 복원을 해야 하는 경우에 백업의 무결성이 중요하다.

   이 명령을 실행하기 위해 연결하는 클러스터 내부에 어떤 데이터베이스가 있는지는 중요하지 않다. 함수에 의해 리턴된 결과를 무시해도 되지만 에러가 리포트된 경우 계속 진행하기 전에 처리해야 한다.

   기본적으로 pg_start_backup은 완료되는 데 시간이 많이 걸린다. 이것은 체크포인트를 수행하기 때문이며, 체크포인트에 필요한 I/O는 상당한 시간 동안(기본적으로 체크포인트간 간격의 절반) 퍼지게 된다(구성 매개변수 checkpoint_completion_target 참조). 이것은 쿼리 프로세싱에 미치는 영향을 최소화하므로 일반 사용자들이 선호한다. 백업을 가능한 한 빨리 시작하고 싶다면, 다음을 사용하는 것이 좋다.

   ```
   SELECT pg_start_backup('label', true);
   ```

   이것은 체크포인트가 가능한 한 빨리 완료되도록 강제한다.

3. tar 또는 cpio 같은 편리한 파일 시스템 백업 툴을 사용하여 백업을 수행한다(pg_dump 또는 pg_dumpall 아님). 이것을 수행할 때 데이터베이스의 정상 작동을 중지하는 것은 불필요하거나 바람직하지 않다.

4. 슈퍼유저로 데이터베이스에 다시 연결하고 다음 명령을 실행한다.

```
SELECT pg_stop_backup();
```

이것은 백업 모드를 중단하고 다음 WAL 세그먼트로 자동 전환을 수행하는 명령어이다. 이와 같이 전환하는 이유는 백업 중 아카이브를 준비하는 단계에서 작성된 마지막 WAL 세그먼트 파일을 정돈하기 위함이다.

5. 백업을 아카이브하는 중에 WAL 세그먼트가 활성화되면 백업은 끝이 난다. pg_stop_backup의 결과로 식별되는 파일은 백업 파일의 전체 세트를 구성하기 위해 필요한 마지막 세그먼트이다. archive_mode가 활성화되면 마지막 세그먼트가 아카이브되기 전까지는 pg_stop_backup이 리턴되지 않는다. 사용자는 archive_command를 이미 구성했으므로 이 파일의 아카이빙은 자동으로 발생된다. 대부분의 경우에 이것은 빠르게 진행되지만 지연이 있는 것은 아닌지 아카이브 시스템을 사용자가 모니터링하는 것이 좋다. 아카이브 명령이 실패해서 아카이브 프로세스가 뒤로 밀려난 경우 아카이브가 성공하고 백업이 완료될 때까지 계속 재시도가 일어난다. pg_stop_backup 실행에 대한 시간 제한을 두고 싶은 경우 적절한 statement_timeout 값을 설정한다.

복사 진행 중에 복사하려는 파일이 변경된 경우 일부 파일 시스템 백업 툴은 경고 또는 에러를 발생시킨다. 운영 중인 데이터베이스의 베이스 백업을 가져오는 상황은 정상적인 것이고 에러가 아니다. 단, 실제 에러와 이러한 상황은 구분할 필요가 있다. 예를 들면, rsync 일부 버전은 "소실된 소스 파일"에 대한 별도의 exit 코드를 리턴하며, 사용자는 이러한 exit 코드를 에러가 아닌 상황으로 수용하는 드라이버 스크립트를 작성할 수 있다. 또한 일부 GNU tar 버전은, tar 복사 중에 파일이 잘렸을 경우 치명적인 에러와 구분이 안 되는 에러 코드를 리턴한다. 다행히도, GNU tar 버전 1.16 이상은, 백업 중에 파일이 변경된 경우 1로 exit하고, 다른 에러인 경우 2로 exit한다. GNU tar 버전 1.23 이상을 사용할 경우 경고 옵션 --warning=no-file-changed --warning=no-file-removed 를 사용하여 관련 경고 메시지를 숨길 수 있다.

데이터베이스 클러스터 디렉토리 아래의 파일 모두를 백업 덤프가 포함하고 있는지 확인해야 한다(예: /usr/local/pgsql/data). 이 디렉토리 아래에 있지 않은 테이블스페이스를 사용 중인 경우 이것들도 포함해야 한다(백업 덤프가 심볼릭 링크도 링크로 아카이브하는지 확인할 것. 그렇지 않으면 복원이 테이블스페이스와 충돌하게 된다).

단, 클러스터의 pg_xlog/ 서브 디렉토리 내에 파일을 백업 덤프로부터 생략할 수 있다. 복구 시 실수의 위험이 줄어들므로 이와 같은 약간의 조정은 그만한 가치가 있다. pg_xlog/가 클러스터 디렉토리 외부의 어떤 곳을 가리키는 심볼릭 링크인 경우 정돈이 쉽다. 이것은 성능상의 일반적인 설정사항이다. 이 백업을 나중에 사용하게 되는 postmaster에 대한 정보가 아니라, 실행 중인 postmaster에 대한 정보를 기록하는 postmaster.pid 및 postmaster.opts를 배제하고 싶을 수도 있다(이 파일들은 pg_ctl을 혼동시킬 수 있다).

클러스터의 pg_replslot/ 디렉토리 내의 파일을 백업 덤프에서 생략하여 마스터에 존재하는 복제 슬롯이 백업의 일부가 되지 않게 하는 것도 괜찮은 방법이다. 그 외에는 스탠바이를 생성하기 위해 백업을 나중에 하는 것은 결과적으로 WAL 파일을 스탠바이에 무한정 유지하게 되는 것이며, 해당 복제 슬롯을 사용하는 클라이언트가 스탠바이가 아닌 마스터에 연결되고 업데이트된 상태를 계속 유지하면 핫 스탠바이 피드백이 활성화된 경우 마스터에서 팽창이 일어날 가능성이 있다. 백업의 원래 목적은 새 마스터를 생성할 때 사용하기 위함이지만, 새 마스터가 온라인 상태가 되기까지 이러한 슬롯의 내용이 심하게 오래될 가능성이 있으므로 복제 슬롯의 복사가 특별히 유용할 것으로 생각되지는 않는다.

또한 pg_start_backup 함수가 데이터베이스 클러스터 디렉토리에서 backup_label이라는 이름의 파일을 만드는 것도 아무 의미가 없으며, 이것은 pg_stop_backup으로 삭제된다. 물론 이 파일은 백업 덤프 파일의 일부로 아카이브된다. 백업 라벨 파일에는 pg_start_backup에 지정한 라벨 스트링, pg_start_backup이 실행된 시간, 시작 WAL 파일의 이름이 포함된다. 혼동이 있을 경우, 백업 덤프 파일의 내부를 살펴보고 덤프 파일이 어떤 백업 세션에서 만들어진 것인지 정확하게 판단할 수 있다. 그러나 이 파일은 단순히 정보 제공용이 아니다. 이 파일의 존재와 내용은 시스템 복구 프로세스 작업에 있어서 핵심이다.

서버 중지 중에 백업 덤프를 만드는 것도 가능하다. 이 경우에, 확실히 `pg_start_backup` 또는 `pg_stop_backup`은 사용할 수 없으며, 따라서 사용자는 어떤 백업 덤프가 어떤 WAL 파일과 연결되어 WAL 파일로 얼마만큼의 복구가 가능한지 추적하는 장비를 자체적으로 남기게 된다. 따라서 위의 연속 아카이빙 절차를 따르는 것이 일반적으로 낫다.

10.3.4 연속 아카이브 백업을 사용한 복구

문제 상황이 발생했을 때 사용자는 그간의 백업으로부터 복구를 해야 한다. 절차는 다음과 같다.

1. 서버가 실행 중인 경우 서버를 중지한다.
2. 공간에 여유가 있는 경우 필요할 때를 대비하여 전체 클러스터 데이터 디렉토리와 테이블스페이스를 임시 위치에 복사한다. 이것은 기존 데이터베이스의 사본 2개를 저장할 만큼의 여유 공간이 시스템에 있을 경우에 해당된다. 공간이 부족한 경우, 시스템 다운 전에 아카이브되지 않은 로그가 포함되었을 수 있는 클러스터의 pg_xlog 서브 디렉토리의 내용을 최소한이라도 저장해야 한다.
3. 사용 중인 클러스터 데이터 디렉토리 아래 및 테이블스페이스의 root 디렉토리 아래의 모든 기본 파일 및 서브 디렉토리를 삭제한다.
4. 데이터베이스 파일을 파일 시스템 백업으로부터 복원한다. 올바른 소유권(데이터베이스 시스템 사용자, root 제외) 및 올바른 권한을 사용하여 복원했는지 확인한다. 테이블스페이스를 사용하는 경우 pg_tblspc/의 심볼릭 링크가 바르게 복원되었는지 확인해야 한다.
5. pg_xlog/에 존재하는 모든 파일을 삭제한다. 이것은 파일 시스템 백업에서 온 것이며, 따라서 현재가 아닌 오래된 것일 가능성이 높다. pg_xlog/를 전혀 아카이브하지 않은 경우 이전에 셋업한 적이 있었다면 심볼링 링크로 재설정되는지 확인하면서

적합한 권한으로 재생성한다.

6. 2단계에서 저장된 아카이브되지 않은 WAL 세그먼트 파일이 있을 경우 pg_xlog/에 복사한다(문제 발생 시 그리고 다시 시작해야 하는 경우 수정되지 않은 파일이 계속 있으므로 이동이 아니라 복사를 하는 것이 좋다).

7. 클러스터 데이터 디렉토리에서 복구 명령 파일 recovery.conf를 생성한다(12장 참조). 복구가 성공했는지 확인 전까지 일반 사용자가 연결하지 못하게 하기 위해 pg_hba.conf를 임시로 수정하기를 원할 수도 있다.

8. 서버를 시작한다. 서버가 복구 모드로 들어가고 아카이브된 WAL 파일을 통해 읽기가 진행된다. 외부 에러 때문에 복구를 중단해야 하는 경우 서버를 간단하게 재시작할 수 있고 복구가 계속된다. 복구 절차가 완료되면 서버가 recovery.conf의 이름을 recovery.done으로 변경(나중에 실수로 복구 모드로 다시 들어가는 것 방지)하고 정상적인 데이터베이스 운영을 시작한다.

9. 데이터베이스의 내용을 검사하여 원하는 상태로 복구되었는지 확인한다. 아닐 경우 1단계로 돌아간다. 모든 것이 정상일 경우 pg_hba.conf를 정상으로 복원하여 일반 사용자의 연결을 허용한다.

이 모든 것의 핵심은 복구하고자 하는 바 및 복구가 실행되는 범위를 설명하는 복구 구성 파일을 셋업하는 것이다. recovery.conf.sample(설치의 share/ 디렉토리에 보통 있음)을 프로토타입으로 사용할 수 있다. recovery.conf에서 반드시 지정해야 하는 것은 restore_command인데, 이것은 PostgreSQL에게 아카이브된 WAL 파일 세그먼트를 검색하는 방법을 알려준다. archive_command처럼 이것은 셸 명령 예약어이다. 원하는 로그 파일의 이름으로 대체되는 %f를 사용하거나, 로그 파일이 복사되는 경로명으로 대체되는 %p를 사용할 수 있다(경로명은 예를 들면, 클러스터의 데이터 디렉토리처럼 현재 작업 디렉토리에 상대적이다). 실제로 % 문자를 커맨드라인에 포함시켜야 할 경우 %%를 쓴다. 유용한 명령 중 가장 간단한 것은 다음과 같은 형태이다.

```
restore_command = 'cp /mnt/server/archivedir/%f %p'
```

이것은 이전에 아카이브된 WAL 세그먼트를 /mnt/server/archivedir 디렉토리로부터 복사한다. 물론, 오퍼레이터가 적절한 테이프를 마운트하도록 요청하는 셸 스크립트 같은 좀 더 복잡한 것을 사용할 수도 있다.

실패할 경우 0이 아닌 exit 상태를 명령이 리턴하는 것이 중요하다. 명령은 아카이브에 없는 요청 파일을 호출하게 된다. 그러면 0이 아닌 값이 리턴되어야 한다. 이것은 에러 상황이 아니다. 신호(데이터베이스 서버 셧다운의 일부로 사용되는 SIGTERM 제외) 또는 셸 에러(명령을 찾을 수 없는 경우 등)에 의해 명령이 중단된 경우 복구가 중단되고 서버가 시동되지 않는 것은 예외이다.

요청된 파일 중 일부는 WAL 세그먼트 파일이 아니다. 접미어가 .backup 또는 .history 인 파일에 대한 요청도 생각해야 한다. 또한 %p 경로의 기본 이름은 %f와 다르다는 점에 유의해야 한다. 교체 가능한 것으로 생각하면 안 된다.

아카이브에 없는 WAL 세그먼트는 pg_xlog/에서 찾을 수 있다. 이것은 아카이브되지 않은 최근 세그먼트의 사용을 가능하게 한다. 단, 아카이브로부터 사용 가능한 세그먼트는 pg_xlog/의 파일보다 우선적으로 사용된다.

일반적으로 복구는 사용 가능한 모든 WAL 세그먼트를 통해 진행되므로 데이터베이스가 현재 시점(또는 사용 가능한 지정된 WAL 세그먼트에 근접한 시점)으로 복원된다. 그러므로 정상적인 복구는"file not found" 메시지로 끝나며, 정확한 에러 메시지 텍스트는 restore_command에서 선택한 것에 따라 달라진다. 이름이 00000001.history 같은 파일에 대한 복구 시작 시 에러 메시지가 나타날 수도 있다. 이것 역시 정상적인 것이며, 간단한 복구 상황에서 문제를 나타내지 않는다. 자세한 내용은 10.3.5절을 참조하기 바란다.

일부 이전 시점(즉, 하급 DBA가 메인 트랜잭션 테이블을 삭제하기 직전)으로 복구하려면 필수 정지 시점을 recovery.conf에 지정해야 한다. "복구 타깃"으로 알려진 정지 시점을 날짜/시간별로, 명명된 복원 시점별로 또는 특정 트랜잭션 ID의 완료별로 지정할 수 있다. 이것을 작성하는 현재, 사용할 트랜잭션 ID를 정확하게 식별하는 데 도움이 되는 툴이 없으므로 날짜/시간 및 명명된 복원 시점 옵션만 매우 유용하다.

> **참고**: 정지 시점은 베이스 백업의 종료 시간 이후여야 한다. 예를 들면, pg_stop_backup의 종료 시간. 베이스 백업을 사용하여 해당 백업이 진행 중일 때의 시점으로 복구할 수는 없다(해당 시점으로 복구하려면 이전 베이스 백업으로 돌아가서 거기서부터 롤포워드해야 한다)

복구 시 손상된 WAL 데이터가 발견되면 복구가 해당 지점에서 중단되고 서버는 시작되지 않는다. 이 경우 복구가 정상적으로 완료될 수 있도록 손상 시점 전의 "복구 타깃"을 지정하여 복구 프로세스를 처음부터 다시 실행할 수 있다. 시스템 충돌 또는 WAL 아카이브의 액세스 불능 등 외부에 의한 원인으로 복구가 실패한 경우, 복구를 간단히 재시작할 수 있으며, 실패한 지점의 인접한 곳에서부터 다시 시작된다. 복구 재시작은 정상 환경에서 체크포인트를 지정하는 것과 유사하다. 서버는 주기적으로 모든 상태를 디스크에 기록하고 이미 처리된 WAL 데이터를 다시 스캔할 필요가 없음을 나타내기 위해 pg_control 파일을 업데이트한다.

10.3.5 타임라인

시간상 이전 시점으로 데이터베이스를 복원하는 기능은 시간 여행 및 평행 우주 같은 공상과학 영화와 유사하게 복잡한 면이 있다. 예를 들면, 데이터베이스의 원래 내역에서 화요일 저녁에 중요 테이블을 5:15PM에 삭제했다고 가정할 경우 수요일 정오까지는 이러한 실수를 깨닫지 못했을 것이다. 그러면 당황하지 말고 백업을 꺼내서 5:14PM 화요일 저녁 시점$^{point-in-time}$으로 복원한 다음, 가동 및 실행하면 된다. 데이터베이스 세계의 이 내역에서 사용자는 테이블을 삭제한 적이 없다. 그러나 나중에 이것이 바람직하지 못한 생각이었다는 것을 깨닫고 원래 내역의 수요일 오전으로 돌아가고자 할 수도 있다. 데이터베이스가 가동 및 실행 중에 되돌아 가려고 하는 시점까지의 WAL 세그먼트 파일 중 일부가 덮어쓰기된 경우에는 그럴 수 없다. 따라서 이것을 피하려면 원래 데이터베이스 내역에서 생성되었던 것으로부터 PITR$^{point-in-time\ recovery}$을 완료한 후 생성된 일련의 WAL 레코드는 무시해야 한다.

이 문제를 처리하기 위해 PostgreSQL은 타임라인이라는 개념을 이용한다. 아카이브 복구가 완료될 때마다 해당 복구 이후에 생성된 일련의 WAL 레코드를 식별하기 위해 새 타임라인이 생성된다. 타임라인 ID 번호는 WAL 세그먼트 파일 이름의 일부이므로 새 타임라인은 이전 타임라인에서 생성된 WAL 데이터를 덮어쓰지 않는다. 서로 다른 타임라인 여러 개를 아카이브하는 것은 사실상 불가능하다. 쓸모 없는 기능처럼 보일 수 있지만 이것이 생명을 살리는 구조원 같을 때도 있다. 복구하려는 시점$^{point-in-time}$이 확실하지 않아서 예전 내역에서 분기된 몇 군데 위치를 찾을 때까지 몇 개의 PITR을 실행하면서 시행착오를 거쳐야 하는 경우를 가정해보자. 타임라인이 없을 경우 이 프로세스는 곧 처치 곤란한 혼란으로 치닫게 된다. 타임라인을 사용하면 초기에 포기했던 타임라인 분기의 상태를 비롯하여 이전의 어떤 상태로든 복구가 가능하다.

새 타임라인이 생성될 때마다 PostgreSQL은 어떤 타임라인에서 언제 분기되었는지 보여주는 "타임라인 내역" 파일을 생성한다. 이 내역 파일은 복수의 타임라인이 포함된 아카이브로부터 복구할 때 시스템이 올바른 WAL 세그먼트를 선택하도록 하기 위해 필요하다. 그러므로 WAL 세그먼트 파일처럼 WAL 아카이브 영역에 아카이브된다. 내역 파일은 작은 텍스트 파일에 불과하므로 저렴하고 무한정 보존하기에 적합하다(대규모인 세그먼트 파일과 다름). 원한다면 내역 파일에 코멘트를 추가하여 이러한 특별한 타임라인이 생성된 상황과 이유를 사용자가 직접 기록해놓을 수 있다. 해당 코멘트는 테스트 결과로 서로 다른 타임라인 뭉텅이가 있을 경우 특히 중요하다.

복구의 기본 동작은 베이스 백업을 가져왔을 때 현재였던 동일한 타임라인을 따라 복구하는 것이다. 몇 개의 자식 타임라인으로 복구하고 싶으면(즉, 복구 시도 후에 자체적으로 생성된 일부 상태로 돌아가고자 할 경우), 타깃 타임라인 ID를 recovery.conf에 지정해야 한다. 베이스 백업보다 이전에 분기되었던 타임라인으로는 복구할 수 없다.

10.3.6 팁 및 예제

연속 아카이빙을 구성하는 몇 가지 팁이 여기에서 소개된다.

10.3.6.1 독립 실행형 핫 백업

PostgreSQL의 백업 기능을 사용하여 독립 실행형 핫 백업을 생성할 수 있다. PITR에 사용할 수 없는 백업이 있지만 일반적으로는 pg_dump 덤프보다 백업과 복원이 빠르다 (pg_dump 덤프보다 훨씬 큰 경우에 따라 속도 면에서 이점이 없을 수도 있다).

베이스 백업과 마찬가지로 독립 실행형 핫 백업을 생성하는 가장 간단한 방법은 pg_basebackup 툴을 사용하는 것이다. -X 매개변수를 사용하여 호출하면 백업을 사용하는 데 필요한 모든 트랜잭션 로그가 백업에 자동으로 포함되고 백업을 복원하기 위한 특별한 조치는 필요하지 않게 된다.

백업 파일을 복사할 때 유연성이 추가로 필요한 경우 더 낮은 수준의 프로세스를 독립 실행형 핫 백업에 사용할 수도 있다. 저수준 독립 실행형 핫 백업을 준비하려면 wal_level은 archive 또는 그 이상으로 설정하고 archive_mode는 on으로 설정하고, 스위치 파일이 존재하는 경우에만 아카이빙을 수행하는 archive_command를 셋업한다. 예를 들면 다음과 같다.

```
archive_command = 'test ! -f /var/lib/pgsql/backup_in_progress || (test ! -f /var/lib/pg
```

이 명령은 /var/lib/pgsql/backup_in_progress가 존재하는 경우에 아카이빙을 수행하고, 그 외에는 조용히 0 exit 상태를 리턴한다(불필요한 WAL 파일을 PostgreSQL이 재활용하도록 허용).

이러한 준비 하에서, 다음과 같은 스크립트를 사용하여 백업할 수 있다.

```
touch /var/lib/pgsql/backup_in_progress
psql -c "select pg_start_backup('hot_backup');"
tar -cf /var/lib/pgsql/backup.tar /var/lib/pgsql/data/ psql -c "select pg_stop_backup();"
```

```
rm /var/lib/pgsql/backup_in_progress
tar -rf /var/lib/pgsql/backup.tar /var/lib/pgsql/archive/
```

완료된 WAL 파일의 아카이빙이 발생되도록 하는 전환 파일 /var/lib/pgsql/backup_in_progress가 먼저 생성된다. 백업 후에는 전환 파일이 삭제된다. 그런 다음, 아카이브된 WAL 파일이 백업에 추가되어 베이스 백업과 모든 필수 WAL 파일이 모두 동일한 tar 파일의 일부가 된다. 또한 백업 스크립트에 에러 처리를 추가하는 것을 잊어서는 안된다.

10.3.6.2 압축된 아카이브 로그

아카이브 저장소 크기가 문제인 경우 gzip을 사용하여 아카이브 파일을 압축할 수 있다.

```
archive_command = 'gzip < %p > /var/lib/pgsql/archive/%f'
```

복구 중에는 gunzip을 사용해야 한다.

```
restore_command = 'gunzip < /mnt/server/archivedir/%f > %p'
```

10.3.6.3 archive_command 스크립트

많은 사람들이 스크립트를 사용하여 archive_command를 정의하며, postgresql.conf 항목은 다음과 매우 유사하다.

```
archive_command = 'local_backup_script.sh "%p" "%f"'
```

아카이빙 프로세스에서 단일 명령 이상을 사용하고 싶으면 언제든 별개의 스크립트 파일을 사용하는 것이 바람직하다. 이것은 배시[bash] 또는 펄 같은 유명 스크립팅 언어로 작성할 수 있는 스크립트 내에서 관리하는 모든 복잡성을 허용한다.

스크립트 내에서 해결 가능한 요구 사항의 예제에는 다음이 포함된다.

- 오프사이트 데이터 저장소를 보호하기 위한 데이터 복사
- 한 번에 하나씩이 아니라 3시간마다 전송되는 WAL 파일 일괄 처리

- 다른 백업 및 복구 소프트웨어와의 인터페이스
- 에러 리포트를 위한 모니터링 소프트웨어와의 인터페이스

> **팁** archive_command 스크립트 사용 시 logging_collector를 활성화하는 것이 바람직하다. 그러면 스크립트로부터 stderr에 작성된 메시지는 데이터베이스 서버 로그에 나타나므로 장애 발생 시 복잡한 구성을 진단할 수 있다.

10.3.7 통고

이것을 작성할 때 연속 아카이빙 기법에 몇 가지 제한이 있다. 향후 릴리스에서는 이것이 수정될 가능성이 높다.

- 해시 인덱스에 대한 작업은 현재 WAL에 로깅되지 않으므로 리플레이로 이러한 인덱스가 업데이트되지 않는다. 이것은 새로운 삽입이 인덱스에 의해 무시되며 업데이트된 행이 곧 사라지고 삭제된 행이 포인터를 계속 갖고 있음을 뜻한다. 다시 말해, 해시 인덱스를 사용하여 테이블을 수정하면 스탠바이 서버에서 잘못된 쿼리 결과를 얻게 된다. 복구가 완료되면 완료한 이후의 각각 해당 인덱스를 수동으로 REINDEX하는 것이 권장된다.
- 베이스 백업을 가져오는 중에 CREATE DATABASE 명령이 실행되면 베이스 CREATE DATABASE가 복사된 템플릿 데이터베이스가 수정된다. 복구로 이러한 수정이 생성된 데이터베이스를 되돌리는 것도 가능하다. 물론 이것이 바람직한 방법은 아니다. 이러한 위험을 피하려면 베이스 백업을 가져올 때는 템플릿 데이터베이스를 수정하지 않는 것이 좋다.
- CREATE TABLESPACE 명령은 리터럴 절대 경로를 사용하여 WAL에 로깅되고 따라서 동일한 절대 경로를 이용한 테이블 생성으로 리플레이된다. 서로 다른 머신에서 로그를 리플레이하는 경우에는 바람직하지 않을 수 있다. 동일한 머신에서 새 데이터 디렉토리에 로그를 리플레이하는 것도 위험할 수 있다. 그럼에도 리플레이는 원래

테이블스페이스의 내용을 덮어쓴다. 이와 같은 류의 잠재된 위험을 피하기 위한 모범 실례는 테이블스페이스 생성 또는 삭제 후에 새 베이스 백업을 가져오는 것이다.

기본적인 WAL 형식에는 디스크 페이지 스냅샷이 다수 포함되므로 부피가 매우 크다는 것도 인지하고 있어야 한다. 이러한 페이지 스냅샷은 충돌로 인해 부분적으로 기록된 디스크 페이지를 수정할 수 있도록 설계되었다. 시스템 하드웨어 및 소프트웨어에 따라 부분적 기록의 위험을 무시해도 될 경우도 있다. 이런 경우 full_page_writes 매개변수를 사용하여 페이지 스냅샷을 해제로 설정하여 아카이브된 로그의 총 볼륨을 상당히 줄일 수 있다(실행에 옮기기 전에 15장의 참고 및 경고를 읽어볼 것). 페이지 스냅샷의 설정을 해제해도 PITR 작업에 대한 로그 사용은 막지 못한다. 향후 개발 계획 중 하나는 full_page_writes가 on으로 설정되어 있더라도 불필요한 페이지 사본을 삭제함으로써 아카이브된 WAL 데이터를 압축하는 것이다. 한편, 관리자는 체크포인트 간격 매개변수를 가능한 한 늘려서 WAL에 포함된 페이지 스냅샷 수를 줄이고자 할 수 있다.

11

고가용성, 로드 밸런싱 및 복제

데이터베이스 서버들을 연동하여 프라이머리 서버가 실패했을 경우 두 번째 서버가 신속하게 인계받도록 하거나(고가용성) 몇 대의 컴퓨터가 동일한 데이터를 서비스하도록 할 수 있다(로드 밸런싱). 이상적으로 데이터베이스 서버들은 매끄럽게 연동될 수 있다. 웹 요청을 여러 대의 머신에 간단하게 로드 밸런싱함으로써 정적 웹 페이지를 서비스하는 웹 서버들을 매우 쉽게 결합할 수 있다. 사실, 읽기 전용 데이터베이스 서버는 상대적으로 결합이 쉽다. 그러나 아쉽게도 대부분의 데이터베이스 서버는 읽기/쓰기 요청이 섞여 있으며, 결합이 훨씬 어렵다. 읽기 전용 데이터는 각 서버에 한 번만 배치하면 되지만, 서버에 대한 쓰기는 모든 서버로 전파해서 이 후에 읽기 요청이 있을 경우 일관된 결과를 리턴해야 하기 때문이다.

이러한 동기화 문제는 연동된 서버 간에 주요 난제이다. 동기화 문제가 미치는 모든 사용 사례에 대해 영향력을 줄이는 단 하나의 솔루션은 없으며 복수의 솔루션이 존재한다. 각 솔루션은 문제를 각각의 방식으로 해결하며 특정 워크로드에 대한 영향력을 최소화한다.

일부 솔루션은 1개의 서버만 데이터를 수정하도록 함으로써 동기화를 처리한다. 데이터를 수정할 수 있는 서버는 읽기/쓰기, 마스터 또는 프라이머리 서버라고 한다. 마스터에서 변경 내용을 추적하는 서버는 스탠바이 또는 슬레이브 서버라고 한다. 마스터 서버에 알리기 전까지 연결할 수 없는 스탠바이 서버는 웜 스탠바이 서버라고 하며, 연결을 수용하고 읽기 전용 쿼리를 서비스하는 서버를 핫 스탠바이 서버라고 한다.

일부 솔루션은 동기식인데, 모든 서버가 트랜잭션을 커밋하기 전까지는 데이터의 수정 트랜잭션이 커밋되지 않는 것으로 간주됨을 의미한다. 이것은 페일오버가 데이터를 잃어버리지 않으며, 어떤 서버에 쿼리하든지 로드 밸런싱된 서버는 일관된 결과를 리턴함을 보장한다. 반대로, 비동기 솔루션은 커밋 시간과 다른 서버로의 전파 사이의 지연을 허용하며, 백업 서버 전환 시 일부 트랜잭션이 소실될 가능성을 열어두고, 로드 밸런싱된 서버는 어느정도 오래된 결과를 리턴하는 것을 용납한다. 비동기 통신은 동기 통신이 지나치게 느릴 때 사용된다.

솔루션은 세분성을 기준으로 카테고리화할 수 있다. 일부 솔루션은 전체 데이터베이스 서버만을 처리하며, 그 외의 솔루션들은 테이블별per-table 또는 데이터베이스별per-database 로 제어를 허용한다.

어떤 것을 선택하여 사용하던 간에 성능을 고려해야 한다. 기능과 성능 간에 트레이드 오프의 일반적인 예를 들면, 느린 네트워크의 완전한 동기 솔루션은 성능이 절반 이하로 떨어질 수 있는 반면, 비동기 솔루션은 성능에 미치는 영향이 적다.

이 장에서는 다양한 페일오버, 복제 및 로드 밸런싱 솔루션에 대해 개략적으로 설명한다. Postgres-R 용어집[1]을 참고로 사용하라.

11.1 〉 각종 솔루션 비교

공유 디스크 페일오버

공유 디스크 페일오버는 데이터베이스 사본을 1개만 유지함으로써 동기화 오버헤드를 방지한다. 이것은 복수의 서버가 공유하는 단일 디스크 어레이를 사용하여 메

---

1   http://www.postgres-r.org/documentation/terms

인 데이터베이스 서버가 실패하면 스탠바이 서버를 마운트해서 데이터베이스 충돌이 복구된 것처럼 데이터베이스를 시작하기 때문에 데이터 손실 없이 신속한 페일오버가 가능하다.

공유 하드웨어 기능은 네트워크 저장소 장치에서 일반적 기능이다. 해당 파일 시스템이 완전한 POSIX 동작을 갖췄는지에 대한 주의가 필요하지만 네트워크 파일 시스템을 사용하는 것도 가능하다(3.2.1절 참조). 이 방법의 심각한 제약 한 가지는 공유 디스크 어레이가 실패하거나 손상된 경우 프라이머리 및 스탠바이 서버가 모두 작동 불능이 된다는 것이다. 프라이머리 서버 실행 중에는 스탠바이 서버가 공유 저장소에 절대 액세스할 수 없다는 다른 문제점도 있다.

파일 시스템(블록 디바이스) 복제

공유 하드웨어 기능의 수정된 버전은 파일 시스템 복제인데, 파일 시스템에 대한 모든 변경 내용이 다른 컴퓨터에 있는 파일 시스템에 미러링된다. 유일한 제약은 미러링을 스탠바이 서버가 파일 시스템의 일관된 사본을 보유하는 방식으로 실행되어야 한다는 것이다. 특히, 스탠바이 서버로의 쓰기는 마스터와 동일한 순서로 실행되어야 한다. 특히, DRBD는 많이 사용되는 리눅스용 파일 시스템 복제 솔루션이다.

트랜잭션 로그 전달

웜 및 핫 스탠바이 서버는 WAL^write-ahead log 레코드의 스트림 읽기로 현재 상태를 유지할 수 있다. 메인 서버가 실패하면 스탠바이 서버는 메인 서버의 거의 모든 데이터를 보유하고 있으므로 신속하게 새 마스터 데이터베이스 서버를 만들 수 있다. 이것은 동기식 또는 비동기식이며, 전체 데이터베이스 서버에 대해서만 실행이 가능하다.

스탠바이 서버는 파일 기반 로그 전달(11.2절) 또는 스트리밍 복제(11.2.5절) 또는 두 가지를 조합하여 이행 가능하다. 핫 스탠바이에 대한 내용은 11.5절을 참조하기 바란다.

트리거 기반 마스터-스탠바이 복제

마스터-스탠바이 복제 셋업은 모든 데이터 수정 쿼리를 마스터 서버로 전송한다. 마스터 서버는 데이터 변경을 스탠바이 서버에 비동기로 전송한다. 스탠바이 서버는 마스터 서버 실행 중에 읽기 전용 쿼리에 응답할 수 있고 데이터 웨어하우스 쿼리에 이상적이다.

Slony-I는 테이블별^{per-table} 세분화 및 복수 스탠바이 서버에 대한 지원을 활용한 복제 유형의 예시이다. 이것은 스탠바이 서버를 비동기적으로(일괄 처리로) 업데이트하므로 페일오버 중에 데이터 손실이 일어날 수 있다.

문^{Statement} 기반 복제 미들웨어

문 기반 복제 미들웨어를 사용하면 모든 SQL 쿼리마다 프로그램이 인터셉트하여 1개 또는 모든 서버로 쿼리를 전송한다. 모든 서버가 변경 내용을 수신하도록 해야 하지만 각 서버는 개별적으로 운용되기 때문에 읽기-쓰기 쿼리는 모든 서버로 전송되어야 한다. 반면, 읽기 전용 쿼리는 1개의 서버에만 전송해서 읽기 워크로드가 분산되도록 할 수 있다.

쿼리가 단순히 미수정 상태로 브로드캐스트되는 경우 `random()`, `CURRENT_TIMESTAMP` 및 시퀀스 같은 함수는 서로 다른 서버에서 다른 값을 가질 수 있다. 이것은 각 서버가 독립적으로 운용되기 때문이며, SQL 쿼리가 브로드캐스트되기 때문이다(그리고 실제로 행이 수정되지 않기 때문이다). 이것이 수용 불가한 경우 미들웨어 또는 애플리케이션이 단일 서버로부터 해당 값을 쿼리한 다음, 이 값을 쓰기 쿼리에 사용해야 한다. 또 다른 옵션은 전형적인 마스터-스탠바이 셋업으로 이 복제 옵션을 사용하는 것이다. 예를 들면, 데이터 수정 쿼리는 마스터로만 전송되고, 복제 미들웨어가 아닌 마스터-스탠바이 복제를 통해 스탠바이 서버로 전파된다. 모든 서버에서 2단계 커밋을 사용하여 모든 트랜잭션의 커밋 또는 중단을 관리해야 한다 `PREPARE TRANSACTION` 및 `COMMIT PREPARED`. 이러한 종류의 복제 예제로는 Pgpool-II 및 Continuent Tungsten이 있다.

비동기 멀티마스터 복제

랩톱이나 원격 서버 같이 평상시에는 연결되지 않는 서버의 경우 서버 간 데이터를 일관되게 유지하는 것은 도전 과제이다. 비동기 멀티마스터 복제를 사용하면 각 서버가 독립적으로 작동되고 주기적으로 서로 통신하면서 충돌 트랜잭션을 식별한다. 충돌은 사용자 또는 충돌 해결 규칙에 의해 해결할 수 있다. 이러한 종류의 복제 예제로는 Bucardo가 있다.

동기 멀티마스터 복제

동기 멀티마스터 복제의 경우 각 서버는 쓰기 요청을 수용하고, 수정된 데이터는 각 트랜잭션을 커밋하기 전에 원래 서버로부터 다른 모든 서버로 전송한다. 헤비한 쓰기 활동은 과도한 잠금을 유발하므로 성능이 떨어질 수 있다. 사실, 쓰기 성능은 대체로 단일 서버일 때보다 좋지 않다. 읽기 요청은 어떤 서버로든 보낼 수 있다. 일부 구현은 통신 오버헤드를 줄이기 위해 공유 디스크를 사용한다. 동기 멀티마스터 복제는 어떤 서버든 쓰기 요청을 수용할 수 있다는 큰 장점에도 불구하고 주로 읽기 워크로드에 바람직하다. 마스터 및 스탠바이 서버 간에 워크로드를 분산할 필요가 없으며, 데이터 변경이 특정 서버에서 다른 서버로 전송되므로 random() 같은 비 결정론적 함수에 아무런 문제가 없다.

PostgreSQL 2단계 커밋(PREPARE TRANSACTION 및 COMMIT PREPARED)을 사용하여 애플리케이션 코드 또는 미들웨어에서 이것을 구현할 때 사용할 수 있지만 PostgreSQL은 이러한 유형의 복제를 제공하지 않는다.

상용 솔루션

PostgreSQL은 오픈소스이고 확장이 용이하기 때문에 여러 곳의 회사에서 PostgreSQL을 이용하여 고유한 페일오버, 복제 및 로드 밸런싱 기능이 있는 비공개소스 솔루션을 상업적으로 개발하고 있다.

표 11.1은 상위에 나열된 다양한 소프트웨어의 기능을 요약해서 보여준다.

표 11.1 고가용성, 로드 밸런싱 및 복제 기능 매트릭스

기능	공유 디스크 페일오버	파일 시스템 복제	트랜잭션 로그 전달	트리거 기반 마스터-스탠바이 복제	문(Statement) 기반 복제 미들웨어	비동기 멀티마스터 복제	동기 멀티마스터 복제
가장 일반적인 구현	NAS	DRBD	Streaming Repl.	Slony	pgpool-II	Bucardo	
통신 방법	공유 디스크	디스크 블록	WAL	테이블 행	SQL	테이블 행	테이블 행 및 행 잠금
특별한 하드웨어 불필요		•	•	•	•	•	•
복수 마스터 서버 허용					•	•	•
마스터 서버 오버헤드 없음	•		•		•		
복수 서버에 대한 대기 없음	•		동기화 off 사용	•		•	
마스터 실패로 인한 데이터 손실 없음	•	•	동기화 on 사용		•		•
대기서버 읽기 전용 쿼리 수용			핫(hot) 스탠바이 일 때 사용	•	•	•	•
테이블별 (Per-table) 세분화				•		•	•
충돌 해결 불필요	•	•	•				

위의 카테고리에 딱 들어 맞지 않는 솔루션도 몇 가지 있다.

데이터 파티셔닝

데이터 파티셔닝은 테이블을 데이터 세트로 분할한다. 각 세트는 서버 하나에서만 수정할 수 있다. 예를 들어, 런던과 파리 같이 각 영업소의 서버를 사용하여 데이터를 영업소별로 파티션할 수 있다. 런던과 파리 데이터를 결합하는 쿼리가 필요할 경우 애플리케이션은 양쪽 서버를 쿼리하거나 마스터/스탠바이 복제를 사용하여 서버별로 다른 영업소 데이터의 읽기 전용 사본을 유지할 수 있다.

복수 서버 병렬 쿼리 실행

상위의 솔루션 대부분은 복수 서버가 복수의 쿼리를 처리는 것을 허용하지만 더 빠른 속도를 위해 단일 쿼리가 복수 서버를 사용하는 것은 허용하지 않는다. 이 솔루션은 복수 서버가 단일 쿼리에 대해 동시에 작동되는 것을 허용한다. 이것은 일반적으로 서버 간 데이터를 분할하고 각 서버가 쿼리의 해당 부분을 실행하고 결과를 취합하여 사용자에게 리턴하는 중앙 서버로 결과를 리턴함으로써 가능하다. Pgpool-II에는 이러한 기능이 있다. 또한, PL/Proxy 툴셋을 사용하면 이것을 구현할 수 있다.

11.2 〉 로그 전달 스탠바이 서버

연속 아카이빙은 프라이머리 서버가 실패했을 경우 운용을 넘겨받을 준비가 된 하나 이상의 스탠바이 서버를 사용하여 고가용성(HA) 클러스터 구성을 생성하는 데 사용할 수 있다. 이 기능을 대략 웜 스탠바이warm standby 또는 로그 전달log shipping이라고 한다.

프라이머리 및 스탠바이 서버가 공동으로 작동되면 서버끼리 연동이 느슨하더라도 이러한 기능이 제공된다. 프라이머리 서버는 연속 아카이빙 모드로 작동되며 각 스탠바이 서버는 프라이머리에서 WAL 파일을 읽어오는 연속 복구 모드로 작동된다. 데이터베이스 테이블에 대한 변경은 이 기능의 활성화를 필요로 하지 않으므로 일부 다른 복제 솔루션에 비해 관리 오버헤드가 낮다. 또한 이 구성은 프라이머리 서버의 성능에 미치는 영향이 상대적으로 낮다.

WAL 레코드를 특정 데이터베이스 서버에서 다른 서버로 직접 이동하는 것은 로그 전달의 일반적인 모습이다. PostgreSQL은 한 번에 하나의 파일(WAL 세그먼트)에 WAL 레코드를 전송함으로써 파일 기반 로그 전달을 구현한다. WAL 파일(16MB)은 인근 시스템이던지, 동일 사이트의 다른 시스템이던지, 지구 저 끝에 있는 시스템이든지 간에 거리와 무관하고 쉽고 저렴한 방법으로 전달이 가능하다. 이 기법에 필요한 대역폭은 프라이머리 서버의 트랜잭션 레이트에 따라 달라진다. 레코드 기반 로그 전달은 좀 더 세분화되며, 네트워크 연결을 통한 WAL 변경을 스트림한다(11.2.5절 참조).

로그 전달은 비동기식이라는 점에 유의해야 한다. 예를 들면, WAL 레코드는 트랜잭션 커밋 후 전달된다. 따라서 재난 발생으로 프라이머리 서버가 로그전달에 실패했을 경우 전달되지 못한 트랜잭션은 손실된다. 데이터 손실 시간대의 크기는 `archive_timeout` 매개변수를 사용함으로써 제한 가능하며, 이 매개변수는 최저 몇 초 단위로 설정 가능하다. 그러나 이것을 낮게 설정하면 파일 전달에 필요한 대역폭이 상당히 늘어난다. 스트리밍 복제(11.2.5절 참조)를 사용하면 데이터 손실 시간대를 훨씬 더 작게 줄일 수 있다.

복구 성능은 스탠바이가 활성화된 경우에 완벽한 가용성에 가까울 만큼 충분히 우수하다. 따라서 이것을 웜warm 스탠바이 구성이라고 하며, 고가용성을 제공한다. 아카이브된 베이스 백업 및 롤포워드로부터 서버 복원은 상당히 오래 걸리므로 해당 기법은 고가용성이 아닌 재난 복구용 솔루션만 제공한다. 또는 스탠바이 서버는 읽기 전용 쿼리에 사용할 수 있으므로 이런 경우에 핫 스탠바이 서버라고 한다. 자세한 내용은 11.5절을 참조하기 바란다.

11.2.1 플래닝

데이터베이스 서버의 관점에서 가능한 한 프라이머리 및 스탠바이 서버를 유사하게 생성하는 것이 보통은 현명한 방법이다. 특히, 테이블스페이스에 연결된 경로명은 미수정 상태로 전달되므로 해당 기능이 사용되는 경우에 프라이머리 및 스탠바이 서버 모두 테이블스페이스에 대해 동일한 마운트 경로를 가져야 한다. CREATE TABLESPACE가 프라이머리 서버에서 실행되는 경우, 명령을 실행하기 전에 필요한 새 마운트 포인트를 프라이머리 및 모든 스탠바이 서버에 생성해야 한다는 점에 유의해야 한다. 하드웨어가 정확히 똑같아야 할 필요는 없지만 경험적으로 애플리케이션과 시스템의 수명에서 시스템 2개가 동일한 것이 동일하지 않은 것보다 유지관리가 훨씬 용이하다. 어떤 경우든 하드웨어 아키텍처는 동일해야 한다. 32비트에서 64비트 시스템으로의 전달은 작동되지 않는다.

일반적으로 서로 다른 메이저 버전의 PostgreSQL 서버 간 로그 전달은 불가능하다. 마이너 릴리스 업그레이드 중에 디스크 형식을 변경하지 않고 프라이머리 및 스탠바이 서버에서 실행 중인 서로 다른 마이너 릴리스 레벨은 성공적으로 작동되도록 하는 것이 PostgreSQL Global Development Group의 정책이다. 그러나 이것에 대한 공식적인 지원이 제공되지 않으므로 사용자는 가능하면 프라이머리 및 스탠바이 서버를 동일한 릴리스 레벨로 유지하는 것이 좋다. 새 마이너 릴리스로 업데이트하는 경우 가장 안전한 정책은 스탠바이 서버를 먼저 업데이트하는 것이다. 새 마이너 릴리스는 WAL 파일을 이전 마이너 릴리스로부터 읽을 가능성이 그 반대의 경우보다 높다.

11.2.2 스탠바이 서버 운용

스탠바이 모드에서 서버는 마스터 서버로부터 수신된 WAL을 연속 적용한다. 스탠바이 서버는 WAL 아카이브로부터 WAL을 읽거나(restore_command 참조) TCP 연결을 통해 마스터 서버에서 직접 읽을 수 있다(스트리밍 복제). 또한 스탠바이 서버는 스탠바이 클러스터의 pg_xlog 디렉토리에 있는 모든 WAL의 복원을 시도한다. 이것은 재시작 전에 마스터로부터 스트림되었던 WAL을 스탠바이가 다시 리플레이하는 경우 서버 재시작 후에 일반적으로 일어나지만, 언제든 리플레이하고 싶으면 사용자가 파일을 직접 pg_xlog에 복사할 수 있다.

시동 시 restore_command를 호출하여 아카이브 위치에 사용 가능한 모든 WAL을 복원

함으로써 스탠바이가 시작된다. 사용 가능한 WAL의 끝에 도달하고 `restore_command`가 실패하면 pg_xlog 디렉토리에서 사용 가능한 모든 WAL의 복원을 시도한다. 이것이 실패하고 스트리밍 복제가 구성되어 있는 경우 스탠바이는 프라이머리 서버에 연결을 시도하고, 아카이브 또는 pg_xlog에 있는 마지막 유효 레코드에서 스트리밍 WAL 시작을 시도한다. 이것이 실패하거나 스트리밍 복제가 구성되지 않은 경우 또는 연결이 나중에 끊어진 경우 스탠바이는 1단계로 돌아가고 아카이브로부터 파일 복원을 재시도한다. 아카이브, pg_xlog 및 스트리밍 복제를 통한 이러한 재시도 루프는 서버가 중지되거나 페일오버가 트리거 파일에 의해 트리거되기 전까지 계속된다.

pg_ctl promote가 실행되거나 트리거 파일이 발견되면(`trigger_file`) 스탠바이 모드가 종료되고 서버가 정상 운용으로 전환된다. 페일오버 전에 아카이브 또는 pg_xlog에서 사용 가능한 모든 WAL이 복원되지만 마스터로의 연결은 시도되지 않는다.

11.2.3 스탠바이 서버를 위한 마스터 서버 준비

10.3절에서 설명한 대로 스탠바이 서버로부터 액세스 가능한 아카이브 디렉토리에 대해 프라이머리 서버에 연속 아카이빙을 셋업한다. 마스터 서버의 다운 시에도 스탠바이 서버로부터 아카이브 위치가 액세스 가능해야 한다. 예를 들면, 마스터 서버가 아니라 스탠바이 서버 자체적으로, 또는 트러스트된 다른 서버에 있어야 한다.

스트리밍 복제를 사용하려면 스탠바이 서버로부터 복제 연결을 허용하도록 프라이머리 서버의 인증을 셋업한다. 즉, 역할을 생성하고 replication에 설정된 데이터베이스 필드를 사용하여 pg_hba.conf에 적절한 항목을 제공한다. 또한 프라이머리 서버의 구성 파일에서 max_wal_senders가 충분히 큰 값으로 설정되었는지 확인한다. 복제 슬롯을 사용하는 경우 max_replication_slots도 충분히 크게 설정되었는지 확인한다.

스탠바이 서버를 실행하려면 10.3.2절에 설명된 대로 베이스 백업을 가져온다.

11.2.4 스탠바이 서버 셋업

스탠바이 서버를 셋업하기 위해 프라이머리 서버에서 가져온 베이스 백업을 복원한다 (10.3.4절 참조). 스탠바이의 클러스터 데이터 디렉토리에 복구 명령 파일 recovery.conf 를 생성하고 standby_mode를 설정한다. restore_command 명령을, WAL 아카이브로부터 파일을 복사하는 간단한 명령으로 설정한다. 고가용성을 위해 복수의 스탠바이 서버를 운용할 계획이라면 recovery_target_timeline을 latest로 설정해서 페일오버 시에 다른 서버에 대해 발생하는 타임라인 변화를 스탠바이 서버가 따르도록 한다.

> **참고**: 여기에서 설명하는 내장 스탠바이 모드로 pg_standby 또는 유사 툴을 사용하면 안 된다. restore_command는 파일이 존재하지 않는 경우에 즉시 리턴해야 하며 서버는 필요 시에 명령을 다시 재시도한다. pg_standby 같은 툴을 사용하는 경우 11.4절을 참조하기 바란다.

스트리밍 복제를 사용하려는 경우 호스트 이름 및 프라이머리 서버에 연결할 때 필요한 추가 내용을 포함한 libpq 연결 스트링을 사용하여 primary_conninfo에 입력한다. 프라이머리 서버가 인증 암호를 요구하는 경우 primary_conninfo에 암호도 지정해야 한다.

스탠바이 서버를 고가용성으로 셋업하는 경우, 페일오버 후에 스탠바이 서버는 프라이머리 서버처럼 작동되므로 WAL 아카이빙, 연결 및 프라이머리 서버 같은 인증을 셋업한다.

WAL 아카이브를 사용 중인 경우, 스탠바이 서버에서 더 이상 필요로 하지 않는 파일을 제거하기 위해 archive_cleanup_command 매개변수를 사용하여 크기를 최소화할 수 있다. pg_archivecleanup 유틸리티는 일반적인 단일 스탠바이 구성에서 archive_cleanup_command 명령과 함께 사용하도록 특수 설계되었다. pg_archivecleanup을 참조하기 바란다. 단, 백업용으로 아카이브를 사용 중인 경우, 스탠바이에서는 불필요하더라도 최신 베이스 백업으로부터 복구하는 데 필요한 파일은 최소한 유지해야 한다.

recovery.conf의 간단한 예제는 다음과 같다.

```
standby_mode = 'on'
primary_conninfo = 'host=192.168.1.50 port=5432 user=foo password=foopass'
restore_command = 'cp /path/to/archive/%f %p'
archive_cleanup_command = 'pg_archivecleanup /path/to/archive %r'
```

스탠바이 서버는 다중으로 있을 수 있지만 스트리밍 복제를 사용하는 경우 동시 연결을 허용할 수 있을 만큼 프라이머리 서버에서 `max_wal_senders`를 충분하게 설정해야 한다.

11.2.5 스트리밍 복제

스트리밍 복제는 파일 기반 로그 전달보다 스탠바이 서버를 좀 더 최신 상태로 유지하게 한다. 스탠바이는 프라이머리에 연결되며, 생성 시 WAL 파일이 채워지기를 기다리지 않고 WAL 레코드를 스탠바이에 스트림한다.

스트리밍 복제는 기본적으로 비동기식이다(11.2.8절 참조). 프라이머리 서버에서 트랜잭션 커밋과 스탠바이 서버에서 변경 내용 표시 사이에 약간의 지연이 발생한다. 그러나 이러한 지연은 파일 기반 로그 전달shipping에 비해 훨씬 작으며, 스탠바이 서버가 로드를 감당할 만큼 파워풀하다면 일반적으로 1초 이내의 지연이 발생한다. 스트리밍 복제 사용 시에는 데이터 손실 시간대를 줄이기 위한 `archive_timeout`은 불필요하다.

파일 기반 연속 아카이빙 없이 스트리밍 복제를 사용하는 경우 스탠바이가 WAL 세그먼트를 수신하기 전에 서버는 오래된 WAL 세그먼트를 재활용한다. 재활용이 이루어지면 스탠바이는 새 베이스 백업으로부터 재초기화가 필요하다. 가능한 한 WAL 세그먼트가 너무 일찍 재활용되지 않도록 충분히 큰 값으로 `wal_keep_segments`를 설정하거나, 스탠바이의 복제 슬롯을 구성함으로써 재초기화를 방지할 수 있다. 스탠바이로부터 액세스 가능한 WAL 아카이브를 셋업하는 경우, 세그먼트를 충분히 보유하고 있다면 스탠바이는 처지지 않도록 항상 아카이브를 사용하므로 해당 솔루션은 필요하지 않다.

스트리밍 복제를 사용하려면 11.2절에서 설명된 대로 파일 기반 로그 전달 스탠바이 서버를 셋업한다. 파일 기반 로그 전달 스탠바이를 스트리밍 복제 스탠바이로 전환하는 단계는 recovery.conf 파일의 primary_conninfo를 프라이머리 서버를 가리키도록 설정하는 것이다. 프라이머리의 listen_addresses 및 authentication 옵션(pg_hba.conf 참조)을 설정하여 스탠바이 서버가 프라이머리 서버의 replication 유사 데이터베이스에 연결되도록 한다(11.2.5.1절 참조). keepalive 소켓 옵션을 지원하는 시스템에서, tcp_keepalives_idle, tcp_keepalives_interval 및 tcp_keepalives_count 설정은 끊어진 연결을 프라이머리가 즉각 알아챌 수 있도록 한다.

스탠바이 서버로부터 동시 연결 최대 수를 설정한다(자세한 내용은 max_wal_senders 참조).

스탠바이가 시작되고 primary_conninfo가 바르게 설정된 경우 아카이브에서 사용 가능한 모든 WAL 파일이 리플레이된 후 스탠바이는 프라이머리에 연결된다. 연결이 성공적으로 된 후 스탠바이의 walreceiver 프로세스와 프라이머리의 해당 walsender를 확인할 수 있다.

11.2.5.1 인증

복제용 액세스 권한을 셋업해서 인증된 사용자만이 WAL 스트림을 읽을 수 있게 하는 것이 중요하다. 권한이 있는 정보를 추출하기 용이하기 때문이다. 스탠바이 서버는 프라이머리에 대해 슈퍼유저로, 또는 REPLICATION 권한이 있는 계정으로 인증해야 한다. 복제를 위해서는 REPLICATION 및 LOGIN 권한이 있는 전용 사용자 계정을 만드는 것이 권장된다. REPLICATION 권한은 매우 높은 사용권한을 부여하지만 사용자가 프라이머리 시스템의 데이터를 수정하는 것은 허용하지 않으며, 데이터 수정은 SUPERUSER 권한으로 가능하다.

복제에 대한 클라이언트 인증은 database 필드에서 replication을 지정하는 pg_hba.conf 레코드로 제어된다. 예를 들어, 호스트 IP 192.168.1.100에서 스탠바이가 실행 중이고 복제용 계정 이름이 foo인 경우 관리자는 프라이머리의 pg_hba.conf 파일에 다음과 같은 행을 추가할 수 있다.

```
# Allow the user "foo" from host 192.168.1.100 to connect to the primary
# as a replication standby if the user's password is correctly supplied.
#
# TYPE DATABASE       USER      ADDRESS METHOD
host    replication    foo       192.168.1.100/32        md5
```

프라이머리의 호스트 이름과 포트 번호, 연결 사용자 이름 및 암호는 recovery.conf 파일에 지정된다. 암호는 스탠바이의 ~/.pgpass 파일에서도 지정 가능하다(database 필드에서 replication 지정). 예를 들면, 호스트 IP 192.168.1.50, 포트 5432에서 프라이머리가 실행 중이고, 복제용 계정 이름은 foo, 암호는 foopass인 경우 관리자는 스탠바이의 recovery.conf 파일에 다음 행을 추가할 수 있다.

```
# The standby connects to the primary that is running on host 192.168.1.50
# and port 5432 as the user "foo" whose password is "foopass". primary_
conninfo = 'host=192.168.1.50 port=5432 user=foo password=foopass'
```

11.2.5.2 모니터링

스트리밍 복제의 중요한 상태 지표는 프라이머리에서 생성되었지만 아직 스탠바이에 적용되지 않은 WAL 레코드의 양이다. 프라이머리의 현재 WAL 쓰기 위치와 스탠바이에서 수신한 마지막 WAL 위치를 비교함으로써 지연량을 계산할 수 있다. 프라이머리에서는 pg_current_xlog_location을 사용하고, 스탠바이에서는 pg_last_xlog_receive_location을 사용하여 이것을 검색할 수 있다(자세한 내용은 PostgreSQL 공식 가이드 표 9.65 및 표 9.66 참조). 스탠바이에서 마지막 WAL 수신 위치는 ps 명령을 사용하여 표시되는 WAL 리시버 프로세스의 프로세스 상태에도 표시된다(자세한 내용은 13.1절 참조).

pg_stat_replication 뷰를 통해 WAL sender 프로세스 목록을 검색할 수 있다. pg_current_xlog_location과 sent_location 필드 사이의 큰 차이는 마스터 서버가 과부하 상태임을 나타내는 것일 수 있으며, 스탠바이의 sent_location과 pg_last_xlog_ receive_location의 차이는 네트워크 지연 또는 스탠바이가 과부하 상태임을 나타내는 것일 수 있다.

11.2.6 복제 슬롯

복제 슬롯은 마스터가 모든 스탠바이로부터 WAL 세그먼트를 수신하기 전까지 WAL 세그먼트를 제거하지 않도록 하고, 스탠바이 연결이 끊어지더라도 복구 충돌을 일으킬 수 있는 행을 마스터가 삭제하지 않도록 하는 자동화된 방법을 제공한다.

복제 슬롯을 사용하는 대신에, wal_keep_segments를 사용하거나, archive_command를 사용하여 아카이브에 세그먼트를 저장함으로써 오래된 WAL 세그먼트의 삭제를 방지하는 것이 가능하다. 이러한 방법은 대체로 쿼리한 것보다 WAL 세그먼트를 더 많이 보유하는 결과를 낳는 대신, 복제 슬롯에서는 필요한 것으로 알려진 세그먼트 수만 보유한다. 이러한 방법의 장점은 공간 요구사항이 pg_xlog로 한정된다는 것이다. 복제 슬롯을 사용하여 이 작업을 수행할 수 있는 방법은 현재는 없다.

유사하게, hot_standby_feedback 및 vacuum_defer_cleanup_age는 vacuum에 의해 행이 삭제되지 않도록 보호하지만, hot_standby_feedback은 스탠바이가 연결되어 있지 않을 때는 보호를 제공하지 않으며, vacuum_defer_cleanup_age는 적절한 보호를 제공하기 위해 대체로 큰 값으로 설정해야 한다. 복제 슬롯은 이러한 단점을 극복한다.

11.2.6.1 복제 슬롯 쿼리 및 조작

각 복제 슬롯은 소문자, 숫자 및 밑줄로 된 이름이 있다.

기존 복제 슬롯 및 해당 상태는 pg_replication_slots 뷰에서 확인 가능하다.

슬롯은 스트리밍 복제 프로토콜을 통해(PostgreSQL 공식 가이드 49.3절 참조) 또는 SQL 함수를 통해(PostgreSQL 공식 가이드 9.26.6절 참조) 생성 및 삭제 가능하다.

11.2.6.2 구성 예제

복제 슬롯을 다음과 같이 생성할 수 있다.

```
postgres=#  SELECT  *  FROM  pg_create_physical_replication_slot('node_a_slot');
slot_name      | xlog_position
---------------+----------------
node_a_slot    |
postgres=#  SELECT  *  FROM  pg_replication_slots;
slot_name      | slot_type  | datoid  | database  | active  | xmin  | restart_lsn
---------------+------------+---------+-----------+---------+-------+-------------
node_a_slot    | physical   |   |   |   f  |   |
(1  row)
```

이 슬롯을 사용하여 스탠바이를 구성하려면 스탠바이의 recovery.conf에서 `primary_slot_name`을 구성해야 한다. 이를 보여주는 간단한 예제는 다음과 같다.

```
standby_mode = 'on'
primary_conninfo = 'host=192.168.1.50 port=5432 user=foo password=foopass'
primary_slot_name = 'node_a_slot'
```

11.2.7 케스케이딩 복제

케스케이딩 복제 기능은 스탠바이 서버가 복제 연결을 수용하고, 릴레이처럼 작동하여 WAL 레코드를 다른 스탠바이에 스트림하는 것이다. 이것은 마스터로의 다이렉트 연결 수를 줄이고 사이트 간 대여폭 오버헤드를 최소화할 때 사용할 수 있다.

리시버 및 센더로 모두 작동되는 스탠바이는 케스케이딩 스탠바이라고 한다. 마스터에 좀 더 직접적으로 연결되는 스탠바이는 업스트림 서버라고 하며, 훨씬 멀리 떨어진 해당 스탠바이 서버는 다운스트림 서버이다. 각 스탠바이는 단일 마스터/프라이머리 서버에 링크되는 업스트림 서버 하나에 결국 연결되지만 케스케이딩 복제는 다운스트림 서버의 수 또는 정렬에 대한 제한이 없다.

케스케이딩 스탠바이는 마스터로부터 수신된 WAL 레코드뿐 아니라 아카이브에 저장된 WAL 레코드도 전송한다. 따라서 일부 업스트림 연결에서 복제 연결이 중단된 경우 사용 가능한 새 WAL 레코드가 있을 경우에는 스트리밍 복제가 다운스트림을 계속한다.

케스케이딩 복제는 현재 비동기식이다. 동기 복제(11.2.8절 참조) 설정이 현재 케스케이딩 복제에 미치는 영향은 없다.

핫 스탠바이 피드백은 케스케이드된 정렬에 상관없이 업스트림으로 전파된다.

업스트림 스탠바이 서버가 새 마스터가 되는 것을 촉진하는 경우 다운스트림 서버는 `recovery_target_timeline`이 'latest'로 설정된 경우에 새 마스터로부터 스트림을 계속한다.

케스케이딩 복제를 사용하려면 케스케이딩 스탠바이를 셋업해서 복제 연결을 수용할 수 있다(즉, `max_wal_senders`와 `hot_standby`를 설정하고 호스트 기반 인증 구성). 케스케이딩 스탠바이를 가리키도록 다운스트림 스탠바이에서 `primary_conninfo`를 설정해야 할 수도 있다.

11.2.8 동기 복제

PostgreSQL 스트림 복제 방식은 기본적으로 비동기식이다. 프라이머리 서버가 충돌한 경우 커밋된 트랜잭션 중 일부가 스탠바이 서버로 복제되지 않아서 데이터가 손실될 수 있다. 데이터 손실 양은 페일오버 당시 복제 지연시간에 비례한다.

동기 복제는 트랜잭션에 의한 모든 변경 내용이 하나의 동기 스탠바이 서버로 전송되었는지 확인하는 기능을 제공한다. 이것은 트랜잭션 커밋에 의해 제공된 영속성의 표준 레벨을 확장한다. 이러한 보호 레벨을 컴퓨터 과학 이론에서는 이중 복제[2-safe replication]라고 한다.

동기 복제 요청 시 커밋이 프라이머리 및 스탠바이 서버 양쪽의 디스크의 트랜잭션 로그에 쓰여졌다는 확인을 수신하기 전까지 쓰기 트랜잭션의 각 커밋이 대기한다. 데이터가 손실되는 유일한 경우는 프라이머리 및 스탠바이 양쪽이 동시에 충돌했을 때뿐이다. 이것은 sysadmin이 2가지 서버의 배치 및 관리에 대해 주의를 기울이는 경우에만 훨씬 높은 수준의 영속성을 제공할 수 있다. 확인을 받기 위해 대기하는 것은 서버 충돌

시 변경 내용은 소실되지 않는 대신 요청 트랜잭션에 대한 응답 시간이 늘어날 수밖에 없다는 사용자의 신뢰를 근거로 한다. 최소 대기 시간은 프라이머리와 스탠바이 사이의 왕복 시간이다.

읽기 전용 트랜잭션 및 트랜잭션 롤백은 스탠바이 서버로부터 응답을 기다릴 필요가 없다. 최상위 커밋은 스탠바이 서버로부터 응답을 기다릴 필요가 있으나, 서브 트랜잭션 커밋은 스탠바이 서버로부터 응답을 기다릴 필요가 없다. 데이터 로딩 또는 인덱스 빌드 같은 장시간의 실행 액션은 최종 커밋 메시지까지 기다리지 않는다. 모든 2단계 커밋 액션은 준비 및 커밋을 모두 포함한 커밋 대기를 필요로 한다.

11.2.8.1 기초 구성

스트리밍 복제가 구성된 경우 동기 복제 구성은 하나의 추가 구성 단계인 synchronous_standby_names를 비어 있지 않은 값으로 설정하는 것만 필요로 한다. synchronous_commit은 on으로 설정되어야 하지만 이것은 기본값이므로 보통은 변경할 필요가 없다 (4.5.1절 및 4.6.2절 참조). 이 구성으로 스탠바이가 커밋 레코드를 영속 저장소에 기록했다는 것이 확인될 때까지 각 커밋이 대기하게 된다. synchronous_commit은 개별 사용자가 설정할 수 있으므로 트랜잭션별per-transaction로 영속성 보장을 조절하기 위해 구성 파일에 특별 사용자 또는 데이터베이스용으로 구성되거나 애플리케이션에 의해 동적으로 구성 가능하다.

커밋 레코드를 프라이머리 디스크에 기록한 후, WAL 레코드가 스탠바이에 전송된다. wal_receiver_status_interval이 스탠바이에서 0으로 설정되지 않는 한 스탠바이는 WAL 데이터의 새 일괄 처리가 디스크에 기록될 때마다 응답 메시지를 전송한다. 스탠바이가 프라이머리의 synchronous_standby_names에 지정된 대로 처음 일치하는 스탠바이일 경우, 해당 스탠바이로부터의 응답 메시지는 커밋 레코드가 수신되었다는 것이 확인될 때까지 기다리고 있던 사용자를 깨우는 데 사용된다. 이 매개변수는 어떤 스탠바이 서버가 동기 스탠바이여야 하는지를 관리자가 지정할 수 있게 한다. 동기 복제는 주로 마스터 상에서 구성된다는 점에 유의해야 한다. 지명된 스탠바이는 마스터에 직접 연결되어야 한다. 마스터는 케스케이드된 복제를 사용하는 다운스트림 스탠바이 서버에 대해서는 아는 바가 없다.

synchronous_commit을 remote_write로 설정하면 스탠바이가 커밋 레코드를 수신했고, 자체 운영체제에서 작성이 끝났다는 것이 확인될 때까지 각 커밋이 대기하지만, 스탠바이에서 디스크로 플러시되는 데이터는 기다리지 않는다. 이 설정은 on일 때보다는 영속성이 낮다. 운영체제 충돌 시에는 PostgreSQL이 충돌하지 않았더라도 스탠바이에서 데이터 손실이 일어날 수 있다. 그러나 트랜잭션에 대한 응답 시간을 줄일 수 있으므로 실제로는 유용한 설정이다. 데이터 손실은 프라이머리 및 스탠바이가 모두 충돌해서 프라이머리의 데이터베이스가 동시에 손상된 경우에만 발생한다.

빠른 셧다운이 필요한 경우 사용자는 대기를 중단하게 된다. 그러나 비동기 복제를 사용할 때와 마찬가지로, 모든 미결 WAL 레코드가 현재 연결된 스탠바이 서버에 전송되기 전까지는 서버가 완전히 셧다운되지는 않는다.

11.2.8.2 성능에 대한 플래닝
동기 복제는 애플리케이션이 적절하게 수행되도록 하기 위해 신중히 계획 및 배치된 스탠바이 서버를 필요로 한다. 대기는 시스템 리소스를 활용하지 않지만 전송이 확인될 때까지는 트랜잭션 잠금이 계속되어야 유지된다. 결과적으로, 동기 복제를 잘못 사용하면 응답 시간이 늘어나고 경합이 치열해지므로 데이터베이스 애플리케이션의 성능이 떨어지게 된다.

PostgreSQL은 복제를 통해 애플리케이션 개발자에게 필요한 영속성 수준을 지정할 수 있게 한다. 특정 사용자 또는 연결 또는 개별 트랜잭션에 대해 지정 가능하며, 시스템 전체적으로도 지정할 수 있다.

예를 들면 애플리케이션 워크로드는 변경 내용의 10%는 중요한 고객 데이터이고, 변경 내용의 90%는 중요도가 덜한 데이터인데, 사용자 간 채팅 메시지 같이 소실되었을 경우에 비즈니스에 미치는 타격이 적다.

당사는 애플리케이션 레벨(프라이머리의)에서 지정된 동기 복제 옵션을 사용하여, 총 워크로드 대부분의 감속 없이 가장 중요한 변경 내용에 대한 동기 복제를 제공할 수 있다. 애플리케이션 레벨 옵션은 고성능 애플리케이션을 위한 동기 복제를 십분 활용하는 중요하고도 실용적인 툴이다.

네트워크 대역폭은 WAL 데이터 생성 속도보다 높아야 한다는 것을 고려해야 한다.

11.2.8.3 고가용성에 대한 플래닝

synchronous_commit이 on 또는 remote_write로 설정된 상태에서 커밋은 동기스탠바이가 응답할 때까지 대기한다. 마지막 또는 유일한 스탠바이가 충돌한 경우에는 절대로 응답이 일어나지 않는다.

데이터 손실을 방지하는 최적의 솔루션은 마지막에 남은 동기 스탠바이를 잃지 않는 것이다. 이것은 synchronous_standby_names를 사용하여 복수의 잠재적 동기 스탠바이를 명명함으로써 가능하다. 처음 명명된 스탠바이는 동기 스탠바이로 사용된다. 이 이후에 나열된 스탠바이는 첫 번째 스탠바이가 실패한 경우에 동기 스탠바이 역할을 인계받는다.

스탠바이가 먼저 프라이머리에 연결된 경우 이것은 동기화가 미처 완료되지 않은 것이다. 이것은 catchup 모드로 설명된다. 스탠바이와 프라이머리 사이의 격차가 처음으로 0에 도달하면 실시간 streaming 상태로 옮겨간다. 스탠바이가 생성된 직후에 만회[catch-up] 기간이 길 수 있다. 스탠바이가 셧다운된 경우 스탠바이가 다운되었던 시간이 길었던 만큼 만회 기간도 늘어난다. 스탠바이가 streaming 상태에 도달했다면 동기 스탠바이가 되는 것만 가능하다.

커밋 승인을 기다리는 중에 프라이머리가 재시작된 경우 프라이머리 데이터베이스가 복구되면 해당 대기 트랜잭션이 완전 커밋된 것으로 표시된다. 모든 스탠바이가 프라이머리 충돌 시에 모든 미결 WAL 데이터를 수신했다는 것을 확신할 방법은 없다. 일부 트랜잭션은 프라이머리에서 커밋된 것으로 표시되더라도 스탠바이에서 커밋된 것으로 나타나지 않는다. 당사가 보증하는 것은, WAL 데이터를 스탠바이에서 안전하게 수신했음을 알기 전까지는 애플리케이션이 트랜잭션의 성공적인 커밋에 대한 명시적 승인을 수신하지 못한다는 것이다.

마지막 스탠바이 서버가 손실된 경우 `synchronous_standby_names`를 비활성화하고 프라이머리 서버에서 구성 파일을 리로드해야 한다.

프라이머리가 나머지 스탠바이 서버로부터 격리된 경우 남아 있는 다른 스탠바이 서버 중에서 최적의 후보로 페일오버해야 하다.

트랜잭션이 대기하는 중에 스탠바이 서버를 재생성해야 하는 경우 명령어 `pg_start_backup()` 및 `pg_stop_backup()`이 `synchronous_commit = off`를 사용하여 세션에서 실행되고 있는지 확인해야 한다. 아닐 경우 해당 요청은 스탠바이가 나타날 때까지 영구적으로 대기한다.

11.3 〉 페일오버

프라이머리 서버가 실패하면 스탠바이 서버가 페일오버 프로시저를 시작해야 한다.

스탠바이 서버가 실패하면 페일오버가 일어날 필요가 없고 스탠바이 서버를 재시작할 수 있으면 재시작 가능한 복구를 활용하여 나중에라도 복구 프로세스를 즉시 재시작할 수 있다. 반면에 스탠바이 서버를 재시작할 수 없으면 완전히 새로운 스탠바이 서버 인스턴스를 생성해야 한다.

프라이머리 서버가 실패하고 스탠바이 서버가 새 프라이머리가 되어 오래된 프라이머리가 재시작되면 더 이상 프라이머리가 아니라는 점을 오래된 프라이머리에게 알리는 메커니즘이 있어야 한다. 이것은 STONITH^{Shoot The Other Node In The Head}라고 알려져 있으며, 두 시스템이 자신을 프라이머리라고 생각해서 혼란을 일으키고 결과적으로 데이터 손실이 일어나는 사태를 방지하기 위해 필요하다.

다수의 페일오버 시스템은 둘 사이의 연결성 및 프라이머리의 가시성을 연속 검증하기 위해 일종의 심박수^{heartbeat} 메커니즘으로 연결된 단 2개의 시스템, 즉 프라이머리와 스탠바이만 사용한다. 제3의 시스템(감시^{witness} 서버라고 함)을 사용하여 부적절한 페일오버를 방지하는 것도 가능하지만, 충분한 관리와 철저한 테스트가 동반되지 않는 한 복잡성만 가중된다.

PostgreSQL은 프라이머리에서 페일오버를 식별하고 스탠바이 데이터베이스 서버를 알리는 데 필요한 시스템 소프트웨어를 제공하지 않는다. 이미 이러한 툴은 다수 있으며, IP 주소 마이그레이션 같은 성공적인 페일오버에 필요한 운영체제 기능을 사용하여 제대로 통합된다.

스탠바이에 대한 페일오버가 발생하면, 유일하게 단일 서버만이 운용된다. 이것을 디제너레이트 상태라고 한다. 이전의 스탠바이가 현재는 프라이머리이지만, 이전의 프라이머리는 다운 상태이며 이 상태가 지속될 수 있다. 정상 운용으로 돌아가려면 페일오버 발생 이전의 프라이머리 시스템에서 스탠바이 서버를 재생성하거나, 또는 가능하다면 새 시스템에서 제3의 스탠바이 서버를 재생성해야 한다. 이러한 작업이 완료되면 프라이머리 및 스탠바이의 역할이 전환된 것으로 간주할 수 있다. 일부 사용자들은 제3의 서버를 사용하여 새 스탠바이 서버가 재생성될 때까지 새 프라이머리에 대한 백업을 제공하고자 할 수도 있지만, 이것은 시스템 구성과 운용 프로세스를 복잡하게 한다.

따라서 프라이머리에서 스탠바이 서버로 전환하는 방법이 빠르지만, 가끔은 페일오버 클러스터를 다시 준비할 필요가 있다. 이 방법은 유지관리를 위해 각 시스템에서 정기적인 다운타임을 허용하므로 프라이머리에서 스탠바이로 정기적인 전환이 유용하다. 또한 이 방법은 페일오버 메커니즘을 테스트해서 필요 시에 정상적으로 작동되는지 확인하는 기회이기도 하다. 문서화된 관리 절차가 도움이 된다.

로그 전달 스탠바이 서버의 페일오버를 트리거하려면 `pg_ctl promote`를 실행하거나, `recovery.conf`의 `trigger_file` 설정에 지정된 파일 이름과 경로를 사용하여 트리거 파일을 생성한다. 페일오버를 위해 `pg_ctl promote`를 사용할 계획이라면 `trigger_file`은 필요하지 않다. 고가용성이 목적이 아닌, 프라이머리에서 읽기 전용 쿼리를 오프로드하는 데에만 사용되는 리포팅 서버를 셋업하는 경우에는 그것을 촉진할 필요는 없다.

11.4 로그 전달의 대안

이전 절에 설명된 내장 스탠바이 모드에 대한 대안은 restore_command를 사용하여 아카이브 위치를 폴링하는 것이다. 이것은 버전 8.4 이하에서만 사용할 수 있는 옵션이다. 스탠바이 운용에 필요한 폴링을 직접 구현할 것이므로 standby_mode를 off로 설정한다. 이것에 대해 참조를 원한다면 pg_standby 모듈을 참조하기 바란다.

이 모드에서 서버는 한 번에 WAL 파일 하나를 적용하므로, 쿼리를 위해 스탠바이 서버를 사용하는 경우(핫 스탠바이 참조), 마스터에서 액션과, 액션이 스탠바이에서 보이는 경우에 WAL 파일을 채우는 데 걸리는 시간 사이에 지연이 있다. archive_timeout은 지연을 줄이는 방법으로 사용할 수 있다. 또한 스트리밍 복제를 이 방법과 결합할 수 없다는 것에 유의해야 한다.

프라이머리로 스탠바이 서버 양쪽에서 발생하는 작업은 정상적인 연속 아카이빙 및 복구 작업이다. 두 데이터베이스 서버 간의 유일한 접점은 양쪽에서 공유하는 WAL 파일의 아카이브이다. 프라이머리는 아카이브를 대기하고, 스탠바이는 아카이브로부터 읽는다. 개별 프라이머리 서버로부터의 WAL 아카이브는 서로 내용이 섞이지 않도록 조심해야 한다. 잘못하면 혼란이 야기될 수 있다. 스탠바이 운용에만 필요한 경우에는 아카이브가 클 필요가 없다.

느슨하게 결합된 두 개의 서버가 연동되게 하는 마술은 같은 방법은 스탠바이에서 사용되는 restore_command이다. 다음 WAL 파일에 대한 요청이 있을 경우 프라이머리로부터 사용이 가능해질 때까지 대기상태를 유지한다. restore_command는 스탠바이 서버의 recovery.conf 파일에서 지정된다. 정상적인 복구 프로세싱은 WAL 아카이브로부터 파일을 요청하며, 파일을 사용할 수 없을 때에는 실패를 리포트한다. 스탠바이 프로세싱의 경우 다음 WAL 파일이 사용 불가능한 것은 정상이므로 스탠바이는 파일이 나타날 때까지 대기해야 한다. .backup 또는 .history로 끝나는 파일의 경우 대기할 필요가 없으며, 0 이외의 리턴 코드는 리턴해야 한다. 대기 restore_command는 다음 WAL 파일의 존재에 대해 폴링한 후 루프를 반복하는 커스텀 스크립트로 작성 가능하다. 페일오버를 트리거하는 방법도 있어야 하는데, 이것은 restore_command를 인터럽트하고, 루프를 끊고, file-not-found 에러를 스탠바이 서버로 리턴해야 한다. 이것은 복구를 끝내고 스탠바이는 정상적인 서버로 작동된다.

적절한 restore_command에 대한 의사 코드는 다음과 같다.

```
triggered = false;
while (!NextWALFileReady() && !triggered)
{
    sleep(100000L);            /* wait for ~0.1 sec */
    if (CheckForExternalTrigger())
    triggered = true;
}
if (!triggered)
CopyWALFileForRecovery();
```

대기 restore_command의 작동 예시는 pg_standby 모듈에서 제공된다. 이것은 위에 설명된 로직을 올바로 구현하는 방법에 대한 참조로 사용되어야 한다. 또한 필요에 맞게 특정 구성과 환경을 확장하여 지원할 수 있다.

페일오버를 트리거하는 방법은 플래닝과 디자인의 중요한 부분이다. 한 가지 가능한 옵션은 restore_command 명령이다. 이것은 WAL 파일당 하나씩 실행되지만 restore_command를 실행하는 프로세스가 각 파일마다 생성 및 소멸되므로 데몬이나 서버 프로세스가 없으며, 신호 또는 신호 핸들러를 사용할 수 없다. 따라서 restore_command는 페일오버를 트리거하는 데 적합하지 않다. 프라이머리에서 알려진 archive_timeout 설정과 함께 사용하는 경우에 한하여, 간단한 타임아웃 기능을 사용할 수는 있다. 그러나 네트워크 문제 때문에 에러가 발생하거나, 바쁜 프라이머리 서버 때문에 페일오버가 시작될 가능성이 충분하다. 처리가 가능한 경우 트리거 파일의 명시적인 생성 같은 알림 메커니즘이 이상적이다.

11.4.1 구현

이 대안을 사용하여 스탠바이 서버를 구성하는 짧은 프로시저는 다음과 같다. 각 단계의 자세한 설명은 이전 절을 참조하기 바란다.

1. 동일한 릴리스의 PostgreSQL 사본을 포함하여 가능한 한 거의 동일한 프라이머리 및 스탠바이 시스템을 셋업한다.
2. 프라이머리로부터 스탠바이 서버의 WAL 아카이브 디렉토리로의 연속 아카이빙을 셋업한다. `archive_mode`, `archive_command` 및 `archive_timeout`이 프라이머리에서 적절하게 설정되었는지 확인한다(10.3.1절 참조).
3. 프라이머리 서버의 베이스 백업을 만들고(10.3.2절 참조), 이 데이터를 스탠바이에 로드한다.
4. recovery.conf를 사용하여 로컬 WAL 아카이브로부터 스탠바이 서버에서 복구를 시작한다. `recovery.conf`는 앞에서 설명한 대로 대기하는 `restore_command`를 지정한다(10.3.4참조).

복구는 WAL 아카이브를 읽기 전용으로 처리하므로 WAL 파일을 스탠바이 시스템에 복사했다면 스탠바이 데이터베이스 서버에 의해 읽기를 시작하는 동시에, 테이프에 복사할 수 있다. 따라서 장기간의 재난 복구용으로 파일을 저장하는 동시에, 고가용성을 위해 실행 중인 스탠바이 서버를 실행할 수 있다.

테스트용으로 양 프라이머리 및 스탠바이 서버를 동일한 시스템에서 실행하는 것이 가능하다. 이것은 서버 견고성에 아무런 도움이 되지 않으며, HA로 설명되지도 않는다.

11.4.2 레코드 기반 로그 전달

이것은 커스텀 개발을 필요로 하고, 전체 WAL 파일을 전달한 이후에 변경 내용이 핫 스탠바이 쿼리에 계속해서 나타나지만, 이러한 대안을 사용하여 레코드 기반 로그 전달을 개선하는 것도 가능하다.

외부 프로그램이 `pg_xlogfile_name_offset()` 함수(PostgreSQL 공식 가이드 9.26절 참조)를 호출하여 현재 WAL 끝에서 파일 이름과 정확한 바이트 오프셋을 찾아낼 수 있다. 그러면, WAL 파일에 직접 액세스하여, 스탠바이 서버에 대한 현재의 끝까지 WAL의 마지막 끝으로부터 데이터를 복사할 수 있다. 이러한 접근법을 사용하면 복사 프로그램의 폴링 사이클 시간대에서 데이터 손실이 발생한다. 이것은 매우 작을 수 있으며, 부분적으로 사용된 세그먼트 파일이 아카이브되도록 함으로써 낭비되는 대역폭이 없게 한다. 스탠바이 서버의 `restore_command` 스크립트는 전체 WAL 파일만 처리할 수 있으므로 증분식으로 복사된 데이터는 스탠바이 서버에 대해 정상적으로 사용 가능하지 않다는 점에 유의해야 한다. 이것은 프라이머리의 소멸 시에만 쓸모가 있다. – 그러면 스탠바이가 뽑히기 전에 마지막 부분적 WAL 파일이 스탠바이에 공급된다. 이 프로세스의 올바른 구현은 `restore_command` 스크립트와 데이터 복사 프로그램의 공조를 필요로 한다.

PostgreSQL 버전 9.0으로 시작하면 스트리밍 복제(11.2.5절 참조)를 사용하여 적은 노력으로도 동일한 효과를 거둘 수 있다.

[11.5] 핫 스탠바이

핫 스탠바이는 서버가 아카이브 복구 중이거나 스탠바이 모드일 때 서버에 연결하여 읽기 전용 쿼리를 실행하는 기능을 설명하는 데 사용되는 용어이다. 이것은 복제용으로, 그리고 백업을 고정밀도로 원하는 상태로 복원하는 경우에 모두 유용하다. 핫 스탠바이 용어는 사용자가 쿼리 실행을 계속하면서, 그리고 연결을 열어 둔 상태로 서버가 복구에서 정상 운용으로 옮겨가는 기능을 가리키기도 한다.

핫 스탠바이 모드로 실행되는 쿼리는 다음에 설명하는 몇 가지 사용법과 관리상 차이는 있지만 정상적인 쿼리 작업과 유사하다.

11.5.1 사용자 개요

`hot_standby` 매개변수가 스탠바이 서버에서 `true`로 설정된 경우 복구로 인해 시스템이 일관된 상태가 되면 연결이 허용되기 시작한다. 이러한 모든 연결은 엄밀한 읽기 전용이며, 임시 테이블을 기록할 수도 없다.

스탠바이의 데이터가 프라이머리 서버로부터 도착하려면 시간이 걸리므로 프라이머리와 스탠바이 사이에 상당한 지연이 발생한다. 따라서 양 프라이머리와 스탠바이에 거의 동시에 동일한 쿼리를 실행하면 서로 다른 결과가 리턴된다. 스탠바이의 데이터는 프라이머리와 결과적으로 일치한다고 할 수 있다. 트랜잭션의 커밋 결과가 스탠바이에서 리플레이되면 해당 트랜잭션에 의해 변경 내용은 스탠바이에서 가져온 모든 새로운 스냅샷에 나타나게 된다. 현재 트랜잭션 격리 레벨에 따라 스냅샷은 각 쿼리 시작 시에, 또는 각 트랜잭션의 시작 시에 가져올 수 있다. 자세한 내용은 PostgreSQL 공식 가이드 13.2절을 참조하기 바란다.

핫 스탠바이 중에 시작된 트랜잭션은 다음 명령으로 실행될 수 있다.

- 쿼리 액세스 – `SELECT, COPY TO`
- 커서 명령 – `DECLARE, FETCH, CLOSE`
- 매개변수 – `SHOW, SET, RESET`
- 트랜잭션 관리 명령
  - `BEGIN, END, ABORT, START TRANSACTION`
  - `SAVEPOINT, RELEASE, ROLLBACK TO SAVEPOINT`
  - `EXCEPTION` 블록 및 기타 내부 서브 트랜잭션
- `LOCK TABLE,` 다음 모드 중 하나에서 명시적인 경우에만 `ACCESS SHARE, ROW SHARE` 또는 `ROW EXCLUSIVE.`
- 플랜 및 리소스 – `PREPARE, EXECUTE, DEALLOCATE, DISCARD`
- 플러그인 및 확장 – `LOAD`

핫 스탠바이 중에 시작된 트랜잭션은 트랜잭션 ID를 절대 할당하지 않으며 시스템 WAL 에 기록할 수도 없다. 따라서 다음 액션은 에러 메시지를 유발한다.

- Data Manipulation Language(DML) - INSERT, UPDATE, DELETE, COPY FROM, TRUNCATE. 결과적으로 복구 중에 트리거 실행을 허용하는 액션은 없다는 것에 유의해야 한다. 테이블 행을 읽거나, 트랜잭션 ID를 할당하지 않고 쓸 수 없기 때문에 이러한 제한은 임시 테이블에도 적용된다. 현재는 핫 스탠바이 환경에서 가능하지 않다.

- Data Definition Language(DDL) - CREATE, DROP, ALTER, COMMENT. 이러한 작업을 수행하는 것은 시스템 카탈로그 테이블의 업데이트를 필요로 하므로 이 제한은 임시 테이블에도 적용된다.

- SELECT ... FOR SHARE | UPDATE, 기본 데이터 파일을 업데이트하지 않고 행 잠금을 할 수 없기 때문.

- DML 명령을 생성하는 SELECT 문의 규칙.

- ROW EXCLUSIVE MODE 이상의 요청 모드를 명시적으로 요청하는 LOCK

- ACCESS EXCLUSIVE MODE를 요청하므로 짧은 기본 형태의 LOCK

- 비 읽기 전용 상태를 명시적으로 설정하는 트랜잭션 관리 명령
  - BEGIN READ WRITE, START TRANSACTION READ WRITE
  - SET TRANSACTION READ WRITE, SET SESSION CHARACTERISTICS AS TRANSACTION READ WRITE
  - SET transaction_read_only = off

- 2단계 커밋 명령 - PREPARE TRANSACTION, COMMIT PREPARED, ROLLBACK PREPARED, 읽기 전용 트랜잭션은 준비 단계(2단계 커밋의 첫 번째 단계)에서 WAL 쓰기를 필요로 하기 때문.

- 시퀀스 업데이트 - nextval(), setval()

- LISTEN, UNLISTEN, NOTIFY

정상적인 운용에서, "읽기 전용" 트랜잭션은 시퀀스 업데이트 및 LISTEN, UNLISTEN 및 NOTIFY 사용이 허용되므로 핫 스탠바이 세션은 일반적인 읽기 전용 세션보다 조금 더 엄격한 제한 하에서 작동된다. 이러한 제한 중 일부는 차후 릴리스에서 완화될 가능성이 있다.

핫 스탠바이 중에 매개변수 transaction_read_only는 항상 true이고 변경되지 않는다. 그러나 데이터베이스를 수정하려는 시도가 없을 경우 핫 스탠바이 도중의 연결은 다른 데이터베이스 연결처럼 작동된다. 페일오버 또는 스위치오버 발생 시 데이터베이스는 정상적인 프로세싱 모드로 전환된다. 서버가 모드를 변경하는 중에는 세션이 연결된 상태로 유지된다. 핫 스탠바이가 끝나면 읽기-쓰기 트랜잭션을 시작할 수 있다(핫 스탠바이 중에 시작된 세션에서도 가능).

사용자는 SHOW transaction_read_only를 실행함으로써 해당 세션인 읽기 전용인지 여부를 알릴 수 있다. 또한, 일련의 함수(PostgreSQL 공식 가이드 표 9.66)는 사용자가 스탠바이 서버에 대한 정보에 액세스하는 것을 허용한다. 이로써 사용자는 데이터베이스의 현재 상태를 알고 있는 프로그램을 작성할 수 있다. 복구 진행 상황을 모니터링할 때 또는 데이터베이스를 특정 상태로 복원하는 복잡한 프로그램을 작성할 때 이것을 사용할 수 있다.

11.5.2 쿼리 충돌 처리

프라이머리 및 스탠바이 서버는 다양한 방식으로 느슨하게 연결된다. 프라이머리에서의 액션은 스탠바이에 영향을 미친다. 결과적으로 부정적인 인터랙션 또는 서로 간 충돌 가능성이 있다. 이해가 가장 쉬운 충돌은 성능이다. 프라이머리에서 거대한 데이터 로드가 일어나는 경우 스탠바이에서는 WAL 레코드의 유사한 스트림이 발생되므로 스탠바이 쿼리는 I/O 같은 시스템 리소스를 놓고 다투게 될 수 있다.

또한 핫 스탠바이에서 발생할 수 있는 부가적인 충돌 유형도 있다. 이러한 충돌은, 쿼리를 취소해야 할 수도 있고, 경우에 따라 해결을 위해 세션 연결을 끊어야 할 수도 있다는 점에서 곤란한 충돌^{hard conflicts}이다. 사용자에게는 이러한 충돌을 처리하는 몇 가지 방법이 제공된다. 충돌 사례에는 다음과 같다.

- 명시적 LOCK 명령 및 다양한 DDL 액션을 모두 포함한 액세스 배타적^{Access Exclusive} 잠금은 스탠바이 쿼리에서 테이블 액세스와 충돌한다.
- 프라이머리에서의 테이블스페이스 삭제는 임시 작업 파일에 대한 해당 테이블스페이스를 사용하는 스탠바이 쿼리와 충돌한다.
- 프라이머리에서의 데이터베이스 삭제는 스탠바이의 해당 데이터베이스에 연결된 세션과 충돌한다.
- WAL로부터의 vacuum 클린업 레코드 적용은 삭제할 어떤 행에서든 스냅샷을 계속 "볼 수 있는" 스탠바이 트랜잭션과 충돌한다.
- WAL로부터의 vacuum 클린업 레코드 적용은 스탠바이의 타깃 페이지에 액세스하는 쿼리와 충돌한다.

프라이머리 서버에서 이러한 경우는 대기로 간단히 귀결되고 사용자는 충돌 액션 중에 취소를 선택할 수 있다. 그러나 스탠바이에서는 선택의 여지가 없다. WAL이 로깅된 액션은 이미 프라이머리에서 발생했으므로 스탠바이가 실패해서는 안 된다. 또한 스탠바이의 상태가 프라이머리의 상태로부터 점점 더 뒤처지게 되므로 WAL 적용이 무한정 대기하도록 하는 것은 바람직하지 않다. 따라서 적용 예정인 WAL 레코드와 충돌하는 스탠바이 쿼리를 강제로 취소하는 메커니즘이 제공된다.

문제 상황의 예제는 현재 스탠바이 서버에서 쿼리 중인 테이블에 DROP TABLE을 실행하는 프라이머리 서버의 관리자이다. DROP TABLE이 스탠바이에 적용된 경우에는 스탠바이 쿼리를 계속할 수 없다는 것이 명백하다. 프라이머리에서 이러한 상황이 발생되면 다른 쿼리가 끝날 때까지 DROP TABLE이 기다린다. 그러나 DROP TABLE이 프라이머리에서 실행되면, 프라이머리는 어떤 쿼리가 스탠바이에서 실행 중인지 알 수가 없으므로 해당 스탠바이 쿼리를 기다리지 않는다. 스탠바이 쿼리가 실행 중일 때 WAL 변경 레코드는 스탠바이에 도착하면 충돌이 발생한다. 스탠바이 서버는 WAL 레코드 적용을 지연시키거나(이후의 것도 모두), `DROP TABLE`을 적용할 수 있도록 충돌 쿼리를 취소해야 한다.

충돌 쿼리가 짧을 경우에는 WAL 적용을 약간 지연시켜서 완료하는 것이 일반적으로 바람직하지만, WAL 적용에서 지연이 길어지는 것은 일반적으로 바람직하지 않다. 따라서 취소 메커니즘은 WAL 적용에서 최대 허용 지연을 정의하는 `max_standby_archive_delay` 및 `max_standby_streaming_delay` 매개변수를 갖고 있다. 새로 수신된 WAL 데이터를 적용하는 관련 지역 설정보다 길 경우 충돌 쿼리는 취소된다. 아카이브로부터 WAL 데이터를 읽는 경우(예: 베이스 백업으로부터 초기 복구 또는 많이 뒤처진 스탠바이 서버 "만회$^{catch\ up}$"), 그리고 스트리밍 복제를 통해 WAL 데이터를 읽는 경우에 대해 서로 다른 지연 값을 지정할 수 있는 매개변수가 2가지 있다.

애초에 고가용성을 목적으로 하는 스탠바이 서버에서, 지연 매개변수를 상대적으로 짧게 해서 스탠바이 쿼리에 의한 지연 때문에 서버가 프라이머리보다 많이 뒤처지지 않도록 하는 것이 최선이다. 그러나 스탠바이 서버가 장기 실행 쿼리를 실행하는 용도로 의도된 경우에는 지연 값이 크거나 무한정인 값인 것이 더 나을 수도 있다. 단, 장기 실행 쿼리는 WAL 레코드의 적용이 지연되는 경우에 스탠바이 서버의 다른 세션이 프라이머리의 최근의 변경 내용을 볼 수 없는 단점이 있다.

`max_standby_archive_delay` 또는 `max_standby_streaming_delay`에서 지정된 지연이 실행되면 충돌 쿼리가 취소된다. `DROP DATABASE`를 리플레이하는 경우에 전체 충돌 세션이 중단됨에도, 이것은 일반적으로 취소 에러로 귀결된다. 또한 충돌이 유휴 트랜잭션이 보유한 잠금을 초과하면 충돌 세션인 중단된다(이 동작은 차후에 바뀔 수도 있다).

취소된 쿼리는 즉시 재시도된다(물론 새 트랜잭션을 시작한 이후에). 쿼리 취소는 리플레이되는 WAL 레코드의 속성에 따라 달라지므로 다시 실행될 경우 취소된 쿼리가 성공할 수도 있다.

WAL 데이터를 스탠바이 서버로부터 수신한 이후에 지연 매개변수와 경과 시간의 비교를 염두에 두어야 한다. 따라서 스탠바이의 쿼리에 허용되는 유예 기간은 절대로 지연 매개변수를 초과해서는 안 되며, 이전 쿼리가 완료될 때까지 기다린 결과로, 또는 과중

한 업데이트 로드에 보조를 맞추지 못한 결과로 스탠바이가 이미 뒤처졌다면 허용된 유예 기간을 크게 줄여야 한다.

스탠바이 쿼리와 WAL 리플레이 사이에 충돌이 일어나는 가장 일반적인 이유는 "조기 클린업early cleanup"이다. 일반적으로 MVCC 규칙에 따라 데이터의 올바른 가시성을 보장하기 위해 확인이 필요한 트랜잭션이 없는 경우에 PostgreSQL은 오래된 행 버전의 클린업을 허용한다. 그러나 이 규칙은 마스터에서 실행되는 트랜잭션에만 적용 가능하다. 따라서 마스터에서의 클린업은 스탠바이의 트랜잭션에 계속 보이는 행 버전을 제거하는 것이 가능하다.

능숙한 사용자라면 행 버전 클린업과 행 버전 동결이 모두 스탠바이 쿼리와 충돌할 가능성 있다는 것을 알고 있어야 한다. VACUUM FREEZE를 직접 실행하는 것은 업데이트 또는 삭제된 행이 없는 테이블에서조차 충돌을 일으킬 가능성이 있다.

사용자는 프라이머리에서 일상적으로 및 과중하게 업데이트되는 테이블이 스탠바이에서 장기 실행 쿼리의 취소를 야기한다는 것을 분명히 해야 한다. 이런 경우 max_standby_archive_delay 또는 max_standby_streaming_delay에 대해 유한한 값을 설정하는 것은 statement_timeout을 설정하는 것과 유사하게 간주될 수 있다.

다수의 스탠바이 쿼리 취소가 수용 불가로 판명된 경우에는 교정의 가능성이 있다. 첫 번째 옵션은 VACUUM이 최근의 데드dead 행을 삭제하지 못하게 하는 hot_standby_feedback 매개변수를 설정하고, 이로 인해 클린업 충돌이 발생하게 않게 하는 것이다. 이 경우 프라이머리의 데드dead 행 클린업이 지연되어, 불필요하게 테이블이 팽창할 수도 있다는 점에 유의해야 한다. 그러나 스탠바이 쿼리가 프라이머리 서버에서 직접 실행 중이었다면 클린업 상황이 더 나빠지지 않으며, 스탠바이에서 오프로드 실행의 이점을 계속 누릴 수 있다. 스탠바이 서버가 연결과 연결 끊김을 반복하는 경우 hot_standby_feedback 피드백이 제공되지 않는 기간을 조절하고자 할 수 있다. 예를 들어, max_standby_archive_delay가 증가함으로써 연결이 끊긴 기간 중에 WAL 아카이브 파일이 충돌하여 쿼리가 신속하게 취소되지 않는 경우를 생각해보자. 연결이 끊어진 후에 새로 도착한 스트리밍 WAL 엔트리에 의한 신속한 취소를 방지하기 위해 `max_standby_streaming_delay`를 증가시키는 것도 고려해야 한다.

다른 옵션은 프라이머리 서버에서 `vacuum_defer_cleanup_age`를 늘려서 데드[dead] 행이 정상적인 경우보다 빨리 클린업되지 않게 하는 것이다. 이로써 `max_standby_streaming_delay`를 높은 값으로 설정하는 대신, 스탠바이에서 취소되기 전에 쿼리가 실행되는 시간이 늘어나게 된다. 그러나 `vacuum_defer_cleanup_age`는 프라이머리 서버에서 실행되는 트랜잭션에서 측정되기 때문에 이러한 접근법으로는 특정한 실행 시간의 시간대를 보장하는 것이 어렵다.

쿼리 취소 수 및 취소 사유는 스탠바이 서버에서 `pg_stat_database_conflicts` 시스템 뷰를 사용하여 볼 수 있다. `pg_stat_database` 시스템 뷰에도 요약 정보가 나온다.

11.5.3 관리자 개요

`hot_standby`가 postgresql.conf에서 `on`으로 설정되고 recovery.conf 파일이 존재하는 경우 서버는 핫 스탠바이 모드에서 실행된다. 그러나 어떤 쿼리든 실행할 수 있을 만큼 복구가 완료되기 전까지는 서버가 연결을 수용하지 않기 때문에 핫 스탠바이 연결이 허용되기까지 시간이 좀 걸릴 수 있다. 이 기간 동안 연결을 시도하는 클라이언트는 에러 메시지와 함께 거부된다. 서버가 떴는지 확인하려면 애플리케이션으로부터 연결을 시도하는 루프를 돌리거나, 서버 로그에서 이 메시지를 찾아봐야 한다.

```
LOG:  entering standby mode

... then some time later ...

LOG:  consistent recovery state reached
LOG:  database system is ready to accept read only connections
```

프라이머리에 체크포인트별로 일관성 정보가 한 번 기록된다. `wal_level`이 프라이머리에서 `hot_standby` 또는 `logical`로 설정되지 않은 기간 중에 작성된 WAL을 읽는 경우 핫 스탠바이를 활성화하는 것은 불가능하다. 일관된 상태에 도달하는 것 또한 아래와 같은 조건이 모두 존재하는 경우에 지연될 수 있다.

- 서브 트랜잭션이 64개 이상인 쓰기 트랜잭션
- 매우 오래 살아 있는 쓰기 트랜잭션

파일 기반 로그 전달("웜 스탠바이")을 실행 중인 경우 다음 WAL 파일이 도착할 때까지 기다려야 할 수 있는데, 이것은 프라이머리의 archive_timeout 설정만큼 길 수 있다.

스탠바이에서 일부 매개변수의 설정이 프라이머리에서 변경된 경우 재구성이 필요하다. 이러한 매개변수의 경우 스탠바이의 값은 프라이머리의 값과 같거나 더 커야 한다. 이 매개변수를 충분히 크게 설정하지 않은 경우 스탠바이가 시작을 거부한다. 더 높은 값이 제공되면 서버가 재시작되어 복구를 다시 시작한다. 이 매개변수는 다음과 같다.

- max_connections
- max_prepared_transactions
- max_locks_per_transaction

관리자는 max_standby_archive_delay 및 max_standby_streaming_delay에 적절한 설정을 선택하는 것이 중요하다. 최선의 설정으로 선택하는 것은 비즈니스 우선 순위에 따라 달라진다. 예를 들어, 서버가 기본적으로 고가용성 서버로 작동하게 되어 있다면 지연 설정을 낮은 값 또는 좀 더 공격적이게 0으로 설정하고자 할 수 있다. 스탠바이 서버가 의사 결정 지원 쿼리용 보조 서버로 작동하게 되어 있다면 최대 지연 값을 수 시간까지 설정하는 것도 가능하다. -1로 설정하면 쿼리가 완료될 때까지 영원히 기다리게 된다.

프라이머리에 작성된 트랜잭션 상태 "힌트 비트hint bit"는 WAL에 로깅되지 않으므로 스탠바이의 데이터는 힌트를 스탠바이에 재작성할 가능성이 있다. 따라서 스탠바이 서버는 모든 사용자가 읽기 전용일 때도 디스크 쓰기를 수행한다. 데이터 값 자체는 변경되지 않는다. 그래도 사용자는 거대한 정렬 임시 파일을 쓰고 relcache 정보 파일을 재생성하므로 핫 스탠바이 모드 중에는 데이터베이스의 어떤 부분도 진정으로 읽기 전용은 아니다. 트랜잭션이 지역적으로 읽기 전용이더라도 dblink 모듈을 사용하는 원격 데이터베이스에 쓰기 및 PL 함수를 사용한 데이터베이스 외부의 다른 작동은 여전히 작동 가능하다.

복구 모드 중에는 다음과 같은 종류의 관리 명령은 수용되지 않는다.

- Data Definition Language(DDL) – 예: CREATE INDEX
- 권한 및 소유권 – GRANT, REVOKE, REASSIGN
- 유지관리 명령 – ANALYZE, VACUUM, CLUSTER, REINDEX

다시 말해, 이 명령 중 일부는 프라이머리에서 "읽기 전용" 모드 트랜잭션 중에 실제로 허용된다는 점에 유의해야 한다.

결과적으로 사용자는 스탠바이에 단독으로 존재하는 인덱스를 추가로 생성하거나, 스탠바이에 단독으로 존재하는 통계도 생성할 수 없다. 이러한 관리자 명령이 필요한 경우 프라이머리에서 실행해야 하며, 결국 이러한 변경은 스탠바이로 전파된다.

pg_cancel_backend() 및 pg_terminate_backend()는 사용자 백엔드에서 작동되지만, 복구를 수행하는 Startup 프로세스는 아니다. pg_stat_activity는 Startup 프로세스에 대한 엔트리를 표시하지 않으며, 복구 트랜잭션은 활성으로 표시되지도 않는다. 결과적으로, pg_prepared_xacts는 복구 중에 항상 비어 있다. 예정된 트랜잭션에 대한 확신이 들지 않으면 프라이머리에서 pg_prepared_xacts를 뷰 표시하고 명령을 실행하여 트랜잭션을 확인해볼 수 있다.

pg_locks는 일반적으로 백엔드가 보유한 잠금을 표시한다. pg_locks는 Startup 프로세스가 관리하는 가상 트랜잭션을 보여주는데, Startup 프로세스는 복구 시 리플레이되는 트랜잭션이 보유한 모든 AccessExclusiveLocks를 소유한다. Startup 프로세스는 데이터베이스를 변경하기 위한 잠금을 획득하지 않으므로 AccessExclusiveLocks 이외의 잠금은 Startup 프로세스의 pg_locks에 나타나지 않지만, 당연히 존재하는 것으로 여겨진다.

존재 여부를 확인하는 간단한 정보 때문에 Nagios 플러그인 `check_pgsql`이 작동된다. 값 중 일부는 서로 다르거나 혼동되는 결과를 리포트 하기도 하지만 `check_postgres` 모니터링 스크립트 역시 작동된다. 예를 들면, 스탠바이에서 vacuum이 일어나지 않으므로 마지막 vacuum 시간은 유지관리되지 않는다. 프라이머리에서 실행되는 vacuum은 변경 내용을 스탠바이로 여전히 전송한다.

WAL 파일 제어 명령은 복구 중에 작동되지 않는다(예: `pg_start_backup`, `pg_switch_xlog` 등).

`pg_stat_statements`를 비롯한 동적으로 로드 가능한 모듈은 작동된다.

데드록 감지를 비롯한 경고성 잠금은 복구 시에 정상적으로 작동된다. 경고성 잠금은 절대 WAL에 로깅되지 않으므로 프라이머리 또는 스탠바이에서 경고성 잠금이 WAL 리플레이와 충돌하는 것은 불가능하다는 점을 유념하라. 프라이머리에서 경고성 잠금을 획득하는 것도 불가능하며, 유사한 경고성 잠금이 스탠바이에서 시작되게 하는 것도 불가능하다. 경고성 잠금은 경고성 잠금을 획득하는 서버에 대해서만 관련이 있다. Slony, Londiste 및 Bucardo 같은 트리거 기반 복제 시스템은, 변경 내용을 적용하기 위해 스탠바이 서버로 전송되기 전까지는 프라이머리에서 적절하게 실행되겠지만, 스탠바이에서는 일절 실행되지 않는다. WAL 리플레이는 트리거 기반이 아니므로 추가 데이터베이스 쓰기가 필요하거나 트리거 사용을 필요로 하는 시스템 쪽으로 리플레이를 스탠바이로부터 할 수 없다.

일부 UUID 제너레이터는 데이터베이스에 새로운 상태를 기록해야 할 필요가 있기 전에는 새 OID는 할당할 수 없다.

현재, 임시 테이블 생성은 읽기 전용 트랜잭션 중에 허용되지 않으므로 경우에 따라 기존 스크립트는 바르게 실행되지 않는다. 이러한 제한은 후속 릴리스에서 완화될 수 있다. 이것은 SQL 표준 준수 문제인 동시에 기술적 문제이다.

`DROP TABLESPACE`는 테이블스페이스가 비어 있는 경우에만 성공한다. 일부 스탠바이 사용자는 `temp_tablespaces` 매개변수를 통해 테이블스페이스를 십분 활용할 수 있다. 테

이블스페이스에 임시 파일이 있을 경우 해당 임시 파일이 삭제되었는지 확인하기 위해 모든 활성 쿼리가 취소되므로 테이블스페이스는 삭제 가능하고 WAL 리플레이는 계속할 수 있다.

프라이머리에서 `DROP DATABASE` 또는 `ALTER DATABASE ... SET TABLESPACE`를 실행하는 것은 스탠바이의 해당 데이터베이스에 연결된 모든 사용자의 연결을 강제로 끊는 WAL 엔트리를 생성한다. 이러한 액션은 `max_standby_streaming_delay` 설정과 무관하게 즉각 발생된다. `ALTER DATABASE ... RENAME`은 사용자의 연결을 끊지 않으며, 데이터베이스 이름 때문에 프로그램이 충돌할 때도 있지만 보통은 눈에 띄지 않게 넘어간다.

정상(비 복구) 모드에서 사용자가 계속 연결된 상태에서 로그인 기능이 있는 역할에 대해 `DROP USER` 또는 `DROP ROLE`을 실행하면 연결된 사용자에게 아무 일도 일도 일어나지 않고 계속 연결된 상태가 유지된다. 하지만 사용자가 재연결할 수는 없다. 이러한 동작은 복구 시에 적용되므로 프라이머리의 `DROP USER`는 스탠바이에서 사용자 연결을 끊지 않는다.

복구 중에는 통계 수집기collector가 활성화된다. 모든 스캔, 읽기, 블록, 인덱스 사용 등은 스탠바이에 정상적으로 기록된다. 리플레이 액션은 그 결과를 프라이머리에 복사하지 않으므로 삽입 리플레이는 `pg_stat_user_tables`의 Inserts 컬럼을 증가시키지 않는다. 시작 파일은 복구 시작 시에 삭제되므로 프라이머리 및 스탠바이로부터 시작은 다르게 된다. 이것은 버그가 아니라 특징으로 간주된다.

복구 중에 autovacuum은 활성화되지 않는다. 복구 종료 시 정상적으로 시작된다.

백그라운드 기록기writer는 복구 중에 활성화되며, restartpoint(프라이머리의 checkpoint와 유사) 및 정상 블록 클리닝 작업을 수행한다. 이것은 스탠바이 서버에 저장된 힌트 비트hint bit의 업데이트를 포함할 수 있다. `CHECKPOINT` 명령은 새 checkpoint보다는 restartpoint를 수행하지만, 이 명령은 복구 중에 수용된다.

11.5.4 핫 스탠바이 매개변수 참조

11.5.2절 및 11.5.3절에는 위에 언급된 다양한 매개변수가 설명되어 있다.

프라이머리에서는 매개변수 `wal_level` 및 `vacuum_defer_cleanup_age`를 사용할 수 있다. `max_standby_archive_delay` 및 `max_standby_streaming_delay`가 프라이머리에서 설정된 경우에는 아무런 효과가 없다.

스탠바이에서는 매개변수 `hot_standby`, `max_standby_archive_delay` 및 `max_standby_streaming_delay`를 사용할 수 있다. 스탠바이가 프라이머리가 되는 경우에는 관련이 있겠지만, 서버가 스탠바이 모드를 유지할 때까지는 `vacuum_defer_cleanup_age`는 아무런 효과가 없다.

11.5.5 통고

핫 스탠바이에는 몇 가지 제한이 있다. 향후 릴리스에서는 이것이 수정될 가능성이 높다.

- 해시 인덱스에 대한 작업은 현재 WAL에 로깅되지 않으므로 리플레이로 이러한 인덱스가 업데이트되지 않는다.

- 스냅샷을 가져오기 전에 실행 트랜잭션에 대한 완벽한 지식이 필요하다. 때문에 대량의 서브 트랜잭션(현재 64 이상)을 사용하는 트랜잭션은 실행 중인 최장의 쓰기 트랜잭션을 완료하기 전까지 읽기 전용 연결의 시작을 지연시킨다. 이와 같은 상황이 발생되면 상황을 설명하는 메시지가 서버 로그에 전송된다.

- 스탠바이 쿼리의 유효 시작 지점은 마스터의 checkpoint마다 생성된다. 마스터가 셧다운 상태일 때 스탠바이가 셧다운되면 프라이머리가 시동되어 WAL 로그에 추가 시작 지점이 생성될 때까지 핫 스탠바이를 재입력하는 것이 불가능할 수도 있다. 이러한 상황은 이것이 일어날 만한 가장 일반적인 상황에서는 문제가 되지 않는다. 보통은 프라이머리가 셧다운되어 더 이상 사용 불가능한 경우 새 프라이머리로 작동되도록 스탠바이의 변환이 필요한 심각한 실패가 일어날 가능성이 높다. 그리고, 프라이머리가 고의로 다운된 상황에서 스탠바이를 새 프라이머리가 되도록 매끄럽

게 조정하는 것 또한 표준 절차이다.

- 복구 완료 시, 예정된 트랜잭션이 보유한 AccessExclusiveLocks는 정상적인 잠금 테이블 엔트리의 두 배를 필요로 한다. 일반적으로 AccessExclusiveLocks를 사용하는 예정된 동시 트랜잭션을 다수 실행할 계획이 있거나 다수의 AccessExclusiveLocks를 사용하는 거대 트랜잭션 1개만 갖도록 계획할 생각이라면 max_locks_per_transaction을 큰 값(대략 프라이머리 서버의 매개변수 값의 2배)으로 선택하는 것이 바람직하다. max_prepared_transactions 설정이 0인 경우에는 이것을 고려하지 않아도 된다.

- Serializable 트랜잭션 격리 레벨은 아직 핫 스탠바이에서 사용할 수 없다(자세한 내용은 PostgreSQL 공식 가이드 13.2.3절 및 13.4.1절 참조). 핫 스탠바이에서 트랜잭션을 Serializable 격리 레벨로 설정하려는 시도는 에러를 발생시킨다.

12

복구 구성

이 장에서는 recovery.conf 파일에서 사용 가능한 설정에 대해 설명한다. 이것은 복구 기간 중에만 적용된다. 수행하려는 후속 복구에 대해서는 이것을 리셋해야 한다. 일단 복구가 시작되면 이것을 변경할 수 없다.

recovery.conf에서의 설정은 `name = 'value'` 형식으로 지정된다. 라인당 매개변수 하나가 지정된다. 해시 마크(#)는 라인의 나머지가 주석임을 의미한다. 작은따옴표를 매개변수 값에 포함하려면 따옴표 2개를 겹쳐 쓴다.

예제 파일, share/recovery.conf.sample은 설치의 share/ 디렉토리에 제공된다.

12.1 〉 아카이브 복구 설정

restore_command (string)

WAL 파일 시리즈의 아카이브된 세그먼트의 검색을 실행하는 로컬 셸 명령. 이 매개변수는 아카이브 복구에 필요하지만 스트리밍 복제의 경우 옵션이다. 스트링의 `%f`는 아카이브에서 검색할 파일 이름으로 교체되고 `%p`는 서버의 복사 대상 경로 교체된다(경로명은 예를 들면, 클러스터의 데이터 디렉토리처럼 현재 작업 디렉토리에 상대적이다). %r은 마지막 유효 재시작 지점이 있는 파일의 이름으로 교체된다. 이것은 복구가 재시작 가능하도록 유지되어야 하는 가장 빠른 파일이므로 이 정보는 현재 복구로부터 재시작을 지원하는 데 필요한 최소한으로만 아카이브를 잘라내는 데 사용할 수 있다. %r은 전형적으로 웜^{warm} 스탠바이 구성에만 사용된다(11.2절 참조). 실제 % 문자를 포함하려면 %%라고 쓴다.

성공한 경우에만 명령이 0 종료$^{zero\ exit}$ 상태를 리턴하는 것이 중요하다. 명령은 아카이브에 없는 파일 이름을 요청하게 된다. 그러면 0이 아닌 값이 리턴되어야 한다. 예는 다음과 같다.

```
restore_command = 'cp /mnt/server/archivedir/%f "%p"'
restore_command = 'copy "C:\\server\\archivedir\\%f" "%p"'        # Windows
```

신호(데이터베이스 서버 셧다운의 일부로 사용되는 SIGTERM 제외)에 의해 중단되거나 셸 에러(예를 들면, command not found)에 의해 명령이 중단되면 복구가 중단되고 서버는 시동되지 않는다는 것이 예외이다.

archive_cleanup_command (string)

이 옵션 매개변수는 모든 restartpoint에서 실행되는 셸 명령을 지정한다. archive_cleanup_command의 목적은 스탠바이 서버에서 더 이상 필요로 하지 않는 오래된 아카이브 WAL 파일을 클린업하는 메커니즘을 제공하는 것이다. %r은 마지막 유효 재시작 지점이 있는 파일의 이름으로 교체된다. 이것은 복구가 재시작 가능하도록 유지되어야 하는 가장 빠른 파일이며, 따라서 %r 이전의 모든 파일은 안전하게 삭제할 수 있다. 이 정보는 현재 복구로부터 재시작을 지원하는 데 필요한 최소한으로만 아카이브를 잘라내는 데 사용할 수 있다. pg_archivecleanup 모듈은 단일 스탠바이 구성을 위한 archive_cleanup_command에 주로 사용된다. 예를 들면 다음과 같다.

```
archive_cleanup_command = 'pg_archivecleanup /mnt/server/archivedir %r'
```

그러나 복수의 스탠바이 서버가 동일한 아카이브 디렉토리로부터 복원 중인 경우 서버에서 더 이상 필요로 하지 않을 때까지는 WAL 파일을 삭제하지 않도록 해야 한다는 점에 유의한다. archive_cleanup_command는 일반적으로 웜^{warm} 스탠바이 구성에 사용된다(11.2절 참조). % 문자를 명령에 포함하려면 %%를 사용한다.

명령이 0이 아닌 exit 상태를 리턴하는 경우 경고 로그 메시지가 작성된다. 신호 또는 셸 에러(예: command not found)에 의해 명령이 중단된 경우 치명적 에러가 발생하는 것은 예외이다.

recovery_end_command (string)

이 매개변수는 복구 종료 시에 한 번만 실행되는 셸 명령을 지정한다. 이 매개변수는 옵션이다. recovery_end_command의 목적은 복제 또는 복구 이후의 클린업을 위한 메커니즘을 제공하는 것이다. %r은 archive_cleanup_command에서처럼 마지막 유효 재시작 지점이 있는 파일의 이름으로 교체된다.

명령이 0이 아닌 exit 상태를 리턴하는 경우 경고 로그 메시지가 작성되고 데이터베이스는 시동이 진행된다. 신호 또는 셸 에러(예: command not found)에 의해 명령이 중단된 경우 데이터베이스가 시동으로 진행되지 않는 것은 예외상황이다.

12.2 복구 타깃 설정

기본적으로 복구는 WAL 로그의 끝까지 복구된다. 다음 매개변수는 사용하여 가장 빠른 중지 지점을 지정할 수 있다. 최대한 recovery_target, recovery_target_name, recovery_target_time 또는 recovery_target_xid 중 하나를 사용할 수 있다. 구성 파일에 둘 이상 지정된 경우 마지막으로 지정된 항목이 사용된다.

recovery_target = 'immediate'

이 매개변수는 일관된 상태에 도달한 즉시(예를 들면, 가능한 한 빨리) 해당 복구가 종료되도록 지정한다. 온라인 백업에서 복원하는 경우 이것은 백업이 종료된 지점을 의미한다.

기술적으로, 이것은 스트링 매개변수이지만 'immediate'는 현재 유일하게 허용되는 값이다.

recovery_target_name (string)

이 매개변수는 지명된 복원 지점(pg_create_restore_point()를 사용하여 생성)을 복구가 진행되는 지점으로 지정한다.

recovery_target_time (timestamp)

이 매개변수는 타임스탬프를 복구가 진행되는 지점으로 지정한다. 정밀한 정지 지점은 recovery_target_inclusive의 영향도 받는다.

recovery_target_xid (string)

이 매개변수는 트랜잭션 ID를 복구가 진행되는 지점으로 지정한다. 트랜잭션 ID가 트랜잭션 시작 시 순차적으로 할당되면 트랜잭션을 서로 다르게 번호 순으로 완료할 수 있다는 점을 기억해야 한다. 복구되는 트랜잭션은 지정된 것(및 선택적으로 포함된 것) 이전에 커밋된 트랜잭션이다. 정밀한 정지 지점은 recovery_target_inclusive의 영향도 받는다.

다음 옵션은 복구 타깃을 추가로 지정하며, 타깃에 도달했을 때 발생하는 것에 영향을 미친다.

recovery_target_inclusive (boolean)

지정된 복구 타깃 직후에 중지할 것인지[true] 또는 복구 타깃 직전에 중지할 것인지[false]를 지정한다. recovery_target_time 또는 recovery_target_xidis 지정 시기를 적용한다. 이 설정은 트랜잭션이 정확히 타깃 커밋 시간을 갖는지, 아니면 ID를 갖는지를 제어한다(각각 복구에 포함됨). 기본값은 true이다.

recovery_target_timeline (string)

특정한 타임라인으로의 복구를 지정한다. 기본값은 베이스 백업을 가져왔을 때 현재였던 동일한 타임라인을 따라 복구하는 것이다. 이것을 latest로 설정하면 아카이브의 최신 타임라인으로 복구되며 스탠바이 서버에 유용하다. 복잡한 복구 상황에서 이 매개변수를 설정하는 데 필요한 것 외에, 여기서 point-in-time 복구 이후에 도달했던 상태로 돌아가야 한다. 10.3.5절을 참조하기 바란다.

pause_at_recovery_target (boolean)

복구 타깃에 도달한 경우 복구를 일시 중지해야 하는지를 지정한다. 기본값은 true 이다. 이것은 이 복구 타깃이 가장 바람직한 복구 지점인지 확인하기 위해 데이터 베이스를 상대로 쿼리가 실행되도록 하기 위함이다. 일시 중지된 상태는 pg_xlog_ replay_resume()을 사용하면 재개되며(postgreSQL 공식 가이드의 표 9.67 참조), 그 런 다음, 복구가 종료된다. 이 복구 타깃이 목표한 정지 지점이 아닐 경우 서버를 셧 다운하고, 복구 타깃 설정을 후의 타깃으로 설정하고 재시작하여 복구를 계속한다.

hot_standby가 활성화되지 않았거나 복구 타깃이 설정되지 않은 경우 이 설정은 아 무런 효과가 없다.

12.3 ⟩ 스탠바이 서버 설정

standby_mode (boolean)

PostgreSQL 서버를 스탠바이로 설정할 것인지 지정한다. 이 매개변수가 on으로 설정되면 아카이브된 WAL의 끝에 도달한 경우 서버가 복구를 중단하지 않지만 restore_command를 사용함으로써 및(또는) primary_conninfo 설정에 의해 지정된 프라이머리 서버에 연결함으로써 새 WAL 세그먼트를 가져옴[fetch]으로써 복구 시도 를 계속하게 된다.

primary_conninfo (string)

프라이머리를 사용하여 스탠바이 서버를 연결할 때 사용되는 연결 스트링을 지정한 다. 이 스트링은 PostgreSQL 공식 가이드 31.1.1절에 설명된 형식이다. 이 스트링 에서 미지정 옵션이 있으면 해당 환경 변수(PostgreSQL 공식 가이드 31.14절 참조)가 검사된다. 환경 변수가 어느 것으로도 설정되지 않은 경우 기본값이 사용된다.

연결 스트링은 스탠바이 서버의 기본과 다를 경우 프라이머리 서버의 호스트 이름 (또는 주소)과 포트 번호를 지정해야 한다. 또한 프라이머리에서 적정한 권한이 부여 된 역할에 해당하는 사용자 이름을 지정한다(11.2.5.1절 참조). 프라이머리가 암호 인증을 요구하는 경우 암호도 입력해야 한다. 이것은 primary_conninfo 스트링 또는 스탠바이 서버에서 별도의 ~/.pgpass 파일에서 제공할 수 있다(데이터베이스 이름으로 replication 사용). 데이터베이스 이름을 primary_conninfo 스트링에 지정하면 안 된다.

standby_mode를 off로 설정하면 이 설정이 아무런 효과가 없다.

primary_slot_name (string)

선택적으로, 업스트림 노드에서 리소스 삭제를 제어하기 위해 스트리밍 복제를 통해 프라이머리에 연결할 때 사용되는 기존 복제 슬롯을 지정한다(11.2.6절 참조). 이 설정은 primary_conninfo가 설정되지 않은 경우에 아무런 효과가 없다.

trigger_file (string)

스탠바이에서 존재가 복구를 종료시키는 트리거 파일을 지정한다. 이 값이 설정되지 않았더라도 여전히 pg_ctl promote를 사용하여 스탠바이를 승격시킬 수 있다. standby_mode가 off인 경우에는 이 설정이 아무런 효과가 없다.

recovery_min_apply_delay (integer)

기본적으로 스탠바이 서버는 가능하다면 프라이머리로부터 WAL 레코드를 복원한다. 이것은 시간이 지연된 데이터 사본이 있을 경우에 유용하며, 데이터 손실 에러를 수정할 수 있는 기회도 된다. 이 매개변수는 단위가 지정되지 않은 경우 밀리초 단위로 시간을 고정함으로써 복구를 지연시킬 수 있다. 예를 들어, 이 매개변수를 5min으로 설정하면 스탠바이는 스탠바이의 시스템 시간이 마스터에서 리포트된 커밋에서 최소 5분 경과된 경우에만 각 트랜잭션 커밋을 리플레이한다.

서버 간의 복제 지연이 더 지연되지 않는 경우에는 이 매개변수 값을 초과할 가능성이 있다. 마스터에 기록된 WAL 타임스탬프와 스탠바이의 현재 시간 사이에 지연이 계산된다는 점에 유의하라. 네트워크 지연 또는 케스케이딩 복제 구성에 의한 전송 지연은 실제 대기 시간을 상당히 줄일 수 있다. 마스터와 스탠바이의 시스템 클록이 동기화되지 않으면 예상한 것 이전의 레코드가 복구 시 적용될 수 있다. 그러나 이 매개변수의 유용한 설정은 서버 사이의 전형적인 시간 편차보다 훨씬 크기 때문에 큰 문제가 되지는 않는다.

지연은 트랜잭션 커밋에 대한 WAL 레코드에 대해서만 발생한다. 다른 레코드는 가능한 한 빨리 리플레이되는데, 해당 커밋 레코드가 적용되기 전에는 결과가 보이지 않게 하는 MVCC 가시성 규칙 때문에 문제가 되지 않는다.

지연은 스탠바이가 승격되거나 트리거되기 전까지 발생한다. 그 이후로, 스탠바이는 더 이상 대기하지 않고 복구를 끝낸다.

이 매개변수는 스트리밍 복제 배포와 함께 사용하기 위한 것이지만 매개변수가 지정되면 어떠한 경우라도 이것이 인정된다. 트랜잭션 커밋의 동기 적용을 요청하는 설정이 아직 존재하지 않기 때문에 동기 복제는 이 설정을 영향을 받지 않는다. 마스터를 부풀릴 수 있는 이 기능을 사용하게 되면 hot_standby_feedback이 지연된다. 때문에 두 가지를 같이 사용하려면 주의가 필요하다.

13

데이터베이스 활동 모니터링

데이터베이스 관리자가 가장 궁금해하는 것 중 하나는 "시스템은 지금 무엇을 하고 있을까?"이다. 이 장에서는 그것을 알아내는 것에 대해 논의한다.

몇 개의 툴을 사용하여 데이터베이스 활동을 모니터링하고 성능을 분석할 수 있다. 이 장의 대부분은 PostgreSQL의 통계 수집기를 설명하지만 ps, top, iostat 및 vmstat 같은 정기적인 유닉스 모니터링 프로그램을 등한시해서는 안 된다. 또한, 성능이 떨어지는 쿼리를 식별했다면 PostgreSQL의 EXPLAIN 명령을 사용한 추가 조사가 필요할 수도 있다. PostgreSQL 공식 가이드 14.1절은 각각의 쿼리 동작을 이해하기 위한 EXPLAIN 및 기타 방법을 설명한다.

13.1 표준 유닉스 툴

대부분의 유닉스 플랫폼에서 PostgreSQL는 ps에서 리포트된 대로 명령어 타이틀을 수정하므로 개별 서버 프로세스가 손쉽게 식별할 수 있다. 표시 예시는 다음과 같다.

```
$ ps auxww | grep ^postgres
postgres  15551  0.0  0.1  57536   7132 pts/0   S    18:02   0:00 postgres -i
postgres  15554  0.0  0.0  57536   1184 ?       Ss   18:02   0:00 postgres:
writer process
postgres  15555  0.0  0.0  57536    916 ?       Ss   18:02   0:00 postgres:
checkpointer
```

```
postgres  15556  0.0  0.0  57536    916 ?      Ss  18:02  0:00 postgres:
wal writer process
postgres  15557  0.0  0.0  58504   2244 ?      Ss  18:02  0:00 postgres:
autovacuum launcher
postgres  15558  0.0  0.0  17512   1068 ?      Ss  18:02  0:00 postgres:
stats collector
postgres  15582  0.0  0.0  58772   3080 ?      Ss  18:04  0:00 postgres:
joe runbug 127.0.0.1
postgres  15606  0.0  0.0  58772   3052 ?      Ss  18:07  0:00 postgres:
tgl regression
postgres  15610  0.0  0.0  58772   3056 ?      Ss  18:07  0:00 postgres:
tgl regression
```

(표시된 상세 내용 대로 플랫폼 간에 적절한 ps 호출이 다르다. 이 예제는 최신의 리눅스시스템에서 가져온 것이다) 여기에 나열된 첫 번째 프로세스는 마스터 서버 프로세스이다. 표시된 명령 인수는 시작되었을 때 사용된 것과 동일하다. 다음 다섯 가지 프로세스는 마스터 프로세스에 의해 자동으로 시작되는 백그라운드 worker 프로세스이다(통계 수집기를 시작하지 않도록 시스템을 설정한 경우 "stats collector" 프로세스는 존재하지 않는다. 비슷하게, "autovacuum launcher" 프로세스를 비활성화할 수 있다). 나머지 프로세스 각각은 하나의 클라이언트 연결을 처리하는 서버 프로세스이다. 해당 프로세스 각각은 다음과 같은 형태로 커맨드라인 표시를 설정한다.

```
postgres: user database host activity
```

사용자, 데이터베이스 및 (클라이언트) 호스트 항목은 클라이언트 연결 수명 동안 동일하게 유지되지만 활동 지표는 바뀐다. 활동은 idle(예: 클라이언트 명령 대기 중), idle in transaction(BEGIN 블록 내부에서 클라이언트 대기 중) 또는 SELECT 같은 명령 타입 이름일 수 있다. 또한, 서버 프로세스가 또 다른 세션이 보유한 잠금을 현재 기다리고 있을 경우 waiting이 추가된다. 위의 예제에서, 프로세스 15606은 프로세스 15610이 트랜잭션을 완료하고 일부 잠금이 해제될 때까지 기다리고 있음을 추론할 수 있다(다른 활성 세션이 없으므로 프로세스 15610은 blocker여야 한다. 좀 더 복잡한 경우에는 누가 누구를 블로킹하는지 판단하기 위해 pg_locks 시스템 뷰를 확인해볼 필요가 있다).

update_process_title을 해제한 경우 활동 지표는 업데이트되지 않는다. 프로세스 타이틀은 새 프로세스가 시작될 때 한 번만 설정된다. 일부 플랫폼에서 이것은 명령별 오버헤드를 상당히 줄일 수 있다. 그 외의 플랫폼에는 무의미하다.

> **팁** 솔라리스는 특수한 처리를 필요로 한다. /bin/ps보다는/usr/ucb/ps를 사용해야 한다. w 플래그를 1개가 아니라 2개를 사용해야 한다. 또한, postgres 명령의 원래 호출은 각 서버 프로세스에서 제공된 것보다 ps 상태 표시가 짧아야 한다. 이 세 가지가 모두 실패한 경우 각 서버 프로세스에 대한 ps 출력은 기존의 postgres 커맨드 라인이 된다.

13.2 통계 수집기

PostgreSQL의 통계 수집기statistics collector는 서버 활동에 대한 정보 수집 및 리포팅을 지원하는 서브 시스템이다. 현재 수집기는 디스크블록과 개별 행 조건에 관해 테이블과 인덱스에 대한 액세스를 카운트할 수 있다. 또한 테이블별로 행의 총 수 및 vacuum 정보를 추적하고, 테이블별로 액션을 분석한다. 사용자 정의 함수에 대한 호출 및 각각에 소요된 총 시간도 카운트한다.

PostgreSQL은 현재 다른 서버 프로세스에 의해 실행 중인 정확한 명령 리포팅도 지원한다. 이 기능은 수집기 프로세스와는 무관하다.

13.2.1 통계 수집 구성

통계 수집은 일부 오버헤드를 쿼리 실행에 추가하므로 시스템은 정보의 수집 또는 비수집을 구성할 수 있다. 이것은 일반적으로 postgresql.conf에 설정된 구성 매개변수로 제어된다(구성 매개변수 설정에 대해서는 4장을 참조하기 바란다).

매개변수 track_activities는 서버 프로세스에 의해 실행되는 현재 명령의 모니터링을 활성화한다.

매개변수 `track_counts`는 테이블 및 인덱스 액세스에 대한 통계 수집 여부를 제어한다. 매개변수 `track_functions`는 사용자 정의 함수의 사용량 추적을 활성화한다.

매개변수 `track_io_timing`은 블록 읽기 및 쓰기 시간 모니터링을 활성화한다.

일반적으로 이러한 매개변수는 postgresql.conf에 설정되어 있으므로 모든 서버 프로세스에 적용되지만 SET 명령을 사용하면 개별 세션에서 켜거나 끌 수 있다(일반 사용자가 자신의 활동을 숨기지 못하게 하려면 슈퍼유저만 SET을 사용하여 이 매개변수를 변경할 수 있다).

통계 수집기는 수집된 정보를 임시 파일을 통해 PostgreSQL 프로세스에 전송한다. 이 파일들은 `stats_temp_directory` 매개변수에 지명된 디렉토리에 저장되며, 기본값은 `pg_stat_tmp`이다. 성능을 더 좋게 하려면 `stats_temp_directory`로 RAM 기반 파일 시스템을 지명^{pointed}하여 실제 I/O 요구 사항을 줄일 수 있다. 서버가 깨끗이 셧다운된 경우 통계 데이터의 영속적 사본은 pg_stat 서브 디렉토리에 저장되므로 서버 재시작 시에도 통계를 유지할 수 있다. 서버 시작 시에 복구가 수행되면(예: 즉시 셧다운, 서버 충돌 및 point-in-time 복구 후) 모든 통계 카운터가 리셋된다.

13.2.2 수집된 통계 보기

표 13.1에 나열된 몇 개의 사전 정의된 뷰를 통해 통계 수집 결과를 확인할 수 있다. 또는 13.2.3절에 설명된 기본 통계 함수를 사용하여 자식 커스텀 뷰를 빌드할 수 있다.

현재 활동을 모니터링하기 위해 통계를 사용하는 경우 정보가 바로 업데이트되지 않는다는 점을 알고 있어야 한다. 각각의 개별 서버 프로세스는 새 통계적 카운트를 유휴 상태로 들어가기 직전에 수집기로 전송하므로 진행 중인 쿼리 또는 트랜잭션은 표시된 총계에 드러나지 않는다. 또한, 수집기 자체는 거의 `PGSTAT_STAT_INTERVAL` 밀리초당 한 번 새 리포트를 산출한다(서버 빌드 시에 변경하지 않았다면 500 ms). 따라서 표시된 정보는 실제 활동량에 미치지 못한다. 그러나 `track_activities`에 의해 수집된 현재 쿼리 정보는 항상 최신 상태로 업데이트된다.

다른 중요 사항은 서버 프로세스에게 이러한 통계 표시를 요청한 경우 서버 프로세스는 먼저 수집기 프로세스가 산출한 가장 최근의 리포트를 가져온 다음, 현재 트랜잭션이 끝날 때까지 모든 통계적 뷰와 함수에 이 스냅샷을 계속해서 사용한다. 그러므로 통계는 현재 트랜잭션이 계속될 때까지 정적 정보를 표시한다. 마찬가지로, 모든 세션의 현재 쿼리에 대한 정보는 해당 정보를 트랜잭션 내에서 우선 요청한 경우에 수집되며, 해당 트랜잭션 내내 동일한 정보가 표시된다. 통계에 대한 쿼리를 수 회 수행하고 수치 변경에 대한 걱정 없이 결과의 상관관계를 파악할 수 있으므로 이것은 버그가 아니라 특징이라고 볼 수 있다. 그러나 쿼리별로 새로운 결과를 보고 싶을 경우 트랜잭션 블록 외부에서 쿼리를 수행해야 한다. 또는, 현재 트랜잭션의 통계 스냅샷(있을 경우)을 폐기하는 pg_stat_clear_snapshot()을 호출할 수 있다. 통계 정보의 다음 사용은 새 스냅샷을 가져오게 한다.

pg_stat_xact_all_tables, pg_stat_xact_sys_tables, pg_stat_xact_user_tables 및 pg_stat_xact_user_functions 뷰에서 트랜잭션은 자체 통계를 볼 수도 있다(수집기에 아직 전송하지 않은 경우). 이 숫자들은 위에서 언급한 것처럼 작동하지 않는 대신 트랜잭션 내내 계속 업데이트된다.

표 13.1 표준 통계 뷰

뷰 이름	설명
pg_stat_activity	상태 및 현재 쿼리 같은 해당 프로세스의 현재 활동과 관련된 정보를 보여주며, 서버 프로세스당 1행. 자세한 내용은 pg_stat_activity 참조
pg_stat_archiver	WAL archiver 프로세스의 활동에 대한 통계를 보여주며, 1행 전용. 자세한 내용은 pg_stat_archiver 참조
pg_stat_bgwriter	백그라운드 writer 프로세스의 활동에 대한 통계를 보여주며, 1행 전용. 자세한 내용은 pg_stat_bgwriter 참조
pg_stat_database	데이터베이스 차원(database-wide)의 통계를 보여주며, 데이터베이스당 1행. 자세한 내용은 pg_stat_database 참조
pg_stat_all_tables	해당 특정 테이블 액세스에 대한 통계를 보여주며, 현재 데이터베이스에서 테이블당 1행. 자세한 내용은 pg_stat_all_tables 참조
pg_stat_sys_tables	시스템 테이블만 표시되는 것 외에는 pg_stat_all_tables와 동일

(이어짐)

뷰 이름	설명
pg_stat_user_tables	사용자 테이블만 표시되는 것 외에는 pg_stat_all_tables와 동일
pg_stat_xact_all_tables	pg_stat_all_tables와 유사. 단, 현재 트랜잭션(pg_stat_all_tables 및 관련 뷰에서는 아직 포함되지 않은) 내에서 현재까지 취한 액션 카운트. 라이브/데드 행 수에 대한 컬럼 및 vacuum/분석 액션에 대한 컬럼은 해당 뷰에 나타나지 않음
pg_stat_xact_sys_tables	시스템 테이블만 표시되는 것 외에는 pg_stat_xact_all_tables와 동일
pg_stat_xact_user_tables	사용자 테이블만 표시되는 것 외에는 pg_stat_xact_all_tables와 동일
pg_stat_all_indexes	해당 특정 인덱스 액세스에 대한 통계를 보여주며, 현재 데이터베이스에서 인덱스당 1행. 자세한 내용은 pg_stat_all_indexes 참조
pg_stat_sys_indexes	시스템 테이블의 인덱스만 표시되는 것 외에는 pg_stat_all_indexes와 동일
pg_stat_user_indexes	사용자 테이블의 인덱스만 표시되는 것 외에는 pg_stat_all_indexes와 동일
pg_statio_all_tables	해당 특정 테이블의 I/O에 대한 통계를 보여주며, 현재 데이터베이스에서 테이블당 1행. 자세한 내용은 PostgreSQL 공식 가이드 pg_statio_all_tables 참조
pg_statio_sys_tables	시스템 테이블만 표시되는 것 외에는 pg_statio_all_tables와 동일
pg_statio_user_tables	사용자 테이블만 표시되는 것 외에는 pg_statio_all_tables와 동일
pg_statio_all_indexes	해당 특정 인덱스의 I/O에 대한 통계를 보여주며, 현재 데이터베이스에서 인덱스당 1행. 자세한 내용은 PostgreSQL 공식 가이드 pg_statio_all_indexes 참조
pg_statio_sys_indexes	시스템 테이블의 인덱스만 표시되는 것 외에는 pg_statio_all_indexes와 동일
pg_statio_user_indexes	사용자 테이블의 인덱스만 표시되는 것 외에는 pg_statio_all_indexes와 동일
pg_statio_all_sequences	해당 특정 시퀀스의 I/O에 대한 통계를 보여주며, 현재 데이터베이스에서 시퀀스당 1행. 자세한 내용은 PostgreSQL 공식 가이드 pg_statio_all_sequences 참조
pg_statio_sys_sequences	시스템 시퀀스만 표시되는 것 외에는 pg_statio_all_sequences와 동일 (현재, 시스템 시퀀스가 정의되어 있지 않으므로 이 뷰는 항상 비어 있다)
pg_statio_user_sequences	사용자 시퀀스만 표시되는 것 외에는 pg_statio_all_sequences와 동일
pg_stat_user_functions	해당 함수의 실행에 대한 통계를 보여주며, 추적된 함수별로 1행. 자세한 내용은 PostgreSQL 공식 가이드 pg_stat_user_functions 참조

(이어짐)

뷰 이름	설명
pg_stat_xact_user_functions	pg_stat_user_functions와 유사. 단, 현재 트랜잭션(pg_stat_user_functions에서는 아직 포함 안 된) 도중의 호출만 카운트
pg_stat_replication	해당 전송자의 연결된 스탠바이 서버 복제에 대한 통계를 보여주며, WAL sender 프로세스당 1행. 자세한 내용은 PostgreSQL 공식 가이드 pg_stat_replication 참조.
pg_stat_database_conflicts	스탠바이 서버에서 복구와의 충돌에 의해 쿼리 취소가 일어난 경우 데이터베이스 차원(database—wide)의 통계를 보여주며, 데이터베이스당 1행. 자세한 내용은 PostgreSQL 공식 가이드 pg_stat_database_conflicts 참조

인덱스별 통계는 어떤 인덱스를 사용 중인지, 효율은 어떤지를 판단할 때 특히 유용하다.

pg_statio_ 뷰는 원칙적으로 버퍼 캐시의 효율성을 판단할 때 유용한다. 실제 디스크 읽기 수가 버퍼 히트 수보다 훨씬 작을 경우 캐시는 커널 호출 없이 대부분의 읽기 요청을 만족시킨다. 그러나 이 통계에 전체 내역이 드러나지는 않는다. PostgreSQL이 디스크 I/O를 처리하는 방법 때문에 PostgreSQL 버퍼 캐시에 없는 데이터는 커널의 I/O 캐시에 남아있게 되고, 따라서 물리적으로 읽지 않아도 데이터를 가져올 수 있다[fetch]. PostgreSQL I/O 동작에 대한 좀 더 자세한 정보가 필요한 사용자라면 커널의 I/O 처리를 들여다 볼 수 있는 운영체제 유틸리티와 PostgreSQL 통계 수집기를 함께 사용하는 것이 좋다.

표 13.2 pg_stat_activity 뷰

컬럼	타입	설명
Datid	oid	이 백엔드가 연결되는 데이터베이스의 OID
Datname	name	이 백엔드가 연결되는 데이터베이스의 이름
Pid	integer	이 백엔드의 프로세스 ID
Usesysid	oid	이 백엔드에 로그인된 사용자의 OID
Usename	name	이 백엔드에 로그인된 사용자 이름
application_name	text	이 백엔드에 연결되는 애플리케이션 이름

(이어짐)

컬럼	타입	설명
client_addr	inet	이 백엔드에 연결된 클라이언트의 IP 주소. 이 필드가 null인 경우 서버 머신의 유닉스 소켓을 통해 클라이언트가 연결되었는지 또는 이것이 autovacuum 같은 내부 프로세스인지를 나타낸다.
client_hostname	text	연결된 클라이언트의 호스트 이름. client_addr의 리버스 DNS 조회에 의해 리포트됨. 이 필드는 IP 연결의 경우에만, 그리고 log_hostname이 활성화된 경우에만 null이 아니다.
client_port	integer	이 백엔드와 통신할 때 클라이언트가 사용하는 TCP 포트 번호. 유닉스 소켓을 사용하는 경우 −1
backend_start	timestamp with time zone	이 프로세스가 시작되었을 때의 시간. 예: 클라이언트가 서버에 연결된 때
xact_start	timestamp with time zone	프로세스의 현재 트랜잭션이 시작된 시간. 활성화된 트랜잭션이 없을 경우 null. 현재 쿼리가 해당 트랜잭션 중 처음인 경우 이 컬럼은 query_start 컬럼과 동일
query_start	timestamp with time zone	현재 활성화된 쿼리가 시작된 시간. state가 active가 아닐 때는 마지막 쿼리가 시작된 시간
state_change	timestamp with time zone	state가 마지막으로 변경된 시간
Waiting	boolean	이 백엔드가 현재 잠금 대기 중인 경우 true
State	text	이 백엔드의 현재 전체 상태. 가능한 값은 다음과 같다. • active: 백엔드가 쿼리 실행 중 • idle: 백엔드가 새 클라이언트 명령을 기다리는 중 • idle in transaction: 백엔드가 트랜잭션 중이지만 현재 쿼리를 실행하고 있지는 않음 • idle in transaction (aborted): 이 쿼리는 에러를 유발시킨 트랜잭션의 문구 하나를 제외하고 idle in transaction과 유사 • fastpath function call: 백엔드가 빠른 경로 함수를 실행 중 • disabled: 이 백엔드에서 track_activities가 비활성화되면 이 상태가 리포트됨
backend_xid	xid	이 백엔드의 최상위 트랜잭션 식별자가 있을 경우
backend_xmin	xid	현재 백엔드의 xmin 수평선
Query	text	이 백엔드의 가장 최근 쿼리 텍스트. state가 active인 경우 이 필드는 현재 실행 쿼리를 표시. 그 외 모든 상태에서, 실행된 마지막 쿼리 표시

`pg_stat_activity`는 해당 프로세스의 현재 활동과 관련된 정보를 보여주며, 서버 프로세스당 1행을 갖는다.

> **참고**: waiting 및 state 컬럼은 독립적이다. 백엔드가 active 상태인 경우 waiting일 수도 있고 아닐 수도 있다. 상태가 active이고 waiting이 true인 경우 쿼리는 실행되지만 시스템의 어딘가에 있는 잠금에 의해 블로킹되고 있다는 것을 의미한다.

표 13.3 pg_stat_archiver 뷰

컬럼	타입	설명
archived_count	bigint	성공적으로 아카이브된 WAL 파일 수
last_archived_wal	text	성공적으로 아카이브된 마지막 WAL 파일 이름
last_archived_time	timestamp with time zone	마지막으로 성공한 아카이브 작업의 시간
failed_count	bigint	WAL 파일을 아카이브하기 위한 시도 실패 수
last_failed_wal	text	마지막으로 실패한 아카이브 작업의 WAL 파일 이름
last_failed_time	timestamp with time zone	마지막으로 실패한 아카이브 작업의 시간
stats_reset	timestamp with time zone	이 통계가 마지막으로 리셋된 시간

`pg_stat_archiver` 뷰는 항상 단일 행이며, 클러스터의 archiver 프로세스에 대한 데이터를 포함한다.

표 13.4 pg_stat_bgwriter 뷰

컬럼	타입	설명
checkpoints_timed	bigint	예정된 checkpoint 중에 수행 완료된 checkpoint 수
checkpoints_req	bigint	요청된 checkpoint 중에 수행 완료된 checkpoint 수
checkpoint_write_time	double precision	파일이 디스크에 기록되는 checkpoint 프로세싱 부분에서 소요된 총 시간. 밀리초 단위
checkpoint_sync_time	double precision	파일이 디스크에 동기화되는 checkpoint 프로세싱 부분에서 소요된 총 시간. 밀리초 단위
buffers_checkpoint	bigint	checkpoint 중에 작성된 버퍼 수

(이어짐)

컬럼	타입	설명
buffers_clean	bigint	백그라운드 writer에 의해 작성된 버퍼 수
maxwritten_clean	bigint	버퍼를 너무 많이 작성했기 때문에 백그라운드 writer가 클리닝 스캔을 중단한 횟수
buffers_backend	bigint	백엔드에 의해 직접 작성된 버퍼 수
buffers_backend_fsync	bigint	백엔드가 자체 fsync 호출을 실행해야 하는 횟수(백엔드가 자체 write를 하지 않는 경우에도 일반적으로 백그라운드 writer가 이것을 처리)
buffers_alloc	bigint	할당된 버퍼 수
stats_reset	timestamp with time zone	이 통계가 마지막으로 리셋된 시간

`pg_stat_bgwriter` 뷰는 항상 단일 행이며, 클러스터에 대한 전역 데이터를 포함한다.

표 13.5 pg_stat_database 뷰

컬럼	타입	설명
Datid	oid	데이터베이스의 OID
Datname	name	이 데이터베이스의 이름
numbackends	integer	이 데이터베이스에 현재 연결된 백엔드 수. 이것인 현재 상태를 반영하는 값을 리턴하는 이 뷰의 유일한 컬럼이다. 그 외 모든 컬럼은 마지막 리셋 이후로 누적된 값을 리턴한다.
xact_commit	bigint	커밋된 이 데이터베이스의 트랜잭션 수
xact_rollback	bigint	롤백된 이 데이터베이스의 트랜잭션 수
blks_read	bigint	이 데이터베이스에서 읽은 디스크 블록 수
blks_hit	bigint	버퍼 캐시에 이미 존재하므로 읽기가 불필요한 디스크 블록 수(이것은 PostgreSQL에서 히트 수만 포함. 운영체제의 파일 시스템 캐시는 아님)
tup_returned	bigint	이 데이터베이스에서 쿼리에 의해 리턴된 행 수
tup_fetched	bigint	이 데이터베이스에서 쿼리에 의해 가져온(fetch) 행 수
tup_inserted	bigint	이 데이터베이스에서 쿼리에 의해 삽입된 행 수
tup_updated	bigint	이 데이터베이스에서 쿼리에 의해 업데이트된 행 수

(이어짐)

컬럼	타입	설명
tup_deleted	bigint	이 데이터베이스에서 쿼리에 의해 삭제된 행 수
Conflicts	bigint	이 데이터베이스에서 복구 충돌로 인해 취소된 쿼리 수 (충돌은 스탠바이 서버에서만 발생. 자세한 내용은 pg_stat_database_conflicts 참조)
temp_files	bigint	이 데이터베이스에서 쿼리에 의해 생성된 임시 파일 수. 임시 파일이 생성된 이유(예: 정렬 또는 해시) 및 log_temp_files 설정과 무관하게 모든 임시 파일이 카운트됨
temp_bytes	bigint	이 데이터베이스에서 쿼리에 의해 임시 파일에 작성되는 데이터 총 양. 임시 파일이 생성된 이유 및 log_temp_files 설정과 무관하게 모든 임시 파일이 카운트됨
deadlocks	bigint	이 데이터베이스에서 감지된 데드록 수
blk_read_time	double precision	이 데이터베이스에서 백엔드에 의해 데이터 파일 블록 읽기에 소요된 시간 밀리초 단위
blk_write_time	double precision	이 데이터베이스에서 백엔드에 의해 데이터 파일 블록 쓰기에 소요된 시간 밀리초 단위
stats_reset	timestamp with time zone	이 통계가 마지막으로 리셋된 시간

`pg_stat_database` 뷰는 클러스터의 데이터베이스당 1행을 포함하며, 데이터베이스 차원database-wide의 통계를 표시한다.

표 13.6 pg_stat_all_tables 뷰

컬럼	타입	설명
relid	oid	테이블 OID
schemaname	name	이 테이블이 있는 스키마 이름
relname	name	이 테이블의 이름
seq_scan	bigint	이 테이블에서 시작된 순차 스캔 수
seq_tup_read	bigint	순차 스캔에 의해 가져오기(fetch)된 라이브 행 수
idx_scan	bigint	이 테이블에서 시작된 인덱스 스캔 수
idx_tup_fetch	bigint	인덱스 스캔에 의해 가져오기(fetch)된 라이브 행 수
n_tup_ins	bigint	삽입된 행 수

(이어짐)

컬럼	타입	설명
n_tup_upd	bigint	업데이트된 행 수
n_tup_del	bigint	삭제된 행 수
n_tup_hot_upd	bigint	HOT 업데이트된 행 수(예: 별도의 인덱스 업데이트 불필요)
n_live_tup	bigint	추정된 라이브 행 수
n_dead_tup	bigint	추정된 데드 행 수
n_mod_since_analyze	bigint	이 테이블이 마지막으로 분석된 이후에 수정된 추정 행 수
last_vacuum	timestamp with time zone	이 테이블이 수동으로 vacuum된 마지막 시간(VACUUM FULL 카운팅 안 함)
last_autovacuum	timestamp with time zone	이 테이블이 autovacuum 데몬으로 vacuum되었을 때의 마지막 시간
last_analyze	timestamp with time zone	이 테이블이 수동으로 분석된 마지막 시간.
last_autoanalyze	timestamp with time zone	이 테이블이 autovacuum 데몬으로 분석되었을 때의 마지막 시간
vacuum_count	bigint	이 테이블이 수동으로 vacuum된 횟수(VACUUM FULL 카운팅 안 함)
autovacuum_count	bigint	이 테이블이 autovacuum 데몬에 의해 vacuum된 횟수
analyze_count	bigint	이 테이블이 수동으로 분석된 횟수
autoanalyze_count	bigint	이 테이블이 autovacuum 데몬에 의해 분석된 횟수

pg_stat_all_tables 뷰는 해당 특정 테이블 액세스에 대한 통계를 보여주며, 현재 데이터베이스(TOAST 테이블 포함)에서 테이블당 1행을 포함한다. pg_stat_user_tables 및 pg_stat_sys_tables 뷰에는 동일한 정보가 들어 있지만 사용자만 표시하고 시스템 테이블만 각각 표시하도록 필터링된다.

표 13.7 pg_stat_all_indexes 뷰

컬럼	타입	설명
relid	oid	이 인덱스에 대한 테이블 OID
indexrelid	oid	이 인덱스의 OID
schemaname	name	이 인덱스가 있는 스키마 이름
relname	name	이 인덱스에 대한 테이블 이름
Indexrelname	name	이 인덱스의 이름
idx_scan	bigint	이 인덱스에서 시작된 인덱스 스캔 수
idx_tup_read	bigint	이 인덱스에서 리턴된 인덱스 엔트리 수
idx_tup_fetch	bigint	이 인덱스를 사용하여 간단한 인덱스 스캔에 의해 가져오기(fetch)된 라이브 테이블 행 수

pg_stat_all_indexes 뷰는 해당 특정 인덱스 액세스에 대한 통계를 보여주며, 현재 데이터베이스에서 인덱스당 1행을 포함한다. pg_stat_user_indexes 및 pg_stat_sys_indexes 뷰는 동일한 정보가 들어 있지만 사용자만 표시하고 시스템 인덱스만 각각 표시하도록 필터링된다.

인덱스는 간단 인덱스 스캔 또는 "비트맵" 인덱스 스캔을 통해 사용할 수 있다. 비트맵 스캔에서 몇 개의 인덱스 출력은 AND 또는 OR 규칙을 조합할 수 있으므로 비트맵 스캔 사용 시 개별 힙 행 가져오기[fetch]를 특정 인덱스와 결부시키기가 어렵다. 따라서 비트맵 스캔이 사용하는 인덱스에 대해 pg_stat_all_indexes.idx_tup_read 카운트를 증가시키면 테이블에 대한 pg_stat_all_tables.idx_tup_fetch 카운트가 증가하지만 pg_stat_all_indexes.idx_tup_fetch에는 영향을 미치지 않는다.

참고: idx_tup_fetch는 테이블로부터 가져온 라이브 행을 카운트하는 반면, idx_tup_read는 인덱스에서 검색된 인덱스 엔트리를 카운트하므로 비트맵 스캔을 사용하지 않아도 idx_tup_read 및 idx_tup_fetch 카운트가 다를 수 있다. 인덱스를 사용하여 데드 행 또는 아직 커밋되지 않은 행을 가져오거나(fetch) 인덱스 전용 스캔에 의해 힙 페치가 방지된 경우에는 후자의 카운트가 작다.

표 13.8 pg_statio_all_tables 뷰

컬럼	타입	설명
Relid	oid	테이블 OID
Schemaname	name	이 테이블이 있는 스키마 이름
Relname	name	이 테이블의 이름
heap_blks_read	bigint	이 테이블에서 읽은 디스크 블록 수
heap_blks_hit	bigint	이 테이블에서 버퍼 히트 수
idx_blks_read	bigint	이 테이블의 모든 인덱스에서 읽은 디스크 블록 수
idx_blks_hit	bigint	이 테이블의 모든 인덱스에서 버퍼 히트 수
toast_blks_read	bigint	이 테이블의 TOAST 테이블에서 읽은 디스크 블록 수(존재하는 경우)
toast_blks_hit	bigint	이 테이블의 TOAST 테이블에서 버퍼 히트 수(존재하는 경우)
tidx_blks_read	bigint	이 테이블의 TOAST 테이블 인덱스에서 읽은 디스크 블록 수(존재하는 경우)
tidx_blks_hit	bigint	이 테이블의 TOAST 테이블 인덱스에서 버퍼 히트 수(존재하는 경우)

pg_statio_all_tables 뷰는 해당 특정 테이블의 I/O에 대한 통계를 보여주며, 현재 데이터베이스(TOAST 테이블 포함)에서 테이블당 1행을 포함한다. pg_statio_user_tables 및 pg_statio_user_tables 뷰에는 동일한 정보가 들어 있지만 사용자만 표시하고 시스템 테이블만 각각 표시하도록 필터링된다.

표 13.9 pg_statio_all_indexes 뷰

컬럼	타입	설명
Relid	oid	이 인덱스에 대한 테이블 OID
Indexrelid	oid	이 인덱스의 OID
Schemaname	name	이 인덱스가 있는 스키마 이름
Relname	name	이 인덱스에 대한 테이블 이름
Indexrelname	name	이 인덱스의 이름
idx_blks_read	bigint	이 인덱스에서 읽은 디스크 블록 수
idx_blks_hit	bigint	이 인덱스에서 버퍼 히트 수

`pg_statio_all_indexes` 뷰는 해당 특정 인덱스 I/O에 대한 통계를 보여주며, 현재 데이터베이스에서 인덱스당 1행을 포함한다. `pg_statio_user_indexes` 및 `pg_statio_sys_indexes` 뷰는 동일한 정보가 들어 있지만 사용자만 표시하고 시스템 인덱스만 각각 표시하도록 필터링된다.

표 13.10 pg_statio_all_sequences 뷰

컬럼	타입	설명
Relid	oid	시퀀스의 OID
Schemaname	name	이 시퀀스가 있는 스키마 이름
Relname	name	이 시퀀스의 이름
blks_read	bigint	이 시퀀스에서 읽은 디스크 블록 수
blks_hit	bigint	이 시퀀스에서 버퍼 히트 수

`pg_statio_all_sequences` 뷰는 해당 특정 시퀀스의 I/O에 대한 통계를 보여주며, 현재 데이터베이스에서 시퀀스당 1행을 포함한다.

표 13.11 pg_stat_user_functions 뷰

컬럼	타입	설명
Funcid	oid	함수의 OID
Schemaname	name	이 함수가 있는 스키마 이름
Funcname	name	이 함수의 이름
Calls	bigint	이 함수가 호출된 횟수
total_time	double precision	이 함수가 호출된 총 시간 및 이 함수에 의해 호출된 다른 함수에 소요된 총 시간. 밀리초 단위
self_time	double precision	이 함수 자체의 총 시간. 이 함수에 의해 호출된 다른 함수는 제외. 밀리초 단위

`pg_stat_user_functions` 뷰는 해당 함수의 실행에 대한 통계를 보여주며, 추적된 함수별로 1행을 포함한다. `track_functions` 매개변수는 정확히 어떤 함수가 추적되는지 제어한다.

표 13.12 pg_stat_replication 뷰

컬럼	타입	설명
Pid	integer	WAL sender 프로세스의 프로세스 ID
Usesysid	oid	이 WAL sender에 로그인된 사용자의 OID
Usename	name	이 WAL sender 프로세스에 로그인된 사용자 이름
application_name	text	이 WAL sender에 연결되는 애플리케이션 이름
client_addr	inet	이 WAL sender에 연결된 클라이언트의 IP 주소. 이 필드가 null인 경우 서버 머신의 유닉스 소켓을 통해 클라이언트가 연결됨을 나타낸다.
client_hostname	text	연결된 클라이언트의 호스트 이름. client_addr의 리버스 DNS 조회에 의해 리포트됨. 이 필드는 IP 연결의 경우에만, 그리고 log_hostname이 활성화된 경우에만 null이 아니다.
client_port	integer	이 WAL sender와 통신할 때 클라이언트가 사용하는 TCP 포트 번호. 유닉스 소켓을 사용하는 경우 −1
backend_start	timestamp with time zone	이 프로세스가 시작되었을 때의 시간. 예: 클라이언트가 이 WAL sender에 연결된 때
backend_xmin	xid	hot_standby_feedback에 의해 리포트되는 이 스탠바이의 xmin 수평선
State	text	현재 WAL sender 상태
sent_location	pg_lsn	이 연결상에 전송된 마지막 트랜잭션 로그 위치
write_location	pg_lsn	이 스탠바이 서버에 의해 디스크에 작성된 마지막 트랜잭션 로그 위치
flush_location	pg_lsn	이 스탠바이 서버에 의해 플러시된 마지막 트랜잭션 로그 위치
replay_location	pg_lsn	이 스탠바이 서버에서 데이터베이스로 리플레이된 마지막 트랜잭션 로그 위치
sync_priority	integer	동기 스탠바이로 선택되는 이 스탠바이 서버의 우선 순위
sync_state	text	이 스탠바이 서버의 동기 상태

pg_stat_replication 뷰는 해당 전송자의 연결된 스탠바이 서버 복제에 대한 통계를 보여주며, WAL sender 프로세스당 1행을 포함한다. 직접 연결된 스탠바이만 나열된다. 다운스트림 스탠바이 서버에 대한 정보는 사용할 수 없다.

표 13.13 pg_stat_database_conflicts 뷰

컬럼	타입	설명
Datid	oid	데이터베이스의 OID
Datname	name	이 데이터베이스의 이름
confl_tablespace	bigint	삭제된 테이블스페이스로 인해 취소된 이 데이터베이스의 쿼리 수
confl_lock	bigint	잠금 타임아웃으로 인해 취소된 이 데이터베이스의 쿼리 수
confl_snapshot	bigint	오래된 스냅샷으로 인해 취소된 이 데이터베이스의 쿼리 수
confl_bufferpin	bigint	고정된(pinned) 버퍼로 인해 취소된 이 데이터베이스의 쿼리 수
confl_deadlock	bigint	데드록으로 인해 취소된 이 데이터베이스의 쿼리 수

pg_stat_database_conflicts 뷰는 스탠바이 서버에서 복구와의 충돌에 의해 쿼리 취소가 일어난 경우 데이터베이스 차원$^{database-wide}$의 통계를 보여주며, 데이터베이스당 1행을 포함한다. 충돌이 마스터 서버에서 일어나지는 않으므로 이 뷰는 스탠바이 서버에 대한 정보만 포함한다.

13.2.3 통계 함수

통계를 확인하는 다른 방법은 앞에 표시된 표준 뷰에 의해 사용되는 기본 액세스 함수를 동일하게 사용하여 쿼리를 작성함으로써 셋업이 가능하다. 해당 함수의 이름 등에 대한 내용은 표준 뷰의 정의를 살펴보기 바란다(예를 들면, psql에서 \d+ pg_stat_activity를 실행할 수 있다). 데이터베이스별 통계에 대한 액세스 함수는 어떤 데이터베이스가 리포트되고 있는지 식별하기 위해 데이터베이스 OID를 인수로 취한다. 테이블별 및 인덱스별 함수는 테이블 또는 인덱스 OID를 취한다. 함수별 통계에 대한 함수는 함수 OID를 취한다. 이 함수를 사용하면 현재 데이터베이스의 테이블, 인덱스 및 함수만 표시된다는 점에 유의하라.

통계 수집과 관련된 추가 함수는 표 13.14에 나와 있다.

표 13.14 추가 통계 함수

함수	리턴 타입	설명
pg_backend_pid()	integer	현재 세션을 처리하는 서버 프로세스의 프로세스 ID.
pg_stat_get_activity(integer)	setof record	지정된 PID를 사용하여 백엔드에 대한 정보 레코드 또는 NULL이 지정된 경우 시스템에서 활성 백엔드당 1개 레코드를 리턴. 리턴된 필드는 pg_stat_activity 뷰의 서브셋이다.
pg_stat_clear_snapshot()	void	현재 통계 스냅샷 폐기
pg_stat_reset()	void	현재 데이터베이스의 모든 통계 카운트를 0으로 리셋(슈퍼유저 권한 필요)
pg_stat_reset_shared(text)	void	인수에 따라 일부 클러스터 차원(cluster-wide)의 카운터를 0으로 리셋(슈퍼유저 권한 필요). pg_stat_reset_shared('bg w riter')를 호출하면 pg_stat_bgwriter 뷰에 표시된 모든 카운터가 0이 된다. pg_stat_reset_shared('archiver')를 호출하면 pg_stat_archiver 뷰에 표시된 모든 카운터가 0이 된다.
pg_stat_reset_single_table_counters(oid)	(void)	현재 데이터베이스의 단일 테이블 또는 인덱스에 대한 통계를 0으로 리셋(슈퍼유저 권한 필요)
pg_stat_reset_single_function_counters(oid)	(void)	현재 데이터베이스의 단일 함수에 대한 통계를 0으로 리셋(슈퍼유저 권한 필요)

pg_stat_activity 뷰의 기본 함수인 pg_stat_get_activity는 각 백엔드 프로세스에 대한 사용 가능한 정보를 포함 레코드 세트를 리턴한다. 때때로 이 정보의 서브셋을 구하는 것이 더 편할 때도 있다. 이런 경우에는 백엔드별 통계의 오래된 액세스 기능 세트를 사용할 수 있다. 이것은 표 13.15에 나온다. 이 액세스 함수는 백엔드 ID 번호를 사용하는데, 범위는 1부터 현재 활성 백엔드 수까지이다. 함수 pg_stat_get_backend_idset는 이러한 함수를 호출하기 위한 활성 백엔드별로 1개의 행을 생성하는 편리한 방법을 제공한다. 예를 들어, 모든 백엔드의 PID 및 현재 쿼리를 표시하려면 다음과 같이 한다.

```
SELECT pg_stat_get_backend_pid(s.backendid) AS pid,
    pg_stat_get_backend_activity(s.backendid) AS query
  FROM (SELECT pg_stat_get_backend_idset() AS backendid) AS s;
```

표 13.15 백엔드별 통계 함수

함수	리턴 타입	설명
pg_stat_get_backend_idset()	setof integer	현재 활성 백엔드 ID 번호 세트(1부터 활성 백엔드 수까지)
pg_stat_get_backend_activity_start(integer)	text	이 백엔드의 가장 최근 텍스트
pg_stat_get_backend_activity_start(integer)	timestamp with time zone	가장 최근 쿼리가 시작된 시간
pg_stat_get_backend_client_addr(integer)	inet	이 백엔드에 연결된 클라이언트의 IP 주소
pg_stat_get_backend_client_port(integer)	integer	통신을 위해 클라이언트가 사용 중인 TCP 포트 번호
pg_stat_get_backend_dbid(integer)	oid	이 백엔드가 연결되는 데이터베이스의 OID
pg_stat_get_backend_pid(integer)	integer	이 백엔드의 프로세스 ID
pg_stat_get_backend_start(integer)	timestamp with time zone	이 프로세스가 시작된 시간
pg_stat_get_backend_userid(integer)	oid	이 백엔드에 로그인된 사용자의 OID
pg_stat_get_backend_waiting(integer)	boolean	이 백엔드가 현재 잠금 대기 중인 경우 true
pg_stat_get_backend_xact_start(integer)	timestamp with time zone	현재 트랜잭션이 시작된 시간

13.3 〉 잠금 보기

데이터베이스 활동을 모니터링하는 다른 유용한 툴은 pg_locks 시스템 테이블이다. 이것은 데이터베이스 관리자가 잠금 매니저에서 미결된 잠금에 대한 정보를 볼 수 있게 한다. 다음 내용은 이러한 기능으로 가능한 예를 보여준다. .

- 현재 미결된 모든 잠금, 특정 데이터베이스와 관련된 모든 잠금, 특정 관계의 모든 잠금 도는 특정 PostgreSQL 세션이 보유한 모든 잠금을 볼 수 있다.

- 현재 데이터베이스와 최대 불허 잠금과의 관계를 결정할 수 있다(데이터베이스 클라이언트 사이의 경합이 일어날 수 있음).
- 전체 데이터베이스 성능에서 잠금 경합의 효과 및 전체 데이터베이스 트래픽에 따라 경합이 바뀌는 범위를 결정할 수 있다.

pg_locks 뷰에 대한 자세한 내용은 PostgreSQL 공식 가이드 48.60절에 나와 있다. 잠금 및 PostgreSQL과의 동시성 관리에 대한 내용은 PostgreSQL 공식 가이드 13장을 참조하기 바란다.

13.4 〉 동적 트레이싱

PostgreSQL는 데이터베이스 서버의 동적 트레이싱을 지원하는 기능을 제공한다. 이것은 코드의 특정 지점에서 외부 유틸리티를 호출하여 실행을 트레이스할 수 있다.

다수의 프로브 또는 트레이스 지점은 소스 코드에 미리 삽입된다. 이 프로브는 데이터베이스 개발자와 관리자가 사용하기 위한 것이다. 기본적으로 프로브는 PostgreSQL로 컴파일되지 않는다. 프로브를 사용하려면 구성 스크립트에 사용자가 명시적으로 표시해야 한다.

현재, DTrace[1] 유틸리티가 지원되는데, 본 글을 작성하는 현재는 솔라리스, OS X, FreeBSD, NetBSD, 및 오라클 리눅스에서 사용 가능하다. 리눅스용 SystemTap[2] 프로젝트는 동등한 DTrace를 제공하며, 사용 가능하다. 다른 동적 트레이싱 유틸리티 지원은 src/include/utils/probes.h에서 매크로 정의를 변경하면 이론적으로 가능하다.

13.4.1 동적 트레이싱의 컴파일

기본적으로 프로브는 사용할 수 없으므로 프로브를 PostgreSQL에서 사용하려면 구성

---

1   https://en.wikipedia.org/wiki/DTrace
2   http://sourceware.org/systemtap/

스크립트에 사용자가 명시적으로 표시해야 한다. DTrace 지원을 포함하려면 구성에 --enable-dtrace를 지정한다. 자세한 내용은 1.4절을 참조하기 바란다.

13.4.2 내장 프로브

표 13.16에 표시된 대로 다수의 표준 프로브가 소스 코드에 제공된다. 표 13.17은 프로브에 사용된 타입을 보여준다. PostgreSQL의 관찰 성능을 개선하기 위해 더 많은 프로브를 추가할 수 있다.

표 13.16 내장 DTrace 프로브

이름	매개변수	설명
transaction-start	(LocalTransactionId)	새 트랜잭션 시작 시에 시작되는 프로브. arg0는 트랜잭션 ID
transaction-commit	(LocalTransactionId)	트랜잭션이 성공적으로 완료되었을 때 시작되는 프로브. arg0은 트랜잭션 ID
transaction-abort	(LocalTransactionId)	트랜잭션이 성공하지 못하고 완료되었을 때 시작되는 프로브. arg0은 트랜잭션 ID
query-start	(const char *)	쿼리 프로세싱이 시작되면 시작되는 프로브. arg0은 쿼리 스트링
query-done	(const char *)	쿼리 프로세싱이 완료되면 시작되는 프로브. arg0은 쿼리 스트링
query-parse-start	(const char *)	쿼리 파싱이 시작되면 시작되는 프로브. arg0은 쿼리 스트링
query-parse-done	(const char *)	쿼리 파싱이 완료되면 시작되는 프로브. arg0은 쿼리 스트링
query-rewrite-start	(const char *)	쿼리 재작성이 시작되면 시작되는 프로브. arg0은 쿼리 스트링
query-rewrite-done	(const char *)	쿼리 재작성이 완료되면 시작되는 프로브. arg0은 쿼리 스트링
query-plan-start	()	쿼리 플래닝이 시작되면 시작되는 프로브
query-plan-done	()	쿼리 플래닝이 완료되면 시작되는 프로브
query-execute-start	()	쿼리 실행이 시작되면 시작되는 프로브

(이어짐)

이름	매개변수	설명
query–execute–done	()	쿼리 실행이 완료되면 시작되는 프로브
statement–status	(const char *)	서버 프로세스가 pg_stat_activity.status를 업데이트하면 언제든 시작되는 프로브. arg0은 새 상태 스트링
checkpoint–start	(int)	checkpoint가 시작되면 시작되는 프로브. arg0는 셧다운, 즉시(immediate) 또는 강제(force) 같은 checkpoint 타입을 구분하는 데 사용되는 비트 플래그 보유
checkpoint–done	(int, int, int, int, int)	checkpoint가 완료되면 시작되는 프로브(다음에 나열된 프로브는 checkpoint 프로세싱 중에 순차적으로 시작된다.) arg0은 작성된 버퍼 수이다. arg1은 버퍼의 총 수이다. arg2, arg3 및 arg4에는 각각 추가, 삭제 및 재활용된 xlog 파일의 수가 포함된다.
clog–checkpoint–start	(bool)	checkpoint의 CLOG 부분이 시작되면 시작되는 프로브. 정상 checkpoint인 경우 arg0은 true이고 셧다운 checkpoint인 경우, false이다.
clog–checkpoint–done	(bool)	checkpoint의 CLOG 부분이 완료되면 시작되는 프로브. arg0은 clog–checkpoint–start와 의미가 동일
subtrans–checkpoint–start	(bool)	checkpoint의 SUBTRANS 부분이 시작되면 시작되는 프로브. 정상 checkpoint인 경우 arg0은 true이고 셧다운 checkpoint인 경우, false이다.
subtrans–checkpoint–done	(bool)	checkpoint의 SUBTRANS 부분이 완료되면 시작되는 프로브. arg0은 subtrans–checkpoint–start와 의미가 동일
multixact–checkpoint–start	(bool)	checkpoint의 MultiXact 부분이 시작되면 시작되는 프로브. 정상 checkpoint인 경우 arg0은 true이고 셧다운 checkpoint인 경우, false이다.
multixact–checkpoint–done	(bool)	checkpoint의 MultiXact 부분이 완료되면 시작되는 프로브. arg0은 multixact–checkpoint–start와 의미가 동일
buffer–checkpoint–start	(int)	checkpoint의 버퍼 쓰기 부분이 시작되면 시작되는 프로브. arg0은 셧다운, 즉시(immediate) 또는 강제(force) 같은 checkpoint 타입을 구분하는 데 사용되는 비트 플래그 보유
buffer–sync–start	(int, int)	checkpoint 중에 더티 버퍼 쓰기가 시작되면 시작되는 프로브(어떤 버퍼를 기록해야 하는지 식별 후). arg0은 버퍼의 총 수, arg1은 현재 더티이고 작성이 필요한 수
buffer–sync–written	(int)	checkpoint 중에 각 버퍼를 작성한 후 시작되는 프로브. arg0은 버퍼의 ID 번호

(이어짐)

이름	매개변수	설명
buffer-sync-done	(int, int, int)	모든 더티 버퍼가 작성된 후 시작되는 프로브. arg0은 버퍼의 총 수. arg1은 checkpoint 프로세스에 의해 실제로 작성된 버퍼 수. arg2는 작성 예정이었던 수(buffer-sync-start의 arg1). 차이가 있을 경우 checkpoint 중에 다른 프로세스가 버퍼를 플러싱 중임을 나타낸다.
buffer-checkpoint-sync-start	()	더티 버퍼가 커널에 기록된 후 및 fsync 요청 실행 시작 전에 시작되는 프로브
buffer-checkpoint-done	()	디스크에 대한 버퍼 동기화가 완료되면 시작되는 프로브
twophase-checkpoint-start	()	checkpoint의 2단계 부분이 시작되면 시작되는 프로브
twophase-checkpoint-done	()	checkpoint의 2단계 부분이 완료되면 시작되는 프로브
buffer-read-start	(ForkNumber, BlockNumber, Oid, Oid, Oid, int, bool)	버퍼 읽기가 시작되면 시작되는 프로브. arg0 및 arg1에는 fork 및 페이지의 블록 번호 포함(단, 관계 연장 요청일 경우 arg1은 -1). arg2, arg3 및 arg4에는 테이블스페이스, 데이터베이스 및 관계를 식별하는 관계 OID가 포함됨. arg5는 로컬 버퍼에 대래 임시 버퍼 또는 공유 버퍼에 대해 InvalidBackendId (-1)을 생성한 백엔드의 ID. arg6은 관계 연장 요청의 경우 true, 정상 읽기의 경우 false
buffer-read-done	(ForkNumber, BlockNumber, Oid, Oid, Oid, int, bool, bool)	버퍼 읽기가 완료되면 시작되는 프로브. arg0 및 arg1에는 fork 및 페이지의 블록 번호 포함(관계 연장 요청일 경우, arg1은 현재 새로 추가된 블록의 블록 번호 포함). arg2, arg3 및 arg4에는 테이블스페이스, 데이터베이스 및 관계를 식별하는 관계 OID가 포함됨. arg5는 로컬 버퍼에 대래 임시 버퍼 또는 공유 버퍼에 대해 InvalidBackendId (-1)을 생성한 백엔드의 ID. arg6은 관계 연장 요청의 경우 true, 정상 읽기의 경우 false. arg7는 버퍼가 풀에 있으면 true, 없으면 false
buffer-flush-start	(ForkNumber, BlockNumber, Oid, Oid, Oid)	공유 버퍼에 대한 쓰기 요청을 실행하기 전에 시작되는 프로브. arg0 및 arg1은 fork 및 페이지의 블록 번호 포함. arg2, arg3 및 arg4에는 테이블스페이스, 데이터베이스 및 관계를 식별하는 관계 OID 포함
buffer-flush-done	(ForkNumber, BlockNumber, Oid, Oid, Oid)	쓰기 요청이 완료되면 시작되는 프로브(이것은 커널로 데이터가 전달되는 시각을 나타내는 것이 불과하다. 실제로는 아직 디스크에 작성된 것이 아님.) 인수는 buffer-flush-start의 것과 같다.

(이어짐)

이름	매개변수	설명
buffer-write-dirty-start	(ForkNumber, BlockNumber, Oid, Oid, Oid)	서버 프로세스가 더티 버퍼 쓰기를 시작하면 시작되는 프로브(이것이 빈번하게 발생하는 경우 shared_buffers 가 너무 작거나, bgwriter 제어 매개변수가 조절이 필요함을 의미) arg0 및 arg1은 fork 및 페이지의 블록 번호 포함. arg2, arg3 및 arg4에는 테이블스페이스, 데이터베이스 및 관계를 식별하는 관계 OID 포함
buffer-write-dirty-done	(ForkNumber, BlockNumber, Oid, Oid, Oid)	dirty-buffer 쓰기가 완료되면 시작되는 프로브. buffer-write-dirty-start와 인수가 동일
wal-buffer-write-dirty-start	()	사용 가능한 WAL 버퍼 공간이 없어서 서버 프로세스가 더티 WAL 버퍼 쓰기를 시작하면 시작되는 프로브(이것이 빈번하게 발생하는 경우 wal_buffers가 너무 작은 것을 의미)
wal-buffer-write-dirty-done	()	더티 WAL 버퍼가 완료되면 시작되는 프로브
xlog-insert	(unsigned char, unsigned char)	WAL 레코드가 삽입되면 시작되는 프로브. arg0은 레코드용 리소스 매니저(rmid), arg1에는 info 플래그 포함
xlog-switch	()	WAL 세그먼트 스위치가 요청되는 경우 시작되는 프로브
smgr-md-read-start	(ForkNumber, BlockNumber, Oid, Oid, Oid, int)	관계로부터 블록 읽기가 시작되면 시작되는 프로브. arg0 및 arg1은 페이지의 fork 및 블록 번호 포함. arg2, arg3 및 arg4에는 테이블스페이스, 데이터베이스 및 관계를 식별하는 관계 OID가 포함됨. arg5는 로컬 버퍼에 대래 임시 버퍼 또는 공유 버퍼에 대해 InvalidBackendId (-1)을 생성한 백엔드의 ID
smgr-md-read-done	(ForkNumber, BlockNumber, Oid, Oid, Oid, int, int, int)	블록 읽기가 완료되면 시작되는 프로브. arg0 및 arg1은 페이지의 fork 및 블록 번호 포함. arg2, arg3 및 arg4에는 테이블스페이스, 데이터베이스 및 관계를 식별하는 관계 OID가 포함됨. arg5는 로컬 버퍼에 대래 임시 버퍼 또는 공유 버퍼에 대해 InvalidBackendId (-1)을 생성한 백엔드의 ID. arg6은 실제로 읽은 바이트 수. arg7은 요청된 바이트 수(이것들이 다를 경우 문제 표시)
smgr-md-write-start	(ForkNumber, BlockNumber, Oid, Oid, Oid, int)	관계에 블록 쓰기가 시작되면 시작되는 프로브. arg0 및 arg1은 페이지의 fork 및 블록 번호 포함. arg2, arg3 및 arg4에는 테이블스페이스, 데이터베이스 및 관계를 식별하는 관계 OID가 포함됨. arg5는 로컬 버퍼에 대래 임시 버퍼 또는 공유 버퍼에 대해 InvalidBackendId (-1)을 생성한 백엔드의 ID

(이어짐)

이름	매개변수	설명
smgr-md-write-done	(ForkNumber, BlockNumber, Oid, Oid, Oid, int, int, int)	블록 쓰기가 완료되면 시작되는 프로브. arg0 및 arg1은 페이지의 fork 및 블록 번호 포함. arg2, arg3 및 arg4에는 테이블스페이스, 데이터베이스 및 관계를 식별하는 관계 OID가 포함됨. arg5는 로컬 버퍼에 대해 임시 버퍼 또는 공유 버퍼에 대해 InvalidBackendId (-1)을 생성한 백엔드의 ID. arg6은 실제로 쓴 바이트 수. arg7는 요청된 바이트 수(이것들이 다를 경우 문제 표시)
sort-start	(int, bool, int, int, bool)	정렬 작업이 시작되면 시작되는 프로브. arg0은 힙, 인덱스 또는 데이터 정렬을 나타냄. arg1은 고유한 값 적용 시 true. arg2는 키 컬럼 수. arg3은 허용된 작업 메모리의 킬로바이트 수. arg4는 정렬 결과에 대한 랜덤 액세스가 필요한 경우 true
sort-done	(bool, long)	정렬이 완료되면 시작되는 프로브. arg0은 외부 정렬의 경우 true, 내부 정렬의 경우 false. arg1은 외부 정렬에 사용된 디스크 블록 수 또는 내부 정렬에 사용된 메모리 킬로바이트
lwlock-acquire	(char *, int, LWLockMode)	LWLock이 획득된 경우에 시작되는 프로브. arg0은 LWLock의 tranche. arg1은 tranche 내부의 LWLock 오프셋. arg2은 독점이건 공유건, 요청된 잠금 모드
lwlock-release	(char *, int)	LWLock이 해제된 경우 시작되는 프로브(단, 해제된 waiter는 아직 활성화되지 않음(awakened)). arg0은 LWLock의 tranche. arg1은 tranche 내부의 LWLock 오프셋
lwlock-wait-start	(char *, int, LWLockMode)	LWLock을 즉각 사용할 수 없는 경우 및 서버 프로세스가 잠금을 사용할 수 있을 때까지 대기를 시작할 경우 시작되는 프로브. arg0은 LWLock의 tranche. arg1은 tranche 내부의 LWLock 오프셋. arg2는 독점이건 공유건, 요청된 잠금 모드
lwlock-wait-done	(char *, int, LWLockMode)	서버 프로세스가 LWLock에 대한 잠금으로부터 해제된 경우 시작되는 프로브(아직 실제로 잠기지는 않음). arg0은 LWLock의 tranche. arg1은 tranche 내부의 LWLock 오프셋. arg2은 독점이건 공유건, 요청된 잠금 모드
lwlock-condacquire	(char *, int, LWLockMode)	호출자가 대기를 지정하지 않았을 때 LWLock이 성공적으로 획득된 경우 시작되는 프로브. arg0은 LWLock의 tranche. arg1은 tranche 내부의 LWLock 오프셋. arg2는 독점이건 공유건, 요청된 잠금 모드

(이어짐)

이름	매개변수	설명
lwlock—condacquire—fail	(char *, int, LWLockMode)	호출자가 대기를 지정하지 않았을 때 LWLock이 성공적으로 획득되지 않은 경우 시작되는 프로브. arg0은 LWLock의 tranche, arg1은 tranche 내부의 LWLock 오프셋, arg2는 독점이건 공유건, 요청된 잠금 모드
lock—wait—start	(unsigned int, unsigned int, unsigned int, unsigned int, unsigned int, LOCKMODE)	잠금을 사용할 수 없어서 헤비급 잠금(lmgr lock) 요청이 대기를 시작한 경우 시작되는 프로브. arg0부터 arg3까지는 잠금 개체를 식별하는 태그 필드. arg4는 잠글 개체의 타입 표시. arg5는 요청할 잠금 타입 표시
lock—wait—done	(unsigned int, unsigned int, unsigned int, unsigned int, unsigned int, LOCKMODE)	헤비급 잠금(lmgr lock) 요청이 대기를 완료한 경우 시작되는 프로브(예: 잠금 획득). lock—wait—start와 인수가 동일
deadlock—found	()	데드록 검출기에 의해 데드록이 발견된 경우 시작되는 프로브

표 13.17 프로브 매개변수에서 사용되는 정의된 타입

타입	정의
LocalTransactionId	unsigned int
LWLockMode	int
LOCKMODE	int
BlockNumber	unsigned int
Oid	unsigned int
ForkNumber	int
Bool	char

13.4.3 프로브 사용

아래 예제는 성능 테스트 전후에 pg_stat_database 스냅샷 생성에 대한 대안으로 시스템에서 트랜잭션 카운트를 분석하기 위한 DTrace 스크립트를 보여준다.

```
#!/usr/sbin/dtrace -qs
postgresql$1:::transaction-start
```

```
{
    @start["Start"] = count();     self->ts  = timestamp;
}

postgresql$1:::transaction-abort
{
    @abort["Abort"] = count();
}

postgresql$1:::transaction-commit
/self->ts/
{
    @commit["Commit"] = count();
    @time["Total time (ns)"] = sum(timestamp - self->ts);     self->ts=0;
}
```

실행 시 예제 D 스크립트는 다음과 같이 출력된다.

```
# ./txn_count.d 'pgrep -n postgres' or ./txn_count.d <PID>
^C
Start   71
Commit  70
Total time (ns)2312105013
```

> **참고**: 기본 트레이스 지점은 호환되더라도 SystemTap은 트레이스 스크립트용으로 DTrace와는 다른 표기법을 사용한다. 이 글을 쓰는 시점에서 아무 의미가 없는 1개의 지점은 SystemTap 스크립트가 하이픈 대신에 이중 밑줄을 사용하여 프로브 이름을 참조해야 한다는 것이다. 향후 SystemTap 릴리스에서는 이것이 수정될 것으로 예상된다.

DTrace 스크립트는 세심하게 작성하고 디버깅할 필요가 있다. 그렇지 않으면 수집된 트레이스 정보가 무의미해질 수 있다. 경우에 따라 문제가 발견된 경우 기본 시스템이 아니라 계측 고장이다. 동적 트레이싱을 사용하여 발견된 정보를 논의할 때는 검사 및 논의할 스크립트도 동봉해야 한다.

추가 예제 스크립트는 PgFoundry dtrace 프로젝트[3]에서 찾을 수 있다.

13.4.4 새 DTrace 정의

재컴파일이 필요하기는 하지만 개발자가 원하면 언제든 새 프로브를 코드 내에 정의할 수 있다. 아래는 새 프로브를 삽입하는 단계이다.

1. 프로브 이름과 프로브를 통해 사용할 데이터를 결정한다.
2. 프로브 정의를 src/backend/utils/probes.d에 추가한다.
3. 프로브 지점이 포함된 모듈에 아직 없을 경우 pg_trace.h를 include하고, 소스 코드의 원하는 위치에 TRACE_POSTGRESQL 프로브 매크로를 삽입한다.
4. 새 프로브를 재컴파일하고 사용 가능한지 검사한다.

예제: 트랜잭션 ID로 모든 새 트랜잭션을 트레이스하기 위해 프로브를 추가하는 방법에 대한 예제이다.

1. 프로브 이름을 transaction-start로 결정하고 매개변수는 `LocalTransactionId` 타입으로 한다.
2. 프로브 정의를 src/backend/utils/probes.d에 추가한다.

   ```
   probe transaction__start(LocalTransactionId);
   ```

   프로브 이름에 이중 밑줄을 사용해야 한다는 점에 유의하라. 프로브를 사용하는 DTrace 스크립트에서 이중 밑줄은 하이픈으로 교체해야 하므로 `transaction-start`는 사용자용 문서에 대한 이름이다.

3. 컴파일 시에 transaction start는 `TRACE_POSTGRESQL_TRANSACTION_START`(여기서는 밑줄이 하나라는 것에 유의)라는 매크로로 변환되는데, pg_trace.h를 include함으로써 사용 가능하다. 매크로 호출을 소스 코드의 적절한 위치에 추가한다. 이 경우에 다음과 유사해 보인다.

---

3 http://pgfoundry.org/projects/dtrace/

```
TRACE_POSTGRESQL_TRANSACTION_START(vxid.localTransactionId);
```

4. 새 바이너리를 재컴파일하고 실행한 후 다음 DTrace 명령을 실행하여 새로 추가된
   프로브가 사용 가능한지 확인한다. 출력은 다음과 유사해야 한다.

```
# dtrace -ln transaction-start
    ID    PROVIDER       MODULE        FUNCTION NAME
 18705 postgresql49878 postgres StartTransactionCommand transaction-start
 18755 postgresql49877 postgres StartTransactionCommand transaction-start
 18805 postgresql49876 postgres StartTransactionCommand transaction-start
 18855 postgresql49875 postgres StartTransactionCommand transaction-start
 18986 postgresql49873 postgres StartTransactionCommand transaction-start
```

트레이스 매크로를 C 코드에 추가하는 경우 몇 가지를 주의해야 한다.

- 프로브의 매개변수에 지정된 데이터 타입이 매크로에 사용되는 변수의 데이터 타입
  과 일치해야 한다. 그렇지 않으면 컴파일 에러가 발생한다.
- 대부분의 플랫폼에서 PostgreSQL이 --enable-dtrace로 빌드되는 경우 트레이싱
  이 완료되지 않더라도 컨트롤이 매크로를 통과할 때마다 트레이스 매크로에 대한
  인수가 평가된다. 몇 개의 로컬 변수 값을 리포팅하는 경우에는 보통은 이것을 걱정
  할 필요가 없다. 그러나 고가의 함수 호출을 인수로 두는 것은 인지해야 한다. 그렇
  게 해야 하는 경우 트레이스가 실제로 활성화되었는지 확인을 위한 검사로 매크로
  보호를 고려한다.

```
if (TRACE_POSTGRESQL_TRANSACTION_START_ENABLED())
    TRACE_POSTGRESQL_TRANSACTION_START(some_function(...));
```

각 트레이스 매크로는 해당 ENABLED 매크로가 있다.

14
디스크 사용량 모니터링

이 장에서는 PostgreSQL 데이터베이스 시스템의 디스크 사용량을 모니터링하는 방법을 다룬다.

[14.1] 디스크 사용량 결정

각 테이블은 대부분의 데이터가 저장되는 1차 힙 디스크 파일을 갖고 있다. 테이블 칼럼의 값이 잠재적으로 큰 범위인 경우 메인 테이블에 잘 맞지 않는 값을 저장하는 데 사용되고 테이블에 연결된 TOAST 파일이 있을 수도 있다. 그런 경우에는 유효 인덱스 1개가 TOAST 테이블에 존재한다. 또한 베이스 테이블에 연결된 인덱스도 있을 수 있다. 각테이블 및 인덱스는 개별 디스크 파일에 저장된다. 파일 크기가 1기가바이트를 초과하는 경우에는 파일이 하나 이상일 수 있다.

디스크 공간은 3가지 방법으로 모니터링할 수 있는데, SQL 함수를 사용하거나, oid2name 모듈을 사용하거나, 시스템 카탈로그 수동 검사를 사용할 수 있다. SQL 함수는 사용법이 매우 쉬워 보편적으로 권장된다. 이 절의 나머지 부분에서는 시스템 카탈로그를 검사하는 방법에 대해 설명한다.

최근 vacuum되었거나 분석된 데이터베이스에서 psql을 사용하면 쿼리를 실행하여 임의의 테이블에서 디스크 사용량을 볼 수 있다.

```
SELECT pg_relation_filepath(oid), relpages FROM pg_class WHERE relname =
'customer';
```

```
 pg_relation_filepath | relpages
----------------------+----------
 base/16384/16806     |       60
(1 row)
```

각 페이지는 일반적으로 8킬로바이트이다(relpages는 VACUUM 및 ANALYZE, CREATE INDEX 같은 몇 가지 DDL 명령으로만 업데이트된다). 파일 경로명은 테이블의 디스크 파일을 직접 검사하려는 경우에 중요하다.

TOAST 테이블에서 사용하는 공간을 표시하려면 다음과 같은 쿼리를 사용한다.

```
SELECT relname, relpages
FROM pg_class,
     (SELECT reltoastrelid
      FROM pg_class
      WHERE relname = 'customer') AS ss
WHERE oid = ss.reltoastrelid OR
      oid = (SELECT indexrelid
             FROM pg_index
             WHERE indrelid = ss.reltoastrelid)
ORDER BY relname;


       relname        | relpages
----------------------+----------
 pg_toast_16806       |        0
 pg_toast_16806_index |        1
```

인덱스 크기를 손쉽게 표시할 수도 있다.

```
SELECT c2.relname, c2.relpages
FROM pg_class c, pg_class c2, pg_index i
WHERE c.relname = 'customer' AND
      c.oid = i.indrelid AND
      c2.oid = i.indexrelid
```

```
ORDER BY c2.relname;


      relname         | relpages
----------------------+----------
 customer_id_indexdex |       26
```

이 정보를 이용하면 최대 크기의 테이블과 인덱스를 찾을 때 용이하다.

```
SELECT relname, relpages
FROM pg_class
ORDER BY relpages DESC;


      relname         | relpages
----------------------+----------
 bigtable             |     3290
 customer             |     3144
```

14.2 〉 디스크 꽉 참 실패

데이터베이스 관리자의 가장 중요한 디스크 모니터링 작업은 디스크가 꽉 차지 않게 관리하는 것이다. 채워진 데이터 디스크가 데이터 손상으로 이어지지는 않지만 작동에 지장을 줄 수 있다. WAL 파일이 저장된 디스크가 꽉 차게 되면 데이터베이스 서버에 혼란이 생기고, 결과적으로 셧다운이 발생할 수 있다.

다른 데이터를 삭제함으로써 추가 공간을 확보하기 어려운 경우 테이블스페이스를 사용하여 데이터베이스 파일 일부를 다른 파일 시스템으로 옮길 수 있다. 자세한 내용은 PostgreSQL 공식 가이드 5.6절을 참조하기 바란다.

> **팁** 파일 시스템 중 일부는 용량이 꽉 차게 되면 작동에 문제가 생기므로 디스크가 꽉 찰(Full) 때까지 기다리면 안 된다.

사용자별 디스크 한도가 지원되는 시스템인 경우 서버를 실행하는 사용자에게 부여된 한도에 따라 데이터베이스가 자연스럽게 적용된다. 한도를 초과하면 디스크 공간을 완전히 초과했을 때와 동일한 효과가 나타난다.

15

안정성 및 Write-Ahead Log

이 장에서는 효율적이고 안정된 운용을 위해 Write-Ahead Log를 사용하는 방법에 대해 설명한다.

15.1 안정성

안정성은 중요 데이터베이스 시스템에서 중요한 성질이며 PostgreSQL은 안정된 실행을 보장하기 위해 할 수 있는 모든 것을 한다. 안정된 실행의 한 가지 측면은, 커밋된 트랜잭션에 의해 기록된 모든 데이터를 비휘발성 영역에 저장해서 정전, 운영체제 실패 및 하드웨어 고장의 영향으로부터 안전하도록 보장하는 것이다(비휘발성 영역 자체의 실패는 제외). 컴퓨터의 영구적 저장소(디스크 드라이브 등)에 데이터를 성공적으로 기록하면 일반적인 이러한 요구 조건에 부합된다. 사실, 컴퓨터가 치명적으로 손상되었더라도 디스크 드라이브가 망가지지 않아서 유사 하드웨어의 다른 컴퓨터로 옮길 수만 있다면, 모든 커밋된 트랜잭션은 온전하게 유지할 수 있다.

데이터를 디스크 플래터에 강제로 쓰는 것은 간단한 명령처럼 보이지만 그렇지 않다. 디스크 드라이브가 메인 메모리와 CPU보다 훨씬 느려지므로 컴퓨터의 메인 메모리와 디스크 플래터 사이에 몇 개의 캐싱 레이어가 존재한다. 첫째, 요청 빈도가 높은 디스크 블록을 캐시하고 디스크 쓰기를 결합하는 운영체제의 버퍼 캐시가 있다. 다행히도, 모든 운영체제는 버퍼 캐시에서 디스크로 강제로 쓰는 애플리케이션을 제공하며, PostgreSQL은 해당 기능을 사용한다(이것의 조정 방법은 wal_sync_method 매개변수를 참조하기 바란다).

다음으로, 디스크 드라이브 컨트롤러에 캐시가 있을 수 있다. 이것은 특히 RAID 컨트롤러 카드에서 공통된 사항이다. 이러한 캐시 중 일부는, 쓰기가 도착하는 즉시 드라이브에 전송되는 write-through이다. 다른 캐시들은, 데이터가 시간차를 두고 드라이브에 전송되는 write-back이다. 디스크 컨트롤러 캐시의 메모리는 휘발성이라서 정전 시 내용이 삭제될 수 있으므로 해당 캐시는 안정성에 문제가 있을 수 있다. 더 뛰어난 컨트롤러 카드는, 정전 시 캐시 전력을 유지하기 위한 배터리가 포함된 카드를 의미하는 BBU^{battery-backup units}를 갖고 있다. 전원이 복구된 후 데이터가 디스크 드라이브에 쓰기 된다.

그리고 마지막으로, 대부분의 디스크 드라이브는 캐시를 갖고 있다. 일부는 write-through이고, 또 일부는 write-back이며, write-back 드라이브 캐시에 대한 데이터 손실 우려는 디스크 컨트롤러 캐시와 동일하다. 소비자 수준의 IDE 및 SATA 드라이브의 캐시는 특히 정전 시 살아남지 못하는 write-back일 가능성이 있다. 다수의 SSD^{solid-state drives} 역시 휘발성 write-back 캐시이다.

이러한 캐시는 일반적으로 비활성화된다. 단, 이렇게 하는 방법은 운영 체계 및 드라이브 유형에 따라 다르다.

- 리눅스에서 IDE 및 SATA 드라이브는 `hdparm -I`를 사용하여 쿼리할 수 있다. 쓰기 캐싱은 Write cache 다음에 `*`가 있는 경우에 활성화된다. `hdparm -W 0`은 쓰기 캐싱을 끌 때 사용할 수 있다. SCSI 드라이브는 `sdparm`을 사용하여 쿼리할 수 있다. 쓰기 캐시가 활성화되었는지, `sdparm --get=WCE`가 그것을 비활성화하는지를 확인하려면 `sdparm --clear=WCE`를 사용해야 한다.

- FreeBSD에서 IDE 드라이브는 `atacontrol`을 사용하여 쿼리할 수 있고, 쓰기 캐시는 /boot/loader.conf에서 `hw.ata.wc=0`을 사용하여 끌 수 있다. SCSI 드라이브는 `camcontrol identify`를 사용하여 쿼리할 수 있고, 사용 가능한 경우 `sdparm`을 사용하여 쓰기 캐시를 쿼리하고 변경할 수 있다.

- 솔라리스에서 디스크 쓰기 캐시는 `format -e`로 제어된다(솔라리스 ZFS 파일 시스템은 자체적인 디스크 캐시 쓰기 명령을 실행하므로 디스크 쓰기 캐시가 활성화된 상태에서 안전하다).
- 윈도우에서 `wal_sync_method`가 `open_datasync`(기본값)인 경우 My Computer\Open\disk drive\Properties\Hardware\Properties\Policies\Enable write caching on the disk를 선택 해제하면 쓰기 캐싱을 비활성화할 수 있다. 또는, `wal_sync_method`를 `fsync` 또는 `fsync_writethrough`로 설정해서 쓰기 캐싱을 금지해야 한다.
- OS X에서 `wal_sync_method`를 `fsync_writethrough`로 설정하면 쓰기 캐싱을 금지할 수 있다.

최신 SATA 드라이브(후속 ATAPI-6 이상)는 드라이브 캐시 쓰기 명령(FLUSH CACHE EXT)을 제공하며, SCSI 드라이브는 길지만 유사한 지원 명령 SYNCHRONIZE CACHE를 제공한다. 이러한 명령은 PostgreSQL에 직접 액세스할 수 없지만 일부 파일 시스템(예: ZFS, ext4)은 이러한 명령을 사용하여 write-back 가능 드라이브의 플래터에 데이터를 쓸 수 있다. 배터리 백업 유닛[BBU] 디스크 컨트롤러가 결합된 경우에는 아쉽게도 해당 파일 시스템은 최적이 아닌 준최적으로 동작한다. 해당 설정에서 동기화 명령은 컨트롤러 캐시의 모든 데이터를 디스크에 강제로 쓰기 때문에 BBU의 여러 가지 장점이 상쇄된다. 영향이 있을 경우 `pg_test_fsync` 프로그램을 실행하여 확인해 볼 수 있다. 영향이 있을 경우 이것이 옵션이라면 파일 시스템의 쓰기 차단을 해제하거나 디스크 컨트롤러를 다시 환경 설정함으로써 BBU의 성능상의 장점은 다시 활용할 수 있다. 쓰기 차단을 해제한 경우 배터리가 작동되는 상태인지 확인해야 한다. 배터리 고장 시 데이터가 손실될 가능성이 있다. 다행히 파일 시스템 및 디스크 컨트롤러 설계자는 결국 이러한 준최적 동작을 해결하려고 할 것이다.

운영체제가 쓰기 요청을 저장소 하드웨어로 전송한 경우 비휘발성 저장소 영역에 데이터가 정말로 도착했는지 확인할 방법이 없다. 오히려, 모든 저장소 환경 설정 요소가 데이터 및 파일 시스템 메타데이터 모두에 대한 무결성을 보장하는지를 확인하는 것은 관리자의 책임이다. 배터리 백업 쓰기 캐시가 없는 디스크 컨트롤러는 피해야 한다. 드라이브 수준에서, 셧다운 전에 데이터가 쓰기될 것이라는 보장을 드라이브가 할 수 없으면 write-back 캐시를 비활성화해야 한다. SSD를 사용하는 경우에는 다수가 기본적으로 캐시 쓰기 명령을 이행하지 않는다는 점에 유의해야 한다. I/O 서브 시스템의 동작을 믿을 수 있는지는 diskchecker.pl을 사용하여 테스트할 수 있다.

데이터 손실의 또 다른 위험은 디스크 플래터 쓰기 명령 자체이다. 디스크 플래터는 일반적으로 각각 512바이트인 섹터로 분할된다. 모든 물리적 읽기 또는 쓰기 명령은 전체 섹터를 처리한다. 쓰기 요청이 드라이브에 도착하면 이것은 512바이트 배수에 대한 것일 수 있으며(PostgreSQL은 보통 한 번에 8192바이트나 16섹터를 쓰기 한다), 쓰기 프로세스는 언제든 정전 때문에 실패할 수 있다. 이것은 512바이트 섹터의 일부는 쓰기가 되었고, 나머지는 쓰기가 되지 않았다는 것을 의미한다. 이러한 실패를 방지하기 위해, PostgreSQL은 디스크에서 실제 페이지를 수정하기 전에 전체 페이지 이미지를 영구적 WAL 저장소에 주기적으로 기록한다. 이렇게 함으로써 충돌 복구 도중에 PostgreSQL은 부분적으로 쓰기된 페이지를 WAL로부터 복구할 수 있다. 부분적 페이지 쓰기를 방지하는 파일 시스템 소프트웨어가 있는 경우(예: ZFS), full_page_writes 매개변수를 해제하여 이러한 페이지 이미징을 해제할 수 있다. 배터리 백업 유닛[BBU] 디스크 컨트롤러는 전체(8kB) 페이지로 데이터를 BBU에 쓰도록 보장하지 않는 한 부분적 페이지 쓰기를 막지 않는다.

PostgreSQL은 하드웨어 에러 또는 읽기/쓰기 가비지 데이터 같이 시간 경과에 따른 매체 실패 때문에 발생할 수 있는 저장 장치의 몇 가지 데이터 손상도 보호한다.

- WAL 파일의 개별 레코드는, 레코드 내용이 올바른지를 사용자에게 알려주는 CRC-32(32비트) 검사로 보호된다. CRC 값은 각 WAL 레코드를 쓰는 경우에 설정되고, 충돌 복구, 아카이브 복구 및 복제 중에 검사된다.
- WAL 레코드에 기록된 전체 페이지 이미지가 보호되더라도 데이터 페이지는 기본적으로 현재 체크섬되지 않는다.

- `pg_clog`, `pg_subtrans`, `pg_multixact`, `pg_serial`, `pg_notify`, `pg_stat`, `pg_snapshots` 같은 내부 데이터 구조는 직접적으로 체크섬되지 않거나, 전체 페이지 쓰기에 의해 보호되는 페이지가 아니다. 그러나 이러한 데이터 구조가 지속적인 경우, WAL 레코드는 최근의 변경 사항이 충돌 시에 정확하게 리빌드되도록 하고, 이러한 WAL 레코드는 위에서 언급된 대로 보호된다.
- `pg_twophase`에서 개별 상태 파일은 CRC-32로 보호된다.
- 거대 SQL 쿼리에서 정렬, 구체화 및 중간 결과를 위해 사용되는 임시 데이터 파일은 현재 체크섬되지 않으며, 이러한 파일의 변경 내용에 대해 WAL 레코드가 기록되지 않는다.

PostgreSQL은 수정 가능한 메모리 에러를 보호하지 않으며, 산업 표준 ECC[Error Correcting Codes] 또는 더 나은 보호를 사용하는 RAM을 사용자가 활용할 것이라고 가정한다.

15.2 WAL

WAL[Write-Ahead Logging]은 데이터 무결성을 보장하는 표준 방법이다. 자세한 설명은 트랜잭션 프로세싱에 대한 대부분의 책자에 나와 있다(전부는 아니지만). 짧게 말해, WAL의 중심 개념은 변경을 로깅한 후에만, 즉 변경 내용을 설명하는 로그 레코드를 영구적 저장소에 먼저 기록한 후에 데이터 파일(테이블과 인덱스가 있는)의 변경 내용을 작성해야 한다는 것이다. 이 절차를 준수한 경우 충돌 발생 시 로그를 사용하여 데이터베이스를 복수할 수 있으므로 트랜잭션 커밋마다 데이터 페이지를 디스크에 쓸 필요가 없다. 데이터 페이지에 적용되지 않은 변경 내용은 로그 레코드에서 실행 취소가 가능하다(이것은 롤포워드[roll-forward] 복구이며, REDO라고도 한다).

> **팁** WAL은 충돌 후 데이터베이스 파일 내용을 복구하므로 데이터 파일 또는 WAL 파일의 안정적인 저장소의 경우 저널링된 파일 시스템은 불필요하다. 사실, 저널링 오버헤드는 특히 저널링이 파일 시스템 데이터를 디스크에 쓰게 하는 경우, 성능에 역효과가 난다. 다행히도 저널링 중 데이터 쓰기는 파일 시스템 마운트 옵션(예: 리눅스 ext3 파일 시스템의 경우 data=writeback)을 사용하여 빈번하게 비활성화된다.

트랜잭션에 의해 변경된 모든 데이터 파일보다는 트랜잭션이 커밋된 것을 보장하기 위해 로그 파일만 디스크에 써야 하기 때문에 WAL을 사용하면 디스크 쓰기 수가 상당히 줄어든다. 로그 파일은 순차적으로 작성되며, 따라서 로그 파일 동기화 비용은 데이터 페이지 쓰기 비용보다 훨씬 적다. 이것은 특히 서버가 데이터 스토어의 서로 다른 부분을 건드리는 소규모 트랜잭션을 다수 처리하는 경우에 그렇다. 또한, 서버가 소규모 동시 트랜잭션을 다수 처리하는 경우에 로그 파일의 fsync 하나로 여러 가지 트랜잭션을 충분히 커밋할 수 있다.

WAL은 또한 PostgreSQL 공식 가이드 8.3절에 설명된 대로 온라인 백업 및 PIT[point-in-time] 복구를 지원을 가능하게 한다. WAL 데이터를 아카이빙함으로써, 가용한 WAL 데이터가 즉각 커버하는 시점으로 복귀를 지원할 수 있다. 간단히 데이터베이스의 실제 백업을 설치하고 원하는 시간만큼 WAL 로그를 리플레이하면 된다. 무엇보다, 실제 백업은 데이터베이스 상태의 즉각적인 스냅샷일 필요는 없다. 이것이 일정 기간에 걸쳐 이루어진 경우 해당 기간에 대한 WAL 로그를 리플레이하면 내부 불일치가 해결된다.

15.3 〉 비동기 커밋

비동기 커밋은 데이터베이스가 충돌한 경우 가장 최근 트랜잭션이 분실될 수도 있는 대신, 트랜잭션을 좀 더 빨리 완료할 수 있는 옵션이다. 다수의 애플리케이션에서 이것은 수용 가능한 트레이드오프이다.

앞 절에서 설명한 대로 트랜잭션 커밋은 일반적으로 동기식이며, 서버는 클라이언트로 성공 표시를 리턴하기 전에 트랜잭션의 WAL 레코드가 영구적 저장소에 쓰기될 때까지 기다린다. 따라서 클라이언트는 커밋 직후에 서버 충돌이 일어났더라도 커밋하려는 트랜잭션이 보존되었음을 확신할 수 있다. 그러나 짧은 트랜잭션의 경우 이러한 지연은 총 트랜잭션 시간의 주요 부분을 환경 설정한다. 비동기 커밋 모드를 선택하는 것은 WAL 레코드가 실제로 디스크에 기록되기 전에 트랜잭션이 논리적으로 완료되는 즉시 서버는 성공을 리턴한다는 것을 의미한다. 이것은 소규모 트랜잭션의 경우 처리량을 확 늘릴 수 있다.

비동기 커밋은 데이터 손실의 위험이 있다. 트랜잭션이 완료됨을 클라이언트에 알리는 리포트와 트랜잭션이 실제로 커밋된 때 사이에는 짧은 시간차가 있다(즉, 서버 충돌 시 무 손실 보장). 따라서 클라이언트가 트랜잭션을 기억할 것이라는 전제 하에서 외부 액션을 취하는 경우에는 비동기 커밋을 사용해서는 안 된다. 예를 들면, 은행은 ATM의 현금 인 출 트랜잭션 레코딩에 대한 비동기 커밋을 절대로 사용하지 않을 것이다. 그러나 이벤 트 로깅 같은 다수의 시나리오에서 이러한 유형을 강력하게 보장할 필요는 없다.

비동기 커밋을 사용함으로써 유발되는 위험은 데이터 손상이 아니라 데이터 손실이다. 데이터베이스가 충돌한 경우 쓰기 되었던 최신 레코드로 WAL을 리플레이함으로써 복 구가 된다. 따라서 데이터베이스는 자기 모순이 없는 상태로 복원되지만 미처 디스크에 쓰기 되지 않는 트랜잭션은 해당 상태가 반영되지 못한다. 그러므로 순수 효과는 마지 막 몇 개 트랜잭션의 손실이다. 트랜잭션은 커밋 명령에서 리플레이되기 때문에 불일치 가 있을 수는 없다. 예를 들면, 트랜잭션 B가 이전 트랜잭션 A의 결과에 따라 변경을 하 는 경우 B의 효과는 유지하면서 A의 효과는 소실되게 하는 것은 불가능하다.

사용자는 트랜잭션별로 커밋 모드를 선택할 수 있으므로 동시에 실행되는 동기 및 비 동기 커밋 트랜잭션을 모두 갖는 것이 가능하다. 이것은 성능과 트랜잭션 영속성의 확 실성 사이에 유연한 트레이드 오프가 가능하다. 커밋 모드는 사용자가 설정한 매개변수 synchronous_commit으로 제어되며, 환경 설정 매개변수를 설정하는 방법대로 변경이 가능하다. 임의의 트랜잭션 하나에 대해 사용되는 모드는 트랜잭션 커밋이 시작된 경우 synchronous_commit의 값에 따라 달라진다.

예를 들면, DROP TABLE 같은 특정 유틸리티 명령은 synchronous_commit 설정과 무관하게 강제로 동기식 커밋을 한다. 이것은 서버의 파일 시스템과 데이터베이스의 논리적 상태 간에 일관성을 유지하기 위한 것이다. PREPARE TRANSACTION 같이 2단계 커밋을 지원하는 명령도 항상 동기식이다.

비동기 커밋 시점과 트랜잭션의 WAL 레코드 쓰기 시점 사이의 위험 시간대에 데이터베이스가 충돌할 경우 해당 트랜잭션 중에 만들어진 변경 사항은 손실될 것이다. 백그라운드 프로세스("WAL writer")는 wal_writer_delay 밀리초 단위로 쓰기 되지 않은 WAL 레코드를 디스크에 기록하기 때문에 위험 시간대의 지연 시간은 제한된다. WAL writer 는 바쁜 기간 중에 전체 페이지를 한 번에 작성하도록 되어 있으므로 위험 시간대의 실제 최대 지연 시간은 wal_writer_delay의 세 배이다.

주의

즉시 방식(immediate-mode) 셧다운은 서버 충돌과 동일하며, 따라서 미기록된 비동기 커밋의 손실이 야기된다.

비동기 커밋은 fsync = off 설정과는 다르게 동작한다. fsync는 모든 트랜잭션의 동작이 바뀌는 서버 차원server-wide의 설정이다. 이것은 데이터베이스의 서로 다른 부분에 쓰기를 동기화하는 PostgreSQL 내의 모든 로직을 비활성화하므로 시스템 충돌(즉, PostgreSQL 자체의 실패가 아니라 하드웨어 또는 운영체제 충돌) 시 데이터베이스 상태가 제멋대로 망가지게 된다. 여러 가지 시나리오에서 비동기 커밋은 데이터 손상 위험 없이 fsync를 해제하여 성능을 최고로 개선해준다.

commit_delay 역시 비동기 커밋과 매우 유사하지만 이것은 실제로 동기 커밋 방식이다 (사실, commit_delay는 비동기 커밋 중에 무시된다). commit_delay는 해당 트랜잭션에 의해 실행된 쓰기가 다른 트랜잭션 커밋도 동시에 수행할 수 있도록 트랜잭션이 WAL을 디스크에 쓰기 직전에 지연을 야기한다. 이 설정으로 여러 트랜잭션에 쓰기 비용을 분할하기 위해 트랜잭션이 쓰기(flush)하려는 그룹에 조인하는 시간을 늘릴 수 있다.

15.4 WAL 환경 설정

데이터베이스 성능에 영향을 미치는 WAL 관련 환경 설정 매개변수가 몇 가지 있다. 이 절에서는 그것의 사용에 대해 설명한다. 서버 환경 설정 매개변수의 설정에 대한 내용은 4절을 참조하기 바란다.

체크포인트들는 힙 및 인덱스 데이터 파일이 해당 체크포인트 전에 기록된 모든 정보로 업데이트되도록 보장하는 트랜잭션 시퀀스의 지점이다. 체크포인트 시에, 모든 dirty 데이터 페이지는 디스크에 쓰기 되고, 특수한 체크포인트 레코드는 로그 파일에 기록된다(변경 레코드는 이전에 WAL 파일에 기록되었다). 충돌 발생 시, 충돌 복구 프로시저는 REDO 명령을 시작해야 하는 로그의 지점을 판단하기 위해 최신 체크포인트 레코드를 찾아본다. 해당 지점 이전의 데이터 파일을 변경해도 디스크에는 남아 있다. 따라서 체크포인트 이후에 redo 레코드가 포함되기 이전의 로그 세그먼트는 더 이상 불필요하며, 재활용되거나 제거할 수 있다(WAL 아카이빙이 완료되면 로그 세그먼트는 재활용 또는 제거되기 전에 아카이브되어야 한다).

모든 dirty 데이터 페이지를 디스크에 쓰는 체크포인트 요구조건은 상당한 I/O 로드를 야기할 수 있다. 그러므로 체크포인트 시작 시 I/O가 시작되고, 다음 체크포인트가 시작되기 전에 완료되도록 체크포인트 활동이 조절된다. 이렇게 함으로써 체크포인트 시점에 성능 저하가 최소화된다.

서버의 체크포인터 프로세스는 매우 빈번하게 모든 체크포인트를 자동으로 수행한다. 체크포인트는 모든 `checkpoint_segments` 로그 세그먼트 또는 모든 `checkpoint_timeout` 초마다 먼저 해당되는 것부터 시작된다. 기본 설정은 각각 3개의 세그먼트들 및 300초(5분)이다. 이전 체크포인트 이후로 기록된 WAL이 없으면 `checkpoint_timeout`을 초과했더라도 새 체크포인트를 건너뛴다(WAL 아카이빙을 사용 중이고, 데이터 손실 가능성에 대한 제한을 두려고 파일 아카이빙 간격에 대한 하한을 설정하고 싶으면 체크포인트 매개변수가 아니라 `archive_timeout` 매개변수를 조절해야 한다). SQL 명령 `CHECKPOINT`를 사용하여 체크포인트를 강제 적용하는 것도 가능하다.

checkpoint_segments 및(또는) checkpoint_timeout을 줄이면 체크포인트가 좀 더 빈번하게 발생한다. 이렇게 하면 redo에 필요한 작업이 줄어들므로 충돌 후 복구가 빨라진다. 그러나 dirty 데이터 페이지를 빈번하게 기록함으로써 늘어나는 비용 간에 균형을 맞출 필요가 있다. full_page_writes가 설정된 경우(기본값), 다른 요소를 고려해야 한다. 데이터 페이지의 일관성을 유지하려면 각 체크포인트 후 데이터 페이지의 첫 번째 수정은 결과적으로 전체 페이지 내용을 로깅하는 것으로 이어진다. 이런 경우 체크포인트 간격이 짧을수록 WAL 로그로의 출력 볼륨이 증가하여 짧은 간격으로 사용하는 목적이 부분적으로 무력화되고, 경우에 따라서는 디스크 I/O가 늘어나기도 한다.

체크포인트는, 첫째로 모든 현재의 dirty 버퍼를 기록해야 하고, 둘째로 위에서 설명한 대로 추후 WAL 트래픽이 추가 발생하기 때문에 매우 비싸다. 따라서, 체크포인트가 너무 빈번하지 않도록 체크포인트 하는 매개변수를 최대한 크게 설정하는 것이 좋다. 체크포인트 하는 매개변수의 간단한 정상 여부 검사로서 checkpoint_warning 매개변수를 설정할 수 있다. 체크포인트가 checkpoint_warning 초에서 설정된 것보다 간격이 짧은 경우 checkpoint_segments를 늘리라는 서버 로그 권고문이 메시지로 출력된다. 해당 메시지가 가끔씩 출현하면 경고가 발생하지 않지만 빈번하게 나타날 경우 체크포인트 제어 매개변수를 증가해야 한다. checkpoint_segments를 충분히 크게 설정한 경우 거대^{large} COPY 전송 같은 대량 작업으로 해당 경고가 다수 나타날 수 있다.

폭발적인 페이지 쓰기량으로 인한 I/O 시스템 폭주를 막기 위해 체크포인트 중 dirty 버퍼 쓰기는 일정 기간에 걸쳐 분산된다. 해당 기간은 checkpoint_completion_target에 의해 제어되며, 이것은 체크포인트 간격의 분획으로 지정된다. 지정된 checkpoint_segments WAL 세그먼트 분획이 체크포인트 시작 후에 소모되었거나, 지정된 checkpoint_timeout 초 분획을 경과한 경우, 둘 중에 빠른 것에 의해 체크포인트가 완료되도록 I/O 속도가 조정된다. 기본값이 0.5인 PostgreSQL은 다음 체크포인트가 시작되기 전 시간의 약 절반이 지난 후 각 체크포인트를 완료하는 것으로 예상한다. 정상 실행 중에 최대 I/O 처리량에 매우 근접한 시스템에서는 I/O 로드를 체크포인트로부터 줄이고자 checkpoint_completion_target를 늘리려고 할 수 있다. 이것의 단점은 복구 시에 사용할 수 있도록 WAL 세그먼트를 더 많이 확보해야 하기 때문에 연장된 체크포인트가 복구 시간에 영향을 준다는 것이다. checkpoint_completion_target을 1.0으로 설정할 수는 있지만 체크포인트는 dirty 버퍼 쓰기 외에 다른 활동도 일부 포함하므로 그것보다는 낮게 유지하는 것이 좋다(최대 0.9). 1.0으로 설정하면 체크포인트가 제시간에 완료되지 않을 가능성이 높으므로, 필요한 WAL 세그먼트 수의 예상치 못한 변동으로 성능 손실이 야기될 수 있다.

항상 하나 이상의 WAL 세그먼트 파일이 있으며, 일반적으로(2 + checkpoint_completion_target) * checkpoint_segments + 1 또는 checkpoint_segments + wal_keep_segments + 1개의 파일 이하이다. 각 세그먼트 파일은 일반적으로 16MB이다(이 크기는 서버 빌드 시에 변경 가능). 이것을 사용하여 WAL에 필요한 공간을 측정할 수 있다. 보통은 이전 로그 세그먼트 파일이 더 이상 필요 없을 때 재활용된다(즉, 번호 순서에 따라 추후 세그먼트가 될 이름으로 변경). 로그 출력 속도가 단기간 최고치에 도달해, 3 * checkpoint_segments + 1 개의 세그먼트 파일보다 많아질 경우 시스템이 이 제한으로 내려올 때까지는 불필요한 세그먼트 파일이 재활용되지 않고 삭제된다.

아카이브 복구 또는 스탠바이 모드에서 서버는 주기적으로 재시작포인트[restartpoint]를 수행하는데, 이것은 정상 실행된 체크포인트들과 유사하다. 서버는 모든 상태를 디스크에 강제로 기록하고, pg_control 파일을 업데이트하여 이미 처리된 WAL 데이터를 다시 스캔할 필요가 없음을 표시하여 pg_xlog 디렉토리에 있는 예전 로그 세그먼트 파일을 재활용할 수 있게 한다. 재시작포인트들은 체크포인트 레코드에서만 수행될 수 있으므로 재시작포인트들은 마스터에서의 수행 빈도가 체크포인트들보다 적다. 마지막 재시작포인트 이후에 최소한 checkpoint_timeout 초를 경과한 경우 체크포인트 레코드에 도달하면 재시작포인트가 트리거된다. 스탠바이 모드에서, 최소한 checkpoint_segments 로그 세그먼트가 마지막 재시작포인트 이후에 리플레이된 경우에도 재시작포인트가 트리거된다.

일반적으로 사용되는 내부 WAL 함수는 XLogInsert 및 XLogFlush의 두 가지가 있다. XLogInsert는 공유 메모리에서 새 레코드를 WAL 버퍼에 배치할 때 사용된다. 새 레코드를 위한 공간이 없는 경우, XLogInsert는 몇 개의 채워진 WAL 버퍼를 기록해야 한다 (커널 캐시로 이동). 영향을 받는 데이터 페이지에 배타적 잠금이 걸려 있어서 명령이 가능한 빨라야 하는 경우, XLogInsert가 모든 데이터베이스 저수준 변경(예를 들면, 행 삽입)에 사용되므로 이는 바람직하지 않다. 더 안 좋은 것은, WAL 버퍼 쓰기 작업 때문에 새로운 로그 세그먼트가 생성되어 시간이 더 늘어날 수도 있다는 것이다. 일반적으로, WAL 버퍼는 XLogFlush 요청에 의해 쓰기 되어야 하지만, 대부분의 경우 트랜잭션 레코드가 영구적인 저장소에 기록되도록 트랜잭션 커밋 시에 발생한다. 로그 출력이 많은 시스템에서 XLogFlush 요청은 XLogInsert가 쓰기를 금지할 만큼 빈번하지 않다. 해당 시스템에서는 wal_buffers 매개변수를 변경하여 WAL 버퍼 수를 늘려야 한다. full_page_writes가 설정된 경우 및 시스템이 매우 바쁜 경우, wal_buffers를 큰 값으로 설정하면 각 체크포인트 바로 다음 기간 중에 순조로운 반응 시간을 유도할 수 있다.

commit_delay 매개변수는 그룹 커밋 리더 프로세스가 XLogFlushXLogFlush 내에서 잠금을 획득한 후에 슬립하는 마이크로초 시간을 정의하며, 그룹 커밋 팔로워는 리더 뒤에서 대기한다. 이러한 지연은 다른 서버 프로세스가 자신의 커밋 레코드를 WAL 버퍼에 추가하는 것을 허용하므로 이들 모두는 리더의 최종 동기화 명령에 의해 쓰기 된다. fsync가 활성화되지 않으면 슬립이 발생하지 않으며, commit_siblings보다 적을 경우 다른 세션이 현재 활성 트랜잭션이 된다. 이렇게 하면 다른 세션이 곧 커밋하지 않을 경우에 슬립을 방지할 수 있다. 일부 플랫폼에서 슬립 요청 시간은 10밀리초이므로 1에서 10000마이크로초 사이의 숫자에서 0이 아닌 값으로 commit_delay를 설정하면 동일한 효과를 갖는다. 일부 플랫폼에서 슬립 명령은 매개변수에 의해 요청된 것보다 약간 길 수 있다.

commit_delay의 목적은 각 쓰기 명령의 비용이 동시 커밋된 트랜잭션 간에 분할되도록 하는 것이므로(트랜잭션 대기 시간 비용) 설정 전에 비용을 적절하게 선택할 수 있도록 정량화할 필요가 있다. 비용이 클수록 트랜잭션 처리량을 증가시키는데 commit_delay의 효율이 어느 정도까지 커진다. pg_test_fsync 프로그램을 사용하면 단일 WAL 쓰기 명령을 수행할 때의 평균 시간을 마이크로초 단위로 측정할 수 있다. 단일 8kB 쓰기 명령 후에 쓰기에 소요되는 것으로 프로그램이 리포트한 평균 시간의 절반 값은 commit_delay에 가장 효율적인 설정이므로 이 값은 특정 작업 부하를 최적화할 때 사용되는 시작점으로 권장된다. commit_delay 튜닝은 WAL 로그가 고비용의 대기 회전 디스크^{high-latency rotating disk}에 저장된 경우에 특히 유용하며, solid-state drive 또는 배터리 백업 쓰기 캐시가 있는 RAID 배열 같이 동기화 시간이 매우 빠른 저장 매체에서도 장점을 발휘한다. 단, 이것은 대표적인 작업 부하에 대해 테스트해야 한다. 그런 경우 commit_siblings에 더 큰 값을 설정해야 하는데, commit_siblings 값을 작게 하면 대기 시간이 긴 매체에서 종종 유용하다. commit_delay 설정이 너무 크면 총 트랜잭션 처리에 걸리는 시간만큼 트랜잭션 대기 시간이 늘어날 수 있다.

commit_delay가 0으로 설정된 경우(기본값), 발생하는 그룹 커밋 형태로 여전히 가능하지만 각 그룹은 이전 쓰기 명령(있을 경우)이 발생한 시간에 커밋 레코드를 기록해야 하는 지점에 도달하는 세션만으로 환경 설정된다. 높은 클라이언트 카운트에서 "통로 효과^{gangway effect}"가 발생하는 추세이면 commit_delay가 0일 때 그룹 커밋의 효과는 상당히 크며, 따라서 commit_delay의 명시적 설정은 무용지물이 될 가능성이 높다. commit_delay 설정은 (1) 일부 동시 커밋 트랜잭션이 있는 경우 및 (2) 처리량이 커밋 속도에 의해 일정 수준으로 제한되는 경우에만 도움이 된다. 그러나 높은 회전 대기 시간을 사용하는 경우 두 개의 클라이언트만큼의 트랜잭션 처리량 증가 시 이 설정이 효율적일 수 있다(즉, 형제 트랜잭션이 1개 있는 단일 커밋 클라이언트).

wal_sync_method 매개변수는 PostgreSQL이 디스크로의 WAL 업데이트를 커널에 요청하는 빈도를 결정한다. 다른 옵션은 그렇지 않지만, 디스크 캐시에 강제로 쓰기할 수 있는 fsync_writethrough를 제외하고는 안정성 측면에서 모든 옵션은 동일해야 한다. 그러나 어떤 것이 가장 빠른지는 플랫폼에 따라 다르다. pg_test_fsync 프로그램을 사용하면 서로 다른 옵션의 속도를 테스트해볼 수 있다. fsync가 해제된 경우에는 이 매개변수가 무효화된다.

wal_debug 환경 설정 매개변수(PostgreSQL이 지원을 사용하여 컴파일된 경우)를 활성화하면, 결과적으로 각 XLogInsert 및 XLogFlush WAL 호출이 서버 로그에 로깅된다. 이 옵션은 나중에 좀 더 일반적인 메커니즘으로 교체될 수 있다.

[15.5] WAL 인터널

WAL은 자동으로 활성화된다. WAL 로그에 대한 디스크 공간 요구사항을 맞춰야 할 때 및 필수 튜닝이 완료되었을 때 외에는 관리자의 개입이 불필요하다(15.4절 참조).

WAL 로그는 각각의 크기가 보통 16MB인 세그먼트 파일 집합으로, 데이터 디렉토리 하위인 pg_xlog 디렉토리에 저장된다(서버 빌드 시 --with-wal-segsize 환경 설정 옵션을 변경하면 크기를 바꿀 수 있다). 각 세그먼트는 일반적으로 각각 8kB의 페이지로 분할된다(이 크기는 --with-wal-blocksize 환경 설정 옵션을 통해 변경할 수 있다). 로그 레코드 헤더는 access/xlog.h에 설명되어 있다. 레코드 내용은 로깅된 이벤트 유형에 따라 다르다. 세그먼트 파일 이름은 000000010000000000000000에서 시작되며 숫자가 계속 증가한다. 숫자는 랩[wrap]되지 않지만 가용 숫자 재고가 소진되려면 아주 오래 걸린다.

로그가 메인 데이터베이스 파일이 아닌 다른 디스크에 위치한 경우에 이것은 장점이 된다. 서버가 종료된 상태에서 pg_xlog 디렉토리를 다른 위치로 옮기고, 메인 데이터 디렉토리의 원래 위치로부터 새 위치로 심볼릭 링크를 생성하면 된다.

WAL의 목적은 데이터베이스 레코드가 변경되기 전에 로그가 기록되도록 하는 것이지만, 사실은 데이터를 캐싱만하고 디스크에 미처 저장하지 못한 경우 디스크 드라이브가 커널에 쓰기를 성공했던 내용을 잘못 리포트해 엉망이 될 수 있다. 이러한 상황에서 정전이 발생하면 복구 불가능한 데이터 손상이 발생하게 된다. 관리자는 PostgreSQL의 WAL 로그 파일이 저장되는 디스크가 이런 잘못된 리포트를 하지 않도록 해야 한다(15.1절 참조).

체크포인트가 설정되고 로그가 쓰기된 후 체크포인트의 위치는 pg_control 파일에 저장된다. 그러므로 복구 시작 시 서버는 먼저 pg_control을 읽은 다음, 체크포인트 레코드를 읽는다. 그리고 나서 chekcpoint 레코드에 표시된 로그 위치에서 순방향으로 스캔하여 REDO 명령을 수행한다. 데이터 페이지의 전체 내용은 체크포인트 이후의 첫 번째 페이지 수정에 대한 로그에 저장되므로 (full_page_writes는 비활성화되었다고 가정) 체크 포인트 이후의 모든 페이지 변경은 일관된 상태로 복원된다.

pg_control이 손상된 경우를 처리하려면 최신 체크포인트를 찾기 위해 역순(가장 최신-가장 과거 순)으로 기존 로그 세그먼트를 스캐닝 해봐야 한다. 이는 아직 구현되지 않았다. pg_control은 충분히 작아서(디스크 페이지 1개 미만) partial-write 문제에 해당되지 않으며, 현재까지, pg_control 자체가 읽지 못하는 것만으로 데이터베이스 오류가 난 적은 없었다. 따라서 이론적으론 고쳐야 할 부분이지만 pg_control이 실제로 문제가 되는 것은 아니다.

16

회귀 테스트

회귀 테스트는 PostgreSQL에서 SQL 구현에 대한 일련의 포괄적인 테스트이며 표준 SQL 작업과 PostgreSQL의 확장된 기능을 테스트한다.

16.1〉 테스트 실행

회귀 테스트는 이미 설치되어 실행 중인 서버에 대해 실행하거나 빌드 트리 내에서 임시 설치를 사용하여 실행할 수 있다. 또한 테스트를 "병렬" 및 "순차" 모드로 실행할 수 있다. 순차 방법은 각 테스트 스크립트를 단독으로 실행하고, 병렬 방법은 여러 개의 서버 프로세스들을 시작하여 테스트 그룹을 병렬로 실행한다. 병렬 테스트는 프로세스 간 통신과 잠금이 바르게 작동되는지를 확인하는 장점이 있다.

16.1.1 임시 설치로 테스트 실행

구축 후 및 설치 전 병렬 회귀 테스트를 실행하려면 최상위 디렉토리에서 다음을 입력한다.

```
make check
```

(또는 src/test/regress로 변경하고 여기서 명령을 실행할 수 있다) 끝나면 다음과 같이 나타난다.

```
========================
All 115 tests passed.
========================
```

이와 같이 나타나지 않으면 테스트에 실패한 것이다. "실패"가 심각한 문제라고 단정짓기 전에 16.2절을 참조하기 바란다.

이 테스트 방법은 임시 서버를 실행하므로 서버를 root로 시작하지 않았다면 root 사용자로 빌드한 경우 작동되지 않는다. root로 빌드하지 않는 것을 권장한다. 또는 설치 완료 후에 테스트를 수행하는 것이다.

오래된 PostgreSQL이 이미 존재하는 위치에 PostgreSQL을 설치하도록 구성했고 새 버전을 설치하기 전에 `make check`를 수행한다면, 새 프로그램이 기존에 설치된 공유 라이브러리를 사용하려고 함으로써 테스트에 실패할 수도 있다(일반적으로 정의되지 않은 심볼에 대한 complaints 증상이 나타난다). 이전 설치를 덮어쓰기 전에 테스트를 수행하고 싶으면 `configure --disable-rpath`를 사용하여 빌드해야 한다. 단, 최종 설치에 이 옵션을 사용하는 것은 권장하지 않는다.

병렬 회귀 테스트는 사용자 ID 하에서 몇 가지의 프로세스를 시작한다. 현재, 최대 20개의 병렬 테스트 스크립트가 동시 실행이 가능하며, 이것은 40개의 프로세스를 의미한다. 즉 테스트 스크립트당 1개의 서버 프로세스와 1개의 psql 프로세스가 있다. 따라서 시스템이 프로세스 수에 사용자별 제한을 적용하는 경우 이 제한이 최소 50개 정도는 되어야 한다. 그렇지 않으면 병렬 테스트 시 마구잡이로 실패를 겪을 수 있다. 제한을 늘릴만한 권한이 없는 사용자라면 `MAX_CONNECTIONS` 매개변수를 설정함으로써 병렬성을 줄일 수 있다. 예를 들면 다음과 같다.

```
make MAX_CONNECTIONS=10 check
```

이 명령은 10개 이하의 테스트를 동시에 실행한다.

16.1.2 기존 설치로 테스트 실행

설치 후 테스트를 실행하려면(1장 참조), 데이터 영역을 초기화하고 3장에 설명된 대로 서버를 시작한 다음, 다음을 입력한다.

```
make installcheck
```

또는 병렬 테스트의 경우는 다음과 같다.

```
make installcheck-parallel
```

PGHOST 및 PGPORT 환경 변수로 다이렉트되지 않는 한 테스트는 로컬 호스트 및 기본 포트 번호로 서버에 접속하는 것으로 되어 있다. 테스트는 regression이라는 데이터 베이스에서 실행되고 이 이름에 의한 기존 데이터베이스는 삭제된다. 또한 테스트는 regressuserN 등으로 사용자 식별되는 클러스터 차원$^{cluster-wise}$의 개체를 일시적으로 생성한다.

16.1.3 추가 테스트 Suites

make check 및 make installcheck 명령은 PostgreSQL 서버의 내장 기능을 테스트하는 "코어" 회귀 테스트만 실행한다. 소스 배포에는 추가 테스트 Suites도 포함되어 있는데, 대부분은 옵션 프로시저 언어 같은 애드온 기능을 수행하는 것들이다.

코어 테스트를 비롯한 빌드를 위해 선택된 모듈에 적용 가능한 모든 테스트 Suites를 실행하려면 빌드 트리 최상위에서 이 명령 중 하나를 입력한다.

```
make check-world
make installcheck-world
```

이러한 명령은 이전에 설명한 make check 및 make installcheck처럼 각각 임시 서버 또는 이미 설치된 서버를 사용하여 테스트를 수행한다. 또 다른 고려 사항은 각 방법별로 이전에 설명한 것과 같다. make check-world는 테스트 모듈별로 별개의 임시 설치 트리를 빌드하므로 make installcheck-world보다 시간과 디스크 공간이 더 필요하다는 점에 유의하라.

또는 빌드 트리의 적절한 서브 디렉토리에서 make check 또는 make installcheck를 입력함으로써 개별 테스트 Suites를 실행할 수도 있다. make installcheck는 코어 서버 뿐 아니라 관련 모듈도 설치한 상태를 가정한다는 점을 염두에 두어야 한다.

이 방법으로 실행 가능한 추가 테스트는 다음과 같다.

- 옵션 프로시저 언어에 대한 회귀 테스트(코어 테스트로 테스트되는 PL/pgSQL 제외). 이것들은 src/pl 아래에 있다.
- contrib 아래에 위치한 contrib 모듈에 대한 회귀 테스트. 일부 contrib 모듈은 테스트되지 않는다.
- src/interfaces/ecpg/test에 위치한 ECPG 인터페이스 라이브러리에 대한 회귀 테스트
- src/test/isolation에 위치한 동시 세션의 동작 위주의 테스트
- src/bin 아래의 클라이언트 프로그램 테스트. 16.4절을 참조하기 바란다.

installcheck 모드를 사용하는 경우 이 테스트는 pl_regression, contrib_regression, isolationtest, regress1 또는 connectdb 외에 regression이라는 기존 데이터베이스를 소멸시킨다.

16.1.4 로케일 및 ENCODING

기본적으로 임시 설치를 사용한 테스트는 현재 환경에서 정의된 로케일 및 initdb에 의해 결정된 해당 데이터베이스 ENCODING을 사용한다. 적절한 환경 변수를 설정하여 서로 다른 로케일을 테스트하는 것이 유용할 수 있다. 예를 들면 다음과 같다.

```
make check LANG=C
make check LC_COLLATE=en_US.utf8 LC_CTYPE=fr_CA.utf8
```

구현상의 이유로, LC_ALL은 이러한 용도로 작동되지 않고 다른 모든 로케일 관련 환경 변수가 작동된다.

기존 설치에 대한 테스트의 경우 로케일은 기존 데이터베이스 클러스터에 의해 결정되며, 테스트 실행과 별개로 설정할 수 없다.

변수 ENCODING을 설정함으로써 데이터베이스 ENCODING을 명시적으로 선택할 수 있다. 예를 들면 다음과 같다.

```
make check LANG=C ENCODING=EUC_JP
```

데이터베이스 ENCODING을 이러한 방법으로 설정하면 로케일이 C인 경우에 일반적으로 타당하다. 그 외에는 ENCODING이 로케일로부터 자동 선택되고 로케일이 일치하지 않는 ENCODING을 지정하면 결과적으로 에러가 난다.

데이터베이스 ENCODING은 임시 또는 기존 설치에 대해 테스트하도록 설정할 수 있는데, 기존 설치의 경우 설치의 로케일과 호환되어야 한다.

16.1.5 추가 테스트

코어 회귀 테스트 Suites에는 플랫폼 종속적이거나 실행 시간이 오래 걸리기 때문에 기본적으로는 실행되지 않는 몇 개의 테스트 파일이 포함되어 있다. 변수 EXTRA_TESTS를 설정하면 이러한 테스트 파일 또는 기타 추가 테스트 파일을 실행할 수 있다. 예를 들어 numeric_big 테스트를 실행하려면 다음과 같다.

```
make check EXTRA_TESTS=numeric_big
```

collation 테스트를 실행하려면 다음과 같다.

```
make check EXTRA_TESTS=collate.linux.utf8 LANG=en_US.utf8
```

collate.linux.utf8 테스트는 Linux/glibc 플랫폼에서만 작동되고 UTF-8 ENCODING을 사용하는 데이터베이스에서 실행하는 경우에만 작동된다.

16.1.6 핫 스탠바이 테스트

소스 배포에는 핫 스탠바이의 정적 동작에 대한 회귀 테스트도 포함되어 있다. 이 테스트는 프라이머리로부터 새 WAL 변경 내용을 수용하는 실행 중인 프라이머리 서버 및 실행 중인 스탠바이 서버를 필요로 한다(파일 기반 로그 전달shipping 또는 스트리밍 복제 사용). 해당 서버는 자동으로 생성되지 않으며, 여기서 입증된 복제 셋업도 아니다. 필수 명령 및 관련 사항에 대한 문서의 다양한 절을 확인 바란다.

핫 스탠바이 테스트를 실행하려면 먼저 프라이머리에 regression이라는 데이터베이스를 생성한다.

```
psql -h primary -c "CREATE DATABASE regression"
```

다음으로, 프라이머리의 회귀 데이터베이스에서 준비용 스크립트 src/test/regress/sql/hs_primary_setup.sql을 실행한다. 예를 들면 다음과 같다.

```
psql -h primary -f src/test/regress/sql/hs_primary_setup.sql regression
```

스탠바이에 이러한 변경 내용의 전파를 허용한다.

이제 테스트 중인 스탠바이 서버에 기본 데이터베이스 연결을 준비한다(예를 들면, PGHOST 및 PGPORT 환경 변수를 설정하여). 마지막으로 회귀 디렉토리에서 make standbycheck를 실행한다.

```
cd src/test/regress make standbycheck
```

스크립트 src/test/regress/sql/hs_primary_extremes.sql을 사용하면 프라이머리에서 일부 극단적인 동작을 생성하여 스탠바이의 동작을 테스트할 수 있다.

16.2 ⟩ 테스트 평가

정상적으로 설치되고 기능적으로 완전한 PostgreSQL 설치 일부는 다양한 floating-point 표현 및 메시지 단어 선택 같은 플랫폼 특정 Artifact 때문에 이러한 회귀 테스트의 일부를 실패할 수 있다. 테스트는 참조 시스템에서 생성된 출력과의 간단한 diff 비교를 사용하여 현재 시점에 평가되므로 시스템 간의 약간의 차이에도 결과가 달라진다. 테스트가 "실패"한 것으로 리포트되는 경우 예상한 결과와 실제 결과의 차이를 항상 확인해야 한다. 그렇게 하면 차이가 사소한 것임을 알 수도 있다. 그렇더라도 당사는 모든 지원 플랫폼에서 정확한 참조 파일을 유지하기 위해 노력하며, 따라서 모든 테스트를 통과하도록 한다.

회귀 테스트의 실제 출력은 src/test/regress/results 디렉토리의 파일에 있다. 테스트 스크립트는 diff를 사용하여 각 출력 파일을 src/test/regress/expected 디렉토리에 저장된 참조 출력과 비교한다. 차이가 있을 경우 사용자가 확인할 수 있도록 src/test/regress/regression.diffs에 저장된다(코어 테스트 이외의 테스트 Suites를 실행하는 경우 이 파일들은 src/test/regress가 아니라 해당 서브 디렉토리에 나타난다).

기본적으로 사용되는 diff 옵션이 마음에 들지 않으면 환경 변수 PG_REGRESS_DIFF_OPTS를 설정한다(예: PG_REGRESS_DIFF_OPTS='-u')(또는 필요하면 diff를 직접 실행할 수 있다).

몇 가지 이유로, 특정한 플랫폼이 지정된 테스트에 대해 "실패"로 드러났지만 출력을 확인해 보고 결과가 유효하다는 확신이 든다면 새 비교 파일을 추가하여 향후 테스트 실행에서 실패 리포트를 억제시킬 수 있다. 자세한 내용은 16.3절을 참조하기 바란다.

16.2.1 에러 메시지 차이

일부 회귀 테스트는 의도적으로 무효한 입력 값을 수반한다. 에러 메시지는 PostgreSQL 코드 또는 호스트 플랫폼 시스템 루틴에서 온 것일 수 있다. 후자의 경우 메시지는 플랫폼에 따라 다를 수 있지만 유사한 정보를 나타낸다. 메시지에서의 이러한 차이는 결과적으로 "실패한" 회귀 테스트이며, 검사를 통해 검증할 수 있다.

16.2.2 로케일 차이

C 이외의 콜레이션^{collation} 순서 로케일로 초기화된 서버에 대해 테스트를 실행하면 정렬 순서 및 후속 실패에 의한 차이가 있을 수 있다. 회귀 테스트 Suites는 다수의 로케일을 처리하는 것으로 알려진 대체 결과 파일을 제공함으로써 이 문제를 해결하도록 셋업 된다.

임시 설치 방법을 사용하여 서로 다른 로케일에서 테스트를 실행하려면 적절한 로케일 관련 환경 변수를 make 커맨드라인에서 전달한다. 예를 들면 다음과 같다.

```
make check LANG=de_DE.utf8
```

(회귀 테스트 드라이버는 LC_ALL의 설정을 취소하므로 해당 변수를 사용하여 로케일을 선택할 수 없다) 로케일을 사용하지 않으려면 모든 로케일 관련 환경 변수의 설정을 취소하거나 (또는 C로 설정) 다음과 같은 특수 실행을 사용해야 한다.

```
make check NO_LOCALE=1
```

기존 설치에 대한 테스트를 실행하는 경우 로케일 셋업은 기존 설치에 의해 결정된다. 변경하려면 적절한 옵션을 initdb에 전달함으로써 다른 로케일로 데이터베이스 클러스 터를 초기화해야 한다.

프로덕션에서 실제로 사용하게 될 로케일 관련 및 인코딩 관련 코드 부분을 실행하므로, 프로덕션용으로 원하는 로케일 셋업에서 회귀 테스트를 실행하는 것이 일반적으로 바람직하다. 운영체제 환경에 따라 실패할 수도 있지만 실제 애플리케이션 실행 시 최소한의 로케일 특정 동작을 예측할 수 있다.

16.2.3 날짜 및 시간 차이

날짜 및 시간 결과 대부분은 시간대 환경에 종속된다. 참조 파일은 시간대 PST8PDT (Berkeley, California)에 대해 생성되고 마지막 시간대 설정을 사용하지 않고 테스트를 실행하면 확실히 실패한다. 회귀 테스트 드라이버는 환경 변수 PGTZ를 PST8PDT로 설정하는데, 일반적으로 적절한 결과가 보장된다.

16.2.4 Floating-Point 차이

테스트 중 일부는 테이블 컬럼의 64비트 floating-point 수(double precision)의 계산과 관련이 있다. double precision 컬럼의 수학 함수와 관련된 결과에서의 차이가 있음이 관찰되었다. float8 및 geometry 테스트는 특히 플랫폼 간 작은 차이가 있거나, 심지어 컴파일러 최적화 설정이 다를 때에도 약간의 차이가 있는 것으로 드러났다. 보통 소수점 이하 10자리에서 육안 비교는 이러한 차이를 실제로 판단하는 데 필요하다.

일부 시스템은 마이너스 0을 -0으로 표시하고 그 외 시스템은 0만 표시한다.

일부 신호는 현재 PostgreSQL 코드에서 예상하는 메커니즘과 다르게 pow() 및 exp()로부터 에러 신호를 보낸다.

16.2.5 행 순서 차이

동일한 행이 예상 파일에 나타나는 것과 다른 순서로 출력될 수 있다. 대부분의 경우 이와 같은 결과는 엄밀히 말해서 버그라고 할 수는 없다. 대부분의 회귀 테스트 스크립트는 모든 SELECT마다 ORDER BY를 사용할 만큼 규칙에 철저하지는 않으므로, 결과 행의 순서가 SQL 규격과 마찬가지로 잘 정의되어 있지는 않다. 실제로, 동일한 소프트웨어로 동일한 데이터에 대해 동일한 쿼리를 수행하면, 보통은 모든 플랫폼에서 동일한 순서로 결과가 나오기 때문에, ORDER BY가 없어도 문제가 되지 않는다. 그러나 일부 쿼리는 플랫폼 간 순서 차이를 보이기도 한다. 이미 설치된 서버에 대해 테스트하는 경우, 순서 차이는 C 이외의 로케일 설정 또는 사용자 지정 work_mem 값이나 플래너 비용 매개변수 값과 같은 기본이 아닌 매개변수 설정에 의해 발생할 수 있다.

그러므로 순서 차이가 있더라도, 결과에 위반되는 ORDER BY가 없는 경우라면 걱정할 필요가 없다. 그렇다고 하더라도 향후 릴리스에서 bogus "실패"를 없애기 위해, 해당 쿼리에 ORDER BY를 추가할 수 있도록 알려주기 바란다.

이러한 문제의 소지를 없애기 위해 모든 회귀 테스트 쿼리에 명시적으로 순서 지정을 하지 않는 이유가 궁금할 수 있다. 이유는 정렬된 결과를 만들어내는 종류의 쿼리 플랜만 테스트 하는 경향이 있기 때문에 과한 정도는 아니지만 회귀 테스트의 유용성을 저하시킨다.

16.2.6 스택 깊이 부족

errors 테스트 결과, select infinite_recurse() 명령에서 서버 충돌이 있을 경우 프로세스 스택 크기에 대한 플랫폼의 제한이 max_stack_depth 매개변수에서 지정한 것보다 작다는 것을 의미한다. 이것은 스택 크기 제한을 높인 상태에서 서버를 실행하면 해결된다(max_stack_depth의 기본값을 사용한 4MB 권장). 이것이 어려울 경우의 대안은 max_stack_depth 값을 줄이는 것이다.

getrlimit()를 지원하는 플랫폼에서 서버는 자동으로 max_stack_depth의 안전한 값을 선택해야 하므로 이 설정을 수동으로 오버라이드하지 않는 한 이러한 종류의 실패는 버그로 리포트된다.

16.2.7 random 테스트

random 테스트 스크립트는 랜덤 결과를 내기 위함이다. 이것은 매우 드물게 해당 회귀 테스트의 실패를 야기한다.

```
diff results/random.out expected/random.out
```

이것을 입력하면 1줄 또는 몇 줄 정도의 차이만 만들어낸다. random 테스트가 반복적으로 실패하지 않는 한은 염려할 필요가 없다.

16.2.8 구성 매개변수

기존 설치에 대한 테스트를 실행하는 경우 기본 설정되지 않은 일부 매개변수 설정은 테스트 실패를 야기할 수 있다. 예를 들어, enable_seqscan 또는 enable_indexscan 같은 매개변수를 변경하면 플랜이 변경되어 EXPLAIN을 사용하는 테스트 결과에 영향을 미치게 된다.

16.3〉 변종 비교 파일

테스트 중 일부는 본질적으로 환경 종속적 결과를 생성하므로 "예상" 결과 파일을 대체 지정하는 방법을 제공해왔다. 각 회귀 테스트는 서로 다른 플랫폼에서 가능한 결과를 보여주는 몇 개의 비교 파일을 갖고 있다. 어떤 비교 파일이 각 회귀 테스트에 사용되는지를 결정하는 독립적 메커니즘이 2가지 있다.

첫 번째 메커니즘은 특정 플랫폼용으로 비교 파일을 선택할 수 있게 한다. 플랫폼별로 사용할 비교 파일을 정의하는 매핑 파일 src/test/regress/resultmap이 있다. 특정 플랫폼에서 bogus 테스트 "실패"를 없애려면 먼저 변종 결과 파일을 선택 또는 make한 다음, resultmap 파일에 한 줄을 추가해야 한다.

매핑 파일의 각각의 라인은 다음과 같은 형태이다.

```
testname:output:platformpattern=comparisonfilename
```

테스트 이름은 특정한 회귀 테스트 모듈의 이름에 불과하다. 출력 값은 어떤 출력 파일을 검사해야 하는지 나타낸다. 표준 회귀 테스트의 경우 출력 파일의 값은 항상 out이며, 이 값은 출력 파일의 확장명에 해당된다. 플랫폼 패턴은 유닉스 툴 expr의 스타일의 패턴이다(즉, 선두에 암시적 ^ 앵커가 있는 정규 표현식). 이것은 config.guess에 의해 인쇄된 대로 플랫폼 이름과 일치한다. 비교 파일 이름은 대체 결과 비교 파일의 베이스 이름이다.

예를 들면: 일부 시스템은 매우 작은 floating-point 값은 언더플로 에러로 리포트하지 않고 0으로 인터프리트한다. 이것 때문에 float8 회귀 테스트에서 약간의 차이가 유발된다. 따라서 당사는 변종 비교 파일인 float8-small-is-zero.out을 제공하는데, 여기에

는 이 시스템에서 예상되는 결과가 포함된다. OpenBSD 플랫폼에서 bogus "실패" 메시지를 보여주지 않기 위해, resultmap에 다음을 포함한다.

```
float8:out:i.86-.*-openbsd=float8-small-is-zero.out
```

이것은 config.guess의 출력이 i.86-.*-openbsd와 일치하면 머신에서 트리거된다. resultmap의 다른 줄은 적용 가능한 다른 플랫폼에 대한 변종 비교 파일을 선택한다.

변종 비교 파일의 두 번째 선택 메커니즘은 훨씬 자동화되어 있다. 이것은 몇 가지 제공된 비교 파일 중에서 간단히 "best match"를 사용한다. 회귀 테스트 드라이버 스크립트는 테스트용 표준 비교 파일인 testname.out 및 testname_digit.out이라는 변종 파일을 둘 다 고려한다(여기서 digit은 한 자리 숫자 0-9). 해당 파일이 정확히 일치하면 테스트가 통과한 것으로 간주되고, 일치하지 않으면 차이가 가장 짧은 파일을 사용하여 실패 리포트가 생성된다(resultmap이 특정 테스트에 대한 엔트리를 포함하는 경우 베이스 testname은 resultmap에 주어지는 교체명이 된다).

예를 들어, char 테스트의 경우 비교 파일 char.out에는 C 및 POSIX 로케일에서 예상되는 결과가 포함되며, char_1.out 파일에는 기타 다수의 로케일에 나타나는 순서대로 정렬된 결과가 포함된다.

최적합 메커니즘은 로케일 종속적 결과에 대처하기 위한 것이지만, 플랫폼 이름만으로는 테스트 결과를 예상하기 어려운 상황에서 사용할 수 있다. 이 메커니즘의 제한은 어떤 변종이 실제로 현재 환경에 "적합한가"를 테스트 드라이버가 알려주지 않는다는 것이다. 단지 가장 적합한 것처럼 보이는 변종을 선택할 뿐이다. 따라서 모든 상황에서 사용자가 똑같이 유효한 것으로 간주하려는 변종 결과에 대해서만 이 메커니즘을 사용하는 것이 가장 안전하다.

[16.4] TAP 테스트

src/bin 하의 클라이언트 프로그램 테스트는 펄 TAP 툴을 사용하고 prove에 의해 실행된다. make 변수 PROVE_FLAGS를 설정함으로써 커맨드라인 옵션을 prove에 전달할 수 있다. 예를 들면:

```
make -C src/bin check PROVE_FLAGS='--reverse'
```

기본값은 --verbose이다. 자세한 내용은 prove의 설명서 페이지를 참조하기 바란다.

펄로 작성된 테스트는 펄 모듈 IPC::Run이 필요하다. 이 모듈은 CPAN 또는 운영체제 패키지에서 사용 가능하다.

[16.5] 테스트 커버리지 검사

PostgreSQL 소스 코드는 커버리지 테스팅 계기를 사용하여 컴파일할 수 있으므로 회귀 테스트 또는 코드를 사용하여 실행되는 기타 테스트를 통해 코드의 어떤 부분이 커버되는지 검사할 수 있다. 이것은 현재 GCC를 사용하여 컴파일하는 경우에 지원되고 gcov 및 lcov 프로그램이 필요하다.

일반적인 워크플로는 다음과 같다.

```
./configure --enable-coverage ... OTHER OPTIONS ...
make
make check # or other test suite
make coverage-html
```

그런 다음, HTML 브라우저가 coverage/index.html을 가리키게 한다. make 명령은 서브 디렉토리에도 작동된다.

테스트 실행 사이의 실행 카운트를 리셋하려면 다음을 실행한다.

```
make coverage-clean
```

찾아보기

bitn!ne

㈜ 비트나인

비트나인은 그래프 데이터베이스 연구개발 전문기업으로서 그래프 데이터를 활용하여
좀 더 효율적이고 친환경적인 솔루션 및 서비스를 제공합니다.

What is
Agens?

1. Agens란?

Agens(아젠스)는 라틴어로 고대 로마 황제의 정보보좌관을 뜻합니다.
정보를 제공함에 있어서 필요한 정보를 가장 정확하고 빠르게 전달하고,
이러한 정보를 수집, 가공하여 최적의 정보를 제공하고자 하는 취지에서 만들어진
비트나인의 데이터베이스 통합 솔루션의 명칭입니다.

2. Agens 구성 요소

비트나인의 Agens는 아래와 같은 구성으로 이루어져 있습니다.

AGENS SQL

Agens SQL

- 오픈소스 DBMS인 PostgreSQL과 그 확장 모듈에 대한 국내 최초의 통합 데이터베이스 패키지입니다.
- Agens SQL 1.0은 PostgreSQL 9.4를 기반으로 하고 있으며, 누구나 무료로 사용할 수 있는 안정성 있고
  검증된 통합 데이터베이스 패키지입니다.

AGENS Graph

Agens Graph

- 국내 최초의 그래프 데이터베이스 상용화 솔루션으로 2016년 상반기 출시 예정입니다.
- 관계형 데이터베이스의 한계로 나타난 수많은 NoSQL DBMS 중, 그래프 데이터베이스는
  소셜 네트워크 데이터 같은 그래프 형태의 데이터에 대한 최적의 처리 기법을 제공합니다.
  Agens Graph는 전자상거래의 추천시스템(Recommendation), 지리정보 기술(Geo),
  MDM(Master Data Management) 기술, FDS(Fraud Detection System) 기술 등
  매우 다양한 분야에 적용 및 활용이 가능합니다.

㈜비트나인 본사

서울 강서구 양천로 583, 우림블루나인비지니스센터 B1106 (염창동)
대표전화: 02-584-1332 / 대표팩스: 070-8677-2552
이메일: admin@bitnine.co.kr / 웹사이트: www.bitnine.co.kr

Agens Research & Development Center

인천 연수구 송도3동 172-1 송도테크노파크IT센터 M동 2801호
대표전화: 070-5038-3621 / 대표팩스: 070-8270-1332
이메일: agens@bitnine.co.kr / 웹사이트: www.agens.co.kr

Agens SQL
Strength

오픈소스 기반의 무한한 확장성을 지닌 미래지향 데이터베이스 패키지

Agens SQL은 PostgreSQL 기반의 오픈소스 RDBMS입니다.
PostgreSQL DBMS의 코드를 그대로 활용하여 이에 대한 소스 코드 레벨 단의 기술 능력과
오픈소스 커뮤니티에서의 활발한 커뮤니케이션 및 활동을 통해 코어 레벨 단의 기술을 제공하고자 합니다.

Agens SQL의 영역

PostgreSQL은 오랜 기간 동안 축적된 DBMS 기술을 보유하고 있고, 성능과 안정성에서도 그 가치를
인정받고 있습니다. Agens SQL을 통해 PostgreSQL의 원천기술을 보유하고, 여러 가지 R&D 활동을
통해 지속적으로 더욱 진보된 솔루션이 개발될 예정입니다.

PostgreSQL
오픈소스 커뮤니티

- PostgreSQL 오픈소스 커뮤니티 참여
- PostgreSQL 기술력을 바탕으로 한 오픈소스 커뮤니티에 기술 발전 기여
- Agens SQL EXtension을 오픈소스로의 전환

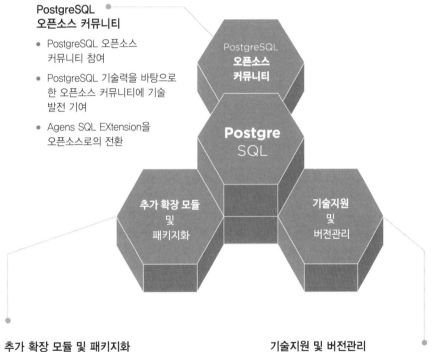

추가 확장 모듈 및 패키지화

- 사용자가 직접 커뮤니티에 참여하여 요청한 추가 확장 모듈에 대한 테스트 및 검증작업 수행
- 오픈소스 기반의 추가 확장 모듈에 대한 개발, 인터페이스 및 Agens SQL 제품으로의 패키지화
- 추가 확장 모듈에 대한 별도의 오픈소스 커뮤니티 운영 및 기술 발전

기술지원 및 버전관리

- Agens SQL의 설치 및 운영에 대한 기술지원
- 타 DBMS의 데이터 이관 및 이에 대한 기술지원
- 장애 발생시 신속한 지원 및 코드 분석을 통한 원인 규명, 필요시 패치 제작 및 배포
- PostgreSQL 버전에 맞는 Agens SQL 버전관리

PostgreSQL 9.4 공식 가이드 Vol.1 서버 관리

발 행 | 2015년 10월 30일

지은이 | The PostgreSQL Global Development Group
옮긴이 | (주)비트나인

펴낸이 | 권 성 준
편집장 | 황 영 주
편 집 | 나 수 지
디자인 | 박 주 란

에이콘출판주식회사
서울특별시 양천구 국회대로 287 (목동)
전화 02-2653-7600, 팩스 02-2653-0433
www.acornpub.co.kr / editor@acornpub.co.kr

한국어판 ⓒ 에이콘출판주식회사, 2015, Printed in Korea.
ISBN 978-89-6077-779-8
ISBN 978-89-6077-103-1(세트)
http://www.acornpub.co.kr/book/postgresql-vol1

이 도서의 국립중앙도서관 출판시도서목록(CIP)은 서지정보유통지원시스템 홈페이지(http://seoji.nl.go.kr)와
국가자료공동목록시스템(http://www.nl.go.kr/kolisnet)에서 이용하실 수 있습니다.(CIP제어번호: CIP2015028800)

책값은 뒤표지에 있습니다.